VENEZUELA
GUYAN
RORAIMA
KOLUMBIEN
Amazonas
PAR
Amazonas
AMAZONAS
ACRE
PERU
RONDONIA
BOLIVIEN
MATO GROSSO
MATO GROSSO DO SUL
PARAGUAY
ARGENTINIEN
PARAN
RIO GRANDE DO SUL
URUGUAY

ATLANTISCHER OZEAN
Belém
Alcântara
São Luis
MARANHÃO
CEARA
Fortaleza
RIO GRANDE DO NORTE
Juàzeiro do Norte
Crato
PIAUI
Exu
PARAIBA
João Pessoa
Olinda
GOIAS
PERNAMBUCO
Recife
Maceió
ALAGOAS
Sto. Amaro
SERGIPE
Salvador (Bahia)
BAHIA
MINAS GERAIS
Pôrto Seguro
Belo Horizonte
Ouro Preto
ESPIRITO SANTO
RIO DE JANEIRO
Nova Iguaçu
Rio de Janeiro
ATLANTISCHER OZEAN

John Krich wurde 1951 in New York geboren. Er hat einen Koffer in San Francisco und arbeitet als freier Journalist u. a. für die *New York Times, Village Voice* und *Vogue*.

Im Rowohlt Taschenbuch Verlag ist ferner sein literarisches Reisebuch «Wo, bitte, liegt Nirwana? Eine Reise durch Asien» (rororo Nr. 12642) erschienen.

John Krich

ORPHEUS' KINDER

Im Samba-Rhythmus durch Brasilien

Deutsch von
Christoph Schuenke

rororo

Rowohlt

Danksagung

Ein obligates *obrigado* an alle Musiker, die so nett waren und für mich aufgespielt haben, ganz besonders die, von denen ich mehr als nur ein Interview bekam: Alecu, Sinval, Carlinhos, Luis Fidelis, Djavan. Dank den Mitspielern in meiner brasilianischen Band, der Begleitstimme Roselene Pinto Machado, Familie Machado, Maria Luisa und Suely Mendonça, Eliane Arnold, Mike Kepp, Wolfgang Krust, Maria Ines Salgado, Irene Collaço, Don Klein, Micha Shnookie Peled, Liza Redding, Eduardo Cabrera, Joao Pombo Lopes, Steve Chapple, Itamara Koorax, Paulinho Pedro Azul, Dmitiri Ganzalevitch, Majela Vaz, Reuben de Oliveira, Nilson Barbosa, Lucio Alves, Luis Fernando Sarmento, Sergio Cabral, Bill und Maruska Hinchberger, Davia Nelson, Janet Carlson, Grace Cohen, Gladys, Silva, Sandra und den hilfsbereiten Roadies, Yaddo, sowie dem Nationalen Kulturfonds.

Die Originalausgabe erschien 1993 unter dem Titel
«Why Is This Country Dancing?»
im Verlag Simon & Schuster, New York

Deutsche Erstausgabe
Veröffentlicht im Rowohlt Taschenbuch Verlag GmbH,
Reinbek bei Hamburg, Oktober 1995

Umschlaggestaltung Walter Hellmann
(Foto: Michael Ende / Bilderberg)
Satz Meridien (Linotronic 500)
Gesamtherstellung Clausen & Bosse, Leck
Printed in Germany
1490-ISBN 3 499 12659 1

INHALT

Bahia

Norden

Die Welt (O Mundo)

INTRO IN ACHT TAKTEN

Wenn ein Land mit Klängen betören kann, dann Brasilien. Was auch immer Sie mit dem größten Staat Südamerikas verbinden – ich möchte wetten, es wurde entweder durch Musik geweckt oder kann zu Musik ausgeübt werden. Dieses Buch nimmt ein Land beim Wort, oder richtiger: bei der Melodie. Brasiliens musikalischer Reichtum wird uns auf den folgenden Seiten die vielschichtige Gesellschaft des Landes erschließen. Aber das klingt mir nun doch zu steril, und brasilianische Musik ist das genaue Gegenteil von steril. Mein Buch entspringt einer Leidenschaft für brasilianischen Pop, die in mir lodert, seit ich Beatles und *bossa nova* auseinanderhalten kann. Längst weiß ich, daß ich mit dieser Fern-Schwärmerei alles andere als allein dastehe. Musik aus Brasilien gibt es heutzutage in unzähligen Aufnahmen zu kaufen, sie spielt eine tragende Rolle in der aktuellen «World Beat»-Bewegung, und die Scharen von Auswanderern, die sich in glühendem Patriotismus allein durch ihre brasilianische Herkunft zu Musikprofis berufen fühlten, haben die Rhythmen ihrer Heimat in die Szene so grundverschiedener Orte wie Florenz, Tokio und New Orleans eingeschleust. In der Nacht, als die Berliner Mauer fiel, sah die Welt auf den Fernsehschirmen als erstes Bild eine Gruppe von Deutschen in ausgelassenem Freudentanz zu bestens getimter brasilianischer Percussion-Begleitung – wahrscheinlich hatten sie einen *samba*-Kurs für Fortgeschrittene besucht.

Angesichts der kontinentalen Größe und universalen Musikalität Brasiliens wird jedes Buch über das Land zunächst ein wenig einschüchternd wirken. Deshalb schicke ich dieses Intro voraus, zur Erklärung, um meiner literarischen Ambition eine Grundlage zu geben. Nach den acht Takten kann die Band dann voll loslegen. Erstens: ich bin kein Musikwissenschaftler. Wenn Sie erfahren wollen, um wie viele Taktschläge sich der *frevo* aus dem nordöstlichen Recife vom im tiefsten Hinterland beheimateten *baião* unterscheidet, muß ich Sie an fachlich kompetentere Quellen verweisen. Dennoch war auch der Mangel an englischsprachigen Studien über diese so formenreiche Kultur ein Anstoß für meine Reise. Die meisten Amerikaner setzen brasilianische Musik mit *samba* gleich, dabei bezeichnet der Begriff eine nur in Rio de Janeiro ansässige Variante. Brasilien hat unzählige Rhythmen – man kann sagen, auf jede Stadt kommt ein eigener –, und die entfalten sich so dynamisch, daß auch der eifrigste Forscher unweigerlich an seine Grenzen stößt. Deshalb gehe ich nur in Ansätzen auf die komplexe Chronologie der brasilianischen Musikgeschichte ein.

Die landesweit bekannte Lobeshymne eines Dichters aus dem Jahre 1926 beschreibt die Wurzeln der brasilianischen Musik so: «Indianischer Barbarentanz, afrikanisches Sehnen / Und das grelle Lied von Portugal. / Lüsternes Leiden, Kuß dreier Schmerzen / Liebliche Blume von dreifach traurigem Geblüt.» Noch immer leben und tanzen etliche amerikanische Ureinwohner im Schutze der Wildnis. Und die Portugiesen, kraft Cabrals Landung im Jahre 1500 und einer darauf erteilten päpstlichen Bulle die erklärten Herrscher dieser gigantischen Weite, waren nicht nur weitaus unfeiner als ihre spanischen Nachbarn, sie neigten auch weit mehr zu Anfällen einer Art Seefahrer-*saudade*, eines Heimwehs, das zur Lebensform wurde. Was schließlich die Afrikaner angeht, so wurden an keinen anderen Ort solche Massen von Sklaven verschleppt, und nirgendwo haben sie so entscheidenden Einfluß auf die Kultur genommen – gewiß nicht zum Leidwesen der drei «Geblüte». Hier muß jede Erkundung der brasilianischen Musik ansetzen. Mich interessiert nicht, wie diese «liebliche Blume» aufgeblüht ist, sondern auf welche Weise sie einer modernen Nation, einem Schmelztiegel von 150 Millionen, zum Schmuck wird, zu Opium, Trost und Freudenspender, und was ihr Duft all denen bieten kann, die sich ihr nähern.

Hier nun ein paar praktische Tips zur Reise durch ein Buch, das vor allem mit den Klängen reist. Meine (oft überraschenden) Begegnungen mit dem Beat des Landes erstreckten sich über drei brasilianische «Sommer» – auf der Südhalbkugel ist damit der Zeitraum von Dezember bis Februar gemeint. Manche Episoden habe ich verdichtet oder in veränderter Reihenfolge erzählt. Das geschah entweder im Dienste der Spannung, oder weil es sich schlicht aufdrängte. Zum Beispiel beginne ich das Buch mit meinem ersten Karneval in Salvador, Bahia – ein sehr beklemmendes Erlebnis –, und kehre kurz darauf zum Karneval zurück, diesmal im ebenfalls nordöstlich gelegenen Recife. Nur so kann ich die Leser auf beide Feste führen, denn der Karneval findet nur einmal im Jahr statt, am Wochende vor der Fastenzeit, und das fällt meistens auf Ende Februar. Der dritte große Fastnachtstaumel Brasiliens ist natürlich der Karneval in Rio, aber über den haben sich schon so viele vor mir in aller Breite ausgelassen, daß ich mir etwas anderes einfallen ließ. Ich schildere ihn größtenteils aus der bizarren Sicht der nationalen Fernsehberichterstattung. Später habe ich mich noch einmal vom zeitlichen Ablauf gelöst; mein Bericht vom Weihnachtsfest mit einer brasilianischen Familie folgt erst nach dem Neujahrsfest in Rio, aber ansonsten ist alles streng chronologisch.

Ohne Menschen kann es keine Musik geben, und die Brasilianer leben in der Mehrzahl «wie Krebse» dicht am Meer gedrängt. Deshalb folgt meine Reiseroute die meiste Zeit der Küstenlinie. Bis auf Abstecher in die Gebirgsprovinz Minas Gerais und in das als *sertão* bekannte Hinterland ziehe ich entlang der Atlantikküste von Rio und São Paulo im industriereichen Süden nach São Luis und Belem im verwahrlosten Nordosten. Zur besseren geographischen Orientierung ist eine Landkarte beigefügt, so daß zumindest in groben Zügen eine Zuordnung der vielzähligen Musikstile Brasiliens möglich wird.

Schamlos greift die brasilianische Musik alles an fremden Einflüssen und Inspirationen auf, was ihr bei ihrem Freilauf in die Quere kommt, und führt uns so vom Schubladendenken weg. Als einer, der sich seit langem bemüht, über die Grenzen des «und-dann-bin-ich-dahin-gereist»-Schemas klassischer Reisereportagen hinauszukommen, habe ich meiner Knittelmuse freien Lauf gelassen und ein paar Riffs zusammengebastelt, *sambas,* die ich als Intermezzos ober Überleitungen zwischen die Abschnitte zu den einzelnen Regionen gefügt habe. Nehmen Sie sie als spielerische Hommage an die vielgesichtige Mentalität der Brasilianer – und an die Power ihrer Songschreiber. Eine weitere Genrepremiere sind die

Diskographien nach jedem Kapitel. Wie gern würde ich Ihnen eine Kassette oder eine CD mit auf den Weg geben, ja, am liebsten würde ich selbst mitsingen! Natürlich soll die Musik mein Schreiben nicht völlig überschwemmen, aber egal, was dieses Buch Ihnen gibt – es bekäme weit mehr Kraft, wenn Sie sich ein paar der beschriebenen Klänge zu Ohren kommen ließen. Meine Auswahl ist rein subjektiv, Sie müssen also keine Schleichwerbung befürchten. Soweit möglich, habe ich mir Mühe gegeben, die Musikempfehlungen auf derzeit in den Vereinigten Staaten erhältliche Aufnahmen zu beschränken.

Zu guter Letzt hoffe ich, daß meine Leser die oft sehr vagen Übersetzungen der Liedtexte ebenso standhaft erdulden wie die Masse von fremden Wörtern. Das Portugiesische, ganz besonders der flotte Singsang des brasilianischen Portugiesisch – ähnlich dem amerikanischen Englisch flexibler und flüssiger als seine Mutterform –, schreit geradezu danach, in ein Lied auszubrechen. Ohne diesen honigsüßen, satten Sprachfluß, dieses Spanisch mit Murmeln im Mund, gebe es keine brasilianische Musik, wie wir sie heute kennen. Deshalb habe ich nach einem Mittelweg gesucht, bei dem der Text für Unkundige verständlich bleibt und trotzdem nicht die Rhythmik einbüßt, aus der die Brasilianer schöpfen.

Hier ein paar Anmerkungen zur Aussprache: im brasilianischen Portugiesisch wird das geschriebene «r» im Sprachgebrauch bei darauffolgendem Vokal zu einem stimmhaften «h», und das «o» klingt eher wie unser «u». So wird aus Rio «Hiu». Bei der häufigen Endung «ão» klingt ein schwacher «n»-Laut mit. Steht das «l» am Ende, wie etwa in «carnaval», wird es zu «au». Das «c» entspricht «s», das «t» einem «ch»-Laut. Der Vorname des Sängers Martinho da Vila wird also «Mar-chien-ju» ausgesprochen, und das Wörtchen «de», das für «von» oder «durch» steht, wird zu «dschie» abgeschwächt.

Ein Buch «über» Musik kann kaum weiter kommen als ein Buch über den Wind. Und kein Band reicht aus, um alle Geheimnisse und Volksbräuche Brasiliens auf einmal zu erfassen. Ich sehe mich nicht als Experte. Meine einzige Quelle sind meine Erlebnisse im Land. Und da ich es als Außenstehender, geprägt von meiner Kultur, erlebt habe, ist meine Sicht zwangsläufig befangen. Alle Auffassungen, Urteile, Trommelschläge stammen von mir. Nur eines kann ich mit Sicherheit sagen – bei jedem Schritt fand ich meine Ahnung bestätigt. Nirgends auf der Welt hat Musik ein so klares Primat wie in Brasilien.

Ein Bild von meinen Reisen hat sich mir tief eingeprägt. Als ich einmal an einer öden Landstraße nahe der Stadt Recife auf einen Bus wartete, standen zwei Kinder mit mir an der Haltestelle. Sie waren Geschwister, vielleicht acht und zehn, mit brauner Haut und blonden Locken, und trugen abgelegte Sachen ihrer älteren Brüder und Schwestern. Der Karneval hatte sie in die Großstadt gelockt. Beide hielten kleine Bündel in einer Hand, dürre Äste von irgendeinem Strauch. Erst nach einer ganzen Weile begriff ich, daß die vertrockneten Hülsen an den Zweigenden weder als Wegzehrung noch als Opfergabe an eine Gottheit dienten. Ihre einzige Funktion war das rasselnde Geräusch, das sie machten, wenn sie in Bewegung kamen. In Brasilien wachsen die Musikinstrumente buchstäblich auf den Bäumen. Und wenn diese Kinder sonst auch nichts besaßen, so hatten sie doch einen Rhythmus im Kopf. Ich hoffe, man hört ihn auf jeder Seite dieses Buches.

SAMBA DER BEDRÜCKUNG

Seit Jahren reist du im Auto nach Brasilien. Anschnallen zum Start, du mußt nur eine Kassette einschieben, und sofort wird die vorbeiziehende Landschaft tropisch. Amerika taut ab. Auf einmal ist es dir egal, daß du in der Rushhour steckst und nirgends einen Parkplatz findest. Du hast die Fenster hochgekurbelt. Vom Amazonasrauschen der Gummiflut auf dem Freeway abgeschirmt, singst du unter einem brausenden Wasserfall im Regenwald. Ein gelbschnäbliges Tukan-Pärchen betrachtet dich im Rückspiegel. Aras und Affen gackern aus dem Kofferraum. Du tauschst das Sirenengekreisch gegen den Ruf der Wildnis, verweilst in den luftkissengetragenen Vokalen einer Sprache, die du nicht sprechen, aber fließend summen kannst. Du mußt die Texte nicht kennen, Hauptsache, sie bringen dich an einen poetischeren Ort als dein tatsächliches Ziel.

Der Nebel und die Abgeschiedenheit sind dir so über, du hast es satt, Schwarzweiß-Reportagen über bunte Üppigkeit zu sehen. Also gehst du eines Abends zum Flughafen, einfach so, ohne erst in den Kalender zu schauen oder die Unterwäsche zu wechseln. Auf Vielfliegertarif buchst du den nächstbesten Flug nach Rio. Niemand weiß von deiner Reise: dein stilles Geheimnis mit dem Halbkontinent. Schließlich ist es auch nur für ein Wochenende. Vielleicht für den Rest deines Lebens. Die Augenmaske – eine kleine Aufmerksamkeit der Fluglinie – und eine Gitarre, die dich in den Schlaf wiegt, lindern den Schock und lassen dich dösen, bis unter dir nur noch Grün ist. Die Sonne hebt sich über einen Boden, so dicht verhüllt von Chlorophyll, daß du dich schon vor deinem ersten Passionsfrucht-Cocktail in andere Sphären getragen fühlst. Der singende Kapitän säuselt eine zarte *samba* über die Sprechanlage und entschuldigt sich, daß er jetzt landen muß. In Brasilien können nur Hüften und Becken ohne Treibstoff fliegen. Gemalte Jaguarpranken auf einer Rollbahn voller Glitter lotsen den Flieger hinunter.

Du zeigst deinen Paß, der Mann vom Zoll wirft den Kopf zurück und lacht wie eine Hyäne, er zerrupft die Visa zu Konfetti, drückt dir seinen Stempel mit Lippenstift und Hühnerblut auf die Stirn. Jetzt ärgerst du dich, daß du kein Gepäck dabei hast, denn die Trägerinnen sind shimmytanzende Girls, und sie flattern so flink zum Bordstein, daß du nicht einmal ihre paillettenbesetzten Schuhe sehen kannst. Der Taxifahrer hat eine Clownsnase aus Gummi aufgesetzt, er lebt vom Zeittakt und kennt schon dein Ziel. In deiner Hotelsuite liegen Ananas und Scherzartikel bereit, und statt der Bibel hast du einen gefiederten Talisman neben deinem Bett, dazu eine Karaffe mit Leitungswasser, das schon mit Limonenaroma aus dem Hahn kommt. Im Schrank findest du alle Kostüme, die man in einem Menschenleben braucht – Harlekin, Mandarin, Astronaut. Du brauchst keine Garderobe. Zum erstenmal gehst du ohne Verkleidung zum Fest.

Du treibst durch die Wellen aus Mosaiksteinchen auf der Copacabana Tropicana, der Gehweg ein verführerisches Einmaleins der Verflechtung von Schwarz und Weiß, ein Tabu, das jeder überschreiten darf. Jedesmal, wenn du deinen Fuß auf den holperigen Gehweg setzt, spürst du, wie die feuchte Erde zurückfedert. Die Staatsgebäude sind nichts als Schnitzereien auf hohlem Elfenbein, und Champagnerkaskaden brausen an edificio-Fassaden herab. Du schlängelst dich in deiner Wellenrolle bis zum Strand, und schwindelnd denkst du, einfache Sandkörner können eigentlich nicht so berühmt werden. Diese Sorte bleibt nicht zwischen den Zehen haften, und die Sonne sticht dir nicht in den blassen Nacken, du läßt dich in aller Ruhe gleichmäßig bräunen, auf der Decke aus Kokosnußschalen, die deinen Namen trägt, gestreckt um acht neue Vornamen und etliche Koseformen. Und die unzivilen Zivilbeamten müssen dich nicht davor warnen, mit einer Kamera herumzulaufen, und auf den Wellen schwimmt keine Kinderkacke, und statt der gefahrvollen Wellenbrecher säumen Lautsprecher die Küstenlinie. Die ganze Bucht ist unter Beschallung. In unvergänglicher Heiserkeit säuseln ungestüme Divas im Takt der Gezeiten ihr Repertoire von Flüstern bis Schreien.

Der Zuckerhut schmilzt – zwei Stück, bitte –, die ganze Guanabara-Bucht ist ein schäumender Espresso, und jetzt badest du in diesem Extrakt des Waldes. Danach erwarten dich drei Musen in Tangas am Strand, sie rubbeln dich mit einem Handtuch ab, greifen dich am Gummiband deiner geblümten Boxershorts und locken dich in ihr Versteck. Eine vierzigstöckige Fünf-Sterne-Hütte voller Blumenbeete und Sittiche. Eine der Katzen ist die Joruba-Göttin Yemenjá, die zweite die Göttin Iracema und die dritte, eine Hauskatze, erinnert auffallend an die Jungfrau Maria nach einer Wiederherstellungsoperation. Sie sind nur mit Meeresorchideen bekleidet, ihre länglichen Bauchnäbel könnten mit Leichtigkeit Junge gebären, und ihre Fußnägel schillern in den Farben eines Schildpattpanzers. Ihr Glanz färbt ab, wenn man mit ihnen in Berührung kommt. Diese Frauen lieben nur das an dir, wofür du geliebt werden willst, sie lieben deinen Geist, nicht deinen Kontostand, sie lieben deine schmalen Handgelenke, dein Mitgefühl, denn sie wissen, daß du kein gewöhnlicher Fremder, also überhaupt kein Fremder bist. Sie staunen, wie fachmännisch du schon nach kurzem die ätherischen Düfte erschnüffelst, die den berühmten Carioca Kiss ausmachen.

Sie geben dir nicht nur eine Trommel, du bekommst auch gleich den unerschöpflichen Drang zum Spiel, die flinken Finger, um auf straff gespannten Klitorishäutchen einem Glauben zu huldigen. Über dem Balkon funkelt das Abendlicht, die Musen zaubern dich fort zum noblen Auszieh-Ball, der immerzu weitergeht. Du kennst jedes Wort in jeder Volksweise. Ohne eine Sekunde auf der Schulbank absolvierst du die samba-Schule summa cum laude. Du bist für alle hier ein lange entbehrter Tanzpartner, Cliquenkumpel, unehelicher Sohn. Du reihst dich ein in den Reigen, der sich durch die Stadt schlängelt, läßt keinen Schritt aus, verfluchst nicht eine Menschenseele und wünschst dich kein einziges Mal an einen anderen Ort. Keine geschundenen Füße, keine barfüßigen Bettler, nur die Statisten aus *Orfeo Negro*, inzwischen gereift zu expressionistischen Malern, Diplomaten und Medizinmännern. Ein zigarrepaffendes hundertjähriges Kindermädchen kuriert dir den Krebs weg, von dem du gar nichts wußtest.

Du schläfst nur, um danach weiter zu tanzen, denn du hast dich auf ewig mit den Wellen vermählt. Jetzt erlebst du das Gefühl, wenn Musik so leichtfällt wie Atmen. Die Noten sind sowieso nur

Geschwätz, und das geht niemals schwer, die Geschichte mußt du einem weitersagen, einem, dem du nie begegnen wirst. Und als du endlich hinter den Text kommst, enttäuscht dich die glanzvolle Plattheit kein bißchen. Die Menschheit teilt sich in zwei Gruppen; die einen finden in einer fremden Sprache alles schöner, den anderen wird darin alles zum Graus. Zum erstenmal begreifst du, weshalb du zur ersten Gruppe zählst.

Auf einem Palankin wirst du zu deinem Rückflug getragen, perlengeschmückte Priesterinnen säumen jauchzend deinen Weg. Auf der Rollbahn murmelst du ihre Zauberformeln vor dich hin, kein Ton sagt dir, daß du wiederkommen sollst, denn du gehst ja eigentlich nicht fort. Außerdem gibt es nur eine Reise ohne Wiederkehr, und die Buchung kannst du gern verschieben. Nach deiner Rückkehr stellst du fest, daß niemand dein Fehlen bemerkt hat, und es drängt dich, sie mit Diashows oder Souvenirs zu überzeugen oder dich selbst mit Meeresmuscheln auf dem Kaminsims. Doch das beste Reisebüro ist immer noch ein geschlossenes Auge. Und du stellst fest, daß dein Fernweh nicht weniger schlimm ist, erst recht nicht schwächer, und der Nebel, in dem du schon immer lebst, hat sich weder verdichtet noch gelichtet.

▲

DER TRAUM (O SONHO)

Brasilien fehlt es an Ernst.

Charles de Gaulle

Keine Angst vorm Fröhlichsein

Jetzt gibt es kein Entkommen mehr von der Musik. Keinen Ausweg mehr aus dem Bacchanal. Ich schaue hoch, all die vollgestopften Balkons, ob im blättrigen Koloniallook oder aus wackligem Beton, sind schwebende Tanzflächen. Jetzt ersetzt die Körperwärme die tropische Ofenhitze der Tagesstunden, und aus den unebenen Boulevards sind Trampoline für die elastische Menge geworden. Ich federe auf den Ballen meiner Füße, die in Turnschuhen stekken, blicke über die wogenden, mit indianischen Federn und portugiesischen Admiralsmützen geschmückten Köpfe, Arme recken sich in die Höhe, fegen alle Hemmungen weg, die Hände klatschen wie Sexmetronome. *Pulando*, so nennt man das Treiben hier, und es ist viel mehr als nur Gehüpfe – ein Sprung in den Himmel, oder wenigstens ins Reich der Sinne. Greif zu, wenn du die geschmeidige Taille vor dir umfassen kannst, und wenn du dich traust, kneif in den knackigen Hintern, der da vorbeihüpft. Schweiß ist das natürliche Schmieröl für unsere Verschleißteile. Es gibt nur ein Vorwärtskommen durch diese orangegelbe Flitterorgie: man hängt sich an die boalange *conga-line*, die sich schlängelnd ins Nichts schiebt. Die Menschen stauen sich hoffnungslos, schnelle Auswege gibt es nicht aus diesem schleppenden Gewühl, das nur den Morgen zum Ziel hat. Obwohl sich nichts mehr regen kann, ist jeder in

Bewegung. Von allen Seiten mit Entzücken überschüttet, stecke ich fest im entfesselten Frohsinn.

«Es gibt ein physikalisches Gesetz, wonach zwei Körper nicht an ein und demselben Ort sein können», so eine der oft zitierten Spruchweisheiten, die dieser ganz speziellen Masseneuphorie gerecht zu werden sucht, «aber das Gesetz gilt nicht in Brasilien.» Nur *carne vale*! Hier zählt nur das Fleisch, obgleich das Wort «carnival» in seinem Ursprung lediglich den Abschied vom Tierfleisch bezeichnet, auf das die Katholiken verzichten müssen, wenn am Mittwoch nach dem wilden Wochenende die Fastenzeit beginnt. «Alegria!» – grob übersetzt «O Entzücken!» – kreischen die Schlagzeilen alljährlich im Februar, durch eine glückliche Fügung die Zeit der Sommerferien auf der südlichen Halbkugel. «Rei Momo» – eine kreiselnde, rundliche dionysische Figur, die während der tollen Tage das Zepter führt – «befiehlt seinen Untertanen die Freude!» Diese frohe Botschaft überrascht wohl niemanden unvorbereitet, sie dient nur als Startschuß zum Abstauben alter Kostüme. «Die Tollheit hält Einzug!» – und so toll das klingen mag, Vorsicht vor spontanen Entschlüssen! «Brincar» heißt das Kommando, das brasilianischste aller Verben, das unser «spielen» in all seinen schlüpfrigen Deutungen umfaßt. Presse und Fernsehen tun so, als käme dieser Ausbruch völlig spontan, dabei ist er bis ins kleinste Detail inszeniert. So verkünden sie Jahr um Jahr mit gespieltem Erstaunen die Wiederkehr des Festes.

Was hat nun der Welt größter Partymuffel auf dem ruppigsten, stressigsten, serviceschwächsten Ereignis der Welt verloren? Ich platze in den brasilianischen Karneval hinein, da kann ich jetzt wohl schwer eine schriftliche Absage mit dem höflichsten Bedauern an meine 150 Millionen Gastgeber schicken. Auf diesem Gipfel der Geselligkeit ist kein Platz für Smalltalk. Nackt bis auf Turnschuhe und Shorts, tummelt sich die «erste Sahne» eines ganzen Landes auf den Straßen, zusammen mit dem Bodensatz. Wie bin ich bloß auf die Idee gekommen, ich könnte hier ungeladen reinspazieren? Wie konnte ich quietschgrüner Anfänger auf meine Aufnahme in diesen Fortgeschrittenenkurs im polyrhythmischen Beckenschwung, diesen fünftägigen Klaustrophobie-Workshop hoffen?

Wieso mußte ich mich auf meiner allerersten Brasilienreise gleich ins Getümmel von Salvador da Bahia stürzen? Ich sag's Ihnen: Schuld war nur der *bossa nova*. Das unablässige Saitenstakkato der Gitarrespieler mit ihrem lautmalerisch gesäuselten «Bahiiii-jaaah»! O Bahia, Stadt, deren Namen wie ein übersatter Freudenseufzer klingt! Unbedarft wie ich war, erlag ich dem Lockruf der kniffligsten *sambas* genau wie den feierlichen Klageliedern überlieferter afrikanischer Riten. Bahia, als Duftquell maskiertes Reiseziel! Seinen rechtmäßigen Namen, Stadt des Erlösers an der Bucht aller Heiligen, bekam es 1512 von Cabral, dem ersten portugiesischen Eroberer in Brasiliens Geschichte, der damit den zweitältesten festen Siedlungspunkt in der Neuen Welt schuf. Abgekürzt als Salvador, nicht zu verwechseln mit dem unglückseligen El Salvador, kennt man Bahia auch als *A Velha Mulata* – das Mulattenmädchen aus grauer Vorzeit. Riesige Scharen von Sklaven wurden in das historische Zentrum des Zucker- und Kakaohandels verschleppt, zehnmal mehr als später nach Virginia. So reifte Bahia zur schwarzen Seele des Landes, zum Dreh- und Angelpunkt der Afro-Kultur, dem Urquell alles Brasilianischen.

Logisch, daß die Gründungshauptstadt des Landes auch sein wichtigster Freudenschauplatz ist. Zündungsort der alljährlichen Gefühlsexplosion ist die Praça Castro Alves, Salvadors zentraler Sammelplatz. Höllentanzsaal auf einer Meeresklippe. Der Campo Grande, ein würdiger, von Palmen und Mosaikkacheln dominierter Platz, muß den Millionen dieser Stadt als Sprungbrett herhalten, wenn sie sich mit einem Satz ins Chaos katapultieren. Eine heruntergekommene Einkaufsstraße, die nach dem brasilianischen Unabhängigkeitstag Sete do Deptembro benannt ist, wird zum langen Strom halbnackter Derwische mit Kurs auf die Bucht aller Heiligen. Aus der Gegenrichtung, über das holprig steile Pflaster des maroden Pelourinho, einst grausiges Herz der Kolonialzeit und heute Schrittmacher der von den Sklaven ins Land getragenen afrikanischen Kultur, kommen die Afro-*blocos*, sehr traditionsbewußte schwarze Tanztruppen, die ihre unvergleichlichen Stammesgewänder vorführen. Schwarz und Weiß vermengen sich zu einem explosiven Gemisch, das in bunten Farben schimmert – nur Grau fehlt auf der Skala.

Wenn mir jetzt die Flucht ins Hotelzimmer gelänge, dürfte ich mich dort mit einem Lautsprecher vergnügen, der genau vor meinem Fenster rund um die Uhr beschwingte Melodien schmettert. Vor dem Sound gibt es also kein Entkommen, selbst wenn man aus der Masse ausbrechen kann. Anfang und Ende der schaukelnden Prozession bilden zwei riesige Schiffe auf Rädern. Vor ihren Bugseiten türmen sich die Lautsprecher, ihr Gedröhn bringt nicht nur das Blut in Wallung, es kräuselt einem das Trommelfell. Die gesamte Einwohnerschaft stellt ihr Nervensystem unter das frenetische Kommando des typisch Bahianischen *trio elétrico* – im klassischen Sinne Mandolinentrios, heute ganze Bands mit rockigen Drummern und betörenden Backgroundgirls. Während sich ihre Rollbühnen im absoluten Schneckentempo vorwärtsschieben, bekriegen sich die Musiker mit immer lauteren, immer schnelleren *marcha*-Rhythmen. Alteingesessene behaupten, hier in ihrer Stadt habe in den vierziger Jahren ein Elektriker und Hobbymusiker die E-Gitarre erfunden. Auf jeden Fall wurde hier die Umgestaltung von Sattelschleppern in fahrbare Bandpodeste auf ausbalancierten Lautsprecherstapeln perfektioniert. Nie zuvor haben so wenige Pferdestärken solche Lautsprechermassen fortbewegt.

Grelle Neonlettern an einem der Wagen verkünden den Namen des beliebtesten *trios* in diesem Jahr: Cheiro de Amor, der «Duft der Liebe». Davon muß ich auch mal schnuppern, doch dabei sticht mir das weniger angenehme *lança perfume* in die Nase, ein mit Äther vergleichbares Inhalat. Viele im Zug tragen damit besprenkelte Taschentücher vor dem Mund. Die organisierten *bloco*-Truppen tänzeln püschelschwingend durch die Nacht, die Farben ihrer einheitlichen kragenlosen Togas weisen sie als Anhänger schrulliger Karnevalsvereine aus. Sie tragen Namen wie «Ecologia» oder «Freundschaft ist fast Liebe», das auf die Brahma-Bierbecher anspielende «Habeas Corpos» oder «Hypertensão», was für übergroße Triebe steht. Eine traditionell chaotische Truppe hat sich die Losung «Nächstes Jahr wird alles besser» auf die Fahnen geschrieben, eine andere liefert den ideologischen Konter mit ihrem Wahlspruch «Nächstes Jahr wird alles schlechter!»

Ein aparter, sehr muskulöser schwarzer Herr rechts von mir hat sich als typisch amerikanische Highschool-Paradentrommlerin verkleidet – blonde Perücke, Minirock, Go-go-Stiefel. Regelmäßig schlüpfen an einem bestimmten Tag der Feierlichkeiten in dieser sonst so regellosen Stadt Tausende von Männern ins Cheerleaderkostüm. Das Mädchen zu meiner Linken ist Batman, oder Batlady. Liebreizende Nixen gleiten vorbei, rubbeln ihre Flossen an lüsternen Fischern. Manchmal blitzt mich eine Sirene lächelnd mit ihren goldenen Zähnen an. Andere bekunden ihr Interesse, indem sie mir das Shirt überm Hintern hochlupfen, als wollten sie meine Hose durchleuchten. Im Slang der Gegend heißen diese Phantasiefreaks *pipoca*, ‹Popcorn›. Rund um mich kocht die Action über, sprengt alle Gesetze der Vernunft.

Ich habe mich an die Apachen gehängt, einen typisch bahianischen Jubelmix aus Schwarzen in Hollywood-Indianerkostümen. In einer tolldreisten Parodie auf ihre Brüder vom Amazonas spreizen sie die Federn und spannen im Takt die Bögen, beseelt vom Stammestanz des falschen Kontinents. Solo grölen die Häuptlinge ihre Huldigungen an uralte afrikanische Gottheiten durch ein plärriges Mikrofon. Die Trommlertruppe tobt wie ein aus Zwangsjacken befreiter Spielmannszug. Ihr martialischer Rhythmus ist wiederum international angehaucht – *samba-reggae* wird er genannt. Ein Beat, der alte Kirchengemäuer beben läßt, der wie eine unendliche Rückkopplung weiter und weiter dröhnt. Doch dann tausche ich die Indianer gegen die Inder. Auf einmal stecke ich mitten im Turbanmeer der Filhos de Gandhi (Söhne Gandhis), der ältesten und größten Schwarzenvereinigung, die den pazifistischen Heiligen als Symbolfigur für friedliche Koexistenz und Rassenwiderstand verehren. Tausende tragen das Einheitskostüm des zivilen Ungehorsams: weißer Turban, Sandalen, knallblaue Socken. Ihr heiliger Kopfschmuck erinnert an Bowlingtücher.

Ich habe meine Zweifel, ob Mahatma derart unbändige Fleischlichkeit gutheißen würde. Das Gesicht dieser *festa* ist manchmal lüstern und unrasiert, viel öfter aber clownesk, flittrig und angemalt. Vier Nächte tobt das Treiben ohne Pause, während der Rest der Welt ein stinknormales Wochenende verdöst, und von Nacht zu Nacht wird die Stimmung schärfer. Die ganze Meute ist längst reif fürs Bett. In stilleren Ecken wird das Straßenpflaster zur steinigen Matratze für Pärchen, die sich engumschlungen auf Konfetti und zerknautschte Bierbecher betten. Die besseren Seitenstraßen dienen als Pissoirs. Geborstene und ausgebrannte Laternen lassen mich im Dunkeln durch enge Straßen irren, umlagert von Gestalten, denen man gerade dort am wenigsten begegnen will. Durch den Karneval in die Kindheit zurückversetzt, schraubt so manches Problemkind seine zweifelhafte Unschuld zu blinder Zerstörungswut hoch. So mancher Partygast ist längst nicht mehr erwünscht.

Ich kann mich nicht erinnern, daß mich jemand mit der Dame bekanntgemacht hat, die mir gerade fröhlich mit den Händen die Kniekehlen reibt, auch nicht mit dem Betrunkenen, dessen Ellbogen sich mir in den Rücken bohrt, ganz zu schweigen von dem fremden Fummler, der in unserer Kuschelszene eine willkommene Gelegenheit sieht, mir mit seinen Pranken tief in den Vordertaschen zu wühlen. Einen Moment gaukeln mir die zwei extra Hände in meiner Hose vor, ich hätte auf einmal Tentakeln wie Vishnu, oder sind die Khaki-Shorts vielleicht gar nicht mehr meine? Doch in weiser Voraussicht habe ich einen Teil meines Geldes in der Sohle meines stinkenden Turnschuhs verstaut. Ich habe nicht den Platz, mich vornüber zu beugen und mein Scheinbündel zurückzufordern, nur ein Paar tausend *cruzeiros*, nicht zu verwechseln mit den *cruzados* vom letzten Jahr oder den *cruzados novos* vom nächsten. Eins haben diese Währungen alle gemeinsam – ihr Wert sinkt stündlich in diesem Land, wo unerschütterlicher Utopismus die einzig sinnvolle Währung ist. Der Dieb muß bald feststellen, daß meine Taschen genauso leer sind wie die Staatskasse.

Am sichersten ist es, wenn ich mich dem Mob anpasse und hinnehme, daß ich kein Stück besser oder schlechter bin als irgendein anderer zweibeiniger Junkie auf dem Multitrip von Snaredrums, Massenhysterie und Billigbier bis zum Abwinken. Ohne es recht zu merken, ziehe auch ich die Nacht durch, stimme in frommprofane Lobgesänge auf diesen wundersam vielsprachigen Ort ein. «Bahia, meine Augen leuchten / Mein Herz erbebt / Vor soviel Glücksgefühl!» huldigt eine altehrwürdige *samba* der Stadt. «Du Königin alles Schönen / Geliebte Bahia / Lange vor dem Reich / War sie die erste Hauptstadt / Ihre Chronik ist ihr Glanzlicht / Ihr Name Tradition!» Die letzten fünfhundert Jahre haben dem Bahia-Cocktail aus Menschenschlägen und Religionen nichts von seiner Urgewalt nehmen können. Noch immer thront dieses Klein-Lissabon, dieses Kompakt-Luanda auf seinem verwöhnten Terrassenplatz zwischen Meer und Steppe und läßt die Kulturmotoren rattern, daß es nur so kracht. Tanzend entdecken wir Bahias sonnenklare Abkürzung zum schwarzen Kontinent! Durchschreiten die ganz und gar enthemmte Amerika-Version des Erlösers Salvador! Alles huldigt Oxum und Jesus, Maria und Yemanià! Gesegnet seien Mutter Afrika, Vater Portugal und am meisten ihr Bastard Brasilien!

Mit heidnischen Hosianna-Rufen recke ich beide Hände himmelwärts, weil um mich herum kein Platz mehr für die Arme ist. Irgendwelche Beine tragen meinen Körper weiter. Dann kommt mein einziges Glanzstück, als ich es satt habe, ständig auf und ab zu hüpfen wie ein Storch mit Startproblemen. Ich werfe alle Verklemmungen über Bord und schmeiße mich in meinen «Veitstanz» – an dem feile ich schon seit meiner ersten James Brown-Parodie an der Junior Highschool. Eine Zeitlang umringen mich ein paar braunhäutige Teenies aus Bahia und strengen sich mächtig an, meinen obercoolen *Americano*-Dance nachzumachen. «'Ta legal!» brüllen sie und zeigen mir anerkennend den Daumen. Das heißt, ich bin nicht in Ordnung, sondern absolut okay mit meiner Nummer, voll akzeptiert. Ihr Grinsen zeigt mir einmal mehr, daß der Karneval keine Stilregeln, keine Etikette kennt. «Otimo!», murmeln einige. Das kommt von «ultimo» und ist das gebräuchlichste Kompliment in diesem Land, das alles Erlebte auf die Spitze hebt. Vielleicht entgeht man so am sichersten der Gefahr, gekränkt zu werden: indem man sich ganz der eigenen *fantasia* hingibt, im Brasilianischen auch das Wort für «Kostüm».

Als was bin ich denn überhaupt verkleidet, doch mehr als irrtümlicher Tänzer denn als zufälliger Tourist? Eigentlich stehe ich nicht sehr auf zwanglosen Körperkontakt, dem konnte ich bisher wenig abgewinnen – ich verrenke mir doch nicht die Körperteile, wenn andere zusehen! Ich brauche keine bedröhnten Fremden, die auf meine Aufmerksamkeit, wenn nicht gar auf meine Seele scharf sind. In dem Moment, wo der Geräuschpegel einer Party überkippt, wo der Teppich hochgerollt wird und alle sich aufs Parkett schwingen, bin ich meistens schon in Hut und Mantel. Daß es mich hierher verschlagen hat – an den absoluten Nabel vom Reich der Körper –

zeigt nur, wie weit mancher geht, um zum eigenen Körper zu finden. Ich habe gleich achttausend Flugmeilen vorgelegt, dabei reicht eine einzige Reise von ein paar Zentimetern hinein in das rauchige Reich gleich unterm Nacken!

«Südlich des Äquators», so ein anderer müder Spruch für Brasilien-Anfänger, «gibt es keine Sünde.» Obwohl sich hier viel mehr Unschuld offenbart als irgendwo sonst – offenbartes Fleisch ist entblößtes Fleisch –, schreckt mein Nordgeist mit einem Haufen tadelnder Fragen zurück: Sehnen sich diese Menschen denn nie nach Ruhe? Wollen die nicht auch mal in sich hineinhorchen? Was hab ich davon, mich in diesen verschwitzten, barfüßigen Haufen zu werfen? Muß wirklich eine ziemliche Leistung sein, dieser Kniefall von den Urgewalten, wenn er mir so schwerfällt. Irgendwo hier gibt es für mich etwas zu lernen, aber nur, wenn ich mich ins Gewühl der anonymen Leiber einreihe, die Staatsbürgerschaft in dieser Diktatur der Schönheit beantrage.

Niemand stört sich offenbar daran, daß der Karneval der Demokratie in diesem Jahr unweigerlich zum Karneval der Hyperinflation werden mußte. Die *festa* – ein Schlüsselwort in diesem als Fest verkleideten Land – triumphiert über die *brutalidade*, ein Begriff, dem der brasilianische Singsang ganz die portugiesische Härte nimmt. Das Höllenfeuer verglimmt, und selbst tagtägliches Leid bekommt einen lieblichen Klang. *Sem medo de ser feliz* – Keine Angst vorm Fröhlichsein; danach strebe nun auch ich. Die kecke Losung hält diese Stadt, dieses Land, diese Nacht am Leben. Eine Karnevalstruppe hat sie aus dem Wahlkampfspot von Lula entliehen, einem stämmigen Fabrikarbeiter, der vor kurzem in der ersten freien Präsidentschaftswahl seit neunundzwanzig Jahren nur knapp gescheitert ist. In dieser Zeit, wo wieder ein Hauch von Volksherrschaft aufkommt, müssen selbst linke Kandidaten mit poppigen Songs um die Gunst der Wähler buhlen. Ein Wahlkampf ohne das Thema Freude ist hier undenkbar.

Aber führt wirklich nur diese *Tour de force* zum Ziel? Braucht man nicht wenigstens ein bißchen salonfähiges Amüsement? Darf Fröhlichkeit so stinken – nach abgestandenem Bier? Darf sie so schmekken, nach angekohltem Fleisch und Pfeffersauce, die ewig auf der Zunge brennt? Darf sie so klingen wie dieses trommelfellzerreißende Vierviertelgedröhne bar jeden Feingefühls? Darf sie so aussehen wie dieses betäubende Wirrwarr aus Hinterteilen, Achselhaaren und eingeschlagenen Zähnen? Und darf sie sich so anfühlen, so heiß und glitschig? Und wie kann es sein, daß ich hier so viele freundliche Lehrmeister finde, wo sie doch allen Grund zu gänzlich anderen Gefühlen hätten?

Hat die Meute denn nicht mitbekommen, daß die Preise im letzten Jahr um 4000 Prozent gestiegen sind? Wissen sie nichts von den wachsenden Auslandsschulden? Ein Blick auf die Karte zeigt, wie bedrohlich dicht Bahia an einem ausgedörrten, oligarchisch regierten Hinterland liegt, wo Millionen in ständiger Armut darben müssen. Ist das hier nicht dieselbe Stadt, in der täglich Hunderte von Menschen den Drogengangs zum Opfer fallen, und wo die nicht minder kriminelle Polizei obdachlose Kinder für ein Kopfgeld von fünfhundert Dollar erbarmungslos abknallt? Rein rechnerisch muß ein Großteil dieser Leute hier aus den *favelas* stammen. Das sind Slums ohne sanitäre Anlagen, am Rande der Verzweiflung. Haben die alle den Kahlschlag im Regenwald vergessen, die Mißhandlung der indianischen Ureinwohner, die jahrzehntelange Militärherrschaft, die Massenflucht von Kapital und klugen Köpfen, die Übergriffe der Multikonzerne, die Entfremdung des postindustriellen Menschen, die Atombombe? Wie kann dieses Land noch tanzen?

Doch halt – das hat der fünftgrößte Staat der Welt nicht verdient. Seine Menschen haben enorme Schranken durchbrochen und sagenhafte Städte errichtet. Man darf Brasilien nicht einfach starr als einen riesigen Pfuhl ungezähmter Nöte sehen. Noch immer sitzt General de Gaulles sarkastischer Kommentar über den fehlenden Ernst den Leuten hier im Nacken. Dennoch ist unbestritten, daß keine andere Gesellschaftsordnung ihre frivolen Seiten so ernst nimmt. Seit sich Carmen Miranda zum ersten Mal einen Obstsalat in die Frisur drapiert hat, gelten hüftschwingende Showgirls weltweit als die wichtigsten Botschafter ihres Landes. Hier waltet eine Kultur, wie sich keine zweite findet, und zwar nicht nur für fünf Tage im Jahr. Wo sonst werden Leidenschaft und Mystizismus, Zärtlichkeit, Verspieltheit und vor allem der Rhythmus so großgeschrieben wie hier? Und der Gipfel dieser Kultur, die brasilianische Popmusik, dieser Partysound mit all seinen Spielarten, ist ebenso ein Beitrag zur Zivilisation unseres Planeten wie gotische Kathedralen oder persische Miniaturen.

Mit anderen Worten, was wir von Brasilien lernen können, findet sich nicht in Prachtbauten oder Museen, sondern in Tanzsälen, in Kneipen und vor allem auf der Straße. *A gente nas ruas!* Brasilien ruft zur Andacht auf die Straße. Also ist die Pilgerfahrt hierher so etwas wie ein geographisches Gegenstück zu einer Reise nach Indien. Beide haben letztlich die Erleuchtung als Ziel. Nur die Wege sind verschieden – muß man dort dem Fleisch entsagen, soll man es hier kräftig schütteln. So erschließt sich einem der Geist des Karnevals durch das eigene *carne,* das eigene Fleisch.

Aber wie mimt man im Reich des Körpers den Touristen? Wie kriegt man ein Land zu fassen, dessen wichtigste Monumente so kurzlebig sind? Dessen Souvenirs ohne Ton nicht funktionieren, dessen Schnappschüsse aus den Kehlen seiner Menschen schnellen? Wo soll man ansetzen, wenn die wichtigsten Wahrzeichen sich viel eher den Ohren erschließen als den Augen? Mich haben Melodien und Texte angelockt, sollen also die Texte meinen Kurs bestimmen. Ich reise nicht nach dem Flugplan, ich reise nach Plattencovern. Mein Reiseführer ist der Trommelschlag – vielleicht finde ich so das smaragdgrüne Reich, das die Rhythmen Brasiliens in meiner Phantasie seit langem öffnen. Ich will alle Töne anschlagen, die hohen und die tiefen, und so in das Land gelangen, dessen Klänge mich schon längst in ihrem Bann haben – will die Musik des Landes mit dem Land der Musik vergleichen.

Ein naives Unterfangen, sicher, so kindisch wie das bunte Gewimmel um mich herum. Aber ohne einen Spritzer Naivität würden wir alle auf der Stelle treten. Ohne Illusionen gibt es keine Reisen. Und so folge ich auf meiner Reise der Musik. Folge der Musik, und sie macht dich frei. Ich folge ihr und hoffe, daß sie mich nach Brasilien bringt.

Musik beim Lesen:

TEMPO DE BAHIA – Sampler, *Blue Moon*
SOUNDS OF BAHIA, Vol. 2 – Sampler, *World Pacific*
JAMBO – Chiclete Com Banana, *Trio Gel*
O CARNEVAL DE GAL – Gal Costa, *Philips*

The Guy from Ipanema

Die Bekanntschaft mit einem Land beginnt eigentlich nicht anders als ein Flirt. Oft geht man dabei zu sehr nach dem ersten Eindruck. Wie bei so vielen Nordamerikanern wurde auch mein Interesse an diesem Land von einer Frau geweckt. Kein Pauschalreiseangebot hat jemals solche Touristenscharen zum Urlaub in Brasilien verführt wie diese eine Frau, die unnahbare Strandschönheit aus Ipanema, die im Lied als «tall and tan and young and lovely» besungen wird – letzteres eine sehr farblose Übertragung des portugiesischen *cheia de graça,* «voller Anmut». Nur habe ich die Dame schon als kleiner Junge kennengelernt, aber das machte nichts. Sie war ja auch bloß ein Mädchen.

Ich war gerade dreizehn Jahre alt, stand also an der Schwelle zum Mannesalter, als «The Girl from Ipanema» die Staaten im Sturm eroberte. Im Nu hatte sich die heiße Romanze im coolen *samba*-Takt zwei Millionen mal verkauft. Meine erste Begegnung mit der Urgewalt Südamerikas machte mich sehr stutzig. Wir waren gerade in unserem Ferienhaus, und meine sonst so rationalen Eltern standen nur in Badetücher gehüllt auf der Terrasse und wiegten sich im «new beat». Sie wußten nicht, wie die Tanzschritte eigentlich gingen, auch nicht, was an dieser *bossa* so *nova* war. Oder daß diese sanft gezupften *sambas* nur lasche Plagiate der in Brasiliens schwarzen Armenvierteln geborenen prasselnden, lärmenden Originale waren. Die vom Taumel gepackten Nordamerikaner wußten nur eins: dieser Sound machte den Zauber eines Landes aus, das wild und bekehrt zugleich war, und dessen Regierung unweigerlich am Strand residieren müßte. Noch bevor die anderen meiner Generation dem Bann der Rock-Rebellion erlagen, ließ ich mich von Sergio Mendes und Lalo Schifrin, von Stan Getz und Charlie Byrd in ein Land entführen, von dem an der Junior High School kaum je die Rede war. So erfuhr ich wie viele andere zuerst durch die Begleittexte auf Plattencovern, nicht etwa aus Geschichtsbüchern, von der Existenz dieses wundersamen Ortes namens Brasilien.

Aus heutiger Sicht ist freilich klar, daß diese äquatorüberschreitende Invasion viel mehr war als nur eine multikulturelle Annäherung. Beide amerikanischen Riesenreiche erlebten in den frühen

Sechzigern einen Lichtblick, sah es doch für kurze Zeit nach einem Sieg der demokratischen Werte über die Barbarei aus. Dank dem Generationswechsel an der Spitze erreichte die politische Kultur der Regierenden ein ungekannt hohes Niveau. Symbolfiguren dieses Aufschwungs waren zwei gleichermaßen dynamische Präsidenten mit denselben Initialen: J. K. für John Kennedy, «Jota Ka», so die portugiesische Betonung, für Juscelino Kubitschek, der als einziger ehrlicher Staatsführer zwischen zwei grauenvollen Phasen der Diktatur noch heute im ganzen Land verehrt wird. Der Enthusiasmus drang auf die Straßen: in den Vereinigten Staaten loderte die Bürgerrechtsbewegung auf, in Brasilien erhoben sich Industriegewerkschaften und Bauernverbände aus der Versenkung. Der landesweite Energieschub und das neue Selbstwertgefühl fanden ihre Wahrzeichen in Kennedys Versprechen, den ersten Menschen auf den Mond zu schicken, und Kubitscheks irdischer Wunderleistung, der langerträumten Errichtung einer futuristischen neuen «Hauptstadt der Hoffnung» in der Mondlandschaft des brasilianischen Hinterlandes. Nicht ohne Grund fiel die Wahl zur Komposition eines Orchesterwerkes für die Weihe der Stadt Brasilia auf Antonio Carlos Jobim, den Mann, aus dessen Feder «The Girl from Ipanema» stammt.

Nur allzubald fand die Blütezeit hier wie da ihr jähes Ende: hier durch ein Attentat und den Vietnamkrieg, dort durch den von der CIA gestützten Militärputsch, der 1964 den linksgerichteten João Goulart aus dem Amt fegte und fast zwei Jahrzehnte der *ditatura* einleitete. Doch der musikalische Aufschwung jener Zeit, dieser Angriff auf Hemmung und falsche Bescheidenheit in bester Tradition des ganzen amerikanischen Kontinents, klingt noch heute in unseren Ohren nach. Brasiliens «amerikanisierte» *bossa nova* bekam einen tieferen Sinn, sie kündet von der Wahrheit, daß keine zwei Länder auf diesem Planeten einander näher sein können als diese erdteilgroßen, von Grenzen zerfurchten, von der Sklaverei gezeichneten Einwandererdorados – die Vereinigten Staaten von Amerika und Os Estados Unidos do Brasil.

So kurz die Harmonie anhielt, so sehr beflügelten ihre Melodien meine Schwärmerei für das ferne Land. Natürlich hat es mich verblüfft, daß eine Brasilianerin an den nordischen Namen Astrud kam, aber ungleich wichtiger war für mich, daß Astrud Gilberto, die durch ihren Auftritt im Refrain der englischen «Girl»-Version berühmt gewordene Frau des Sängers João Gilberto, mit ihrer Stimme meine erste Definition des Wörtchens «sexy» geprägt hat. Orte wie Corcovado und Ipanema waren für mich Songtitel, sorgenfreie Playboy-Paradiese, wie man sie sich als Teenager erträumt. Ein Wort wie «Rio» wurde zum Liebeselixier. Armes Rio! Nichts auf dieser Welt ist so verlogen wie Reiseplakate und Fotos von halbnackten Mädchen – und Plattencover, könnte man hinzufügen. Und weil das Image der Stadt von allen dreien geprägt wurde, muß sie leider gleich dreifach enttäuschen.

Schon meine erste Reise nach Rio de Janeiro führte mir deutlich vor Augen, daß in dieser vielgerühmten Bucht so ziemlich alles verpfuscht ist, wobei Menschen die Hände im Spiel hatten. Verdreckte Dammstraßen führen vom Flughafen durch die Untiefen der Bucht von Guanabara auf blechbedeckte Armutshäufchen, die wie Haarbüschel unter den Achseln der Boulevards hervorquellen. Will man zu den Postkartenmotiven, muß man durch Viertel, in denen ganz bestimmt niemand hängenbleiben will: das Grau-in-Grau der vom Tourismus ignorierten Zona Norte, einem südamerikanischen Pendant zu New Jersey, dessen einzige Besonderheiten die Clubhäuser der Karnevalsvereine sind. Leider sind diese aber rein äußerlich kaum von den Lagerhäusern zu unterscheiden.

Hauptader zum Zentrum ist die achtspurige Avenida Brasil, gesäumt von Reifenhändlern und schamlippenroten «Liebesmotels» – während des Umweltgipfels 1992 residierte die Einheit des U. S. Secret Service in einem besonders protzigen Etablissement dieser Kategorie, in der maximale Abschirmung für maximale Untreue die Bauart bestimmen. Auch der Hafen von Rio bietet einen jämmerlichen Anblick – wie es scheint, sind die Docks und Hebekräne seit der Abschaffung der Sklaverei nicht mehr richtig geputzt worden. Die Stützpfeiler der Stadtautobahn sind mit Revoluzzer-Losungen vollgesprayt. Darüber rattern Busse mit eingeschlagenen Fensterscheiben vorbei. Die modernen Glasklötze im Zentrum beißen sich gewaltig mit den Kuppeln der Kolonialbauten. Auf den ersten Blick von ebener Erde erscheint der Zuckerhut – dieser klobige, seltsam unwiderstehliche Großstadtfels, den ich zum erstenmal auf einer LP von Cannonball Adderley gesehen habe – wie ein abgerubbelter brauner Radiergummistummel. Drahtstränge, die auf Fotos wegretuschiert sind, die Seilbahnen zum Gipfel, spiegeln sich im stillen, weil verschmutzten Wasser der halbkreisförmigen Bucht von Botafogo. Zu den schickeren Stellen gelangt man gemeinerweise nur durch lange, abgasverseuchte Tunnel, wo die Taxifahrer zynisch warnen: «Jetzt bitte nicht einatmen, wenn Sie Ihre Lebenserwartung nicht um dreißig Sekunden reduzieren wollen.»

Läßt mich die Wirklichkeit jetzt hängen, weil ich mich seit fünfundzwanzig Jahren an ein musikalisches Pin-up, eine Fata Morgana im Bikini, geklammert habe? Selbstverständlich fahre ich geradewegs zum Strand vom Ipanema – wenigstens gibt es den tatsächlich. Nach ein paar Stunden miserablem Jetleg-Schlaf endlich ein Lichtblick. Brasilien grüßt mich stilecht: über das altersschwache Ächzen der Klimaanlage dringt Musik durch die Vorhänge, die mein bescheidenes Hotelzimmer vor der bulligen tropischen Morgenhitze abschirmen. Kesselpauken dröhnen zum scheppernden Sound von Schellen, Snaredrums und Rasseln. Ein Wecksignal für das Universum! Doch als ich das Fenster aufstoße, um nach dem ungestümen Musikantenzug Ausschau zu halten, sehe ich nur eine Ladenfront auf der anderen Straßenseite – *Discos em Promoçao*. Da werden *samba*-Platten verkauft! Die Lautsprecherbox vor dem Laden gewährt der ganzen Gegend eine unentgeltliche Kostprobe. Aber ich verlange nach echten Klängen, nicht nach Konserven. Leider kommen in dieser ethnographischen Quarantänezone für Touristen, in die es mich verschlagen hat, nicht nur die Klänge aus der Konserve. Dasselbe gilt für das städtische Treiben und auch für die neue Generation der Ipanema-Girls in ihrer spärlichen Strandkleidung. Nur Gucken ist erlaubt.

Dann vollziehe ich dasselbe Ritual wie ungezählte *gringos* vor und nach mir. Ich wanke hinaus zum lasterhaften Strand der Metropole. Von Kennern vorgewarnt, trage ich nichts bei mir, was mir jemand rauben könnte – nur die Badehose und meine Einsamkeit. Wie ein verirrter bleicher Comic-Fiesling komme ich mir vor zwischen all den quirligen Cariocas, die ihre ganz normale Wochenendorgie feiern – Fleischbeschau, Volleyballturnier und Biergelage in einem. Entlang der Promenade verteilen numerierte Pfosten den

Strand häppchenweise auf die mannigfaltigen sozialen Gruppierungen des Landes. Auf einem heißen Häppchen aalen sich Dichter und Denker, auf einem anderen die Hohenpriester, ein Stück weiter lagert die äußerst spärlich bekleidete Bürokratie, und auch die einstigen politischen Gefangenen haben ihren Stammplatz. Er läßt kein Klischee aus, der brasilianische Times Square am Meer: die Stadtschönheiten in ihren hauchzarten *tangas*, zu Recht als «Zahnseide» betitelt, fehlen ebensowenig wie die *calcadas*, gleichmäßige schwarz-weiße Mosaikwellen aus der Zeit der portugiesischen Seefahrt. Alle paar Meter bieten Straßenhändler Fußballtrikots und riesige Badetücher feil, und auf fernen Abhängen ragt der Dschungel bis ans Meer, wie zum Zeichen, daß dieser gigantische Bumerang aus Badenden, diese zwei Meilen lange Erfrischungszone für eine ganze Stadt, auch ein Ende hat.

Woher kommt eigentlich dieses beruhigte Gefühl, wenn man feststellt, daß ein Ort haargenau den Klischeevorstellungen entspricht? Ich tauche meine Zehen in diesen weltberühmten Sandkasten, und irgendwie läuft bei mir genau derselbe Pawlowsche Staunreflex ab wie beim Eintritt in Postkartenansichten à la Taj Mahal oder Tiananmen-Platz. In der Symbolsprache der Menschheit gibt es nur eine Kirche, und die heißt Notre Dame, nur einen Wolkenkratzer namens Empire State Building, und eben auch nur einen Strand: die an Ipanema grenzende Copacabana. Doch worin unterscheidet sich dieses Babylon der Stranddecken von seinen vielen Ebenbildern? Schon greift die ungewohnte Hitze meine Füße an, und ich rette mich in den Schatten einer *pagode*, eines provisorischen Zeltbaus (das Wort stammt vom chinesischen *pagoda*, ausgesprochen wird es «pa-go-dshi»). So heißt auch ein sehr ursprünglicher *samba*-Stil, der in den letzten Jahren als prunklose Entgegnung auf den überdrehten Glamour der Karnevalsmusiken aufgekommen ist. Man besinnt sich wieder auf die Anfänge, genau wie die Musiker hier im Zelt. Sie sind mitten in der Session, und die leeren Antarctica-Bierflaschen auf dem Boden reichen schon für ein Freudenfeuer aus braunem Glas. Meine Erfrischung fällt also musikalisch aus.

Die sechs jungen Kerle im kühlen Schatten sind eifrig bei der Sache, sie holen alles raus aus ihrem Percussion-Instrumentarium, das sämtliche Grundbausteine der brasilianischen Musik enthält: die flotte, eindringliche *agogô*-Doppelschelle; das quietschige, heitere *cavaquinho*, eine portugiesische Mandoline, bei uns besser bekannt als Ukulele; die freche *caixa*-Snaredrum und die pompöse *surdo*-Baßtrommel; die orgiastisch stöhnende *cuica* oder Afrikanische Spanntrommel, wie dieses Fell mit dem sprechenden Nabel im schroffen Fachjargon genannt wird; die aggressiven *atabaqués*, das Tomtom, das wandelbare *pandeiro* oder Tamburin, am liebsten bespielt mit Ellbogen, Hüfte oder Nasenspitze; das hiesige *tamborim*, eine Miniversion, die mit Maschinengewehr-Tempo gespielt wird; das *reco-reco*-Raspelholz und die *xique-xique*-Rassel – manchmal nur eine Blechdose mit getrockneten Bohnen –, die beide genauso klingen wie sie heißen. Die vielschichtigen Stakkatorhythmen bringen alle ringsum in Bewegung, ein genüßlich verzögerter Gewaltmarsch. Ein Trupp mittelalter Mammas im G-string spielt «Schüttle-was-du-hast», sie tanzen im Kreis und steuern immer neue Volksweisen zum Trommelgewitter bei. An diesem Strand, wo kaum jemand ein Buch dabei hat, zeigen sich die Sonnenanbeter um so gelehrter in der mündlichen Überlieferung; jeder hat eine Unmenge von Versen gespeichert. Der Durchschnittsbrasilianer ist ein wandelndes Liederbuch, das ist mir vom ersten Moment an klar.

Jetzt kann ich endlich mit meinen musikalischen Erkundungen beginnen. Dazu brauche ich zuerst einmal den Stifter der lebenslangen Schwärmerei, die mich hierher geführt hat. Weil das blumige Portugiesisch nicht unter vier Vornamen hinkommt, wird in Brasilien gnadenlos verknappt. So kennt man Antonio Carlos Jobim im ganzen Land als «Tom» – ein recht jungenhafter Name für den großen alten Mann der *bossa nova*, der mittlerweile auf die Siebzig zugeht. Fünf der zehn meistgecoverten brasilianischen Songs gehen auf sein Konto – ganz zu schweigen von den meistgesummten! –, darunter «One-Note Samba» und «A Felicidade». Doch Jobim ist weit mehr als nur ein produktiver Tonschöpfer, sein Ruhm in den hiesigen Breiten übersteigt selbst den eines Cole Porter. Ich habe viele aufstrebende Musiker der Tropenstadt kennengelernt, und fast jeder, egal aus welcher Ecke der Popmusik, hebt ihn als den innovativsten und am häufigsten plagiierten Komponisten hervor. Moacyr Luz,

Sänger der *musica popular Brasileira (MPB)* – so der Sammelbegriff für alle Nachkommen des *bossa nova* –, bringt die allgemeine Empfindung auf den Punkt: «Jobim ist unser großes Genie, weil er sich getraut hat, einfach zu sein.»

Ich traue mich auch was – ich wähle seine Privatnummer und staune nicht schlecht, als ich ihn nach nicht mal einem Dutzend Besetztzeichen an der Strippe habe. «Sicherlich haben Sie schon festgestellt, daß unsere Telefone sehr wunderlich sind», begrüßt mich Jobim im wunderlichen Tonfall seiner schönsten Songtexte. Erstaunlich, daß ich mich nicht an einer eifersüchtig über ihren Herrn wachenden *empregada* (Dienstmädchen) vorbeikämpfen mußte, dieser nicht wegzudenkenden Institution in einem Land, wo selbst die Dienstmädchen noch Dienstmädchen haben. (Eine erzählt mir, ihr Brötchengeber kann nicht ans Telefon kommen, weil er sich vor dem Karneval ausruhen muß, später erzählen mir andere, ihre Herrschaften müßten sich vom Karneval erholen.) Ich weiß, daß Tom Jobim zwischen Rio und New York pendelt, und mache mir keine Hoffnungen, daß er Zeit für mich haben könnte. «Lieber Freund», verkündet er theatralisch, «wir *erfinden* uns die Zeit!»

Der Mann muß wirklich ein Genie sein. Wie sonst hätte er ein so sinnliches Loblied auf ein derart schäbiges Fleckchen Erde schreiben können? Beim Spaziergang durch Ipanema, dieses enge, zwischen eine Binnenlagune und ein Strandstück außerhalb der Stadt gepferchte Viertel, finde ich nur stickige Luft, schwer bewachte Eigenheime, jede Menge Discountläden und schlecht besuchte Einkaufszentren. Nichts läßt erahnen, daß schon eine Ecke weiter das Meer anfängt. Es könnte auch zig Meilen entfernt sein, wären da nicht die zusammengeklappten Liegestühle im Gepäck der Stadtstreicherinnen von Ipanema. Doch das war anders, als der junge Antonio Carlos Jobim mit seinen Eltern hierher kam. Damals war die erweiterte Straßenbahnlinie aus der Innenstadt gerade frisch eingeweiht, und vom herrlich weißen Sandstrand, hochgeschätzt bei Prominenten wie Isadora Duncan und geprägt von Stadtplanerbüros wie Praia Maravilhosa (Wundervoller Strand), konnte man Wale und Reiher erspähen.

Laut Jobim haben die Grundstücksspekulanten die ganze Stadt

in den Ruin getrieben. Zum anderen hat der nostalgische Sohn des Viertels aber auch einmal gesagt, wirkliche soziale Gerechtigkeit gäbe es in Brasilien erst, wenn jeder in Ipanema leben könnte. An einem Nachmittag folge ich dem Massenstrom zu dem Ort, von dem aus Ipanema zu ewigem Weltruhm gelangt ist. Eine Ecke vom Strand entfernt musiziert ein perfekt gebräunter Trupp mit Tamburinen und Trompeten, bemüht, auch noch den letzten Freudentropfen aus dem schwindenden Tag zu pressen. Offenbar geht es bei ihrer Polonaise im wesentlichen darum, wer am längsten herumhopsen kann, natürlich immer noch im Badedress, dem synthetischen Feigenblatt unserer Tage. Die Musiker tragen T-Shirts mit ihrem Bandnamen – Furiosa, ein Spiel mit den Wörtern «furios» und «Rio». Sie haben an einer überfüllten Kneipenterrasse haltgemacht, um den Biertrinkern ein Ständchen zu bringen. Auf dem Schild über der winzigen Eckkneipe steht: «Garota de Ipanema». *Garota* steht natürlich für Mädchen, allerdings nicht für irgendein Mädchen. An einem Tisch in diesem Lokal kritzelte Vinicius de Moraes, der Volksdichter, der die brasilianische Popmusik durch sein Engagement als Haupttexter der *bossa nova* salonfähig gemacht hat, seine Huldigung an eine junge Dame namens Heliosa Pinheiro auf Papier. Die geschmeidige, langhaarige Generalstochter von einst lebt noch immer von ihrem Ruhm als das einzig wahre «Girl from Ipanema». Als Klatschreporterin klappert sie fürs Fernsehen die Karnevalsbälle ab. Für den brasilianischen *Playboy* posierte sie nackt neben ihrer Tochter. Wem es gelingt, sich durch das Geschiebe vor der Kneipe, die früher «Velosa» hieß, zu drängeln, kann in einem Bilderrahmen über der Bar den Originalentwurf für Text und Musik bewundern. Tom Jobim suche ich hier jedoch vergebens. Er meidet die Kneipe, seit sie aus seinem Song Kapital schlägt.

Ich mache mich auf die Suche nach Jobim, doch in den schicken Bars wie People und Jazzmania finde ich nur die dynamische Nachahmung nordamerikanischer Fusion-Jazzklänge. In solchen Elite-Schlupfwinkeln ist die *bossa nova* geboren, aus der Fusion eines nordamerikanischen Imports der fünfziger Jahre – dem von Miles Davis und Chet Baker kreierten «cool sound» – mit einheimischen afrobrasilianischen Rhythmen. Heute steht freilich der Rock an der

Spitze, in Brasilien übrigens wie «Hockey» ausgesprochen. In einer beliebten landesweiten Fernsehshow lernen die Kids Englisch mit Videoclips nach MTV-Machart. Die Boulevardblätter leben zum großen Teil von Brasiliens Rockstars: Allen voran der durchgeknallte «Lobão» («Großer Wolf») und die respektlosen Paralamas do Sucesso («Rammbohlen des Erfolgs»). Auf öffentlichen Veranstaltungen in Rio kommen deutlich mehr Rocksounds als *samba*-Klänge aus den Lautsprechern. Wenn an der Copacabana das neue Jahr begrüßt wird, übertönen die Eagles und U 2 die Gesänge der Priesterinnen des *macumba*-Kultes.

Ich habe den Tip bekommen, daß sich demnächst mehrere Altmeister der *bossa nova*, darunter auch Tom Jobim, zu einem außerordentlichen Revival-Act zusammenfinden werden, um einen kranken Musikerkollegen finanziell zu unterstützen. Soweit die gute Nachricht. Die schlechte ist, daß das Konzert zwischen Kerzenständern auf weiß ausgeschlagener Bühne stattfindet, in einem stinkfeudalen Nachtclub, wo sonst *mulata*-Showgirls ihre perfekt geformten *boom-booms* zur Musik argentinischer Gastkapellen schütteln. Nicht nur das Ambiente, auch die Musik selbst zeigt es nur allzu deutlich – der «new beat» ist mächtig in die Jahre gekommen. Musiker und Zuhörer des Benefiz-Konzerts haben gleichermaßen Haare und Schwung verloren. Johnny Alf, der heißblütige schwarze Scatsänger, erinnert mich eher an Johnny Mathis. Os Cariocas, einst ein umwerfend harmonisches Quartett, klingen wie das Kingston Trio. Ich bin auf einem Klassentreffen von fingerschnipsenden Altjazzern gelandet. Die Crème des 59er Jahrgangs.

Ich hoffe, João Gilberto zu treffen, den ersten Interpreten des «Girl from Ipanema», die tremolierende Seele der *bossa nova*. Aber er macht es einem genauso schwer wie die Zen-Vokale in seinem Sprechgesang und sein aufreizend arhythmischer Gitarrenstil, dieser absolut untypische Brasilianer, geht er doch nur höchst ungern unter Leute. Über seine Zurückgezogenheit kursieren die fragwürdigsten Anekdoten. So soll er die Sängerin Elba Ramalho, die extra eine Wohnung in seinem Haus bezogen hatte, um ihn kennenzulernen, eines Tages angerufen haben, weil er sich ein Kartenspiel von ihr borgen wollte. Aber der scheue João ließ es sich nicht etwa in die Hand geben, nein, Elba mußte ihm die Karten einzeln unter der Tür durchschieben. Mehr als einmal hat er sich Klagen eingehandelt, weil er Konzerte in letzter Minute absagte – auch heute abend ist er der Einladung nicht gefolgt. «Der Künstler strebt sein ganzes Leben nach Ruhm und Anerkennung», erklärt Antonio Carlos Jobim das Dilemma seines früheren Partners, «und wenn es dann soweit ist, will er sich nur noch in seine Höhle verkriechen.»

Die bahnbrechenden Songs, zu deren Verbreitung Gilberto und Jobim in den Sechzigern entscheidend beigetragen haben, sind heute Standardnummern, Kaufhausgedudel, wenn auch in seiner pfiffigsten Form. Kurz vor meiner Ankunft ist ein geschwätziges Buch über die Entstehungszeit der *bossa nova* erschienen, das sofort an die Spitze der Bestsellerliste kletterte. Das Interesse an der Musik ist nach wie vor groß, doch auch die lautstarken Kontroversen ob der so sanft dahingleitenden Klänge hat die Zeit kaum schlichten können. Schwer zu glauben, wie die Pioniere dieses dezenten Musikstils seinerzeit von Fachleuten und Kolumnisten beschossen wurden. Sie galten als reaktionär, abgeschmackt, steril und vor allem amerikanisiert. Doch schon ein kurzer Blick auf das soziale Gefüge des damaligen Brasilien macht verständlich, warum die selbsternannten Hüter der kulturellen Reinheit mit einem solchen Aufschrei reagierten, als Jobims Klassiker «Waters of March», der die Empfindungen mehrerer Charaktere verkettet, als Grundmelodie eines Coca-Cola-Jingles auftauchte. Heute ist mir klar, wieso neidische Kritiker dem wichtigsten Botschafter Brasiliens noch immer unterstellen, er wäre maßgeblich von George Gershwin beeinflußt worden.

Was nun die überempfindiche Reaktion auf «fremde Einflüsse» in der brasilianischen Kultur angeht, so deckt diese im Grunde nur die unterschwellige Empfänglichkeit für solche Anregungen auf. Noch sehr oft werde ich hören, wie Musiker mit ihrem Geschick prahlen, sich nordamerikanische und europäische Klänge «anzuverwandeln», so daß etwas ganz Individuelles dabei herauskommt. Gerade aus dieser Synthese schöpft die Musik des Landes ihre Kraft, genau wie seine bildende Kunst, seine Literatur und auch die Religion. Brasiliens Musiker leiden einfach an krankhafter Aufgeschlossenheit. Jeder neue Sound geht ihnen sofort ins Ohr, ganz gleich ob Hip-Hop-Nummer oder Autohupe.

Diese Empfänglichkeit verträgt sich bestens mit dem schleichenden Kolonialgeist im Lande – kaum eine Überraschung, hat sich doch Brasilien als letzter südamerikanischer Staat von seinem despotischen Mutterland abgenabelt. So hört man vor allem von den ganz normalen Durchschnittsleuten immer wieder den Satz: «Die ausländischen Sachen sind die besten.» Da nun aber das Handelssystem in Brasilien seit Jahrzehnten auf eine Strategie der Abschottung baut, deren strikte Importsperren Firmen wie Volkswagen und Ford zur Errichtung von Fabriken im Landesinneren gezwungen haben, kommt so ziemlich alles Ausländische aus den USA. Alle Markenzeichen der kulturellen Überflutung sind hier zu finden: von MTV-Clips im Fernsehen bis zu Unmengen von McDonalds-Restaurants, wo Fast food erwartungsgemäß nach brasilianischen Regeln abläuft, also eher langsam. Entgegen der verheißungsvollen Werbung dauert es viel länger als einen *momentinho*, bis man in seinen schlappen *Quarterão* beißen kann.

Ich bin gerade rechtzeitig zu «Rock in Rio II» angekommen, angeblich das größte Rockfestival der Welt, das zwei wilde Wochen lang im *Maracana*, dem größten Stadion der Welt, toben soll. «Ich geh hin», steht auf den T-Shirts, die fast alle Leute unter Vierzig, auch der junge Präsident Collor, am Leib tragen. Nur ein kleines Häuflein schwarzer Nationalisten aus Rios *samba*-Gemeinde beschwert sich darüber, daß Coca-Cola zwanzig Millionen in die ausländischen Musikstars pumpt. Allein Prince bekommt über eine Million für seinen Auftritt; die einheimischen Zeitungen interessieren sich jedoch mehr für seine angebliche Nacht mit irgendeinem Carioca-Groupie, die bis ins kleinste Detail ausgemalt wird. Währenddessen hangeln sich die meisten brasilianischen Musiker mühsam von einem Gig zum nächsten. Aus Protest gegen die lachhaften Gagen und die miese Behandlung ihrer Kollegen boykottieren Topacts wie Gal Costa und Gilberto Gil das «Rock in Rio»-Festival.

Richard Nixon hat einmal gesagt: «Wie wir wissen, bestimmt Brasilien den Kurs für den gesamten lateinamerikanischen Kontinent.» Doch die penetrante US-Außenpolitik ist nicht allein an der Kulturflut schuld, sondern vor allem die historische Abtrennung Brasiliens von seinen Spanisch sprechenden Nachbarn. Brasilien versteht sich als eigenständiger, vom übrigen Lateinamerika separater Kontinent – und wer kann es ihm verdenken? Wer findet schon gern seine eigenen Sorgen im Spiegel der anderen wieder? Ein Flug in die USA kostet das gleiche Geld wie in die Nachbarstaaten, oft sogar noch weniger. Wer sich Reisen und Kulturaustausch leisten kann, besucht lieber Disneyworld als Lima, und natürlich steht New York – Nova Iorque – höher im Kurs als Santiago. Die blasierte Europa-Fixierung, wie man sie in Argentinien und den anderen umliegenden Ländern häufig findet, ist in Brasilien kaum anzutreffen. Ob Lifestyle oder Geschäftswelt – das andere Amerika ist überall tonangebend.

Die Musik ist bei alldem der ideale Spiegel dieser selbstauferlegten Quarantäne des Landes. Begriffe wie *salsa, merengue* und *cumbia* wecken bei den meisten Musikern, mit denen ich spreche, nur ahnungsloses Achselzucken. Dafür können sie fast alle ausführlich von den neuesten Trends in Funk, Rap und Soul berichten. Als aufmerksamer Zuhörer spürt man in Brasilien schon nach wenigen Tagen, was die Stunde geschlagen hat. Der portugiesische *fado*, der afrikanische *lundu*, der jamaikanische *Reggae* und der argentinische *tango* haben längst nicht mehr das Sagen in der Musikszene des Landes. Nein, hier wird schon seit langem, länger als uns vielleicht lieb ist, nur noch Hollywood und der US-Plattenindustrie in die Hände gearbeitet. Geschockt muß ich erleben, daß viele Taxifahrer ihre Nerven beim Stau in Rios Tunneln mit Frank Sinatra beruhigen.

Jetzt hat Jobim, der ja mal mit Sinatra im Studio war, als letzte Nummer im schleppenden Benefizprogramm am Flügel Platz genommen. Und siehe da, auf einmal höre ich frische, lebendige Klänge. Schon nach den ersten paar Takten kann ich Caetano Veloso, einem der wichtigsten Erben des *bossa nova*, nur zustimmen: «Die *bossa nova* hat die Musiken von Brasilien und Amerika in wundervoller Harmonie zusammengeführt. Die brasilianische Popmusik erkannte ihre Kraft und ihren Rang, und damit zogen für kurze Zeit Selbstbewußtsein und Niveau ein, unsere Musiker wurden reifer. Das verdanken wir Jobim. Aber diese Zeit ist lange passé. Sie lebt nur noch in der Geschichte.»

«Desafinado» (Dissonanz»), das denkwürdige Lied, das der Strömung vor gut drei Jahrzehnten ihren Namen gab, hat seinen Pfiff nicht verloren. Der Text, Jobims Antwort auf die Traditionalisten in Brasiliens Musikwelt, ist auch heute noch aktuell. Sorglos wie immer, hat der Komponist in Bittstellermanier seine Tonlage gesenkt, um zu gefallen. Jobims Song stellt die drängende Frage, warum er und seinesgleichen von den Leuten mit der «perfekten Tonlage» und den «begnadeten Ohren» ständig «runtergemacht» werden müssen. Schließlich hat er sein Ohr vom lieben Gott, seine Liebe ist aufrichtig, und wenn die anderen seine Arbeit als antimusikalisch einstufen müssen, kann er nur antworten, die *bossa nova* ist nun mal «sehr natürlich».

Auch Tom erscheint mir völlig natürlich – am liebsten präsentiert er sich ganz in Weiß wie der typische Carioca-Gentleman. Seine Haare, die er sich ständig von den Augen wegstreift, sind noch voll wie in der Jugend Maienblüte, aber die blassen Pausbacken und das verkniffene Lächeln sprechen eine andere Sprache. Wenn noch die Zweistärkenbrille dazukommt, sieht er sogar älter aus, als er ist. «Mein Leben ist so chaotisch – ich sag nur noch, Prost Brahma!» bekennt er in einem neueren Lied (Brahma ist das beliebteste Bier in Brasilien). Das wilde Leben hat ihn ganz schön mitgenommen, den schlaksigen Buben von einst, dessen Songs ein Plädoyer für Leichtsinn halten, wie ich es nie überzeugender gehört habe. In den letzten Jahren hat er ein Comeback als Sänger geschafft, begleitet von einer Band, in der sein Sohn, eine Tochter und mehrere Schwiegerkinder mitspielen. Seine Stimme klingt immer so, als müßte er mal kräftig durchhusten, aber selbst das Getapse nach den richtigen Noten steigert nur seinen Charme. «Where have you been, Mister Bim», singt er jetzt seine englischsprachige Parodie auf einen New Yorker Zollbeamten. «Where have you been, Joe?»

Meine Wunschkulisse für das Kreuzverhör mit «Joe Bim» ist ein tropischer Hausgarten mit traumhafter Aussicht an einem dösigen Nachmittag. Statt dessen kriege ich nur ein hektisches Mittagessen, aber die Szenerie ist immerhin Carioca-typisch: «Plataforma», eine altmodische *churrascaria* (Grillrestaurant). Die senilen Kellner häufen immer mehr vor uns auf – frisch geschnittene Steaks, Grillwürstchen, Silberplatten mit Zwiebelringen und *petit pois*, den leckersten Pommes der westlichen Welt, dazu die obligatorischen Bohnen mit Reis und *farofa*, Maniokpulver, einer Art Sägemehl mit Geschmack, das sich die Brasilianer auf alle Speisen streuen.

Jobim hat hier seinen festen Stammtisch. Zur heutigen «Joe Carioca»-Show sind ein paar alte Feunde und ein Deutscher, ein hohes Tier von der internationalen Musikfirma BMI, erschienen.

«Zur Zeit komponiere ich jeden Morgen was Neues. Meine Arbeit läuft viel zu gut für meine Verhältnisse. Bei dem Leben, das ich mir geleistet habe, dürfte ich eigentlich nur noch am Strand sitzen und den schönen Mädchen hinterhergucken.»

Damit seine offenbar glänzende Stimmung und der endlose Fluß an Bonmots nicht versiegen, gießt Jobim fließig Bier nach, auch andere Sorten als Brahma. Zum Nachspülen nimmt er Zuckerrohrschnaps, das Feuerwasser, das in Brasilien denselben Rang hat wie der Wodka in Rußland. «Wie sieht's aus, trinkst du 'n *cachaça* mit mir?» Wie so häufig im brasilianischen Portugiesisch kommt das Wort ursprünglich aus Afrika – vom mosambikanischen *kachasu*. Ist dieser Sohn Ipanemas auch kein waschechter *Carioca da gema* – «vom Dotter», also ein von Geburt an im richtigen *centro* beheimateter –, so verkörpert er doch allem Anschein nach voll und ganz den klischeetypischen Rio-Mann: immer schußbereit, immer bissig in einer gleichermaßen bösen und herrlichen Welt.

«Klar bin ich ein Carioca. Woran man das erkennt? Ich bin ein Kind des Atlantischen Waldes. Ich liebe alle seine Tiere. Ich lausche seinen Vögeln. In meiner Jugendzeit bestand Rio noch zu neunzig Prozent aus Wald. Das Wasser in der Lagune hier war kristallklar, da gab's Muscheln und Meeräschen in allen Variationen. Keinen Umweltdreck, keine Grundstücksspekulanten. Brasilien war ein wahres Idyll. Damals hatten wir nur dreißig Millionen Einwohner. Teddy Roosevelt hat im Mato Grosso Jaguare gejagt.»

Verglichen mit den meisten anderen Großstädten seiner Kategorie ist Rio wirklich noch ein Hosenmatz. Alles, woraus sich die Stadt ihren Mythos geschaffen hat, entspringt der jüngeren Vergangenheit: Copas Strandspaziermeile, die Avenida Atlantica, ist erst 1904 entstanden; die große Gelbfieber-Epidemie brach 1906 aus, im selben Jahr, als auf Rios Straßen die ersten Laternen aufgestellt wurden; die erste Universität öffnete ihre Pforten im Jahre 1920, in dem auch das Maskottchen der Stadt, die Christusstatue mit den ausgebreiteten Armen, mit Spendengeldern der Kirchengemeinden von Rio errichtet wurde.

Nicht nur musikalisch schwelgt Jobim im Rausch vergangener Tage, sein ganzes Wesen ist das eines Gestrigen im besten Sinne. Ein Musterbeispiel an Naivität, belegt er doch zugleich auch, daß ein Tropenbewohner hohe Bildung erlangen kann. Immer mit einem Bein im Dschungel und mit einem Auge beim Roulette – so gefällt ihm das Leben.

«In der modernen Musik dröhnt einem der E-Baß in der Brust. Da wird man geradewegs ins Paradies befördert. Der Downbeat hat die Macht, seht euch nur den Rock 'n' Roll an. Eins-zwei, eins-zwei, das kann ich auch, ich mach locker bis tausend weiter! Aber das ist nicht meine Welt, ich komme nicht vom Foxtrott, von der *lambada* oder *lambooda* oder *lamboogie*! Boogie-Woogie, da komm ich her, wo der Takt ständig wechselt, wo nichts gleich bleibt! Mein Arzt in New York, ein Jude, der hat mal zu mir gesagt: ‹Mister Jobim, meine Frau läuft wie ein Uhrwerk.› Ich hab das zwar nie verstanden, aber es gefällt mir! Wenn was swingt, muß alle Welt gleich Jazz dazu sagen. Jazz ist der Name für alles, was swingt, und weil's ohne das afrikanische Element nicht geht, gibt es auf der Welt nur drei Stellen, wo's richtig swingt: die Staaten, Kuba und Brasilien. Rodgers und Hart, Duke Ellington... Jimmy Dorsey, Glenn Miller – denen allen hab ich zwangsläufig bei ihrem Aufstieg zugeschaut, im Kino. Und klassische Musik hab ich natürlich auch sehr gern.»

Beim Thema Politik stellt sich Jobim ohne Zögern in die Reihe der Idealisten, die das Leben zu Zynikern gemacht hat. «Ein paar Kollegen haben mich gefragt, ob ich mit ihnen nach Kuba gehe. Da hab ich gesagt: ‹Wenn ich mich reif für die Insel fühle, nehm ich lieber Manhattan!› Wie sagte doch Villa-Lobos: ‹Selbstverständlich ist der Sozialismus die Zukunft der Welt, aber im Moment kann ich es mir nicht leisten, einen Markt wie die USA zu verlieren!›» Auch seinen Standpunkt bei der Präsidentschaftswahl, in der vor kurzem der rechtsgerichtete Aufsteiger Collor gegen den linken Phantasten Lula antrat, offenbart er gern: «Ich kann wirklich stolz sein. Meine ganze Familie hat für Lula gestimmt. Und als er dann verloren hat, waren wir alle sehr erleichtert!»

Alle am Tisch stimmen ihm lauthals zu. Doch in Wahrheit ist die Verkommenheit seiner Umwelt für Jobim ein harter Brocken, den er in Unmengen von Suff ertränkt.

«Den Puristen ist nicht mal Pixinguinha» – der überaus produktive Altmeister des *chôrinho*, der schwungvollen Instrumentalmusik in der Tradition des portugiesischen Hofes – «pur genug. Aber die pure *samba*, die gibt's gar nicht mehr. Die großen Stadien, die elektrischen Instrumente, so was bringt Veränderungen mit sich. Sogar mein Spitzname ‹Tom› wird von allen als amerikanisch verdächtigt. Dabei hab ich den von meiner Lieblingsschwester. ‹Tom›, von ‹Antonio›, weil doch das ‹m› und ‹n› auf Portugiesisch gleich ausgesprochen werden. Sie meinte eigentlich ‹Ton-Ton›, so wollte sie mich nennen, wie diese Killertypen auf Haiti! Trotzdem denken die alle, das wär amerikanisch. Einmal hat mich ein Herr in einem Lokal angesprochen und hat mir vorgehalten, meine Musik wäre zu amerikanisch! Nach dem Motto: ‹Wes Brot ich ess', des Lied ich sing'!› Tennessee, Ernie, Ford – find ich alles riesig! Und Country natürlich auch! Mein Vater kommt aus dem Süden Brasiliens, aus dem Land der *gauchos*. Also hab ich zu dem Herrn gesagt: ‹Na klar, ich bin doch Amerikaner! Südamerikaner!»

Jobims Prahlerei klingt genauso hohl wie sein Verteidigungsdrang. Er schlägt sich nur auf die Seite der Angegriffenen, weil er so an einem ganz normalen Gespräch teilhaben, seiner Isolation entfliehen kann. Denn man ist eben wirklich einsam an der Spitze, auch wenn man noch so viele Saufkumpane an seinem Tisch versammelt. Erst recht in Brasilien, wo die Spitze solch ein winziger Punkt über einer so gigantischen Pyramide ist. Was bleibt einem, der so gut ist wie Jobim? Er wird abgekupfert, in den Himmel gelobt, in Stücke gerissen – aber er findet kaum einen Menschen, der zu ihm paßt.

«Sogar hier werd ich diskriminiert!» grölt Jobim voller Ironie, weil die Kellner ihm ständig neue Steaks und *batatas fritas* auf den Teller häufen und seine zwei Gläser nachfüllen. «Dabei ist meine Musik so brasilianisch! Merkt ihr das nicht?» Jobims Frage zielt auf alle und keinen an der langen Tafel. «Lauscht der Musik von Antonio Carlos Jobim, und ihr werdet erlöst! Meine Musik sagt: ‹Leben und leben lassen.› Laßt die Vögel leben, rettet den Wald. Ich bin der erste Umweltschützer!» Vor Jahren gab er den Indianern den sarkastischen Rat: Besorgt euch ein gestreiftes Hemd und einen Job in São Paulo. «Meine Musik ist nicht profan, sondern profund.»

Ganz sicher hat Tom mit dieser Leier schon Dutzende unterhalten, aber mich stört es nicht, daß er ein bißchen daneben ist und immer chaotischer vor sich hinredet.

«Wir sind hier in tausend Meter Höhe. Hier ist die Luft am Abend frisch, der Sauerstoff ist dünner. Und das ist wichtig, in meinem Alter muß man sich nämlich mit einer extremen Schwellkörper-Überfunktion rumplagen!» Er zwinkert ziellos in die Runde; mir ist noch nicht ganz klar, worauf er hinauswill. «In New York kriegt man nicht genug Blut zusammen für einen richtigen anständigen... na, ihr wißt schon.» Da ist er endlich, der Wink mit der Manneskraft. Die ist jedem Brasilianer schrecklich wichtig, so amerikanisiert er auch sein mag. «Deshalb bin ich in Rio, weil hier das Blut dünner wird und schneller fließt. Da läuft die ganze Sache völlig anders, wenn ich hier bin.»

Tom Jobim ist ein Brasilianer, der zum Opfer seiner eigenen Redseligkeit geworden ist. In der vollen Gewißheit, daß das Publikum seiner Späße nicht würdig ist, spielt er den Hofnarren.

«Na los, mein Freund! Willst du nicht noch *'n cachaça*?» Mit einem Drink in jeder Hand verabschiedet sich der größte lebende Komponist Brasiliens von mir. «Merk dir nur das eine, wenn du deine Recherchen machst! Die Leute finden sich furchtbar schlau, wenn sie für alles einen Namen haben. Villa-Lobos hat immer gesagt: ‹Ich bin ein neoprimitiver konkreter Abstrakter.› Weil die ganzen Etiketten nämlich gar nichts bedeuten. Und weißt du, daß er derjenige war, der vor seinem Tod zur Presse gesagt hat: ‹Ich komponiere nicht, ich kompostiere!› Und einmal, bei der Arbeit an einer Filmmusik, da hat er zu mir gesagt: ‹Das äußere Ohr hat mit dem inneren Ohr überhaupt nichts zu tun.› Mit anderen Worten: Die Verpackung der Musik entscheidet nicht über ihr Niveau. Egal, ob man ein Orchester nimmt, eine Flöte oder eine Gitarre. Villa-Lobos und Gershwin, wo ist da der Unterschied, wenn's doch überall nur swingt? Dasselbe kannst du von der Frau sagen, die du liebst.»

Hat Jobim jetzt endlich die Kurve zum «Girl from Ipanema» gekriegt? Oder meint er Rio, seine lebenslange Leidenschaft? Oder will er mich warnen, bevor ich tiefer in die Musik eintauche?

«Du liebst eine Frau, und du sagst Maria zu ihr. Schön, jetzt kannst du dir also einbilden, du kennst Maria. Aber denk dran, mein Freund! Die Frau wird dir immer ein Rätsel sein. Maria ist nur ein Name...»

Musik beim Lesen:

PASSARIM – Antonio Carlos Jobim and
His New Band, *Warner Bros.*
WAVE – Antonio Carlos Jobim, *CTI*
THE LEGENDARY JOÃO GILBERTO –
João Gilberto, *World Pacific*
THE GIRL FROM IPANEMA /
THE BOSSA NOVA YEARS –
Stan Getz, *Verve*
BOSSA NOVA: TWENTY YEARS AFTER –
Kollektion, *Polygram*
VINICIUS, TOQUINHO,
MARIA CREUZA EN LA FUZA –
Vinicius de Moraes, *Trova*
A VONTADE – Baden Powell, *Polygram*

SAMBA DER REKORDE

Sing ein Lied von Brasilien, soviel mehr als nur Kaffee! In einen guten Karnevalsgesang gehört reichlich *ironia,* geize also nicht mit unsern Gefühlen, unserm Humor! Eine Litanei des Kolossalen wollen wir, einen Ruhmeskatalog für ein Land im Gewand des *Guinness-Buchs!* Schreib uns eine statistische *samba,* laß uns all die verblüffenden Zahlen hören! An diesem Ort gibt es alles im Überfluß – selbst den Mangel.

Brasilien ist ein ziemlicher Apparat, für Kartographen schmerzlich zu übersehen mit seinen 8,5 Millionen Quadratkilometern – nur einen Schnipsel kleiner als China oder die Vereinigten Staaten. Hier gibt es weniger Berg- und Ödland und mehr urbaren, reichhaltigen Boden als irgendwo sonst auf der Welt, Rußland und Kanada eingeschlossen. Solch einem Land geht nie das Land aus, es hat unerschöpfliche Vorräte an Zeit, Raum, und Hoffnung, seine Fehler sind selten Fehler für die Ewigkeit! Zuerst das brasilianische Holz, dann Zucker, dann Kaffee, Kautschuk und Gold! Und ständig kommen neue Schätze ans Licht und locken neue Massen an, machen alle Hochs und Tiefs der Vergangenheit mit einemmal vergessen.

Die 7000 Kilometer Strand bringen neue Rekorde: im Sonnenbaden, im Surfen, im Wellengang und auch in der Artenvielfalt wogender Palmen. Quer durch das Land ziehen sich die längsten Autobahnen, auf denen man die unerträglichsten Marathontouren machen kann. Die einsamsten Gebiete der Menschheit – der Mato Grosso (der Name bedeutet Großer Wald) und Amazonien sind noch einsamer als die Sahara – liegen im unendlich weiten Hinterland, mit dem sich die Brasilianer so gern brüsten, obwohl sie nicht besonders versessen darauf sind, es mit eigenen Augen zu sehen. Mit dem größten Fluß darf sich Brasilien natürlich auch brüsten – er schlägt den Nil um eine Meile, meinen die verrückten Zollstock-Fanatiker, aber auf jeden Fall produziert er am meisten trübe

Brühe, ein Drittel der Frischwassermenge unseres tränenreichen Planeten, und noch höhere Anteile an bedrohten Schildkröten, seltenen Krankheiten, Heilmitteln, Sauerstoff. Und schließlich der Photosynthese-Rekord – die Brasilianer können sich sogar damit brüsten, daß ihr Territorium den Löwenanteil an der Atmung des Erdballs bewältigt! Muß man daraus nicht schließen, daß sie auch am intensivsten leben?

Doch da sich praktisch die gesamte Bevölkerung (bis auf vier Prozent) an der Küste drängelt, ist dieses Land auch eines der am dichtesten besiedelten! Siebzig Prozent leben in Großstädten! Im Spitzenfeld auch Bevölkerungswachstum und Durchschnittsalter – siebzig Prozent sind unter Dreißig. Und vergessen wir nicht den Rekord der Frauen, den Rekord im Gebären: Laut einer Studie haben dreißig Prozent im Alter von fünfundfünfzig Jahren zwischen zehn und fünfzehn Kinder zur Welt gebracht! Wir sehen also, Brasilien brilliert im Ausstoß von Brasileiros, der sechstgrößten Volksgruppe der Welt, in der es am meisten brodelt und die am schwersten zu durchdringen ist. Woher nehmen wir jetzt ein Meßgerät, um zu bestimmen, ob sie auch den größten genetischen Mischmasch aufweist?

Diese Welt schwebt irgendwo zwischen der Ersten und der Dritten Welt, zufrieden lediglich in ihrer Relativität. Siebenundvierzig Prozent vom südamerikanischen Territorium, die sich kaum als Teil von Südamerika betrachten! Und doch verkörpert es Südamerika in seiner extremsten Form: wärmste Herzlichkeit und schlimmste Grausamkeit, Hang zum Absurden!

Brasilien, das größte katholische Land? Und ob! Daher auch die höchste Rate an illegalen Abtreibungen. Fünf Millionen in einem der letzten Jahre! Die meisten Heiligen, die meisten Kulte! Aber auch die größten Anhängerscharen für die Jungfrau Maria, genau wie für Oxum und Oxalà! Kein Land hat so viele Sklaven aufgenommen wie dieses. Etwa drei Millionen wurden hierher verschleppt – aus Afrika, das von einigen Punkten an Brasiliens Ostküste keine zweitausend Meilen entfernt ist; schon wieder ein Rekord, diesmal in geographischer Nähe.

Wo sind Wohlstand, Land und gesellschaftliche Verantwortung am wenigsten gerecht aufgeteilt? Richtig, die Antwort ist wieder

Brasilien, wo dreiundvierzig Prozent der natürlichen Reichtümer in den Händen der oberen vier Prozent liegen, wo jeder vierte in tiefster Armut lebt, jeder dritte unterernährt ist und beinahe jeder fünfte in Slums auf unbefestigtem Boden lebt. Dem oberen einen Prozent gehören vierzig Prozent der Agrarflächen, und in manchen Landesteilen verdienen zwei Prozent der Bevölkerung vierzig Prozent des Gesamteinkommens. Hier gibt es Plantagen so groß wie Belgien! Es gibt Gebiete, wo die Säuglingssterblichkeit im internationalen Spitzenbereich liegt, wo das Durchschnittseinkommen noch immer unter 140 Dollar und die Lebenserwartung für achtzig Prozent der Menschen nur bei fünfunddreißig Jahren liegen. Ganz zu schweigen vom Leben der seltenen Jaguare, der gefährdeten Delphine, der Gewerkschaftsaktivisten und Bauernrebellen. Natürlich sieht der brasilianische Staatsetat auch so ziemlich die spärlichsten Gesundheitsausgaben vor.

Brasilien, sei stolz auf deine Rekorde! Du hältst den Weltrekord in tödlichen Arbeitsunfällen – ein toter Arbeiter pro Stunde! Brasilien behauptet, es habe sich zum zehntgrößten Wirtschaftsland der Welt hochgekämpft, und mit Sicherheit besitzt es die expansivste Wirtschaft von allen sogenannten Entwicklungsländern. Warum dann die allergigantischste, ständig steigende Staatsverschuldung? Kämpft Brasilien um die Rekordinflationsrate, um das Rekordelend? Weltgrößter Produzent von Kaffee und Orangen, Zucker und Kraftstoff, zweitgrößter beim Kakao, dritter beim Nutzholz und Besitzer von riesigen Mineral- und Erzvorräten. Warum bringt solche Fülle so wenig ein? Weshalb so viele Negativrekorde? Zum Beispiel in der Zahl obdachloser Kinder. Neueste Schätzung: fünfzehn Millionen, die auf der Straße leben und sterben.

Auch auf historischem Gebiet hortet dieses Land die Gegensätze. Getauft wurde es als Insel des Wahrhaftigen Kreuzes und war doch gar keine, und der Spitzname, der haften blieb, kam von einem roten Färbeholz, das später sein erstes Handelsprodukt werden sollte. Als Kolonie war es über drei Jahrhunderte unterjocht, länger als all seine Nachbarn, und dabei war es um so vieles größer als das ferne Herrscherland, daß es selbst in dieser Sparte den Rekord hält. Ja, es hat sogar als einzige Kolonie geduldet, daß die Herrscher ihren Hof fest auf sein Territorium verlegt haben. Brasilien, das einzige Land, von dem man sagen kann, es habe sich selbst unterjocht! Als letztes Land hat es die Sklaverei abgeschafft, könnte allerdings auch durchaus das Land sein, in dem die ehemaligen Sklaven den größten Einfluß errungen haben. Dieses Volk ist lässiger als irgendeines, und seine Regierung so hierarchisch wie keine! 1889, das Jahr, in dem Brasilien in die vermeintliche Unabhängigkeit entlassen wurde, war seither eines der ganz wenigen, in denen kein Günstling der Militärs die Regierung anführte. Sein neuer Präsident ist wieder ein anderes brasilianisches Extrem: mit seinen vierzig Jahren zum Zeitpunkt der Wahl ist er einer der jüngsten Staatsführer weltweit.

Quo vadis, großes Land? Ein Blick in die Langzeitchronologie zeigt Brasilien als sanfteste aller Nationen, wo sich die großen Veränderungen mit minimaler Gewalt vollziehen. Geht man aber nach den Gemeindebüchern, muß es eine einzige Mordmaschine sein, mit dem höchsten Menschenschwund durch Lynchjustiz, Entführungen und Bandenwesen. Satte vierzig Prozent der arbeitenden Bevölkerung scheitern an einer Zeitung, aber wer muß schon Schriftzeichen lesen können? Auch Gesetze gibt es nirgendwo so viele, und das gilt ebenso für die Masse an Verstößen, die Vielzahl von Gesetzesbrechern. Die höchste Rate an tödlichen Verkehrsunfällen. Kommen Sie langsam dahinter, daß die Leute hier ihr Leben bis aufs Äußerste ausreizen, mit anderen Worten, es in rasender Geschwindigkeit hergeben? Und noch ein stolzer Rekord: die vollsten Gefängnisse der Welt. Wo scheitern die meisten Fluchtversuche? In Brasilien. Wo ertönen die meisten gedämpften Schreie? In Brasilien. Nirgendwo sonst wird so melodisch gelärmt.

Und was folgt daraus? Natürlich: die meisten Musiker, inspiriert von der größten Vielfalt an Vögeln, darunter die verschiedensten Singvögel. Laut Schätzung des Musikerverbandes wird allein der Staat São Paulo von zwanzigtausend Musikern beschallt. Und selbstverständlich der größte Karneval, der größte Massenausbruch purer Lebensfreude, der größte Auslöser sexueller Lust, Massenschlägereien und fehlgeleiteter Energien, das größte Trommlerheer – manche Vereine in Rio haben über tausend –, die lautesten Shows, die kurvenreichsten Tänzerinnen, die flinksten, wildesten Füße in den höchsten Stöckelschuhen. Das größte Sportstadion der

Welt steht auch hier. Fassungsvermögen: Über 250 000, inklusive Banner, entblößte Brüste und Schellen. So viele Gitarristen pro Quadratzentimeter, so viele Komponisten pro Wohnviertel. Zwar nicht die meisten Instrumente, aber das macht nichts – Brasilianer spielen auch auf Coca-Cola-Kühlboxen, sie spielen sogar auf der Luft. Lotto spielen sie auch. Die *Encyclopaedia Britannica* spielen sie. Sie spielen die Fakten ab.

Rekorde über Rekorde. Singt sie, sucht nicht danach. Und verlangt nicht zu viele Ergebnisse, zu viele Nachweise. Egal ob bei Skandalen, Katastrophen, Lüsternheit oder Heuchelei: Dieses Land liegt überall vorn! Brasilien ist ein Kontinent im Kontinent, zu groß, um so unerforscht zu sein! Zu nah, um so fern zu scheinen. Zu reich, um so arm zu sein, zu arm, um so reich zu sein. Singen wir also unsere Hymne auf Brasilien, den Refrain der Rekorde! Wo längst nicht jeder Rekord ein guter ist. Pfeifen wir einfach noch ein beschwingtes Loblied mehr auf ein Wunderland, wo die Reichen am reichsten und die Armen am ärmsten sind, die Frohen am fröhlichsten, die Betrübten am betrübtesten, die Feigen am feigsten, die Freundlichen freundlicher, die Grausamen fraglos grausamer, die harten Kerle am härtesten, die Traummädchen am traumhaftesten. Eine Wahrheit, die sich nicht so einfach mit dem Bandmaß dimensionieren läßt! Die höchste Klugheit, die höchste Analphabetenzahl. Am größten in den kleinsten Gesten, am stärksten in den schlimmsten Lastern! Und gleich noch mal den Refrain. Die meisten Antworten, die wenigsten Lösungen.

▲

RIO

Rio de Janeiro,
Meine Freude, mein Glück
Tags gibt es kein Wasser,
Nachts gibt es kein Licht

Traditionelle *samba*

Schade, daß ich nicht hier bin

Die Metamorphose zum Brasilianer setzt schon nach kurzer Zeit ein. Meine innere Uhr, immer noch auf den heimatlichen Rhythmus eingestellt, macht es mir doppelt leicht, denn in diesem Land ist der Jetlag ein Lebensstil. Am sichersten zeigt sich die schnelle Anpassung an meinem Schlafprogramm, das sich immer weiter nach hinten verschiebt. Von pünktlichen Leuten sagt man hier, sie gehen nach dem *tempo britanico*. Brasilianische Standardzeit dagegen bedeutet, daß jeder in seiner eigenen Zeitzone lebt.

Gott sei Dank brauche ich nicht mehr jeden Tag zur Mittagszeit mein Zimmer zu räumen. Ich mußte dieser unnatürlichen Touristenwelt entfliehen, also habe ich mir eine möblierte Wohnung im fünften Stock einer Pension in der Rua Paissandu gemietet, einer der wenigen schnurgeraden Straßen in Rio, die ein reizvolles Gebiet zwischen Zentrum und Küste durchläuft. Einst zogen hier unter Palmen die Majestäten mit ihren festlichen Paraden vorbei, die sie weiter an der Bucht entlang und schließlich zum kitschigen Guanabara-Palast führten. Gleich um die Ecke steht eine zur Klinik umfunktionierte große senffarbene Villa, Herrschersitz der Fürsten des heutigen Rio, der Schönheitschirurgen. Wenn es einmal weder Regen noch Nebel gibt, was selten genug vorkommt, erschließt sich mir der Blick von den höchsten Baumwipfeln aufwärts zur wuchtigen bläulichen Kuppe des Corcovado mit der Silhouette von Christus dem Erlöser. Die Statue, die jeder auf der Welt mit dieser Stadt verbindet, umarmt das versiffte Rio aus sicherer Entfernung.

Jetzt wohne ich endlich da, wo die Menschen sind, habe allerdings bisher noch mit keinem einzigen länger gesprochen. Und ich bin endlich von den Argusaugen der Empfangschefs befreit. Hier kümmern sich zwei uniformierte Gnome um den Einlaß, stets mürrisch von ihren Zwölf-Stunden-Schichten in der Eingangshalle (sie essen und schlafen auch hier im Haus). Vorbei das Gewusel von trinkgeldgeilen, kriecherischen Pagen. Die beiden Portiers würdigen mich nicht mal eines «Boa dia». Mit jedem neuen Tag erscheint es absurder, den Tag überhaupt zu beginnen. Bald gebe ich meine Versuche auf, alle Leute aus der Schallplattenindustrie vor dem Mittag zu erreichen. Pünktlich zum Sonnenuntergang dröhnt ein halbes Dutzend Stereoanlagen los, ein internationales Wecksignal. Rod Stewart und Phil Collins hallen durch die ehrwürdige Palmenarkade herab auf den Asphalt, der anläßlich der Fußballweltmeisterschaft mit einem drängenden Aufruf an die Nationalelf bemalt ist: «Brazil – Eu Acrediteu!», übersetzt: «Brasilien – Ich glaube an dich!» Ich glaube, ich gehe wieder ins Bett.

Wird man in dieser Stadt heimisch, wenn man zu Hause bleibt, bis der Strand leer ist? Oder tue ich das nur, weil ich noch vor dem Schritt vom Reisenden zum Einwohner, vom Zuschauer zum Mitspieler zurückschrecke? Es ist schon ein ziemlicher innerer Wandel, wenn der Zuckerhut auf einmal zur gewöhnlichen Kulisse der abendlichen Joggingtour wird. Erst jetzt begreife ich, wie sehr sich das Gefühl für einen Ort ändert, wenn man dort genau dieselben Alltagsdinge tun muß wie daheim! Statt nach Vier-Sterne-Restaurants sucht man jetzt nach dem besten Lebensmittelmarkt. Statt der Minibar im Zimmer den nächsten Ort, wo man Mineralwasser bekommt. Statt des Pflegepersonals den nächsten Waschsalon (in Brasilien eine relativ neue Erfindung, wo einem die Angestellten für ein paar *cruzeiros* extra die Wäsche machen). Statt des Roomservice lernt man die wohlduftendste Bäckerei in der Gegend zu schätzen, die schnellsten, saubersten *launchonetes* (dort gibt es billige Mahlzeiten) und *sorveterias* (Eisdielen) und den stärksten aufputschenden *cafezinho*, diesen Inbegriff des brasilianischen Kaffees.

An einem klassischen Carioca-Nachmittag schlenderte ich mit einem Begleiter durch die Stadt, der eigentlich eine Verwechslung ist. Gemeinsame Freunde haben uns zusammengeführt, mich und den Typen, den alle nur als Zeca kennen. Irgendwie rede ich mir ein, er wäre Zeca Pagodinha, ein sehr beliebter Schlagersänger. Aber dieser Zeca hier ist überhaupt nicht musikalisch. Er ist aus der Provinz hergekommen, um sich als Theaterregisseur einen Namen zu machen. Auf unserer Suche nach einem Lokal meckert der untersetzte Lockenkopf in einer Tour über die Cariocas. Das seien samt und sonders heuchlerische Betrüger, die den Mund weit aufreißen, aber «kaum wird's ernst, und das kann sogar schon die erste Probe sein, verduften sie an den Strand!» Die Cariocas, so Zeca, seien alle latente Surfboys, platt und modewild. «Die Leute hier stehen nicht hinter ihrer Arbeit, denen ist kein Zeitplan heilig», klagt Zeca, und dabei verschenkt er entschieden zuviel unverplante Zeit.

«Denk nicht, wir gewöhnen uns einfach so daran, daß es nichts gibt, daß selbst die lächerlichsten Kleinigkeiten Probleme machen», sagt Zeca. «In der Dritten Welt zu leben fällt uns genauso schwer wie euch.» Im besten Eiscafé der Dritten Welt quasselt er die nächste halbe Stunde voll und führt mich in die pikanten Finessen des Carioca-Slangs ein. Wenn ich sexuell mitreden will, brauche ich auf jeden Fall ein paar Wörter, zum Beispiel *avião* (Flieger; so kann man zu einer schönen Frau sagen). Dann wäre da noch *perseguida*, das «Erstrebte», also die weibliche Scham. Der Liebesakt selbst heißt *bimbada*, nicht etwa *lambada*, und eine noch bessere Wendung dafür ist *molhar o biscoito*. Den Keks einweichen.

Während wir unsere im Schmelz der Kokoseiskugeln einweichen, verrät mir Zeca, weshalb er gleich weg muß. Er hat vor kurzem *um grando amor* (seine große Liebe) kennengelernt, und die feiert heute abend Geburtstag. Bei einem Buchhändler im Zentrum hat er das perfekte Geschenk erspäht, die fast vergriffene Biographie eines schwarzen Dichters, den sie beide sehr verehren. Übrigens ist sie Assistentin am Theater, und die Sache läuft erst seit einer

Woche, aber Zeca schwebt bereits im siebenten Himmel. «Sie ist erst zweiundzwanzig und richtig schwarz!» Also noch eine typische Carioca-Macke, die Zeca befallen hat: die Sucht nach der unnahbaren afrikanischen Göttin. Das erinnert mich an den bekannten Refrain, den Jorge Ben in einem seiner Lieder im folgenden Text zusammenfaßt: «Warum soll ich klagen? Ich fahr einen VW-Käfer, leb in einem Tropenland, habe eine schwarze Freundin – und einmal im Jahr ist Karneval!»

Ganz so eilig hat es Zeca aber doch nicht mit seinem Geschenkkauf. Ich muß mir meinen Wohnungsschlüssel nachmachen lassen, weil ich nur einen einzigen bekommen habe, und er sucht mit mir zusammen die Gegend ab, bis wir endlich eine Tafel auf dem Gehweg finden, die für einen *chaveiro* im zweiten Stock wirbt. Allerdings teilt sich der Schlosser den Raum mit einer Fahrschule. Der einzige anwesende Fahrlehrer hält gerade Siesta, das heißt, sein Kopf liegt auf der Schreibtischplatte. Wo man eigentlich eine Schreibmaschine erwarten würde, kringelt sich ein weißer sibirischer Husky-Welpe auf der Kladde. Als der fröhliche Mann aus dem Koma erwacht, beging er mit Zeca einen ausführlichen Gedankenaustausch über die Pflege und Versorgung dieser seltenen Hunderasse mit dem dichten Fell in einem Äquatorland. Da möchte ich nur einen Ersatzschlüssel, und schon finde ich mich in einer Borges-Geschichte wieder: die verirrte Fahrschule, die auf einer Eisscholle aus Alaska übers Meer treibt, mit Kurs auf Rio und die südlichen Gefilde. Das lange Warten in der Hitze dörrt uns genauso aus wie den armen Hund, also verschiebt Zeca seinen Abschied noch einmal mit einem Drink. Dann schaut er mit gespieltem Schock auf die Uhr: es ist fast fünf. «Zu spät für den Buchladen», schließt er erleichtert. «Bei der Hitze kann man sowieso nicht ins *centro*.» Für die Cariocas gilt wahrhaftig: Kennt man einen, kennt man alle. Bevor sich einer von denen eine fünfzehnminütige U-Bahnfahrt aufhalst, geht er lieber mit leeren Händen zu der Liebe seines Lebens.

Reihe ich mich hier nur in ein Vampirgeschlecht ein, das sich tagsüber in die Särge verkriecht, um für nächtliche Ausflüge auszuruhen? Anscheinend muß auch ich die Sonne meiden, wenn ich nicht will, daß sich der Pfahl der Unterentwicklung in mein Herz bohrt!

Rios überraschend saubere U-Bahn – wenn man ein Volk niemals zu einem Moment unter der Erde verdammen sollte, dann die Cariocas – betrete ich zwar mittlerweile schon, aber meistens nur wegen der Plattenläden gleich hinter den Drehkreuzen. Wie alle echten Stadtwunder hat auch Rio Viertel, deren bloße Namen Poesie verströmen. Paris hat Montparnasse, San Francisco sein Russian Hill, und hier gibt es die blühenden Laranjeiras, das klosterreiche Cosme Velho, das maritime Urca, das schäbige Lapa, das modische Botafogo. Doch nach eingehender Besichtigung finde ich heraus, daß die Villa, in welcher der Nachlaß des Komponisten Villa-Lobos aufbewahrt wird, gar nicht sein echtes Wohnhaus war. Wozu soll ich mir hier weiter die plumpe Kolonialarchitektur ansehen, wenn es nur ein paar Schritte weiter die Hutsammlung im Carmen-Miranda-Museum zu bestaunen gibt? Ist Rio wirklich ein Paris mit Dschungel oder ein Kalkutta mit Stränden? Buenos Aires in Unterwäsche? Hongkong nach dem großen Knall, Miami nach einem Hausmeisterstreik? Wie kann sich eine halbnackte Stadt in die Weltklasse einordnen?

Hinter der Passaindu muß ich mir irgendeine Seitenstraße suchen, ehe sich das wahre Rio vordrängt: Die Stadt mit dem beängstigenden Drang nach Normalität, den manche als egalitär, andere als hartnäckige Gemeinheit bezeichnen. Hier findet man den alten *pipoquera*-Mann, der in der tropischen Hitze hinter seinem Popcornwagen ausharrt. Das heruntergekommene Steakhaus, komplett mit blauen portugiesischen Kacheln und Deckenpropellern. Endgültig eingemeindet fühle ich mich, als ich von Arabern betriebene Saftstände aufsuche. Nur in einem Völkermix wie Brasilien stellt man sich nach einem Stück *quibe*, einem tiefgefrorenen Fruchtkuchen, an und mampft es dann selig mit *vitaminas*, Milchshakes mit dem Fruchtbrei von *caju* (Cashewnuß) oder *abacate* (Avocado). Jetzt erkenne ich auch den nur durch seinen regen Zulauf bemerkbaren Laden in meinem Viertel, wo Tageswetten für das *jogo do bicho* angenommen werden, ein eigentlich verbotenes Zahlenspiel mit Tiersymbolen. Aber können Wettläden und Ecken-*botequins* irgendwie Größe ausstrahlen?

Gerade läuft in Rio eine geschickte Anzeigenkampagne der Stadt gegen das Denguefieber – daß die überhaupt nötig ist, beweist, wie sehr bestimmte Stadtteile Dschungellagern ähneln. In den Supermärkten schwirren Moskitos umher. Die Regale sind zwar voll in diesen schlechten Parodien auf das amerikanische Vorbild, aber es gibt nur wenige Marken. Wegen der massiven Einfuhrbeschränkungen kann man nur brasilianische Kekse bekommen – die amerikanischen Lorna Doones heißen hier natürlich Marias –, und sogar der Wein kommt aus Brasilien, ein halbwegs trinkbares Produkt italienischer Einwanderer. Doch das hat keineswegs zu einer Stärkung der Wirtschaft geführt. Vielmehr bekommt der Verbraucher stetig sinkende Qualität zu stetig steigenden Preisen. Die Kühlregale quälen sich schlotternd mit ihrer Daueraufgabe, die Lebensmittel in der tropischen Hitze kühlzuhalten. Ihre silbernen Wände schreien nach Putzlappen, sie stinken nach altem Käse, faulenden Mangos, saurem Joghurt. Warum ist es in fremden Ländern immer so, daß alles besser schmeckt und schlechter riecht?

So schlimm das Dasein einer brasilianischen Hausfrau sein mag – wer ein Girokonto hat, ist noch schlechter dran. Dank einem von Präsident Collor angeregten Sparplan gegen die Inflation, wonach Konten über 1200 Dollar gesperrt werden und Abhebungen nur bis zu 600 Dollar gestattet sind, geht täglich einer Bank die Luft aus. Riesige Warteschlangen vor Bankfilialen und Geldautomaten sind die Folge. «Um Gottes willen», schrieb einmal ein Sparer an die Regierung, «gebt doch bitte meine erbärmlichen paar Scheine frei!» Doch während ein solches Staatsdiktat über private Ersparnisse in Nordamerika eine unverzeihliche, juristisch anfechtbare Schandtat wäre, sind die Brasilianer noch immer nicht an der Grenze ihrer Geduld angelangt. Wenn Zeit Geld bedeutet, dann sinkt hier beides im Kurs.

Ich habe mit meiner Ankunft eine sehr kuriose Zeit erwischt. Aber war es jemals anders? Immerhin ist die aktuelle Phase eine der wenigen in diesem Jahrhundert, wo mir als Besucher die Schande erspart bleibt, meine Dollars in eine Militärdiktatur zu pumpen. Die *samba*-Tänzer auf allen Bildern täuschen gewaltig – Brasilien ist im Besitz einer Verschworenen-Elite von Grundbesitzerfamilien, Firmenbossen und Generälen. Getúlio Vargas, ein populistischer, gemäßigter Demagoge, hatte von den dreißiger Jahren bis in die Fünfziger das Zepter in der Hand – und wäre vielleicht sogar ein denkbarer Comeback-Kandidat gewesen, wenn er seinem Leben nach erzwungener Abdankung nicht vorschnell ein Ende gesetzt hätte. Nicht anders als jeder Mensch hat auch jedes Land in seinem Wesen eine immer wiederkehrende Ironie, eine völlig idiotische Marotte, deren Folgen stets nach hinten losgehen. In Brasilien ist es die Tatsache, daß dieses so freiheitsliebende Volk so beispiellos unfrei regiert wurde und wird. In Sachen Unterdrückung ist diese scheinbar emanzipierte Gesellschaft der Trendsetter und Wiederholungstäter unter den lateinamerikanischen Staaten – gerade erst sind die letzten fünfundzwanzig Jahre der Diktatur vorbei, seinerzeit eingeleitet durch einen Putsch, bei dem die CIA kräftig mitgemischt hat. Zu Lasten eines riesigen Schuldenbergs erzielte das Militärregime in den Siebzigern ein kurzlebiges «Wirtschaftswunder». Die Folgen waren verheerend: der Amazonische Regenwald ist zu großen Teilen zerstört, die Auslandsverschuldung kletterte auf den Spitzenwert in der Dritten Welt, und die Kluft zwischen Arm und Reich wächst immer mehr.

Doch auch nach jahrzehntelanger Mißhandlung und staatlicher Überwachung, trotz des Verbots oppositioneller Parteien bekannten sich 1984 Millionen Brasilianer, darunter viele brasilianische Musiker, in der *Diretas Já!*-Kampagne zur Wiederherstellung der Wahlfreiheit. Nach der erkämpften Direktwahl starb der Sieger Tancredo Neves, Vertreter der *abertura* («demokratische Öffnung»), unter mysteriösen Umständen am Vorabend seiner Amtsweihe. Weitere Jahre der Korruption folgten, und erst 1990 kam eine echte Volkswahl zustande. Deren Endrunde brachte ein Kopf-an-Kopf-Rennen zwischen Fernando Collor de Melhor, dem schneidigen, weitgehend unbekannten Sproß eines reichen Provinzclans, und Luis Inàcio da Silva, bekannt als Lula («Tintenfisch»), einem bärtigen, dunkelhäutigen Autodidakten aus dem Nordosten und Anführer der militanten Metallarbeiterstreiks in São Paulo. (Diese privilegierteste Gruppe im brasilianischen Proletariat verdiente damals umgerechnet etwa fünfundachtzig Pfennig pro Stunde.) Beide Kandidaten vertraten die junge Generation, und beide verkörperten unvermittelt die totalen Gegensätze der brasilianischen Gesellschaft: Collor, der weiße Rittersmann im Polo-Outfit, als auf den Schwingen der Korruptionsfreiheit emporgestiegener Retter der erschöpften Rechten; Lula als erklärter Marxist, der auf der Welle des lang unterdrückten Populismus und mit Hilfe der organisierten Basis «liberal-theologischer» Katholiken heranschwappte, um gegen die Reichen Front zu machen.

Doch in der Politik entscheidet immer häufiger die Persönlichkeit, das ist in Brasilien nicht anders als in den USA und anderswo. Während des Wahlkampfes zeigten die Umfragen, daß die meisten Wähler am liebsten einen populären Gamesho-Moderator zum Präsidenten gekürt hätten. Andere riefen nach dem Antritt des Fußballidols Pelé. Daß Collor sich am Ende durchsetzen konnte, hatte er vor allem seinem guten Aussehen zu verdanken. Der «Sohn des Militärs», so sein Markenzeichen, hatte als Gouverneur von Algoas, einem armen Staat, dessen Sterberate bei Neugeborenen die schlimmsten afrikanischen Werte erreicht, ein paar oberflächliche Fortschritte erzielt. Sein Vater hat einmal einen Parlamentskollegen im brasilianischen Senat erschossen – und die Sache ungeschoren überstanden. Schaut man sich dagegen Lula an, so war der Schlips, den er zur letzten Fernsehdebatte vor der Wahl trug, der erste in seinem ganzen Leben. «Meine Mutter hat geweint, als ich eine Stelle als Metallarbeiter kriegte», sagte er am Abend vor der Wahl. «Stellen Sie sich mal vor, sie könnte mich jetzt sehen!» Bei einer Rede zur Unterstützung von Lulas Kandidatur hatte sein linker Rivale Leonel Brizola, der langjährige Gouverneur von Rio, ausgerufen: «Das will ich sehen, wie die brasilianische Oberschicht an diesem bärtigen Giftpilz würgt!»

Wie nicht anders zu erwarten, wurde in den Vereinigten Staaten kaum über die Wahlen berichtet. Zu einer Zeit, wo riesige Schlagzeilen die «Rückkehr zur Demokratie» in Rumänien und Bulgarien feierten, war die erste demokratische Wahl seit über einem Vierteljahrhundert in unserem größten amerikanischen Nachbarland den Zeitungen nur kleine Meldungen auf den hinteren Seiten zur Außenpolitik wert. Hat man Polens Lech Walesa zum echten Helden von unten hochgeschaukelt, so wurde Lula in Nordamerika kaum bekannt, obwohl er mindestens genausoviel Natürlichkeit und Charisma zu bieten hatte. Seine Arbeiterpartei konnte zum Schluß alle Großstädte außer dem reichen São Paulo erobern. Als Collor in der Wahlkampfphase mit seiner Wagenkolonne durch Rio fuhr, warfen die Leute mit Steinen nach ihm. Sein knapper Wahlsieg von 35 zu 31 Millionen Stimmen wurde letztlich durch die üblichen miesen Tricks gesichert: ganz zufällig brach ausgerechnet am Wahltag der öffentliche Nahverkehr in den Armenvierteln mehrerer Großstädte zusammen, und am Abend vor der Wahl sorgte die Enthüllung, Lula hätte seine Ex-Freundin zur Abtreibung gezwungen, für einen Skandal. Die Freundin war natürlich bestochen. In Marktschreiermanier nutzten Collors Propagandisten den traditionellen Glauben vieler armer Schwarzer aus, wonach sie nur unter dem Schutz eines großmütigen «weißen Fürsten» gedeihen könnten. Auch die Unwissenheit der mittellosen Bauern wurde gnadenlos verwertet. Man verbreitete das Gerücht, Lulas «kommunistisches Programm» fordere die vollständige Enteignug ihrer Güter, ihrer Autos und sogar ihrer Frauen! Dennoch wäre Lula dank der Unterstützung zahlreicher Intellektueller und Musiker beinahe der erstaunlichste Sieg fortschrittlicher Kräfte in Lateinamerika seit Fidel Castro geglückt.

In den ersten Monaten seiner Amtszeit leitete Collor ein paar kühne, wenn auch eher symbolische Schritte ein. Er ernannte einen bekannten Umweltschützer zum Innenminister und drückte höchstpersönlich den Sprengkopf für illegale Landebahnen, auf denen Bergarbeiter in Gebiete eingeflogen werden sollten, die eigentlich den Amazonas-Indianern vorbehalten waren. Außerdem sorgte er für die Verhaftung mehrerer korrupter Oberbürokraten, Maharajas, wie man in Brasilien sagt. Sein Wirtschaftsplan versetzte die Wirtschaft allerdings in totalen Stillstand, und auf die drängendsten Probleme der zügellosen Inflation im Lande ging er gar nicht erst ein. Als ich in Rio ankomme, brodeln die übelsten Kuriositäten, in Brasilien *fofoca* genannt, aus den Gerüchteküchen: Collor ist ein verkappter Transvestit. Collor will sich zum König auf Lebenszeit krönen. Den Gipfel erreicht das Gerede mit dem Vorwurf, der Bruder des Präsidenten habe sich der Korruption und des Kokaingebrauchs schuldig gemacht. Später sorgen Beweise für Millionenschiebereien und private Luxusausgaben zu Lasten der Staatskasse für einen beispiellosen landesweiten Meinungsumschwung und schließlich für die Anklage gegen Collor. Kein Wunder, daß der geplagte Präsident sich ganz nach amerikanischem Vorbild zur

Regierung im «Fotostil» entschloß – genauer gesagt, zum Regieren über T-Shirts. Sein tägliches Joggingprogramm brachte ihm die ideale Möglichkeit, alle hehren Ziele auf seiner Heldenbrust vor sich herzutragen. Nur zu gern zeigen brasilianische Karikaturisten den Präsidenten als schwitzenden aristokratischen Marathon-Mann, der elegant auf der Stelle läuft.

Ich komme mir genauso erstarrt vor. Ich überlege schon lange, wie ich mal aus meinem sterilen Edelsitz in der Rua Paissandu ausbrechen kann. Da kommt das Angebot eines aufstrebenden Nachwuchssängers wie gerufen – er braucht jemanden, der für ein paar Tage in seine Wohnung an einem der Berghänge einzieht. Eine echte Carioca-Behausung, stelle ich mir vor. In dieser vertikal angelegten Stadt beanspruchen die schlechter verdienenden Einwohner nicht nur die höhere Moral, sie wohnen auch auf höherem Terrain. Je ärmer die Gegend, um so besser der Seeblick. Doch der schöne Traum zerplatzt, als ich die Bruchbude im dritten Stock betrete – ich sehe nur eine riesige, unförmige Betonwulst, die den Berghang vorm Abrutschen ins Meer schützen soll. Im Spülbecken stapelt sich monatealtes Geschirr, die kahlen Matratzen auf dem Fußboden sind von Motten zerfressen und mit Pornomagazinen übersät, die Zwitterwesen bei ihren imposanten Heldentaten zeigen.

Zum ersten Mal kommen mir nun die lautstarken Entschuldigungen für die *bagunça* zu Ohren, die ich noch so oft hören werde. Dieser Begriff steht für alle Spielarten von Schlamperei und Mißordnung in diesem Land, wo Autofahrer regelmäßig ihren Müll aus Fahrzeugen kippen, die mit «Rettet den Amazonas»-Aufklebern geziert sind. Entschuldige, sagen einem die Leute immer wieder, aber ich kann dich nicht zu mir nach Hause einladen, wegen der *bagunça*. Entschuldige die dreistündige Verspätung, aber du siehst ja selbst, was mein Leben für eine *bagunça* ist. Ein Nicken reicht, und schon fühlt sich der andere von jeglicher Ordnungspflicht entbunden. Die *bagunça* ist eine tödliche Plage für dieses Land, aber so leben die Leute hier eben – alles wird unter den Teppich gekehrt, jeder sucht sich den bequemsten Weg. Sie weckt sogar einen perversen Stolz, zeigt sie doch unbestreitbar, daß sich jemand mit voller Wucht ins wirre Getümmel des Lebens wirft.

Bei einem meiner Musiker-Treffen gerate ich in ein typisch brasilianisches Chaos. Paulinho da Viola, der angenehmste und geistreichste unter den Bewahrern der *samba*, hat sich in die Vorstadt-Enklave Barra da Tijuca zurückgezogen. Hohe Steinmauern und bewaffnete Sicherheitsleute schützen das Anwesen, auf dem sich der blaßbraune, unbeschwerte Sohn eines Musiklehrers aus der Innenstadt seine vornehme Oase geschaffen hat. Doch irgendwas ist sehr schlimm danebengegangen, wie das traurige Flohmarktarsenal durchnäßter Möbel, Lampen, Bücher und Erinnerungsstücke auf dem Rasen vor dem Haus ahnen läßt. Brasilien hat sich selbst in dieses Halbgeschoß-Refugium gedrängt.

«Das Haus ist über einer unterirdischen Quelle gebaut. Das Dach hat den falschen Winkel für den Wasserablauf. Und alles nur, weil der Architekt unser Freund war.» Er führt mich durch den Katastrophenhaushalt, durch abgesunkene Spielzimmer, Räume voller hastig eingepackter Kisten, vorbei an Antiquitäten, die durch das Hochwasser im Tiefgeschoß ruiniert sind. «Das ist das Dumme in meinem Land. Die Armen in den *favelas*, die wissen, wie man's anpackt. Denk nicht, daß die ihre Hütten nach jedem Regen neu aufbauen müssen. Die haben gelernt, wie man was Solides hinstellt.» Die erste von vielen Theorien über das wahre Problem im Paradies, die mir in diesem Land zu Ohren kommen. «Aber unsere Studierten, die haben von nichts eine Ahnung. Das sind alles abgeschmackte, geistlose Nachmacher.»

Jetzt zeigt sich, daß Paulinho beileibe kein ungebildeter Troubadour ist. Er erzählt ausführlich von neuen Forschungsergebnissen, wonach der *fado*, der nationale Klagegesang der Portugiesen, durch Seeleute von Brasilien nach Portugal gebracht worden sein soll, nicht andersherum. Dann versucht er mir eine *samba* von ihm zu beschreiben, in der er sich mit dissonanten Elementen aus dem Stück «Bitches' Brew» von Miles Davis auseinandersetzt. Die Regalfächer in seinem Arbeitszimmer biegen sich unter der Last des klassischen Lieblingsrepertoires eines radikalen Sorbonne-Veteranen: Althusser, Guevara, Isaac Deutschers Trotzki-Biographie. Obwohl anfangs verdrossen ob meiner Entdeckung, bekennt sich der *sambista* bald zu seiner militanten Vergangenheit und präsentiert mir stolz seine Andenken an die massiven Bauernproteste, die in den frühen Sechzigern die Hoffnung auf einen Wandel weckten. Verrückt, was diese Fotos zeigen: leibhaftige Brasilianer mit Spruchbändern und Transparenten auf der Straße, ganz ohne Suff und Trara. In diesem entrückten Arbeitszimmer bekomme ich zum erstenmal eine Ahnung von dem kollektiven Trauma, das dreißig Jahre der brutalen Militärherrschaft hinterlassen haben. Nach einer solchen Zäsur, und angesichts einer neuen Generation, die sich im wesentlichen nur noch zum gedankenlosen Konsum eignet, muß das politische Leben des Landes wieder bei Null anfangen.

Paulinho da Viola ist machtlos, er kann nur den Kopf schütteln und weiter seinen extravaganten Schlupfwinkel in Ordnung bringen, dieses Mini-Brasilia. Auf dem Weg nach draußen zeigt er mir die tragischste Folge der Überflutung. Tausende Alben sind durchnäßt, Schellackplatten und frühes Vinyl, überwiegend aus Nordamerika, die ganze Bandbreite von Johnny Dodds bis Carmen Miranda, von Django Reinhardt bis Xavier Cugat, von Louis Armstrong und Jimmy Lunceford bis zum Orchesterchef Severino Araujo, dem brasilianischen Glenn Miller. Ein Trupp von Hausangestellten breitet sie im grünen Innenhof zum Trocknen aus, eine nach der anderen – ein Steinpfad in eine andere Welt, gebaut aus angeschlagenen Sammlerstücken. Paulinho da Viola ist wirklich ein gebrochener Mann. Alles, was ihm gegen den Schaden helfen kann, genau wie dem ganzen Land, ist die sengende Sonne, die die Plattenhüllen im Handumdrehen knusprig bäckt. Aber die Hausmädchen kichern nur und schmeißen die Schellack-Raritäten achtlos auf den Boden. So mancher Splitter ist schon von den wertvollen, spröden schwarzen Scheiben abgeknackst. Dieses brasilianische Traumhaus ist auf furchtbar wackligem Grund gebaut.

Verkrieche ich mich doch einfach in mein eigenes, nur in Boxershorts, und starte den Countdown für den Abend! In Rio bin ich kein kaltgestellter Fremdling, das wird mir jetzt klar. Die Strapaze einer Fahrt im überfüllten Bus und in ständiger Angst vor Taschendieben verschafft mir die kulturelle Version eines außerkörperlichen Erlebnisses. Gewissermaßen ein politisches außerkörperliches Erlebnis. Der Ärger, in dem man hineingeboren wird, ist schon schwer genug zu überwinden. Ich habe weiß Gott keinen Nachschlag nötig! Wenn am Strand der Copacabana nur noch die einmalig günstigen Umtauschkurse zum Besuch einladen, macht es auch keinen Spaß mehr, den Freunden daheim mit Postkasten voller aneinandergereihter knackiger Hintern zu imponieren – darauf die drei Buchstaben, die einem fast genauso durch und durch gehen wie die berühmten drei Worte: RIO – SCHADE DASS DU NICHT HIER BIST! Das Dumme ist nur, ich finde es eher schade, daß *ich* nicht hier bin.

Ich hab mal gehört, die letzten Badegäste am Strand von Ipanema zollen dem Sonnenuntergang traditionell stehenden Beifall. Wahrscheinlich ist ihr Applaus weniger eine Hommage an die letzten Farben des Tages als vielmehr eine freudige Begrüßung des Vergessens und der Wohltaten, die nun kommen. Ein Abschied von Hitze und Frust, von der kaum arbeitsfähigen Welt der Arbeitstage! Wenn die Banken zu sind, kann es dort keine Schlangen mehr geben. Her mit der *conga*-Line! Zuviel Chaotisches sieht man hier im Hellen, und alles viel zu deutlich. Nur die Dunkelheit schiebt es davon, und immer noch gibt es zu viele Orte, wo die wohltuenden Rhythmen der Nacht keine Ordnung schaffen können. Ohne seine Musik ist Rio nur ein wüstes Höllenloch von vielen. Nur irgendeine Stadt in der Dritten Welt.

Musik beim Lesen:

EU CANTO SAMBA – Paulinho da Viola, *RCA*
SAUDADES DE GUANABARA – Beth Carvalho, *Philips*
M – Marisa Monte, *EMI*
PERSONALIDADE – Jorge Ben, *Polygram*
OPERA DO MALANDRO – Chico Buarque, *EMI*

Heute nacht sind wir alle gleich

«Anoite e ume criança», verkünden die Brasilianer und erklären so, warum gerade die durchfeierten Nächte das ultimative, allamerikanische Vergnügen in ihrem Amerika sind. In diesem Land der

Extreme ist die Nacht nicht einfach nur jung, sie ist ein Kind, ein tapsiger Winzling. Keine Sperrstunde gebietet den unbegrenzten Möglichkeiten der Dunkelheit Einhalt. Die Nacht ist ein ständiger Neubeginn.

Schon nach kurzer Zeit habe ich einen Lieblingsstopp auf meiner täglichen Runde, von wo ich hervorragend meinen Neustart planen kann: die Zeitungsstände. Bei mir in der Gegend bieten sie scharenweise Illustrierte an, die in Druck und Aufmachung nicht schicker sein könnten. In Sachen Medien behauptet Brasilien beispiellos seinen einmaligen Rang zwischen der Ersten und der Dritten Welt. Einen Informationsmangel gibt es hier wahrhaftig nicht. Ich muß nur eine städtische Tageszeitung aufschlagen, schon bekomme ich ausführliche Listen von Konzerten, Bühnenshows, Varietéauftritten und *samba*-Proben unter der Rubrik «Carnavalesco». Ich überfliege die Seiten mit blutrünstigen Fotos von Bandenmorden im Fluminese, dem Vorstadtgebiet von Rio, wo der unmenschliche Terrorring sein Unwesen treibt. Und was die Wirtschaftsnachrichten angeht, so reicht mir schon die Information, daß die Zeitung heute wieder ein Stück teurer ist als gestern. Ich brauche nur einen gesicherten Plan: den für meine musikalische Nacht.

In Rio versprüht die Phase zwischen Abend- und Morgendämmerung ihre tropische Atmosphäre über eine wahrhaft arktische Zeitspanne. Auf jeden Sonnenuntergang folgt ein unendlich dehnbarer Terminkalender – Zeit genug für alle vorstellbaren Zerstreuungen und Schandtaten. Wollen wir um Mitternacht essen gehen, uns danach ein Konzert reinziehen, noch eine Party – und dann? Vielleicht in die Disco oder in einen *gafieira*-Ballsaal? Letztere sollen eine gesetztere Form von Tanzschuppen sein, die gottesfürchtige Leute in der Großstadt etabliert haben. Wobei «gesetzt» in Brasilien ein unscharfer Begriff ist. Von der erhöhten Bar der City-*gafieira* «Estudentina» schaue ich herab auf die Tanzfläche, wo sich flotte Tänzer jeder Couleur vom Foxtrott aufwärts drängeln. Der Laden wäre keine schlechte Kulisse für einen dieser Weltkriegsstreifen, wo sich die GIs in ihrem Heimweh zu Streitereien und auserlesenen tropischen *señoritas* hinreißen lassen, bis eine zünftige Schlägerei den Lokalschluß erzwingt. Die mit Hawaiihemden bekleidete hauseigene Kapelle spielt spritzige *bolero*-Parodien auf Nummern wie «I Left My Heart in San Francisco» und «Chattanooga Choo-Choo». Herrlich, diese unschuldig-blechernen Klänge, diese überschäumende Heiserkeit – so was gibt es im Norden nicht mehr! Ein paar hundert von diesen *gafieiras* würden den Staaten verdammt wohltun, genau wie eine gute Zigarre für zehn Cent. Eine riesige Tafel mit reihenweise Kleidungsvorschriften, Benimmregeln und Verboten bestimmter Alkoholsorten gemahnt an vornehmere Zeiten. Darunter hat jemand mit einem Stift die einzige Hausregel hinzugefügt, die auch heute für jeden im Getümmel gilt: «Wo getanzt wird, ist die Hoffnung nicht verloren.»

Später will ich zu meinem allerersten Konzert gehen, doch die Tür bleibt für mich verschlossen, weil man in dieser regelwidrigsten Stadt der Welt mit Sandalen nicht ins Canecão gelassen wird. Der höhlenartige Dinnerclub gilt als führender Showpalast des Landes, der trotz der etwas zu groß geratenen Reklametafeln und seiner unattraktiven Lage an der letzten Schnellstraßenkurve vor dem Tunnel nach Copacabana doch von einer gewissen Noblesse umweht ist. Überstürzt flüchte ich zur nahen Wohnung eines befreundeten Auslandskorrespondenten. Der nette Mensch borgt mir ein paar Turnschuhe, drei Nummern zu klein. Wir kommen gerade rechtzeitig für den Auftritt von Elba Ramalho zurück, einer langbeinigen Filmschauspielerin, die es irgendwie fertigbringt, niemals ins mittlere Alter zu kommen. Auch ihr Auftritt kann sich sehen lassen – drei Stunden schmachtender Gesang und vitales Gehopse ohne Atempause. Das erwarten die Zuschauer hier. Die brasilianische «Show» – den Hollywoodbegriff hat man übernommen – ist einem echten Ritual unterworfen und verrät viel über die soziale Funktion, die der Musik in dieser Gesellschaft zukommt. Kein Musiker würde sich hier mit einem neuen Album an die Öffentlichkeit wagen, ohne einen erstklassig choreographierten Showauftritt zu jedem einzelnen Song und ein Medley seiner Erkennungsmelodien hinzulegen. Außerdem kriegt das Publikum eine vollständige Liste mit allen Songs, damit jeder mitmachen kann wie in der Kirche. Nur braucht diese Gemeinde kein Gesangbuch mehr für die Texte und überschreit gnadenlos den Pastor.

Eigentlich kann jeder Brasilianer den Chor von der Bühne aus dirigieren, Hauptsache, er ist gut gebaut und sonnengebräunt. Das brasilianische Publikum ist ein Volksstamm, die ganze Gesellschaft erinnert stark ans Stammessystem, ist sie doch zugleich extrem hierarchisch und extrem demokratisch. Jeder kann den Weg ins Rampenlicht oder auf den Thron schaffen, und keiner ist so fürstlich, daß er nicht von allen anderen betatscht, abgeküßt und gestreichelt wird. «Die und die ist lesbisch, der und der hat 'n schwulen Lover», plappern auch noch die entferntesten Fans mit felsenfester Überzeugung weiter, und dabei ist Bisexualität in diesem Land überhaupt keine Seltenheit.

Elba ist ein bißchen exhibitionistisch, und das will was heißen in einem Land, wo schon so ziemlich alles vor den Leuten entblößt worden ist. An einer Stelle schlüpft sie fix von einem durchsichtigen Kostüm ins nächste, ohne dafür extra die Bühne zu verlassen. Sie stellt sich hinter einen Schirm, der nur ihre obere Hälfte verdeckt, und präsentiert uns im Halbdunkel ausführlich den Celloschwung ihrer Rückansicht. Solche Entblößungen werden hier von jedem Musikidol erwartet, auch von den Männern. Das hat nichts mit primitiver Sexverwertung zu tun. Man wird nur einfach nicht akzeptiert, wenn man nicht alles zeigt. Daher das ungebrochen intime Verhältnis zwischen den brasilianischen Musikern und ihren Zuhörern.

Zugleich stört sich aber auch niemand daran, wenn die aus dem Nordosten stammende Elba die Show mit einer politischen Hetzrede unterbricht. Während ihre Rhythmusgruppe ein ländlich-lokkeres Um-ta-ta als Hintergrunduntermalung beisteuert, prangert sie die brutale Unterdrückung der Nordestino an, ihrer Volksgruppe, die durch Dürre und ungerechte Landverteilung von ihren armseligen Feldern vertrieben worden sind. Für Außenstehende mag die beschwörende Forderung der totalen Sezession ihrer Heimatregion deplaciert wirken, aber das Publikum bejubelt Elbas separatistisches Getöse genauso frenetisch wie ihren Hüftschwung. «Por qûe paro? Paro por quê?» (Wieso hörst du auf?) skandieren die Leute den hier üblichen Ruf nach einer Zugabe. Sie sind einfach nicht totzukriegen. Die brasilianische Kultur setzt auf Stimme, hier wird Musikern die Rolle von Führern, ja von Propheten abverlangt. Lieder bewahren die kollektive Erinnerung, sind Gradmesser der allgemeinen Gesundheit, weisen den Weg auf dem Kurs der Gemeinschaft.

Bleibt die Frage, weshalb die Brasilianer diesen Kurs in der Nacht so viel einfacher finden. Ich selbst habe schon Mühe, Männlein und Weiblein auseinanderzuhalten, Huren und Topmodels. Auf der Strandpromenade Avenida Atlantica, diesem Panoptikum der Monstrositäten, tuten verirrte Latinotruppen aus den Anden auf ihren Panflöten, und die aufdringlichen Huren rammen einsame Männer gegen die Wand, um sich mit aller Gewalt eine Nummer zu sichern. Wenn die Flutlaternen leuchten, wird der Strand zum kriminellen Niemandsland. Die glitzernde Pracht der Copacabana ist für immer passé.

Bis vor kurzem wurde in den Handbüchern von American Express ein vornehmer Nachtclub empfohlen, die «Help!»-Discothek, angelehnt an den Brunftschrei der Beatles. Schon am Eingang werde ich stutzig, gehen doch außer mir nur junge Damen in den Club. Sie tragen hautenge Kleider mit Schlitzen und tiefen Ausschnitten, aber auch das ist hierzulande ganz normal. Sie wirken wie harmlose Collegegirls, ein Tutti-Frutti aller brasilianischen Hautfarben, sonnengebräunt und aufgekratzt – doch wie sich herausstellt, sind sie hier, um sich ihre Schulausbildung zu finanzieren. Eine Treppe führt mich in die typische Huldigungsstätte der US-Popkultur, wie ich sie überall auf der Welt gesehen habe. Hier bummert genau derselbe Synthesizerbeat der grellen Top-ten-Lusthymnen wie in Saigon und Santo Domingo. Frei nach Siggy Baby kann ich nur sagen: Manchmal ist eine Disco eben nur eine Disco. Allerdings beherbergt diese hier den größten, protzigsten Fleischmarkt von Rio. Bestimmt tausend Frauen kommen auf die hundert lüsternen Ausländer in Buschhemden. Die holde Weiblichkeit zieht alle Register des brasilianischen Temperaments, bevor die Entscheidung fällt, wen man sich zu welchem Preis mit nach Hause nimmt. Wie gern möchte ich mir weismachen, der Sprung eines Schulmädchens auf meinen Schoß sei nur typisch für die prahlerische sexuelle Freizügigkeit der Leute hier. Doch schon bald erzählt sie, daß ihr uneheliches Kind Schuhe braucht, und wie scharf sie auf ein Paar neue Strümpfe ist. Ich murmele ein Wort vor mich hin, das ich in einem Jobim-Lied gelernt habe, und befreie mich aus ihren Fängen. «Triste, triste!» – traurig,

traurig. Wirklich sehr traurig, daß das Girl von Ipanema nur noch für Geld zu haben ist.

Den schauerlichsten Anblick bieten jedoch die bewegten Bilder auf einer gigantischen Leinwand, die hinter der Bühne voller barfüßiger, spontaner Go-go-Girls die Lichteffekte der Drehspiegel und getimten Lichtorgeln auffängt. Statt des üblichen MTV-Geflimmers, statt der Metal-Bands in Trockeneisnebel laufen dort Rauch- und Feuereffekte, wie sie in Hollywoods kühnsten Träumen nicht vorkommen. Die Disco hält ihre Kundschaft mit CNN auf dem laufenden, sogar der portugiesische Kommentarton ist zu hören. So tanzten die unbeteiligten Brasilianerinnen (als unschuldig kann man sie ja kaum bezeichnen) im Takt der internationalen Konflikte: Serben schlachten Kroaten ab, Israelis jagen Palästinenser, «Georgey Bushy», wie er hier ausgesprochen wird, droht Saddam Hussein. «Ich bin für ein Armdrücken von Bush und Saddam, Mann gegen Mann in der Wüste!», so der Vorschlag des populistischen Gouverneurs von Rio, Leonel Brizola, zum Goldkrieg. Ein führender Musiker sagt zu mir: «Warum kriegt Bush nicht einfach die Hälfte von Saddams Bart?» So sieht die brasilianische Patentlösung aus: Paare dich mit der Gegenseite, umarme den Teufel! Mithin erfüllt der hochmütige, ölbeladene Saddam hier vor allem einen Zweck: als eine der beliebtesten Karnevalsverkleidungen. In Rio bummert der Discobeat auch zum Raketendonner. Die Zerstörungsmaschine läuft synchron mit der Vergnügungsmaschine. Die blutige Orgie des Planeten Erde läßt die brasilianische Variante vergleichsweise harmlos erscheinen.

Vor meiner ersten Reise bekam ich die tollsten Prahlereien von Exilbrasilianern zu hören. Ob Mann, ob Knabe oder Ziege, sie hätten schon alles begattet. Bei meinen ersten Schritten auf dem Strand der Copacabana würde ich sofort einen Steifen kriegen und ihn nicht mehr loswerden. Auf jeder Parkbank säßen willige Weiber, allzeit zum Akt bereit. In vier Wochen Heimaturlaub kämen diese Don Juans mit hundert Kondomen nicht aus, was sie hinterher mit stapelweise unzweideutigen Polaroid-Aufnahmen belegen. Die in der Sklavenzeit wurzelnde Tradition der Promiskuität hat Brasiliens Aids-Statistik an die Weltspitze getrieben. Nur in den Vereinigten Staaten und einigen afrikanischen Gebieten gibt es noch mehr Infizierte. Außerdem verlangen die ehernen Regeln des *machismo*, daß die Frauen «auf Gott vertrauen» statt auf Kondome, die hier den Spitznamen *camisinhas de Venus* (Venushemdchen) tragen. Und sie erlauben es den Männern, ihre homosexuellen Spiele zu leugnen, solange sie dabei das Schwert führen. In Rio erstrecken sich die Strichmeilen der transsexuellen Prostituierten über ganze Straßenzüge. Fast nackt stehen sie in der tropischen Nacht, damit auch niemand die Folgen der Schwarzmarkthormone übersieht. Leider sind sie auch Freiwild für durchgedrehte Killer, was die Bezeichnung «Gillettes» im Carioca-Slang erklärt – zu ihrem Schutz haben sie nämlich Rasierklingen im Mund versteckt.

Wenn man nach der investierten Zeit und Leidenschaft geht, rangiert jedoch nicht der Sex, sondern die *samba* auf Platz eins der nächtlichen Freuden in Rio. Am deutlichsten wird das in den *ensaios* (Proben), die man in den Monaten vor dem Karneval jedes Wochenende in den *samba*-Schulen der Stadt miterleben kann. Niemand weiß so recht, wie die Karnevalsvereine, die während der tollen Tage Rios Stadtteile repräsentieren, zu der didaktischen Bezeichnung *escolas de samba* gekommen sind. Angeblich soll die erste dieser Truppen, «Deixa Falar!» – «Laßt sie sprechen» mit reichlich lüsternem Hintersinn, genau wie die kurz darauf gegründeten «Come Moscas»; «Fliegenfresser» – 1928 direkt neben einer Grundschule eröffnet worden sein. Man erzählt sich auch, die Novizen der Tanztruppen hätten im Slang früher «Schüler» geheißen. Wahrscheinlicher klingt die Erklärung, daß die Slumbewohner zur Entstehungszeit der *samba* aus den ersten Jamsessions der Meistertrommler gesagt haben sollen: «Da sind die echten Lehrmeister!» Wer bei ihnen zur Schule gehen wollte, brauchte nur einen Löffel und eine Bratpfanne.

Heute sind die *samba*-Schulen vollwertige Institutionen, die in Klarheit und Kontinuität wohl sämtliche Ämter der hiesigen Stadtverwaltung überbieten. Seit den Zwanzigern haben die Schulen den jämmerlich verdreckten Gebieten der Zona Norte zu enormem Ruf verholfen. Im ganzen Land trifft man Leute, die so tun, als wären sie in Mangueira oder Vila Isabela aufgewachsen, obwohl sie überhaupt noch nie in Rio waren. Nichts wird in dieser Stadt ernster genommen als der Wettkampf um den ersten Platz für Originalität bei der alljährlichen Karnevalsparade der zwölf sogenannten Großen Schulen, die sich über vier Abende hinzieht. Tatsächlich sind die Schulen ungeheuer groß – bis zu dreitausend Tänzer und fünfhundert Trommler hat jede einzelne zu bieten.

Alle Jahre wieder, lange vor der großen Schau, geben die Schulen ihre *sambas de enredo* heraus, damit ganz Rio darüber befinden kann. Das sind die Lieder, die als Begleitung zu den einzelnen durch Wagen und Kostüme dargestellten «Themen» vorgeschlagen wurden. So werden die Schulen zu Songfabriken. Nicht unter zweitausend neue *sambas* wetteifern von hier aus um die Ehre, zum Karnevalsthema auserkoren zu werden (wobei sich der Wettkampf eher durch Beziehungen und diplomatisches Geschick als durch Originalität entscheidet). Den Schulen dienen die *ensaios* nicht vorrangig zur Koordinierung ihrer Festzüge. Vor allem sollen sie jedem im Viertel die Melodien einimpfen, Geld hereinbringen und den «Schulgeist» anheizen. Für eine andere Fraktion sind das nur Ausreden – die Leute, deren Kostümordnung vom Turnhemd bis zum schulterfreien Kleid, von Go-go-Stiefeln aus Veloursleder bis zu Gummisandalen reicht. In Scharen strömen sie in die *quadras*, schmuddelige, von nackten Glühlampen beleuchtete Freiluft-Sporthallen mit zahlreichen hauseigenen Bars, und schon ein Dutzend Trommler, nur eine winzige Kostprobe vom Schultrupp, kann sie in höchste Ekstase versetzen. In diesen wildesten aller Klassenräume gilt seit jeher nur eine Maxime: «Wer *samba* kann, bleibt drin. Alle andern raus!»

Trotzdem bekomme auch ich eine Chance zum Probenbesuch in der Salgueiro, einer der ältesten Schulen Rios. Reginaldo nimmt mich mit, ein führender *puxador* – der Name entstand, weil diese Hauptsänger sich über den Trommelklang erheben und den Karnevalszug «weiterpushen». Es überrascht mich nicht, als Reginaldo mir seine Bewunderung für den gewichtigen, tiefstimmigen Schnulzenstar Barry White gesteht. Er könnte glatt ein Verwandter von Barry sein. Seine wuchtige Erscheinung wird noch verstärkt durch einen weißen Leinenanzug mit weißer Weste und einem Filzhut; er paßt kaum in seinen Chevy Corvette, ein altes Liebhaberstück. «Das verdanke ich alles der *samba*!» erklärt er auf unserer schwankenden Fahrt durch menschenleere Seitenstraßen, bei der wir keine rote Ampel beachten. «Ich mußte sie nie im Wörterbuch suchen. Ich hab sie im Blut. Unsere Musik ist für unsere Rasse der einzige Weg, um uns auf der ganzen Welt einen Namen zu machen. Deshalb versuche ich, die Musik jeden Tag ein Stück fester an mich zu drücken!»

Auf die Frage, ob er sich Brasilien ohne Musik vorstellen könne, antwortete Reginaldo ohne Zögern: «Kannst du dir vorstellen, ich wär kein Schwarzer und du kein Weißer?» Es macht ihm nichts aus, daß ich, wie er sagt, «nach Dollars rieche». Er ist schon ganz versessen darauf, mir die Residenz der legendären Salgueiros zu zeigen. «Wir haben jetzt schon Deutsche und Franzosen in der Tanztruppe, aber aus Japan müssen nicht unbedingt welche dazukommen!» Vor dem knallrot getünchten Klubhaus (rot ist die Vereinsfarbe) erkennen sofort alle den Starsänger und machen uns erfurchtsvoll den Weg frei. «Was für ein Panorama!» lobt er den ärmlichen Festschmuck in der Halle, der nur aus Unmengen von Plastikfähnchen besteht.

Heute ist ein wichtiger Abend. Die Kostüme für dieses Jahr sind frisch eingetroffen. Gerade werden sie von den Lieferwagen abgeladen: Hunderte von Kleidern mit Reifröcken, Tausende von Dienerlivreen in Kolonialstil mit angenähten Flügeln in der symbolträchtigen Form von Segeln eines Entdeckerschiffs. Früher haben sich die Leute ihre Kostüme selbst genäht. Heute steuert jeder Einzelteile bei, die dann woanders zusammengefügt werden. «Die kosten jeweils bis zu dreitausend Dollar», sagt Reginaldo. «Dafür muß einer in den Slums ein ganzes Jahr lang sparen.» Doch ihre Investition lohnt sich, belebt sie doch einen für die Nachfahren der Sklaven gebührenden Traum: «Sou amigo do rei» – «Ich bin ein Freund des Königs!»

Auf anderen Proben kann eine Auswahl von Muster-*fantasias* bestellt werden in diesem Land, wo ein Kostüm mehr ist als eine Phantasie und ihr Pendant. An Modepuppen oder auf Fotos werden sie präsentiert. Für zwanzigtausend *cruzeiros*, bei jedem Kurs eine enorme Stange Geld, bekommt man einen Hut, auf dem ein ganzes Schweizer Chalet Platz finden würde. Für echte Traditionalisten gibt es den menschlichen Papagei, ein Kostüm aus tausenden smaragdgrünen Federn. Interessant auch der *guerreiro Americano*: hautenge Tarnhosen, besprüht mit hightechmäßigem Silberglanz, dazu eine Granate an jeder Hüftseite, ein Helm voller Silberpatronen in Phallusgröße und ein Umhang aus den Flaggen der USA und der Sowjetunion. All dies dient der Ausmalung des Schulthemas «Das Jüngste Gericht», vertont in einer *samba* mit dem Refrain: «Die Welt ist völlig durchgedreht, keiner merkt, wie nah sie vor dem Ende steht!» Der Karneval ist Rios größter Schulwettkampf, nur treten hier keine Auswahlmannschaften an. Jeder wirft sich in Schale und bekommt seinen großen Auftritt.

In der Spielfeldmitte steht ein Campingtisch mit einem Mikrophon, durch das der weißhäutige Präsident der Salgueiros seine Ermunterungsrede ins Publikum schmettert, die allerdings eher wie die Strafpredigt eines Trainers klingt. Seine afrikanischen Zöpfe, ldas Turnhemd und auch die einzelne große Kreole im Ohr nehmen dem Gesicht unter den angeklatschten Haaren nichts von der Härte der Straße. Der Sohnemann neben ihm könnte geradewegs aus Jersey City stammen mit seinen dicken Koteletten und den schwarzgelockten Brusthaaren, die aus seinem Hemdkragen hervorquellen. Angeblich soll er mal für den Mord an einer bekannten Schauspielerin vor Gericht gestanden haben und freigesprochen worden sein. Ob das wirklich stimmt, will ich von Reginaldo wissen, aber dieses eine Mal überhört er meine Frage. Er will dem Präsidenten nicht in den Rücken fallen, einem Gangsterboß, der mit seinem Syndikat vor allem an dem verbotenen Glücksspiel *jogo do bicho* verdient.

Doch selbst diese neuen Mäzene, die ihre Gelder in die Schulen stecken wie andere Berufskollegen in Rennpferde, beugen sich der Macht der Musk. In der Halle kehrt Stille ein, und die *porta-bandeiras* betreten die Bühne, ein attraktives junges Pärchen, das die Schulflagge präsentieren darf. Ihre Parodie auf ein Menuett der Kolonialzeit ist ganz schön sexy. Dazu wirbeln grüppchenweise die quietschvergnügten Baianas herum, quirlige alte Leutchen mit Aschenbecherbrillen und weiten afrikanischen Gewändern. Ihren Schlußpunkt erreicht die Party in einer *conga-line*, die sich eher andeutungsweise übers Parkett schlängelt. Auf Hochtouren kommt man damit erst nach drei Uhr früh. Die Themen-*samba* des Jahres wird in einer halben Stunde durchgepeitscht. Perfekt synchron hallt das kontrapunktische Bummern der Trommlertruppe durch die Zuschauerränge aus kahlem Beton. Hier haben alle die *ginga* («dshing-a») drauf, das heißt sie beherrschen mühelos den blitzschnellen Schleifschritt, der das Grundelement der *samba* bildet, schwingen die Hüften mit einer Leichtigkeit, wie sie einem kein Tanzlehrer beibringen kann. Ich frage mich bloß, wozu die eine Kostümprobe brauchen, wenn es eh nur darum geht, aus dem Kostüm zu steigen?

Während die Reichen in ihren protzigen Clubs in Leblon hocken, amüsieren sich die Armen in der Gewißheit, daß sie viel mehr Spaß und weit bessere Musik haben. Die beste Nationalhymne für Brasilien wäre das fidele Liedchen von Ivan Lins «Heute nacht sind wir alle gleich». In den Geisterstunden, wenn alle emotional oder wie auch immer «geöffnet» haben, sind rohe Nerven und rohes Fleisch die sichersten Währungen. Egal, was morgen auf dem Plan steht – es kann warten. Anders Freude, Humor und Menschen. Kein Carioca, der was auf sich hält, läßt sich gern dabei erwischen, wie er vor der offiziellen Wiedereinsetzung der Naturgesetze durch die Sonne ins Bett verschwindet. Müssen meine überdehnten, übervölkerten Abende in Rio immer dasselbe Ende finden, in überfüllten VW-Käfern «Made in Brazil» auf dämmerbeschienenen Boulevards, wo außer den Straßenfegern in ihrer orangefarbenen Kluft kein Mensch zu sehen ist? Auf der Fahrt in eine neue wilde Nacht beschimpft der angetrunkene Taxifahrer meine Dolmetscherin als Hure. Doch als wir dann am São Cristovão aussteigen, dem Wochendendbasar der Einwanderer aus dem Nordosten, besteht er darauf, uns zu begleiten. Für heute nacht läßt er alle Kunden sausen und tanzt mit uns unter einem Zelt zu Akkordeonklängen. Ich kann hinkommen, wo ich will, überall strengen sich die Nachteulen wie verrückt an, um nur ja nicht als erste das Handtuch zu werfen.

Einmal bekomme ich den Tip für ein inoffizielles *reunião* von Songschreibern aus Rio, wo zu sehr später Stunde brandneues Material vorgestellt werden soll. Nach drei komme ich an – jeder frühere Zeitpunkt wäre unhöflich! Das Partygeplauder ebbt ab, und jemand reicht eine Gitarre in die Runde. Mit jedem Beitrag werden die Stimmen klarer, die Finger gewandter. Zum erstenmal erlebe ich nun, wie das ist, wenn man von lauter Leuten mit langen Fingernägeln umgeben ist, und es wird nicht das letztemal sein. Anscheinend bin ich hier ganz unverhofft an das engagierteste, kreativste Dutzend im jungen Komponistenheer der MPB geraten, was alle ernsthaften Weiterentwicklungen des Pop nach der *bossa nova* umfaßt. Da sitze ich im Schneidersitz auf dem Fußboden einer Wohnstube mit Sofas und antiken Möbeln an den Wänden und genieße ein paar der erlesensten Klänge meiner ganzen Reisezeit. Wie die Kochkunst und andere kulturelle Eigenheiten eines Landes mundet auch die Musik am besten hausgemacht.

Viele der Melodien, die hier im Morgengrauen ihren ersten Publikumstest erfahren, mußten vorher Zensur, Exil, ja sogar Gefangenschaft in den schrecklichsten Jahren der brasilianischen Militärdiktatur überdauern. «Wir sind die Generation», sagt einer der Musiker zu mir, «die nur noch ihre Hoffnung hat.» Hinter ihren bitteren Klageliedern steckt mehr als nur gebrochene Herzen und tiefes Verlangen, wie sie sich im Portugiesischen so einmalig mitteilen. «In der Musik lebt die Diktatur weiter», so mein Gastgeber Moacyr Luz, ein Songschreiber mit traurigen Augen und schwarzem Bart, der sich mühsam über Wasser hält. «Hast du eine Ahnung, wie sich ein Musiker fühlt in einem Land, wo alle fünf Minuten ein Kind verhungert? Unsere Musik soll keine Untermalung für Intellektuelle beim Trinken sein. Wir können froh sein, wenn wir die Miete für den nächsten Monat zusammenkriegen. Drei Monate sind unsere ganze Zukunft. Aber unsere Herzen verlangen einfach nach Musik.»

In anderen Ländern wären diese grüblerischen Männer und ihre schmuckbehängten Naturmütter wahrscheinlich in akademischeren Gefilden anzutreffen. Immerhin entpuppt sich einer von ihnen, ein echter Dostojewski-Held mit gespenstisch tiefen Augenhöhlen und Zottelbart, als der bekannte Aldir Blanc, Texter vieler satirischer Hits und studierter Psychiater. Er sieht aus, als ob er in einer Dachkammer haust, und so erzählt er auch. «Zweihundert Dollar hab ich gekriegt», klagt er mir sein Leid, «für einen Song, der zweitausendmal im Fernsehen gelaufen ist.» Auch ehemalige Lehrer, Anwälte und Historiker sind in der Runde vertreten. Der Ruf der Musik ist einfach zu stark in Brasilien. Und wenn es Nacht wird, gibt sich das Land der Musik seinen eigenen Klängen hin.

«Schon unsere indianischen Ureinwohner haben nachts gegessen und gefeiert. Und die schwarzen Sklaven hatten auch erst nach Sonnenuntergang die Chance, ihre Musik zu spielen.» Um vier Uhr morgens, wann auch sonst, serviert mir ein unbekannter Komponist die beste Entschuldigung für die weitverbreiteten nachtaktiven Symptome seiner Landsleute. «Nachts ist alles schön. Da sind alle Schäden und Diskrepanzen verborgen. Da ist alles möglich. Jeder kann jeden verführen.»

Bis zum Tagesanbruch läßt sich die intellektuelle Crème der Carioca von der Gitarre verführen, vergnügt sich mit der flatterhaften Liebhaberin. Von den Berghängen draußen klingt eine Percussionsbegleitung zu uns herüber – die Rhythmusgruppen der Stadt proben die *samba*. Was für ein Ansturm von Klängen lagert sich da vor der Zitadelle der Macht! Die Trommeln dröhnen wie die Feuerstöße von Artillerieverbänden dutzender Heere, die sich ringsum in Nachtlagern verschanzt haben. Und die Songschreiber haben immer noch eine Nummer zum Test parat. Wozu hetzen? Wir haben doch die ganze Nacht.

Musik beim Lesen:

A INCRIVEL BATERIA – Mestre Marcal, *Polydor*
PERSONALIDADE – Elba Ramalho, *Philips*
AO VIVO, 100 A APRESENTACÃO – João Bosco, *RCA*
LES GRANDS SUCÉS – Chico Buarque, *Vogue*
JUNTOS – Ivan Lins, *Philips*
FLOR DA PELE – Ney Matogrosso und Rafael Rebello, *Som Livre*

Der sechste Finger

Ein Mann trommelt mit einem Stock auf einem Schuhkarton oder entlockt zwei Flaschen einen klirrenden Klang – so einfach sind die Grundlagen, aus denen Legenden geboren werden. Die *Samba* geht angeblich direkt auf die *semba* zurück, einen angolanischen Fruchtbarkeitsritus, bei dem die Akteure unter anderem heftig ihre

Bauchnäbel gegeneinanderrammen. Eine andere Theorie sieht den Ursprung in *kusamba*, einem Ngangela-Wort für Sprünge, Luftsprünge, ungehemmte Freudenausbrüche. Musikhistorisch wurzelt die *samba* offenkundig in der *umbigada*. Dieses Tanzritual lief im Kreis ab. Ein Tänzer kam in die Mitte und benannte nach seinem Auftritt den nächsten durch einen Hüftstoß. Streng technisch definitiert ist die *samba* ein geschlagener Zweiertakt, bei dem der erste Schlag prinzipiell stumm bleibt, wodurch ein permanenter rastloser Druck entsteht. Das gilt mehr oder weniger für sämtliche Spielarten wie *samba pagode, samba raiado, samba de partido alto, samba do morro, samba de terreiro, samba cançao, samba enredo, samba choro, samba do breque, smabalero, sambalanço, sambao* und *samba jazzificado*, die man kaum noch als *samba* bezeichnen kann. Weniger streng formuliert eine traditionelle Karnevalsweise ihre Definition: «Wer die *samba* nicht mag, ist vom falschen Schlag. Der hat entweder 'n Schaden oder bleierne Waden!»

Der Beat, mit dem die ganze Welt das Land Brasilien assoziiert, ist noch relativ jung, ähnlich wie die für die nordamerikanische Kultur so fundamentalen afroamerikanischen Musikformen. Die Wurzeln der *samba* finden sich wie bei Gospel und Soul in den Arbeitsgesängen der Plantagensklaven. Alle Verbote von Generälen und Priestern konnten nicht verhindern, daß *lundu* und *maxixe*, die klagenden und doch rauhen typischen Rhythmen der afrikanischen Sklaven, als elegante Tangos à la Brazil in der bürgerlichen Gesellschaft Einzug halten konnten. Mit dem Eintritt der Schwarzen in die zivilisierte Kulturwelt der Städte erblühte die *samba*. Zum erstenmal fiel das Wort vermutlich in den siebziger Jahren des vorigen Jahrhunderts auf Tanzfesten in Bahia, bei denen befreite Sklaven die Gäste waren. Angeblich soll eine Baiana namens Tia Amelia den *samba*-Rhythmus nach Süden in die Slums von Rio gebracht haben, von wo er dann durch Koryphäen wie ihren Sohn Donga weitergetragen wurde. Aus Dongas Feder stammt die erste auf Tonträger gepreßte *samba* von 1916, «Pelo Telefone» («Am Telefon»). Hier ein Auszug aus dem kleinen Lied: «Der Chef der Polizei / hat mich am Telefon / heut darüber aufgeklärt / daß jetzt die Carioca / ein Roulettespielchen hat / wo jeder mitspiel'n kann.»

In den wilden Zwanzigern war Rio für die *samba*, was Chicago für den Jazz war. Der engste nordamerikanische Verwandte der *samba* ist jedoch der Blues aus den Städten. Die *samba* ist schlichtweg die mündliche, fortlaufende Chronik der Stadt Rio, eine riesige musikalische Endlosschleife, die sich immer wieder mit neuen Strophen anreichern läßt. Nur liegt dem Blues in Brasilien eine so tiefe Traurigkeit zugrunde, daß für traurige Klänge gar kein Platz bleibt. Auch hat die Sprache im Vergleich zum Blues-Kauderwelsch viel mehr Ironie, viel mehr Biß. In Brasilien wird weniger gejault und gestöhnt, dafür gellt hier der *grito de carnaval*. Der erlösende Schrei! Doch immer ist das Gefühl ein wohliger Schmerz, Quell jener unerklärbaren Sehnsucht, die die Portugiesen dem Land mit ihrem allerliebsten Schlagwort vermacht haben – *saudade*. Darin steckt alles: Heimweh, wehmütiges Gedenken an glücklichere Tage, die Schmerzen verlorener Liebe und vergeudeter Träume und schließlich die stetige Einsamkeit, die uns allen innewohnt.

«Das ist das Gefühl, das dich überkommt, wenn dein einziger wahrer Freund, der einzige, der dich jemals versteht, für immer von dir gegangen ist», tönt Grande Othelo, ein glamouröser Nachtclubsänger aus den ruhmreichen Vierzigern, und weiter: «*Saudade* kann man nicht übersetzen.» Meine Übersetzung für dieses meistgebrauchte Wort in der brasilianischen Musikwelt ist Blues.

Wenn man dem achtundachtzigjährigen Carlos Cachaça zuhört, hat man das Gefühl, man könnte genauso mit Blind Lemon Jefferson oder Mississippi Fred McDowell reden. «Ohne die *samba* hätten wir eine Leere, die nichts und niemand ausfüllen könnte. Sie ist die Pille für unser Leiden, Arznei fürs Herz. Dafür gibt es keinen Ersatz. Egal, ob du froh oder traurig bist, du trägst immer eine große Leidenschaft in dir, die dich quält. Wir machen keine Straßenschlachten, wir gehen nicht aufeinander los, wir machen lieber ein Lied. Ohne die *samba* sind wir niemand.»

Bleibt die Frage, ob Brasilien seine *sambistas* jemals besser behandelt hat als Nobodys. Doch immer sind Rios große Musiker fast nur bei Karnevals-Insidern und im Buschfunk der Ghettos richtig anerkannt. Daß die Velha Guardia da Portela – eine Klassikertruppe von Rios erster *samba*-Schule Portela, vergleichbar mit der Preservation Hall Jazz Band aus New Orleans – in einem schicken Nachtclub auftreten darf, verdanken die alten Barden nur ihrer weißen Frontsängerin Christina Buarque, der kleinen Schwester des Popstars Chico. «Soll ich dir sagen, wie die Zukunft meines Landes aussieht?» fragt mich die jüngste Tochter des imposanten Clans der Buarque de Holandas, aus dem sowohl der führende Historiker Brasiliens stammt als auch der Autor des nationalen Standardwörterbuchs. «*Merda.*» Beschissen. «Diese Leute, die tollsten Musiker in unserer Geschichte, werden noch mieser behandelt als eure alten Jazzgrößen. Ich wollte mit ihnen in TV Globo auftreten. Weißt du, was die Fernsehleute mir gesagt haben? ‹Die können wir nicht vor unsere Kameras stellen. Zu häßlich, die alten Schwarzen.›»

Genau wie die geschmähten Altjazzer Nordamerikas sind auch Brasiliens nationale Juwelen unbekannte, ausgebeutete Propheten, an die sich oft niemand mehr erinnert. «Ich könnte in die Stadt gehen und meine Tantiemen von den Plattenfirmen eintreiben», witzelt Cachaça, der in seiner lebenslangen Zusammenarbeit mit dem überaus produktiven Cartola über fünfhundert *sambas* geschrieben hat. «Aber der Scheck würde nicht mal für 'ne Busfahrkarte reichen.» Weil er von der Musik allein nicht leben konnte, hat er achtunddreißig Jahre als Rangierer bei der Eisenbahn gearbeitet. Eine unverzichtbare Stütze war ihm auch seine Frau, «eine sehr starke Frau, wie man sie als *sambista* braucht!»

Auf der Suche nach der großgewachsenen Legende mit dem Bürstenschnauzer und der trügerischen Grüblermiene gerate ich in ein enges, orientalisch anmutendes Straßengewirr zwischen befestigten Hütten, die den Mangueira-Slum bilden (benannt nach dem Mangobaum). Wie alle Altmeister, mit denen ich mich in Brasilien verabredet habe, ließ sich auch Cachaça um keinen Preis aus seinem Revier locken, nicht für alle Plattenverträge der Welt. «Die Leute sagen, ich bin ein *carapato* (eine Zecke). Ich stecke in meinem Heimatviertel fest. Warum auch nicht? Hier wohnen sogar meine sechs Enkelkinder, wenn sie mich auch nicht alle kennen.» Immerhin kann seine karge Behausung mit einer kleinen Küche und einem Schlafzimmer unterm Dach aufwarten, das man durch eine Klapptür in der Decke erreicht. Seine vielen Preise und Medaillen verstauben in Vitrinen, die schon seit Jahrzehnten nicht mehr saubergemacht worden sind. Er stützt sich mit dem Ellbogen auf einen antiken Eßtisch, hat extra für mich sein bestes weißes Hemd angezogen. Den ganzen Morgen hat er ungeduldig auf meinen Besuch gewartet. Der letzte, der irgendwie Interesse an ihm bekundet hat, war ein umherreisender Musik-Ethnologe aus Japan.

«Vor drei Jahren mußte ich mit dem Trinken aufhören. Seitdem macht das Leben keinen Spaß mehr», gesteht der über achtzigjährige. «Jetzt muß ich mich damit begnügen, anderen beim Trinken zuzusehn.» Nicht umsonst hat er seinen Spitznamen nach dem Nationalschnaps bekommen, denn: «Ich war damals bei den drei Carlos' in der Praça Onze, da haben wir gesungen und Botengänge gemacht. Aber ich hab als einziger mit meinen vierzehn Jahren gern mal einen cachaça gezischt.» Schon bald schrieb er seine ersten Karnevalsthemen. «Der erste Karneval, an den ich mich erinnern kann, war, glaube ich, 1912. Die Zugblöcke haben sich mit Konfetti bekriegt, manchmal auch mit den Fäusten. Die Musik damals hieß bei uns *marcha rancho*, die wurde nur mit Blechbläsern gespielt. Zu der Zeit konnte es passieren, daß man drei Monate nicht aus dem Kostüm rauskam! Viele sind als Pierrot gegangen, oder einfach im Kleid von ihrer Frau.»

Doch sein Ruhm gelangte nie über die Grenzen der *samba*-Schulen hinaus. «Einmal hab ich einen Walzer komponiert, nur als Beweis, daß mein Bruder ein *musico* war. Die *sambistas* kamen ohne Theorie aus. Wie heißt's doch so schön: *samba* lernt man nicht auf der Universität. Trotzdem waren wir viel kreativer. Damals gab's mindestens zehn Grundrhythmen in der *samba*. Heute nicht mehr. In Rio ist viel kaputtgegangen. Die saubere Luft, das *verde*!» Damit meint er das Grün. Von diesem küstenfernen Berghang sehe ich nur Kraftwerke, Lieferstraßen, graue Viadukte. Allmächtige Trübsal beherrscht die «Welt der Zinkdächer», wie sie in einem Cartola-Klassiker genannt wird. Und noch etwas sagt Cachaças Partner in einem seiner Lieder: «Das Saatgut für die *samba* gibt es nur in Mangueira.» Von ihm aus könnte ich noch bis zum Morgen bleiben, oder auch für immer. «Für uns ist alles *boa*, rundum gut, das ist unser Glaube. Sogar als die Staatsmacht unsere Texte zensiert hat, haben wir gesagt, die *censura* ist *boa*.» Mit schwacher Stimme singt mir Carlos Cachaça eine seiner Lieblingskompositionen vor. Der Text geht ungefähr so: «Keiner quält sich, keiner grämt sich, denn die Dämmerung überm *morro* ist so wunderschön.»

Ganz oben auf der Klippe residiert in herrlicher Lage Dona Zica, die Witwe von Cartola, verehrt als «Patentante aller *samba*-Schulen». Die würdige alte Dame mit den blaugespülten Haaren zeigt mir den kleinen Garten rund um ihre Eingangstreppe, der Cartola zu seiner schönsten Ballade inspiriert hat, «As Rosas Não Falam» («Die Rosen reden nicht»). «In sechzig Jahren Ehe hat mein Mann nur einen Fehler gemacht», sagt sie augenzwinkernd. «Er ist vor mir gestorben.» Die Pokale und Medaillen für Cartolas musikalische Erfolge füllen die Hälfte aller Zimmer im Haus der lustigen Witwe. In der anderen Hälfte stapeln sich halbfertige, seidig glänzende Kostüme für die Mangueira-Schule. «Die Leute von Mangueira waren früher alle Sklaven in Minas Gerais, und alle sind wir für die Flamengo-Fußballmannschaft.» Aus ihrem Mund klingt jedes Wort beschwingt. Ich weiß nicht, wo hier die Grenze zwischen Zauberei und Wirklichkeit liegt. Gibt es überhaupt eine? Dona Zica hat sogar einen Papagei, der *samba* singen kann.

Der Blues ist eine Lebensart. Ebenso bildet auch die *samba* ihre eigene Kultur heraus, mit *samba*-Slang und *samba*-Look. Im Petiscos de Vila – einem Freiluftcafé in unmittelbarer Nähe des Denkmals für Noel Rosa, den Cole Porter der *samba* und liebsten Sohn des Viertels Vila Isabel – sind so viele *sambistas* Stammkunden, daß man hier ein auf der Welt wohl einmaliges Schild aufgestellt hat: «Proibido Cantar e Batucar!», Singen und Trommeln verboten. Eine Regel, die nur dasteht, um gebrochen zu werden, wie alle derartigen Verbote in Brasilien. Eines Nachts treffe ich bei Bier und fritiertem Flischfilet einen weißen *cavaguinho*-Spieler namens Wanderson, der vor lauter Spielwut frohgemut für drei / vier Schulen auf einmal in die Saiten haut, und Paulão, einen finsteren Rauschebart mit Bärenstatur, der Gitarre spielt und diplomierter Soziologe ist. «Ich weiß nicht, wieso ich das mache, so wie man hier als Musiker behandelt wird», sagt er. «Manchmal machen mir die Produzenten und Nachtclubchefs so armselige Angebote, daß ich ihnen knallhart sagen muß: ‹Bitte tut mir einen Gefallen und verliert meine Telefonnummer!›» Alle warten auf Martinho da Vila, die kratzstimmige *sambista*-Eminenz von Rio. Wie so viele Sänger hat er den Namen der Schule angenommen, bei der er zuerst gesungen hat. Die ersten machen schon Witze, ob ihn mal wieder ein Schäferstündchen mit einer *pequena* dazwischengekommen ist, einem «jungen Huhn».

Ich begleite die Profi-Musikanten zu einer nächtlichen Studiosession in der schlimmsten Ecke von Lapa, einem Randgebiet der Innenstadt, das seit den siebziger Jahren seiner Beschreibung in den Reiseführern vollauf gerecht wird: «eine Räuberhöhle, dominiert von Zuhältern und Tunten.» Wir erreichen unser Ziel über einen Güterfahrstuhl, dessen Türen so schnell zuschnappen, daß Wanderson warnt: «Der klemmt dir glatt die Eier ab.» Er befördert uns ins Obergeschoß des einzigen Hauses im Block, das kein schrulliges, verdrecktes Stundenhotel mit Gitterfenstern ist. Wurde der Jazz nicht auch in einem Bordell geboren?

Geborgen und abgeschirmt sitzen die Musiker in ihrem holzgetäfelten, mit modernster Technik bestückten Schlupfwinkel, diesem Sinnbild für die indisponierte Stellung der geistigen Elite in Brasilien, und basteln an den CD-Versionen der «Themen-*sambas*», die dieses Jahr in den kleineren südlichen Städten angestimmt werden. Ungeachtet der Rauchverbotsschilder paffen sie die zwei verglasten Kabinen mit Tabakgestank voll. «Kein Gesetz in diesem Land ist das Papier wert, auf dem es steht», erklärt Paulão, der Soziologe. «Nicht mal die Verfassung!» Die Musiker gehen ihre Arbeit recht entspannt an. Heute spielen sie die Begleitung für einen Sänger aus der großen Provinzstadt Vitória ein. «Er hat den einzigen Flieger genommen. Der macht so viele Zwischenstopps, daß man schneller mit dem Bus hier ist», necken sie den Prinzler, der sich den Berufstitel Edson Papo Furado zugelegt hat. *Furado* heißt in der Umgangssprache Phrasendrescher, fauler Schwätzer. In seiner selbstverfaßten *samba* spielt er allerdings den König von Brasilien und ruft aus: «Solange ich in diesem Land regiere, sind Rassismus, Krankheit und Traurigkeit Fremdwörter.» Wanderson besteht immer auf neuen Musikvarianten, er will, «daß der Sound den Leuten die Achselhaare sträubt.»

Zum Ruhm und auch zur Ausschlachtung der Musik, die hier entsteht, hat die Stadt Rio die Passarela do Samba errichten lassen, das sogenannte Sambódromo, ein Muß für Touristen und Musikfans. 7000 Kubikmeter Beton verschlang die in 120 Tagen erbaute geheiligte Paradenstrecke von gut achthundert Meter Länge, die an beiden Seiten von Zuschauertribünen aus Beton gesäumt ist – eines der kahlen Schaustücke des verfehlten Modernismus vom Le Corbusier-Schüler und Brasília-Architekten Oscar Niemeyer. In eine karge Speicherstadt gepfercht und von einer Hochstraße überschattet, wirken die überdachten Zuschauertribünen mit den Luxusrängen wie zwei in die Länge gezogene Wohnwagen. Für den Rest des Jahres dienen sie als Unterrichtsort für eine Grundschule. Eingeweiht wurde der sterile Marschweg mit dem freistehenden Bogen als finale Krönung 1984. Der bunte Tumult der Armenviertel von Rio auf diesem Gefängnishof, diesem synthetischen, für Touristen und wohlhabende Brasilianer entschärften Straßenabschnitt – nichts kommt der Phantasie eines George Orwell näher als dieser Anblick! Das Sambódromo hat Rios ureigenstes Schauspiel zu einer Sportveranstaltung für zahlungskräfte Besucher herabgewürdigt, einen Wettkampf an vier aufeinanderfolgenden Abenden, bei dem vor allem die Fernsehkameras den Ablauf bestimmen. In der Regel schaffen die wenigen Ausländer, denen das Spektakel überhaupt die astronomischen Eintrittspreise wert ist, mangels Sitzfleisch nur ein Paar der sensationell hemmungslosen Aufmärsche. Kein Wunder bei den drei- bis viertausend Akteuren, die jede einzelne Schule ins Rennen schickt. Das ganze Jahr haben sie an ihren Wagen und ihren Schritten gearbeitet. Nun schöpft jeder der ausgelassenen Freudenzüge seine neunzig Minuten voll aus und zeigt der Nation alles, was er zu bieten hat. Dabei wird die «Themen-*samba*» des Jahres mindestens dreißigmal durchgesungen. Und wenn die abgeschlafften Touristen gegen vier Uhr früh durch den Ausgang trotten, lauern dort bereits Hunderte von Taxifahrern auf ihr Stück vom großen Kuchen.

Doch eine gute *samba* kann überall vom Zaun brechen, und spontan ist sie natürlich immer schöner. Bezeichnenderweise erlebe ich meine tollsten Stunden im Sambódromo, als ich ganz zufällig dort vorbeikomme und mich den Menschenmassen anschließe, die sich durch die Umzäunung in die Festanlage drängeln. So komme ich in den unverhofften Genuß einer Freiluft-Probe von Kizomba, einem streng afrikanischen *bloco*. Ihr Frage-Antwort-Gesang, machtvoll wie mitten aus Soweto, ist der Grund für den tausendfachen Andrang. Perola Negra, «Schwarze Perle», die stämmige Mahalia

Jackson der *samba*, stimmt eine honigsüße Melodie an. Stundenlang singt sie, begleitet von einer Allstar-Truppe der größten *pagodistas*. Schon zum zweiten Mal habe ich das große Los gezogen. Ich bin mitten in die Generalprobe der Imperatriz-Schule gestolpert. Das einzige, was fehlt, sind die Kostüme, aber dafür erlebe ich alles hautnah, durchstreife jeden *ala* (Flügel) des Festzuges, die endlosen Reihen der Schnarrtrommler und Tambourinspieler.

Nach zehnminütigem Marsch durch das Sambódromo bin ich nicht nur schweißüberströmt, sondern auch um eine Melodie reicher. Das Jahreslied der Truppe besingt im Refrain die «Welten der Freude», die Afrika den Brasilianern beschert hat. Das würde ich auch nie bestreiten, schon gar nicht in dieser heißen Nacht in Rio, wo ein kurzer Regenguß den Hitzegrad der dreitausend dampfenden Leiber nur für Minuten senken kann. Ganze *samba*-Umzüge entstehen hier zur Ehre von unbekannten, längst verstorbenen Komponisten, für vergessene Sklavenaufstände, die Geschichte des Reisanbaus, zum Ruhm der Banane. Im Grunde ist der Karneval eine gigantische Siegesfeier, die den Triumph der schwarzen über die weiße Kultur, des Afrikanischen über das Europäische zelebriert. Und unter den Tänzern entdecke ich nicht nur ein paar verstreute schwedische Touristen, sondern auch schneeweiße brasilianische Profis. Eine der hartnäckigsten Erscheinungen des Rassismus im nördlichen Amerika ist der Mangel an öffentlichen Medien für die enorme Interaktion von Schwarz und Weiß. Jeder weiß doch, wie viele Weiße etwa aus Billie Holidays Liedern Trost schöpfen, und wie viele Schwarze Billy Graham und Pizza lieben. Was sich hier in Brasilien abspielt, wäre mit einem öffentlichen Festschmaus schwarzamerikanischer Leibgerichte in den USA vergleichbar, mit einem Gospelchor von Millionen Weißen. Doch während sich die schwarzen Rhythmen dort durch die Hintertür in die weiße Seele einschleichen mußten, über Motown, gepflegten Dinner-Jazz und blauäugigen Rock'n'Roll, ist die führende Rolle der dunklen Rasse hier unbestritten und für jeden sichtbar. Die *samba* hat die Macht.

Kein Wunder, daß jeder *sambista*, dem ich begegne, trotz extremer Nöte in größter Würde ein neues Kapitel des Textbuchs von Rio aufschlägt. Sie schöpfen ihren Optimismus aus dem Nichts. In einem wohlbekannten Wohngebiet unweit vom Sambódromo mit Blick auf den Friedhof von Catumbi treffe ich den achtundachtzigjährigen Moreira da Silva, der auch im Pyjama noch das Tanzbein schwingt. Der lüsterne Meister der *samba do breque* – einem «gebrochenen» Gesang mit improvisierten Gesprächsszenen – hat sich gerade eine neue Frau angelacht. «Ein alter Bock braucht öfter frisches Fleisch», scherzt er mit Blick auf die überaus üppige junge Dame, die nebenan im Schlafzimmer das Bett besetzt hält und träge in einem Comic-Heft blättert. Die ganze Zeit rührt sie sich keinen Zentimeter von der Stelle, auch nicht als ihr Gatte einen alten Hit über einen Luden aus Rio zum besten gibt, der sich von seinem Lottogewinn eine Reise nach Amerika gönnt. Ein neuerer Erfolgstitel, «Sou Candidato», erzählt von einem Dienstmädchen, daß bei der Wahl kandidiert, um die Korruption im Land gründlich wegzuputzen. «Nur wegen zwei Wörtern habe ich Ärger mit der Zensur gekriegt», berichtet da Silva. «Einmal *sarcafógos*» – eine farbenfrohe Bezeichnung für die Hoden –, «und dann *fogando o gansu*» – die Ente versenken, eine weitere Umschreibung für Sex. «Wir sind nichts als Tiere auf zwei Beinen», skandiert der Lustgreis seinen Leitspruch, «alle mit denselben Trieben ausgestattet!» Dann entschuldigt er sich, er müsse jetzt seine Lieblings-Seifenoper sehen, und verabschiedet uns mit der erstaunten Feststellung: «Heutzutage muß 'ne *mulata* nur kräftig mit dem Hintern wackeln, schon kriegt sie 'n Vertrag in Japan. Aber wer will's ihnen verübeln? Ist doch nichts Schlimmes dabei.»

Das Schlimme für die *samba* ist, daß ihre durchschlagende Kraft beim Plattenverkauf und der Lockung von Touristen ihre kreative Zukunft gefährdet. In Zeiten, wo traditionsbewußte Nachwuchsmusiker mit ihrer *samba pagode* die verlorene Schlichtheit wiederzuerlangen suchen, nennt der puristische Paulinho da Vilha das Problem beim Namen: «In der guten alten Zeit gab es fünf, sechs Grundmuster für eine *samba*. Heute machen alle nur noch einen Abklatsch von dem, was sie im Ohr haben. Keiner hat mehr die Zeit, entspannt etwas Neues zu schöpfen. Das moderne Leben ist zu stressig. Man kann die *samba* nennen, wie man will, *pagode* oder wie auch immer. Trotzdem gibt's nur zwei Sorten *samba*, nämlich gute und schlechte. Und die Sorte, die wir heute haben, ist wie eine zu lange ausgepreßte Orange. Der ganze Saft ist raus, und uns bleibt nur der Brei.»

Damit darf man Neguinho da Beija-Flor nicht kommen. Der Vertreter der aufstrebenden *pagode* ist eine der großen Hoffnungen für die Zukunft der *samba*. Als einer der ersten dunkelhäutigen Afrobrasilianer hat er den Sprung vom Hauptsänger einer *samba*-Schule in eine blühende Studiokarriere geschafft. Genau wie die nordamerikanischen Popstars in den letzten Jahren endlich die Früchte ihrer musikalischen Erfolge ernten konnten, entdeckt nun auch eine neue Generation von schwarzen Brasilianern die *samba* als günstiges Sprungbrett zum Erfolg – fast so lukrativ wie eine Karriere als Profifußballer. Ich treffe Neguinho in seiner Luxuswohnung mit Blick über die Copacabana, weitab vom Slumviertel Nilópolis, wo er aufgewachsen ist. Mit einem schnurlosen Telefon in der Hand macht er mir die Tür auf. Den Bademantel hat er offenbar nur flüchtig übergeworfen – ein flotter, athletisch gebauter Youngster, der über sein neues Stranddomizil sagt: «Dieser Ausblick, wenn man nachts aufsteht, der muß einfach inspirieren.»

Mit der allen *sambistas* eigenen Bescheidenheit betont Neguinho: «Erfolg ist nur eine Laune des Schicksals. In den Achtzigern hat sich die *samba* sehr verändert. Sie ist salonfähiger geworden, organisierter. Die Plattenfirma hat mich nur als Testballon genommen, aber es lief prima. Als der Name Beija-Flor durch den Sieg beim Karneval ganz oben war, hab ich einen Song über *futebol* geschrieben, ein Riesenhit, dabei ist das meine blödeste Nummer.» Als größten Einfluß auf seine Musik benennt Neguinho seine Kindheit «in den Slums, nah an einem *terreiro*, wo ich die ganzen religiösen Zeremonien mithören konnte. Meine besten Songs drehen sich alle um Straßenkinder, um die ungerechte Geldverteilung im Volk, die vielen Armen und die wenigen Reichen. Guck dir nur mal den Rocinha-Slum an, da hausen vierzigtausend Leute auf dem Berghang direkt neben einem Villenviertel. In einem Text hab ich die Armee und die Kirche aufgefordert, sich um die obdachlosen Kinder zu kümmern. Ein Zensor von den Behörden aus Brasília hat mir verboten, das Lied aufzunehmen. In Brasilien denkt man immer, alles ist in bester Ordnung, weil die Leute alle gut drauf sind. Da unten auf dem Strand kannst du sie sehen, wie sie zusammen *futebol* spielen, aber der eine Junge hat schicke Sachen, helle Haut und saubere Haare, der andere nicht.»

Eben deshalb sah sich Neguinho gezwungen, den Ort seiner Kindheit zu verlassen. «Leider mußte ich zu meiner Sicherheit hierher ziehen. Kaum verdient man ein bißchen Geld, wollen alle was abhaben. Meine sämtlichen Kinderfreunde haben verlangt, daß ich ihnen Häuser baue. Ein paar haben mir sogar gedroht, meine Kinder zu entführen.» Neguinhos wuschelköpfiger Nachwuchs, eine Tochter und ein Sohn, tollt um ihn herum. Er sitzt mit mir am Frühstückstisch mit Blick auf den Strand, und die Kleinen klettern ihm auf den Schoß und spielen mit den Goldketten, die über seiner nackten Brust baumeln. «Meine Kleine hier, die kann schon singen.» Davon bekomme ich keine Kostprobe, aber immerhin trommelt sie mit einem Löffel auf einer Kassettenbox. «Musiker sein, das ist, wie wenn man mit sechs Fingern geboren wird. Mein Vater war Trompeter, und mein kleiner Sohn hat den sechsten Finger auch geerbt, da bin ich ganz sicher.»

Manchmal kommt es mir vor, als hätte das ganze Land diesen sechsten Finger. «Nichts fesselt die Aufmerksamkeit der Leute so sehr wie Musik», sagt Neguinho zum Abschluß und schickt einen versonnenen Blick aus dem Fenster, wo sich die Frivolitäten des neuen Tages anlassen. «Ich mache mir keine Sorgen um die Zukunft der Musik. Wohl aber um die Zukunft meines Landes. Ich hab keine Lust, daß mir irgendein Präsident meinen ganzen Verdienst klaut. Ich kann dir sagen, in Brasilien leben ist der reinste Hochseilakt.» Und ist das eine Bedrohung für die *samba*? «Nein, die *samba* ist wie ein Geschenk. Wie die Puppe hier.» Zur Unterstreichung langt Neguinho nach der blonden, blauäugigen Barbie im Schoß seines Töchterchens. «Du kannst sie anders anziehen. Du kannst sie in ein Stück Zeitung einwickeln oder in Geschenkpapier mit 'ner Schleife drum. Trotzdem bleibt sie immer die *samba*, und die *samba* hängt einfach an Brasilien.»

Es tut gut zu wissen, daß diese neue Generation die gebrechliche Kunstform Rios in Ehren hält. Jetzt können wir sie hören, die tröstenden, fordernden, kraftvollen Klänge, angeschlagen von Musikanten am Strand. Die Trommeln beben, die doppeltönigen *agogô*-

Schellen klingeln schwach und doch kristallklar. «Die *samba* liegt immer im Todeskampf», sagt Neuguinho, «und wird doch niemals sterben.»

Musik beim Lesen:

BRAZIL-ROOTS-SAMBA – Sampler, *Rounder*
CANTA, CANTA, MINHA GENTE – Martinho da Vila, *BMG*
O CANTA DE GUERREIRA – Clara Nunes, *EMI*
PERSONALIDADE Alcione, *Philips*
O MELHOR DE SAMBA – Sampler, *RCA*
GRANDES SAMBISTAS –
Velha Guardia da Portela, *Ethnic*
O SAMBA – Sampler, *Luaka Bop / Warner Bros.*
POETAS DE CALÇADA – Neguinho da Beija-Flor, *Columbia*

Gott ist Brasilianer

In den letzten Tagen vor dem Jahreswechsel tauchen überall in Laranjeiras merkwürdige Phänomene auf. Scheinbar wahllos hat irgend jemand an bestimmten Ecken meiner sonst so seriösen Wohngegend die verschiedensten Haushaltsgegenstände auf dem Gehweg oder ringsum liegengelassen. Bei näherer Betrachtung zeigt sich, daß diese Opfergaben mit Bedacht gewählt und angeordnet sind: unversehrte Zigaretten bilden Kreuze auf kreisförmig plazierten Streichholzschachteln, Kerzenstummel brennen zwischen Fächern aus sorgfältig ausgesuchten Vogelfedern, außerdem finde ich Flaschendeckel, offene Döschen mit Duftölen, Palmenherzen, zerknüllte Zigarettenschachteln, Kosmetikartikel, Lotterielose (sicherlich Nieten). Diese geweihten Müllhäufchen sind so winzig, daß ich beinahe hineinlatsche, bis mir klar wird, daß sie nichts anders als Rinnsteinaltare der *umbanda* sind, einer bunten Mischung aus Grundelementen der afrikanischen *candomblé*-Riten, beseelt mit gängigen Pop-Elementen. Jede der liebevoll arrangierten Opferstätten zeugt von ihrer eigenen Flohmarkt-Theologie.

Sie sind die ersten Vorboten des Reveillon von Rio, wie der Silvestertag hier heißt. Seit langem ist er mit der Huldigung der Göttin Yêmanjá verknüpft, der Yoruba-Göttin des Meeres. Als Glücksbringer strömen zum Jahrescountdown ungezählte *terreiros* (Glaubensgemeinden) an die Copacabana. Sie tanzen und singen im Angesicht der Wellen, dann lassen sie kleine Boote mit Opfergaben ins Wasser. Auf meinem letzten morgendlichen Jogging des Jahres laufe ich auf der spärlich bevölkerten Strandkurve von Botofago mitten durch ein Grüppchen von vielleicht sechs Gläubigen, die nicht nur weiße Gewänder, sondern auch weiße Haut haben und einer knochigen schwarzen *mae de santos* (heiligen Mutter) mit Zigarre und üppigem Perlenschmuck unterstehen. Sie leitet ihren Trupp bei der Taufe – nennen wir es mal so – eines der winzigen Schiffchen unter Gesängen und der schwungvollen Verteilung von kühlem Naß. Keine Cola light für die Göttin. Die wenigen Sonnenbader, die so früh schon draußen sind, stehen Schlange nach einer Wahrsagung. Doch damit nicht genug – manche versetzen sich sogar in Trance. Erstaunlich, wie klein für diese Außenstehenden der Schritt vom Sonnenöl zum Weihwasser, vom Fleisch zum heiligen Wort ist.

Wie die Brasilianer jederzeit gern eingestehen, glauben sie an alles, nicht nur an Katholizismus und *candomblé* oder die gern erforschte Mischung aus beidem. Auch Astrologie und Zahlenmystik finden jede Menge Anhänger, genau wie Hare Krishna, ein Tupfer Islam, Rosenkreuzer-, Freimaurer- und Mormonentum, ganz zu schweigen von den mannigfaltigen okkulten Riten, die sich um sinnesberauschende amazonische Kräuter und Pflanzen ranken. Ein beliebter Kult beruht gar auf dem Glauben eines studierten Psychologen freudianischer Prägung an die heilenden Kräfte des *tesão*, der starken sexuellen Reizung. Ob Beschwörungskünste oder Aberglaube, ob Mondphasen, Pamphlete oder Zeitungsspalten – den unglückseligen Massen ist alles recht, was ihr Elend irgendwie im Zaum halten könnte. Und wenn alle Stränge reißen, kann man sich immer noch der Apokalypse überantworten – die düsteren Voraussagen des Nostradamus erfreuen sich besonderer Beliebtheit bei einem Volk, das den Weltuntergang als eine Erlösung sieht. Geradezu tröstend klingt ihr *O fim do mundo* in meinen Ohren. Obwohl ständig massenhaft neue Religionen aus dem Boden sprießen und ebenso viele absterben, sind die Brasilianer in Glaubensdingen längst nicht so institutionalisiert, daß Fernsehpriester aus ihnen Profit schlagen könnten. Hier ist eher jeder seine eigene Gemeinde.

Man denke nur an den akademisch gebildeten Mitstreiter der Instrumentalgruppe Uakti, der im Gespräch mit mir vom Thema Musik abschweift und über die Berge seiner Heimatstadt Minas Gerais berichtet, das «wichtigste UFO-Landgebiet der Welt». Sieh mal einer an, er und seine Bandkollegen haben sogar schon mit Außerirdischen gesprochen! Dorfbewohner aus den Bergen haben die Begegnung arrangiert. Die Fischer der Stadt Arembepe, in den Sechzigern ein beliebter Zufluchtsort von Jet-set-Größen wie Mick Jagger, haben Bilder von Marsmenschen an ihre Katentüren gemalt. Die Besucher aus dem All machten Station zum Tanken in der nahen Schwefelfabrik (die seither den Strand verseucht). Der Musiker weiß auch den Grund, weshalb die Aliens so gern in dem Dreieck zwischen Minas und Bahia landen. Dort gebe es die stärkste Schwindungsdichte auf der ganzen Welt.

Ein anderes Beispiel ist die Mär, die mir ein ehemaliger marxistischer Revolutionär mit todernster Miene erzählt. Danach wurden bahianische Polizisten für ihre Vergeltungsrazzia in einem *candomblé*-Haus mit einem Fluch belegt. Tags darauf sah man sie vor dem Revier in Frauenkleidern stehen. Angeblich hatten die Ordnungshüter keinerlei Erinnerung an die Zwischenzeit. Solche Anekdoten gibt es unendlich viele, zahllose Flaschengeister, die sehnsüchtig auf ihre Freilassung lauern. Man muß nur ganz leicht an einem Brasilianer kratzen, schon stößt man auf einen Mystiker.

Der schrägste Vogel von Rio ist Prefeito Fortuna, ein alter Agitprop-Veteran und Veranstalter von New Age-Projekten. Zu seinen liebsten Unternehmungen gehört der Versuch, obdachlose Kinder als Zirkuskünstler auszubilden. Außerdem betreibt er den Circo Voador, ein Zirkuszelt mit festem Standplatz in Rio, das sich zur ersten Adresse der alternativen Musik- und Theaterszene gemausert hat. Ich erwische ihn nach einem Konzert, als er hinausstürmt, um seine tausend glühendsten Bewunderer in die Arme zu schließen. Doch der übermütige Kobold will weder über Avantgardekunst noch über die politische Protestbewegung reden. Mit traumtänzerisch funkelnden Augen hält er eine flammende Werbepredigt für die Sache, in der er zur Zeit gerade die Erlösung sieht, nämlich die anwachsende Halluzinationssekte Santo Daime. Fortuna lädt mich zu ihrer nächsten sonntäglichen Zusammenkunft ein. Pünktlich erscheine ich in der eleganten, wenn auch kargen Sakramentsstätte auf einer Lichtung im dichten Tijuca-Wald. Ich fühle mich wie im tiefsten Regenwald, allerdings erinnert die Betgemeinde eher an eine Baptistenmesse in der Prärie von Kansas. dieser Kontrast ist kein schlechter Vergleich zu Santo Daime. Die Kultanhänger sind ganz in Weiß gehüllt, sie tragen Jesuslatschen und sprechen in frommen Flüsterton. Sie haben sich um einen langen, wie ein Mittelschiff anmutenden Tisch versammelt, der mit Unmengen von tropischen Blüten geschmückt ist. Männer und Frauen müssen in der Open-Air-Kirche auf getrennten Seiten sitzen. Für die strikte Geschlossenheit der Gruppe – zum Beispiel darf niemand die Beine übereinanderschlagen – sorgen vor allem die Männer, auf deren Hemden Sheriffsterne aus Filz genäht sind. Eine für dieses Land überraschend puritanische Religion, aber ein Hauch Brasilien ist doch dabei. Fortuna nennt das Ganze «amazonisches» Christentum.

Daime heißt «gib mir», und wonach die Gläubigen hier trachten, ist ein Rauschmittel aus einem geheimnisvollen Dschungelgewächs. Flankiert von Jesus und der Jungfrau Maria hängt ein Porträt des verstorbenen Kultbegründers vom Tabernakelgebälk – ein bärtiger Priester, der angeblich in diesem Wald mit einem indianischen Schamanen in Kontakt stand. Der Indianer weihte den Pfaffen in seinen chemischen Weg zu Gott ein. Auf der Zeremonie, die ich miterlebe, gibt es jedoch keine Drogen. Neulinge müssen erst das Dogma erfahren, bevor sie wieder eingeladen werden, um vom Sakrament zu kosten und auf einen zehnstündigen Trip abzuschwirren. Statt dessen höre ich nur eine eintönige Predigt über Natur und Frieden, gefolgt von einer folkigen Gitarreneinlage.

Am interessantesten finde ich, daß keiner der eifrigen Konvertiten eine dunkle Gesichtsfarbe hat. Santo Daime ist in erster Linie eine Antwort der Mittelschicht auf den schwarzen Naturglauben, eine hausbackene Hippie-Kampfansage an die afrikanische Front im Krieg des Übersinnlichen. Vielleicht ist die Musik auf dieser Zeremonie deshalb so schmucklos. Zwar begleiten kleine Schlagbekken und Rasseln den Chor, aber die Melodien sind genauso endlos wie getragene irische Tänze. Diesem andächtigen Gejammer fehlt einfach der Kick. Ich komme mir vor, als wäre ich tatsächlich im Drogenrausch und würde nun alles in Zeitlupe ablaufen sehen. Dennoch werde ich mit herzlichen Umarmungen und tiefen Blikken voll christlicher Nächstenliebe verabschiedet. Meine brasilianische Dolmetscherin hat sich gegenüber bei den Frauen eingereiht und amüsiert sich prächtig. Mit geschlossenen Augen summt sie die ganze Zeit mit. Hat dieses Volk denn immer eine Hymne im Kopf, einen Gesang, der sich jeden Anlaß und jeder Gottheit anpassen kann?

Um heutzutage noch echten Glauben zu finden, muß man ein bißchen weiter reisen als bis zur Copacabana am Silvesterabend. Diese Erfahrung mache ich freilich erst nach dem berühmten Fest. Ist es nicht immer so mit dem Reisen? Man legt zehntausend Meilen zurück, und plötzlich stellt man fest, daß sich das Ziel wieder um zehntausend Meilen verschoben hat: über den «roten Strand» von Urca und dann ein Stück die Straße lang, wo einem kein Reiseführer weiterhilft. Reveillon beginnt mit der Tradition, daß die Geschäftsleute im *centro* ihre Kalender zerreißen und verstreuen. Zeit wird zu Konfetti, und wenn die Nacht Einzug hält, füllt sich der riesige Strand mit Millionen Menschen. Feuerwerkskaskaden sprudeln von den Fassaden der großen Hotels. Doch die *candomblé*-Sekten machen sich von Jahr zu Jahr rarer. Weise entweichen sie der Meute. Verglichen mit der Zahl der Reisegruppen und randalierenden Teenies sind sie längst in der Minderheit, die Reigenkreise von Priesterinnen mit weißen Kopftüchern und Männern in schlaffen Seemannshosen.

Es mag unvorstellbar klingen, aber ich finde keine gute Neujahrsparty in Rio. Bei einer solchen Errungenschaft ist mehr als bloßes Glück im Spiel. Das will gewissenhaft geplant sein, nach ganz speziellen Außenseiterregeln. Auf den letzten Drücker bekomme ich dann doch drei Einladungen, aber die führen mich allesamt in gediegene Salons, wo das Establishment Cocktailhäppchen mampft und ab und zu mal einen Blick auf den unfeinen Trubel unterm Balkon wirft. Eine Gastgeberin zeigt mir stolz das goldgerahmte

Foto eines Militärdiktators, der vor nicht allzulanger Zeit noch an der Macht war. Darauf präsentiert sich der Uniformierte als Herrenreiter, indem er einen zusammengekauerten Untergebenen mit seinem Pferd überspringt. Als ich an der letzten Wohnungstür klopfe, öffnet mir ein Mann im Schlafanzug. Bei ihm ist um zwei Uhr schon Feierabend – auf der Party waren ja auch keine Brasilianer, sondern nur Exilanten.

Meine letzte Rettung für diesen Abend ist ein Grüppchen geschwätziger Spanier, die mir einen Platz an ihrem Tisch in einem Straßencafé anbieten. Sie sitzen mit einer ziemlich hochnäsigen Brasilianerin um die Vierzig zusammen, die sich als eine führende Konzertpianistin und Avantgarde-Komponistin des Landes entpuppt. Musik, Musik an allen Ecken – und immer ein volles Glas. Die Dame lädt uns in ihre Gründerzeitvilla in Botafogo ein – sie hat den Besitz geerbt und um ein erstklassiges Studio erweitert. So erlebe ich meinen Einstieg in das neue Jahr schwer verkatert und doch standhaft bis zum Morgengrauen bei originalem Dschungelgeschwirre von ihren Bändern, versetzt mit surrenden, quietschenden, fiependen Computersounds. Eine Riesenorgie der E-Musik – in Brasilien als *musica erudite* bekannt, gelehrte Musik. Die atonalen Werke der Komponistin sind mir ein bißchen zu gelehrt, aber immerhin säuseln sie mich in einen apathischen Hypnosezustand. Elektro-Voodoo, könnte man sagen.

Um etwas zu finden, das einem wirklich in Trance versetzt, muß man sehr früh aufstehen. Vier Uhr früh, um genau zu sein, denn ich treffe mich mit einem irrwitzig dreinblickenden, zotteligen Filmemacher, der seit zwei Jahren an seiner Dokumentation über ein und denselben afrobrasilianischen Glaubensweg arbeitet. Wer sich von den Touristenschleppern in Rio und Bahia beschwatzen läßt, wird zu rituellen Bühnenshows geführt, bei denen zigarrepaffende Hexen irgendwelche trancezuckenden Novizen mit Hühnerblut beträufeln. Solcher Hokuspokus ist dem *candomblé* gänzlich fremd. Er steht für eine abgeklärte, lebenslange Wachsamkeit. Manchmal als *macumba* oder auch erweiternd als *umbanda* bezeichnet, fußt das vom Stamm der Yoruba aus Nigeria eingeführte brasilianische Pendant zum kubanischen *santería* und dem haitianischen *voudon* auf der Lockung und Beschwichtigung einer Gruppe von Schutzgöttern, der *orixás*. Jeder Gläubige führt spezielle Rituale vor, trägt Armbänder und Kopftücher in bestimmten Farben, bereitet bestimmte Speisen zu und strebt natürlich auch mit ganz bestimmten Trommelschlägen und Ritualen nach Kontakt mit den Göttern, die genauso individuell und launisch sind wie die Menschen. Oxalà, Oxum und Yêmanjá sind schon ein paar vertrackte Naturgewalten. Diese verdammte Brut steht weder auf Predigten noch auf Schutz oder Höllenpein. Sie führen keine heiligen Posen vor. Sie reiten auf Blitzen.

Wer diesen Götterschlag bei Laune halten will, muß einem Haus – nicht etwa einer Kirche – beitreten und sich so in die stete Obhut des wachsamen Gemeindepatriarchen (*pai de santos*) oder einer Matriarchin (*mae de santos*) begeben. Zu solch einem Haus fährt der Filmemacher mit mir, fünfzig Kilometer nördlich über die leere Schnellstraße durch Fluminese, das sumpfige Elendsrund der Bucht von Guanabara. In Brasilien sind Vorortadressen kein Statussymbol. Je weiter man sich von den Meeresstränden entfernt, desto ärmere Gestalten trifft man. Leider haben sich die Mitglieder der in Nova Iguaçu ansässigen Gemeinde unmittelbar vor unserer Ankunft auf den Weg ans Meer gemacht. Ich hätte so gern miterlebt, wie sie den katholischen Tag des heiligen Sebastian mit der Huldigung seiner afrikanischen Entsprechung Oxum begehen. Wir haben sie nur um fünf Minuten verfehlt. In transzendentalen Belangen legen die Brasilianer eine ungewöhnliche Pünktlichkeit an den Tag.

Doch das macht nichts. Später werde ich noch jede Menge Zeremonien erleben. Wie im zeitlosen Raum fühle ich mich, als ich die trutzigen Portale aus Betonblöcken und den Vorgarten voll geweihter, mit frischen Lilien bedachter Urnen hinter mir lasse und auf den gelben Linoleumboden in einem völlig leeren Raum trete. Bewacht wird das zeremonielle Wohnzimmer von dem in diesem Haus herrschenden Gott in Gestalt eines lebensgroßen, glatzköpfigen weißen Lazarus aus Porzellan, dessen Haut von Wunden übersät ist. Bekleidet ist er wie Tarzan mit einem Tigerfell. Vor der kuriosen Statue steht ein randvoller Hundenapf mit frischem Popcorn, genug für eine ganze Nachmittagsvorstellung. Diese Religion schreibt jeder Gottheit ihr ganz spezielles Kraftfutter zu. Im *candom-*

blé lautet die Gretchenfrage: Hat dein Gott heute schon sein Müsli gekriegt?

Angeleitet von Dona Neuza, einer überraschend jungen *mae de santos*, die in ihrer würdevollen Strenge viel älter wirkt, bereitet ein Trupp ehrfurchtsvoller Teenagermädchen in der Küche Bohnen und Reis zu. Sie haben die ganze Nacht gearbeitet. In wichtigen Festperioden stehen die Gläubigen manchmal drei Tage ohne Schlaf durch. Wenn sie nicht mehr können, klettern sie aufs Dach, wo unter den stets mit etlichen weißen Wäschestücken, Kleidern und Schärpen vollgehängten Wäscheleinen Matratzen ausgebreitet sind. Was für eine Augenweide, diese geweihte Wäsche! Das Gebäude ist ein vollwertiger Kommunenhaushalt. Angesichts der endlosen Rituale frage ich mich allerdings, wieviel Zeit den Mitgliedern da noch für ihre anderen Familien bleibt. Nur zu deutlich ist der Kontrast zwischen der besenreinen Ordnung hier und den verdreckten, morastigen Straßen von Nova Iguaçu! Das Durchschnittseinkommen in diesem großen Siedlungsort liegt unter 180 Dollar pro Jahr.

Gegen zehn Uhr früh, ich kann mich kaum noch wachhalten, kommt die Gemeinde vom Strand zurück. Einmal mehr erstaunt es mich, wie integriert dieser Afroglaube hier ist. Mehr als die Hälfte der *candomblé*-Getreuen sind junge Weiße. Die besonders hellen Typen wirken für mich schon fast ein bißchen albern in ihrer weißen westafrikanischen Tracht, bestehend aus weiten Jacken, schlabbrigen Hosen und schweren Perlenketten. Doch alle berichten nur zu gern davon, wie gut diese Religion ihrem Leben getan hat. Ich spreche mit einem heterosexuellen Paar und mit mehreren schwulen Männern, die keinen Hehl aus ihrer Sexualität machen, und immer wieder sagen sie mir, wie freudlos und sinnentleert ihr Leben ohne den Gott wäre, unter dessen Fittiche sie sich begeben haben. Im Gespräch mit einem brasilianischen Soziologen hat es eine bahianische Gläubige so formuliert: «Schauen Sie mich an. Ich bin eine schwarze Frau, kann weder lesen noch schreiben. Und doch lebe ich mit einem Mann von der Faculdade de Medicina zusammen. Da sehen Sie, was Oxalá für mich getan hat!»

Wenn es nach mir ginge, könnten die Zelebranten sofort aufs Presbyterium treten und auf den drei großen Tom-toms ein Paukengewitter entfachen. Doch wie ich in den nächsten zwölf Stunden feststellen werde, gibt es im *candomblé* keine geplanten Andachten. Die Geister lassen sich nicht rund um die Uhr rufen, man muß den richtigen Augenblick erwischen. Manchmal wird ein Gläubiger ganz plötzlich von Qualen heimgesucht und löst so ein komplettes Ritual aus. Die sprunghaften Launen und Leiden wollen bewältigt sein, sie werden mit Gesängen ausgetrieben. Man braucht vor allem viel Zeit, Zeit zum Ausbessern der Gewänder, zum Futtern und zum Quasseln. Ich gebe mich geschlagen und gehe für ein Schläfchen nach oben, wo ich meine Dolmetscherin treffe. Und siehe da, sie hat sich eine Gesichtsbemalung aus weißem Tonstaub machen lassen. Mit den Tatzenabdrücken auf Wangen und Stirn sieht sie aus wie eine Jungfrau vor der Opferung. Wie ich erfahre, hat ihr der *pai de santos* mit *buzios* (Muscheln) die Zukunft vorausgesagt und ihr geraten, sich von Flugzeugen fernzuhalten. Die Faszination steht ihr ins Gesicht geschrieben – sie ist fast bekehrt. Nicht mal eine Stunde ist vergangen, und schon gerate ich in Gefahr, mir eine neue Dolmetscherin suchen zu müssen.

Bald darauf, eine oder zwei Stunden später, verschwimmen allmählich die Konturen. Liegt es an diesem Haus, oder bin ich einfach so geschafft? Ich kann nicht mehr zwischen Ritus und Hausarbeit unterscheiden, zwischen Alltäglichem und Besonderem. Doch der *pai de santos*, unser Vater auf Erden, kann mir alles erklären. Seine absolut unheilige Erscheinung weckt auf der Stelle mein Vertrauen. Er ist ein gutaussehender, sehr dunkler Mittdreißiger mit entschlossenem Gang. Leicht ermattet schlägt er sich mit seinem gefiederten Talisman an die Hüfte. Mit scharfem Blick wacht er darüber, daß alle Öle und Kerzen ordnungsgemäß in sein privates Heiligtum zurückgestellt werden, dann nimmt er seinen Stammplatz auf einem regiestuhlartigen Thron neben den Tom-Toms ein. Sofort fühle ich mich an buddhistische Geistliche erinnert, die ich im Orient erlebt habe. Er hat keine Tricks im Ärmel, bei ihm geht alles ganz natürlich zu. Seine Stimme klingt ruhig und ausgeglichen, und seine Haltung ist ganz einfach perfekt, freimütig statt hochmütig, ein ungemein harmonisches Bild. Dieser *pai* füllt seinen Platz in der Welt mit geballter Löwenkraft.

Rein äußerlich und auch in seiner Konzentriertheit erinnert

mich Reuben de Oliveira an einen anderen afroamerikanischen Magier, den Baseballgiganten Henry Aaron. Ob er auch so ein glänzendes Zeitgefühl hat wie «Hammerin' Hank», will ich wissen. In stiller Erduldung meiner unbedarften Fragerei erklärt de Oliveira, seine Pflicht beschränke sich oft tatsächlich darauf, den richtigen Zeitpunkt für eine Fühlungnahme zu erspüren. Die Liturgien seien schnell erlernt, das sei nicht die Schwierigkeit. Ein *pai de santos* müsse seiner Gemeinde die Schwingungen vermitteln wie eine Stimmgabel. Er ist Berater, Tröster, Therapeut und Wahrsager für ein gutes Dutzend eigenwilliger Seelen, doch damit nicht genug. Er muß auch darüber Bescheid wissen, welche *orixás* einen bestimmten Bann brechen oder eine Heimsuchung austreiben können, und was für eine *trabalhao* (schwere Arbeit) nötig ist, um die Götter willig zu stimmen.

Davon kann ich mich selbst überzeugen, als ein junges Mädchen urplötzlich am ganzen Leib erzittert und mitten auf dem kahlen Boden auf die Knie sinkt. Jetzt kann ich mal erleben, was echte Gruppentherapie ist! Die gesamte Gruppe umringt die Leidende, alle umarmen und streicheln und trösten sie, um ihre Qualen zu lindern. Mit einem kurzen Kopfnicken, einem Wink mit seinem Talisman bringt der *pai de santos* die Trommler zum Taktwechsel oder animiert eine bestimmte ältere Frau, das kniende Mädchen zu beruhigen und zu liebkosen. Reuben de Oliveira dirigiert die Szene ganz instinktiv zu ihrem übersinnlichen Gipfelpunkt: verschiedene Gläubige werden von heiligen Geistern besessen, sie stimmen ein seltsames Jaulen an oder Kreischen wie Kojoten, schütteln die Glieder und verfallen schließlich ganz in krampfhafte Zuckungen. Dazu wummern die Trommeln, die Frauen beugen sich auf und nieder. Sie tragen geblümte Kopftücher und so lange Gewänder, daß ihre nackten Füße nur manchmal unterm Saum vorschauen. Vor der Trance muß man keine Angst haben, sie ist ein gutes Heilmittel, nichts weiter. «Nichts auf der ganzen Welt», so heißt es in einem *candomblé*-Gesang, «bleibt dem Großen Geist verborgen!» Der menschliche Geist schüttelt einfach nur seine Marotten ab.

Dann kann Reuben de Oliveira endlich verschnaufen und erzählt mir sichtlich erleichtert von der Zeit, als er noch ein ganz normaler Carioca-Taugenichts war. Von früh bis spät habe er damals in den

Cafés von Rio herumgesessen und *sambas* komponiert. Ich kann es kaum glauben, aber der gestrenge, aufopferungsvolle Gemeindevater wollte einmal ernsthaft als *sambista* seine Brötchen verdienen. Er geht sogar in seinen Arbeitsraum und bringt mir Blätter mit maschinegeschriebenen Texten zu mehreren Kompositionen. Da kratzt man ein bißchen am Priester, und schon kommt der Musiker zum Vorschein. Aber diese Religion ist auch wirklich durch und durch musikalisch. Jeder *orixá* hat einen ganz speziellen Rhythmus, der seinen Anhängern das Schrittempo für ihren stolzierenden Tanz vorgibt. Manche Götter sind allegro, andere andante. Das ist das große Geheimnis der brasilianischen Popmusik: Jeder *samba*, sei sie auch noch so sündhaft und banal, liegt der Ruf nach einem Gott zugrunde. Freilich hüten die Musiker von heute ihr Geheimnis mit der gleichen Vorsicht wie einst die Sklaven, die ihre afrikanischen Gottheiten hinter Bildnissen christlicher Heiliger wie Jeremias und Bartholomäus tarnten. Die Musik der Brasilianer ist geistliche Musik, sie gehört zum Hohenlied der Menschheit wie die gregorianischen Chöre oder Händels Messias.

Wie sollte es anders sein in einem Land, das für alle Konventionen empfänglich ist? Spirituell wie sexuell gibt sich Brasilien vielgestaltig. Ich muß meine Dolmetscherin schnellstens aus dieser Götterhöhle locken, sonst verliere ich sie an die Dienerschar des allmächtigen Oxalá. Ohnehin haben uns schon mehrere Gemeindemitglieder dringend geraten, noch vor Einbruch der Dunkelheit abzufahren. An einer ungeschützten Straßenecke warten wir auf den Bus nach Rio, der hier in unregelmäßigen Abständen hält, und ausgerechnet jetzt erfahre ich, daß Nova Iguaçu als «Mordhauptstadt Brasiliens» verschrien ist. Irgendwie sehne ich mich auf einmal sehr nach dem Bus.

Tags darauf begeht die Stadt des São Sebastião de Rio de Janeiro den offiziellen Ehrentag ihres Schutzheiligen. Der geschundene, von unzähligen Pfeilen durchbohrte heilige Sebastian dient der katholischen Kirche auch als Modell für ihre Posterkampagne gegen die Gewalt in der Stadt. Die Prozession der Gläubigen zieht an einem küstennahen Park im Wohnviertel Gloria entlang. Auf Transparenten predigen sie christliche Nächstenliebe. Dieser Ehrenzug gilt allein den Notleidenden, die auf ewig vom Pfeil der

Armut durchbohrt sind. Vor allem alte Frauen und ihre folgsamen, ordentlich zurechtgemachten Enkeltöchter marschieren im Gefolge des runzligen Bischofs, der fast unter der Last seiner roten Mitra zusammenbricht. Das sind dann wohl die wahren Märtyrer Brasiliens, die in der Kirche und auf der Arbeit niemals fehlen, die Heiligen, die alles erdulden, es schweigend und reglos über sich ergehen lassen. Damit wäre der Katholizismus auf der Glaubensliste abgehakt. Ich suche etwas ganz anderes. Boogie-Woogie-tanzende Boten des Schicksals und der Wälder! Trommeln von früh bis spät! Doch die Getreuen des San Sebastian trotten nicht nur ohne Musik dahin, sie sind ohne jeden Zweifel der traurigste Haufen, den ich in Brasilien zu Gesicht bekomme.

Musik beim Lesen:
AFRO-BRASILIAN RELIGIOUS SONGS –
Kollektion, *Lyrichord*

Orpheus' Kinder

Die brasilianische Musik kann unmöglich nur aus *samba* bestehen, und Brasilien nicht allein aus abgeschotteten Reichen und der hyperaktiven Restmenge. Kurz vor Ende meiner Zeit in Rio hat mir diese monströse Heimstatt von sieben Millionen Überlebenskämpfern noch kaum irgendwelche Ähnlichkeiten mit dem idyllischen Fleckchen aus dem Film *Orfeo negro* offenbart. In den Fünfzigern, als der Film gedreht wurde, hatte die Bevölkerungszahl eine Null weniger und Meer und Himmel noch viel mehr Blau. Zumal in Technicolor! Der angestaubte Mythos, der Brasilien dort aufgedrückt wird, nährte meine Vorstellung von einer Welt, wo die Armen immer die schönste Aussicht abbekommen. Und aus der Hauptnummer im Soundtrack, «Manha de Carnaval», habe ich sogar mein erstes Wort auf Portugiesisch gelernt. *Manha* – genauso knapp wie «Morgen», und doch so viel poetischer! Woher sollte ich damals wissen, daß die geschönte Zelluloidversion von Rio schon damals

Proteste in der wirklichen Stadt auslöste, weil sie einmal mehr das koloniale Ammenmärchen von den «fröhlichen Eingeborenen» heraufbeschwor. Schließlich stammte der Regisseur Marcel Camus aus Frankreich. Und obendrein beruhte die Story auf einer griechischen Sage!

Orfeo negro zeigte die Kinder Brasiliens als barfüßige Slum-Apollos, die jeden Morgen auf ihren Gitarren zupfen und die Sonne aus dem Meer locken. Heute würden solche Kinder wohl nur allzubald als *meninos da rua* (Straßenkinder) enden. «Die obdachlosen Kinder von Brasilien mit den schwellenden Titten und Schwänzen», wie es in einem derben Songtext von Caetano Veloso heißt. Die alarmierenden Schätzungen zur Zahl der ausgestoßenen Minderjährigen schwanken zwischen acht und fünfzehn Millionen – das wären maximal zehn Prozent der Gesamtbevölkerung. Allein auf Rios Straßen treiben sich zwei Millionen herum. Wie eine Erhebung von 1988 ergab, stammten damals vierundfünfzig Prozent der brasilianischen Kinder aus Familien, deren Gesamteinkommen im Jahr unter fünfunddreißig Dollar lag. Insgesamt wachsen von den achtundfünfzig Millionen Kindern des Landes vierzig Millionen in Armut auf. Von ihren verzweifelten Eltern ausgestoßen oder zum Betteln gezwungen, geraten diese Kinder auf einen Weg, der sie von Straßenjobs wie Autoscheiben waschen und Schuheputzen in die Banden führt, zu Diebstahl, Drogenhandel, Prostitution und schließlich in überfüllte Waisenhäuser und Gefängnisse.

Die Kinder sind die Hauptopfer des brasilianischen Dilemmas, und das schon lange bevor ihre zerschossenen, verkohlten oder kastrierten Leiber in den Seitenstraßen gefunden werden. Dreihundertfünfzigtausend sterben jährlich vor Beendigung des fünften Lebensjahres. Bei Kindern unter zwei Jahren ist Diarrhöe die häufigste Todesursache. Nur dreizehn Prozent erreichen jemals einen Grundschulabschluß – und für viele gibt es erst gar keine Schule. Zahllose Jungen haben Aids – achtundsechzig Prozent der männlichen Prostituierten in Rio sind mit dem Virus infiziert. Mädchen im Teenageralter sterben scharenweise an Fehlgeburten durch eine als «die harte Tour» bekannte Methode – einen kräftigen Tritt in den Bauch, beliebter Sport bei brasilianischen Polizisten. Die meisten Straßenkinder fristen ihr Dasein im Klebstoffrausch. «Ich schnüffel

Klebstoff, damit's nicht weh tut, wenn ich Dresche kriege», berichtet ein *menino da rua* im Gespräch mit einem brasilianischen Soziologen. «Den ganzen Tag träume ich von einer Schule, wo ich Lesen und Schreiben lernen kann, und *capoeira* tanzen.»

Obwohl es auch jede Menge erwachsene Straftäter gibt, sind Kinder natürlich die idealen Sündenböcke für die ständig wachsende Kriminalität. Die statistische Bilanz des Justizministeriums für 1989 verzeichnete in Rio pro Stunde einen Mord und einundsechzig Raubüberfälle sowie acht Taschendiebstähle in der Minute – und das sind nur die angezeigten Delikte! Doch anstatt Bildungs- und Sozialprogramme zu forcieren, wirtschaften sich die Regierenden konsequent in die eigenen Taschen. So ruft die wachsende Gefahr andere Bezwinger auf den Plan: Mordkommandos, bestehend vor allem aus Polizisten, die ja ohnehin trainierte Kinderjäger sind. Anfangs noch als Racheaktion für einzelne Verbrechen gedacht, haben sich ihre Feldzüge inzwischen zu wahllosen Massakern gesteigert, bei denen oft ein Dutzend Kinder auf einmal im Maschinengewehrfeuer sterben. Natürlich wählen sie dafür nur Viertel, in die sich nie ein Ausländer verläuft.

«Jeder, der einen *pivetezinho* kaltmacht, erweist seiner Gesellschaft einen großen Dienst», soll ein bekannter Geschäftsmann über die minderjährigen Schädlinge gesagt haben. Diese aufkeimende Denkart gießt reichlich Wasser auf die Mühlen der sogenannten *justiceiros*. Unter Spitznamen wie «Der Linkshänder» sind einige von ihnen zu echten Volkshelden aufgestiegen, die sich in waidmännischer Manier ganz ungeniert ihrer Abschüsse rühmen. Einem berüchtigten *justiceiro*, der nach eigener Auskunft nicht Arzt werden konnte, weil er «kein Blut sehen kann», werden mindestens zweiundsiebzig Exekutionen nachgesagt. Von neuem demonstriert diese «Endlösung» die brasilianische Vorliebe für Abkürzungen. Der Mörder eines Jungen von neun Jahren ließ die erdrosselte Leiche mit einer Nachricht an der Copacabana liegen: «Ich habe dich getötet, weil du keine Zukunft hattest.»

Was als Selbstschutz begann, gipfelt nun in einer regelrechten Euthanasie. Die Bilanz: 4611 ermordete Kinder von 1988 bis 1990, so eine Studie der Staatlichen Universität von Rio. «Laßt unsere Kinder leben!» steht in Sprühfarbe an vielen Mauern der Armenviertel. Doch immerhin haben sich einige *samba*-Schulen ganz im Sinne ihrer Tradition als inoffizielle Sozialämter in den Slums des Problems angenommen. Dank ihrer Mittel und Wege entstand so etwas wie ein ausgeschmücktes Sicherheitsnetz. Beija-Flor, die nach der Nachtigall benannte Truppe aus dem Arbeitervorort Nilópolis, hat sogar eine neue Schule, eine echte mit Lehrern und Büchern, eröffnet. Als jüngste der *grande* oder Eliteschulen ist Beija-Flor auch die innovativste mit dem höchsten Sozialbewußtsein. Das verdankt sie vor allem ihrem künstlerischen Leiter Joãozinho Trinta. Er ist wohl der einzige *carnevalesco,* dessen persönlicher Bekanntheitsgrad noch über den seines Vereins hinausgeht. Seit seinem Amtsantritt 1974 hat Trintas beharrliche Wiederbelebung der aufmüpfigen Karnevalstradition der Schule zwei Meistertitel eingebracht. In einem Jahr lösten die Leute von Beija-Flor einen handfesten Skandal aus, als sie in abgerissener Bettlerkluft aufmarschierten. Die Parallele zur bewußten Thematisierung der Armut in der «Dreigroschenoper» ist kein Zufall. Trinta nutzt den Karneval, um auch den Gedanken der tanzenden Massen Beine zu machen. Von allen großen Theaterleuten der Stadt Rio ist er am stärksten mit Brecht verbunden.

In den hektischen Wochen vor dem Karneval habe ich einige Mühe, diesen umtriebigen Dramatiker und Bühnenbildner von fahrbaren Podien zu erwischen. Bis zum Hauptsitz von Beija-Flor in Nilópolis fährt man einen ganzen Tag in südlicher Richtung, und wenn ich so an die anderen von mir besuchten Probenzentren denke, steht auch dieses ganz gewiß nicht in den Gelben Seiten unter «Schulen, Samba». Ein glücklicher Zufall hat mich mit einer aufstrebenden Jungschauspielerin aus Recife zusammengeführt, die in der Werkstatt von Beija-Flor in Rio Pailletten an die Kostüme klebt, um sich ihre Miete zu verdienen. Nachdem am Telefon zigmal besetzt ist, entschließe ich mich zur brasilianischen Variante und fahre kurzerhand unangemeldet hin.

Die Produktionsstätte für Festwagen und Requisiten liegt nur ein paar Ecken vom Sombódromo entfernt. Die unfreundliche Gegend rings um Rios offizielle Startrampe für Frohsinn ist geprägt von Autowerkstätten, windigen Ecklokalen und Wohnkomplexen mit Eisengittern vor den Fenstern. Als ich vor dem einzig in Frage kommenden Haus stehe, bin ich mir noch nicht sicher, was mich hinter dem hohen Holzzaun erwartet, der diagonal zu den brasilianischen Landesfarben bemalt ist: blau wie das Meer, grün wie der Dschungel und gelb wie die sengende Sonne. Nichts deutet hier auf das Geheimlabor hin, in dem Beija-Flor an seinem neuesten Experiment zur Ausweitung des öffentlichen Bewußtseins bastelt.

Dann erkenne ich das teilweise mit Papiermaché umhüllte Drahtskelett eines zehn Meter hohen Schwans, der seinen langen Hals über den Zaun reckt. Auf mein Klopfen öffnet sich eine Klappe im fröhlich schrägen Streifenmuster, gerade groß genug für ein von Berufs wegen skeptisches Gesicht. Aus verständlichen Gründen werden die neuen Karnevalsideen alljährlich beflissen abgeschirmt. Jede einmalig verblüffende Kulisse, jedes auch noch so winzige Detail zur Plazierung der kolossalen Schaubilder in der Parade wird vor den Augen der Konkurrenz versteckt wie die Formel für eine neue Zahncreme oder ein geheimer Bauplan. Doch brasilianische Beflissenheit hat immer noch ihre großzügigen Seiten. Der Name meiner Freundin sichert mir bereits einen Tagespaß zum Anstecken. Auf dem Weg in das an einem Ende der Arbeitsfläche angeschlossene Büro umschiffe ich den Riesenschwan, eine zwanzig Meter lange Plattform mit einem halbfertigen Spiegelkabinett darauf und eine kubistische Pyramide aus Pappelementen, die ein *favela*-Viertel darstellt. Dann wird mir klar, weshalb das Telefon laufend besetzt ist. Beija-Flors Sekretärin plagt sich allein mit der Öffentlichkeitsarbeit und Verpflegung, sie muß ständig umherziehende Arbeiter aufspüren, oder auch die genaue Stelle zwischen hier und Nilópolis, wo die Presseleute den nicht minder mobilen Senhor Trinta finden können. Ein Reporter vom Fernsehen und zwei Dokumentarfilmer sitzen mit aufgestützten Armen an einem Konferenztisch aus Mahagoni, sie harren schon den ganzen Morgen auf ein Interview. Bleibt mir wohl nichts weiter übrig, als mich in die bestuhlte *fila* einzureihen, dieses brasilianische Wörtchen für eine Schlange, die sich unerträglich in die Länge ziehen kann.

Die Wartezeit auf diesen tropischen Weihnachtsmann wird mir mit einer ausgiebigen Führung durch die Werkstatt seiner fleißigen Kobolde verkürzt. Oder sind diese Leute die Kathedralenbauer von Brasilien, und Joãozinho ihr unterweisender Brunelleschi? Nicht bei allen Objekten durchschaue ich den Bezug zum diesjährigen Thema «Alice im brasilianischen Wunderland». Hoch wie in einer Schiffswerft sind die Hallen unter Spitzdächern aus Metall, und die Hitze ist schlimmer als im schlimmsten viktorianischen Heizkeller. Unter diesen Bedingungen erbauen die Arbeiter die Titanic des Jahres, deren Jungfernfahrt schon die letzte sein wird. In den Zuschneideräumen für Kostüme und Wagenverkleidungen hat scheinbar niemand das Sagen. Die jugendlichen Nachwuchstrupps bestehen überwiegend aus Jungen in kurzen Hosen, die barfuß über ein wüstes Minenfeld aus Heftnadeln, Splittern und Spänen laufen. Ein paar wenige Singer-Maschinen rattern unter der Obhut leidgeprüfter Näherinnen, doch die meiste Arbeit wird von Hand gemacht. Dazu gehört auch die Herstellung tausender Spiegel, die mit viereckigen Schablonen markiert und mit Glasschneidern ausgeschnitten und dann auf irgendeiner Oberfläche befestigt werden, die einen Blitzeffekt braucht. Papiermaché wird in riesigen Hexenkesseln angerührt. Die heiße Luft explodiert fast vom durchdringenden Kleistergestank. Diese Arbeit ist ein Paradies für Klebstoffschnüffler. Um wie jedes Jahr den Stichtag zu schaffen, arbeiten alle von jetzt bis unmittelbar vor dem Startschuß der Parade in Vierundzwanzig-Stunden-Schichten.

Ich bin schon ganz benebelt vom Dunst, als Joãozinho Trinta endlich an der *fila* vorbei ins abschließbare Konferenzzimmer marschiert und die Mitarbeiter in seinem Gefolge mit Anweisungen beschießt. Trinta ist ein stämmiges Energiebündel, ein gepflegter Mann mit nußbrauner Hautfarbe und langen grau gewellten Haaren, sein indianisches Gesicht ist so breit wie eine zerdrückte Brotfrucht. Er trägt ein weites, knallig gemustertes Hemd mit braunen Kokosnüssen und gelbbraunen Palmen, und sein Auftreten hat den exzentrischen Anstrich eines Oscar Wilde. Nicht nur seine Hochnäsigkeit, auch seine sexuelle Orientierung rechtfertigt zu einem gewissen Teil die hier geläufige Bezeichnung *bicha loca*, aufgedrehte Nudel. Allerdings ist Trinta alles andere als konfus. Als er endlich neben mir sitzt, begegnet mir dieser oberste Manager einer Unternehmung, deren komplexe Struktur selbst in Brasilien ihresgleichen sucht, als ein abgeklärter Businessman.

Wie wird man denn nun ein großer *carnavalesco?* Jedenfalls nicht mit einem Studienabschluß an der Fun-*Faculdade,* also einem Orgiendiplom. «Ich hatte schon immer den Traum vom großen Spektakel in mir», erklärt er. «1951 kam ich aus meinem Heimatstaat Maranhão nach Rio. Ich wollte klassisches Ballett studieren. Doch dann bin ich ans Theater geraten. Irgendwann fing ich als Bühnenbildner und Regisseur bei der Oper an. Und so ganz langsam zog es mich immer mehr zum größten aller Spektakel. Ich begriff, daß die Parade der *samba*-Schulen im Grunde eine Oper der Straße war. Jedes Jahr fordert die Schau ein Libretto (das Tema oder *enredo*), Kulissen, Musik, Choreographie, ein Orchester *(bateria),* ein Corps de ballet *(passistas),* einen Chor, Hauptfiguren *(estaques)* und so weiter. Das ist für mich das größte Geschenk, daß ich mich immer wieder von neuem an der Gestaltung dieses Festes für Augen und Ohren versuchen darf, genährt aus der Dynamik, die Brasilien ausmacht!»

Als *carnavalesco* gehört Trinta zu der erlesenen Handvoll Künstler, denen Zensur und Staatsmacht fast uneingeschränkte Handlungsfreiheit gewähren. Ob sie nun die korrupte Regierung aufs Korn nahmen, Sklavenaufstände glorifizierten oder – wie jetzt immer häufiger – Umweltalarm für den amazonischen Regenwald schlugen, die Jahresthemen der *samba*-Schulen von Rio blieben selbst in Zeiten der Gewaltherrschaft vor jeglicher Einmischung gefeit. «In den letzten Jahren haben sich die Themen verändert. Es gibt weit weniger historische Themen, oder zumindest werden sie moderner behandelt – so wie ich die Geschichte vom französischen Einfall in Maranhão aus der Sicht eines Achtzigjährigen erzählt habe. Das Herangehen ist jetzt eher surreal, Folklore und Legenden werden viel mehr ausgeschöpft. Außerdem habe ich Alltagsmotive wie *futebol* oder *jogo de bicho* salonfähiger gemacht. In meinem Kopf stecken noch Karnevalsthemen bis übers Jahr zweitausend hinaus. Diesmal sind wir völlig frei, weil wir uns getraut haben, die Welt mit Kinderaugen zu sehen.»

Jetzt wird klar, weshalb sich Trinta als erste Karnevalsgröße für die obdachlosen Kinder eingesetzt hat. «Ich habe Lewis Carrolls *Alice im Wunderland* ausgewählt, weil das die erste Geschichte der Weltliteratur ist, in der Kinder ernstgenommen werden. Genau das haben wir hier bitter nötig, wo die Kinder von der Straße weg ermordet werden. *Alice* steht für den Bruch mit dem Viktorianismus, wie auch unsere Kultur. Und da sich das Buch nicht an Sinn und Logik hält, war die brasilianische Adaption fast ein Kinderspiel.»

Ein Kinderspiel? Beim Rundblick durch das riesige Lagerhaus habe ich da einen ganz anderen Eindruck. Mit Trintas Hilfe gelingt es mir so halbwegs, die logische Folge der Wagen nachzuvollziehen. Der da drüben mit den riesigen Muscheln steht offenbar für die Einladung zum Tee. Jetzt verstehe ich auch den Witz an dem mit *favela*-Hütten übersäten Berghang aus Pappe – in jeder der engen Behausungen macht sich ein gigantischer Fernseher breit, das brasilianische Pendant zum «Sozialhilfe-Cadillac». Und das immense umgestülpte Füllhorn, in dessen scheinbar endlosem Abgrund Politiker und Tanzgirls gemeinsam hinabtaumeln, stellt den Strudel dar, in den Alice gefallen ist.

«Alice verkörpert das kollektive Bewußtsein der Brasilianer. Sie legt sich ins Gras, ein bißchen dösig wie unser ganzes Land. Dann trifft sie das Kaninchen, das sich verspätet hat, also auch ein sehr brasilianisches Tier. Sie stürzt in einen Abgrund ohne Tradition und Kultur. Von Politikern bekommt sie viele Türen gezeigt, aber nie ist etwas dahinter. Für Brasilien gibt es nur noch einen schmalen Ausweg, das winzige Türchen zum Garten. Zur Natur, unserem Reichtum. Alice trinkt und schrumpft zusammen. Das erinnert an unsere Unterentwicklung. Dann ißt sie den Pudding, bei uns *pudim de leite*» – Eiercreme mit Sirup – «und wird zur Riesin, sie gerät außer Kontrolle. Genau wie unsere enormen Schätze! Sie weint einen ganzen See von Tränen und taucht selbst darin ab, wie wir mit unseren Klageliedern zum Karneval. Und als sie unter dem Pilz hockt, fragt sie wie unsere drogensüchtigen Kinder: ‹Wer bin ich?› Sie hat ihre Identität verloren. Sie sieht, wie die Leute beim Nachmittagstee schwelgen, während andere Hunger leiden. Die Elite mampft Kekse, die von Kinder gebacken sind. Danach kommt das Kartenhaus, unsere Wirtschaft. Und als Schlußbild die Raupe, die sich in einen Schmetterling verwandelt – welches Land damit gemeint ist, muß ich ja wohl nicht mehr sagen.»

Zufrieden ob der stimmigen Metaphern lächelt Trinta vor sich hin. «Beim Karneval suchen alle nach solchen tieferen Aussagen. Die Erotik spielt da keine Rolle. Das Fest ist einfach eine Gelegenheit für die untersten Schichten der Gesellschaft, allen anderen zu zeigen, wie die Wirklichkeit aussieht. Wenn ich nicht absolute Narrenfreiheit hätte, würde ich das nicht machen. Die Wahrheit schützt mich, ich habe keine Angst. Manchmal kriege ich allerdings Ärger mit der Kirche – zum Beispiel, als ich Christus als Bettler angezogen habe. Aber der Karneval ist eben eine Macht, und deshalb haben wir dabei mehr Freiheit.»

Im Zusammenspiel mit der Macht des Fernsehens teilen sich Rios *samba*-Schulen in schnöde Untergruppen auf – wieder fühlt man sich an eine Sportveranstaltung erinnert – und ergeben am Ende einer rollenden, zusammenhanglosen Schau aus Karikaturen, bissigen Sketchen in Riesenausführung, Agitprop auf der größtmöglichen Bühne. In diesem Jahr hat einer der Konkurrenten von Trinta das Thema «Brasil e Brega» gewählt – grob übersetzt «Brasilien ist Kitsch». Der Text beklagt, daß der Dollar die eigentliche Landeswährung ist und schon jeder Gangster in Rio englisch spricht. Tanzende Hot dogs, Surfer und klischeehafte Carmen Miranda-Parodien spielen dieser Schule den Sieg ein. Die Karnevalsbühne ist geweihter Boden, eine Stätte der Läuterung für das ganze Land. Wie sagt doch Joãozinho: «Die Kunst überträgt ihre Botschaft an das Unbewußte, sie offenbart Wahrheiten mit machtvoller Energie. Ein Mensch, der nichts zu erzählen hat, kann kein glücklicher Mensch sein.»

Aber das war erst die Aufwärmung, der Energieschub auf dem Weg zur Hochform. «Wir sind besser organisiert als die Regierung. Du siehst ja, bei uns wird alles rechtzeitig fertig. Und welche Kraft treibt uns dabei? Die Kraft der Freude. Es gibt auf der Welt drei große Kraftquellen: Elektrizität aus der industriellen Revolution, Atomkraft aus der nuklearen Revolution und *alegria* aus der inneren Revolution! Die letzte von den dreien, diese Freude, die haucht der *samba*-Schule Leben und Verantwortungssinn ein. In jedem Teil des Zuges steckt eine Lehre. Die Baianas wecken unsere Achtung vor dem Alter: Die können immer noch tanzen, die sind immer noch am Leben. Kennst du das Lied von Caetano, wo er sagt: ‹Wenn die trios eléctricos spielen, müssen alle mit dem Rhythmus mit, außer sie sind schon tot?› Der Taktschlag des *surdo*, der großen Baßtrommel, das ist unser Herzschlag. Diese Schwingungen, diese

Rhythmen sind das Blut unserer Vorfahren, die Gestalt unserer Seele!»

Ich glaube, jetzt kommt gleich der Clou, die zentrale Geheimformel des bodenlosen brasilianischen Optimismus. «In neun Jahren erlangt Brasilien das Bewußtsein einer neuen Zivilisation. Drei und sieben sind nämlich phantastische Zahlen. Ich heiße Trinta, das heißt dreißig.» Und was hat es mit seinem ersten Namen auf sich, dieser Verniedlichungsform, die mich an den «kleinen John» aus Robin Hoods Räuberbande erinnert?

«In den Ländern des Nordens, der Kälte und der industriellen Revolution habt ihr ein Sprichwort, das eure Zivilisation, euern Lebensstil in drei Worte packt: ‹Zeit ist Geld.› Im Süden dagegen, in den Herzen aller Latinos, gibt ein anderes Sprichwort die universale Definition. Aufgebracht haben es wohl die Cariocas. Und es faßt wirklich unsere ganze Identität zusammen, unsere ganze brasilianische Zivilisation.» Gespannt hoffe ich auf des Rätsels Lösung. «Kennst du's? Tudo bom? Tudo bom?...» Er flüstert die Worte beschwörend wie einen tibetanischen Mantra, dabei sind sie nichts weiter als die geläufigste Grußformel in Gestalt der Frage: «Läuft alles gut?» Jetzt antwortet er sich selbst: «Alles gut. Das läßt sich in so vielen Abwandlungen sagen, so vielfältig wie es kein *gringo* jemals könnte! Wir haben unsere zynischen Momente. Aber im Grunde glauben wir fest daran, daß wirklich alles gut ist. Auf die eine oder andere Art entpuppt sich alles im Leben als etwas Gutes.»

Kein Wunder, daß Joãozinho diese Traumfabrik als seine Lebensmitte gewählt hat. «Deshalb wird sich die nächste große Zivilisation wie eine Schlange aus dem Amazonas emporheben. Da reicht ein Blick auf die Karte. Brasilien ist geformt wie ein riesiges Herz.» Für alle Fälle malt er einen Liebesgruß auf seine mit Nummern bekrakelte Serviette. «Brasilien gibt der Welt ihr Herz. Und was passiert, wenn du ein Herz auf den Kopf stellst? Dann wird 'ne riesige *bunda* draus.» Womit wir schon wieder beim Hintern wären. Irgendwie muß es da eine Fixierung geben. «Und am Grund der *bunda* liegt immer eine Menge Scheiße. Da gibt's massenhaft Dreck für uns zum Saubermachen!» Dabei verzieht er keine Miene. «Kennst du den Spruch, daß wir kein ernsthaftes Land sind? Da kann ich nur sagen, Gott sei's gedankt! Denn während sich die ernsthaften Länder für den Krieg rüsten, rüsten wir uns für die *samba*. Wir planen für die Freude, wir schuften für die Beglückung. Ihr im Norden müßt euch abkämpfen, damit eure Piloten was Hübsches zum Spielen haben. In der letzten Zeit höre ich immer, ihr sucht jetzt alle nach dem Kind in euch – weil ihr es umgebracht habt. Aber wir, wir halten es in Ehren. Das Kind bleibt immer lebendig!»

Seine Behauptung verträgt sich nicht so ganz mit der Mordrate an echten Kindern. Anscheinend bleiben einige in diesem Land so sehr Kinder, daß sie nicht im geringsten die Verantwortung aufbringen, ihre Zerstörungswut zu drosseln. Joãozinho hat Beija-Flor dazu gebracht, Verantwortung zu übernehmen – als erste *samba*-Schule besteht sie ausschließlich aus obdachlosen Kindern. Er nennt sie Flor da Manhã – da ist es wieder, das Wort aus *Orfeo negro*! – die Morgenblüte. «Tanzen tut jeder gern. Und wenn die Kinder miteinander tanzen, lernen sie ihren Egoismus abzubauen. In unserem Heimatort Nilópolis haben wir jetzt schon eine Schule mit Waisenhaus für vierhundert Kinder, und bald expandieren wir. Später wollen wir auch gern mit Drogenabhängigen zusammenarbeiten. Wir haben in der Innenstadt ein Asyl eingerichtet, da findet morgen eine Probe statt. Wenn du weg mußt, verschieb deinen Flug! Du mußt unsere Flor da Manhã sehen. Da wirst du erleben, wie sich Brasilien vom Schmetterling zur Raupe verwandelt!»

Unwiderstehlich angelockt von dieser Einladung, mache ich auf dem Weg zum Flughafen Station im Asyl. Von einer kahlen, ovalen *praça* in einem zentralen, an die nördlichen Hafenanlagen grenzenden Stadtteil Rios trete ich in ein Lagerhaus, das einen halben Straßenzug einnimmt – groß genug für einen ganzen Slum! Eine Exportfirma hat diesen phantastischen Raum von zwei Fußballfeldern Länge spendiert. Noch ist der größte Teil davon ungenutzt. Das Asyl beschränkt sich auf die einstige Buchhaltung am hinteren Ende der stählernen Galerie, die den Betonhof umgibt. In knapp dreißig Zentimeter Abstand drängen sich dort die mit derben Armeedecken bestückten Feldbetten. Sie reichen maximal für fünfzig Kinder, aber ich treffe nur ein paar von ihnen beim rüden Fangespiel unter den Dachbalken.

Dieses Grüppchen hätte ich überall sofort als Straßenkinder erkannt. Was läßt uns so sicher spüren, daß ein Mensch seinen Schwerpunkt verloren hat? Daß Mißhandlung und Roheit ihn zu einem Wesen gemacht haben, das zugleich weniger und mehr ist als die meisten von uns? Ihre abgetragenen Sporthemden, Shorts und Turnschuhe sitzen schlecht, sie hatten schon viele Vorbesitzer. Ein paar haben Ketten mit großen Kreuzen um, die gegen ihre knochigen Kinderbrüste schlagen. Andere haben ganz frisch geschnittene Haare. Doch eines bleibt haften, auch wenn man sie noch so abseift und herausputzt: dieser unverwechselbare Blick, den sie alle in den Augen haben, auch die Älteren, die niemand von der Straße weggeholt hat. Manchmal nimmt man ihn nicht gleich wahr, wie man auch bei Hunden das Alter oft erst an den Augen erkennt. Etwas in ihnen wurde brutal zurückgedrängt und aus der Bahn geworfen. Ihr inneres Licht ist für immer getrübt.

Die Jungen boxen sich immer irgendwie durch die schwierigen Entwicklungsstufen. Viel schlimmer erwischt es die Mädchen, die den Gefahren der Straße genauso hilflos ausgeliefert sind wie aufdringlichen Reportern und «Wohltätern». Sie bleiben nach Möglichkeit immer dicht beieinander. Bei einigen hat der Hormonschub schon eingesetzt, ihre schlaksigen Storchenbeine sind zu lang für die abgeschnittenen Jeans. Manche sind wahre Engelsgeschöpfe, sie wirken ganz von selbst. Fast alle tragen schmale Kopfschals aus weißem Stoff mit Glitterspray, Flor da Manhã. Mit diesem einzigen zaghaften Ansatz zur einheitlichen Kostümierung sehen sie aus wie frühreife Partygirls aus den Zwanzigern. Eine Frage beschäftigt mich: Wie haben diese Asylbewohner, denen bislang kaum mehr als ein Schlafplatz gewährt werden kann, den Weg hierher gefunden? Von einem Organisator der Beija-Flor bekomme ich Antwort: «Der Buschfunk unter den Kindern ist schneller als unsere Post. Und Briefmarken brauchen sie dafür auch nicht.»

Wirkungslos neben soviel nacktem Metall, zeigt eine einzelne Anschlagtafel den Organisationsplan des baldigen Karnevalszuges. Genau wie die große *samba*-Schule wird auch die kleine in mehreren *alas* tanzen. Die Kostüme sind von den Akteuren selbst inspiriert. Ein Untergrund-Kompendium, ein Mikrokosmos des Straßenlebens fügt sich aus den Untergruppen. Sie verkleiden sich als *engraxantes* (Schuhputzer), *amendoins* (Mandelverkäufer), *baleiros* (Verkäufer kleiner Naschereien), *flanelinhas* (Autowäscher an Straßenecken), ja, sogar die PM *(police militar)* liefert ihnen Motive, ganz zu schweigen von den *gravidas*, den schwangeren Mädchen. Vielleicht ist auch dies einer von Trintas dialektischen Gedanken. Die Kinder müssen sich ihre Phantasien aus der Wirklichkeit heraus aufbauen und umgekehrt. Bevor sie den stolzen Gang als Prinzessinnen und Prinzen, als Orpheus und Eurydike üben können, muß jeder die überlebensgroße eigene Rolle spielen.

Momentan geben sich hier *paparazzi* und Fernsehleute die Klinke in die Hand. Angelockt von der Publicity, haben sich sogar Beamte der Polizei von Rio hergegeben. Doch so richtig starten kann die Show erst, wenn Joaozinho Trinta mit seinem Gefolge eintrifft. Er streicht den Kindern übers Haar, erkundigt sich kurz, wie sie vorankommen. Offenbar kennt er viele seiner Schützlinge mit Namen. Doch sein Hauptinteresse gilt dem zahlreich erschienen Pressevolk. Wie ein stolzer Pfau posiert er fürs Blitzlicht und gibt aus dem Stegreif eine Pressekonferenz. Auf die Frage, wie wir mitleidsvollen Verehrer ihn am besten mit Spenden unterstützen könnten, erwidert Trinta mit der Klarheit eines Albert Schweitzer: «Denken Sie nicht in Ihren finanziellen Kategorien. Wenn Sie uns helfen wollen, kaufen Sie uns eine Lage Stoff. Suchen Sie was Schönes für ein Kostüm aus.» Wie ein stolzer Vater strahlt er von ferne, als die Kinder an ihre Bastelstationen gehen. Die Jungen hämmern imitierte Schuhputzerkästen zusammen, und die Mädchen lassen sich an den Nähmaschinen ablichten, geben aber auf Nachfrage bereitwillig zu, daß sie noch keinen Stich darauf beigebracht bekommen haben.

Wie die meisten Heilungsbemühungen gegen Brasiliens soziales Ausbluten ist auch dieses Projekt nur ein jämmerliches Tröpflein auf den heißen Stein. Jetzt endlich stellen sich die Kinder in einer Reihe auf und führen einen kurzen, symbolischen Karnevalszug vor. Die Mädchen tanzen *samba* zu den ungestümen Trommelschlägen der Jungen. Einige wenige sind überragend, aber den meisten fehlen noch ein wenig Rhythmusgefühl und Elan. Sie sind eben keine Musical-Helden, die den Rhythmus im Blut haben. Sie können sich nicht einfach die Gitarre schnappen und loslegen. Erst inständige Bitten und jede Menge guter Wille von allen Beteiligten verleiten sie zu einem äußerst kurzen Tanzrausch, vielleicht zehn Minuten, in denen sie ihren Platz im tropischen Paradies ganz ausfüllen. Das Leben ist kein französischer Film, und Stimmen wie die von Luiz Bonfá gehören bei Orpheus' Kindern nicht zur Serienausstattung.

«Was für ein schöner Morgen!» hieß es in dem alten Soundtrack-Titelsong. «Der Karnevalsmorgen!» Für die Schule der Morgenblüte kommt der neue Tag nicht von allein. Überall wird getrommelt, die Lautsprechermembranen hyperventilieren, und doch verlasse ich Rio, noch immer auf der Suche nach dem Kardiogramm von Brasiliens großem Herzen.

Musik zum Lesen

BLACK ORPHEUS SOUND TRACK –
Luiz Bonfá, *Verve*

BRAZIL: SONGS OF PROTEST –
Zelia Barbosa, *Monitor*

SAMBA VON DER AUSLANDSVERSCHULDUNG

Kennst du den Mann, der den besten Wechsel anbietet? Bist du der Mann, der den besten Wechselkurs bekommt? Weißt du, wo du einen netten Wechsler, Schicksalsretter, Notgroscheneinlöser in der Gegend findest? Ist es denn nicht so – mußt du nicht nach der Pfeife eines *cambista* tanzen, dessen Tagesnotierung süßer singt als jeder *sambista?* Oder scherst du dich etwa nicht um die Kurse?

Nennst du ihn schon beim Vornamen, den Kollegen, der deine Hochs und Tiefs anhand der nationalen Hochs und Tiefs in der Zeitung mitverfolgt? In Brasilien stehen sie immer auf Seite eins, die Konjunkturschwankungen beim *dolar turismo*, dem *dolar paralelo*. Fragt sich nur, wo da die Parallele sein soll, wenn die Kurven auf den Diagrammen ständig absinken wie ein tiefer Ausschnitt. Und wenn es hier ganz offenkundig zwei Währungen gibt, muß es dann nicht auch zwei Wirtschaftswelten, zwei verborgene Regierungen geben? Was tun, wenn die Aussichten so trübe sind, daß selbst der Schwarzmarkt aus der Mode gekommen ist? Wo jeder in der moralischen Grauzone seinen Gewinn sucht? Was geschieht, wenn ein ganzes Land mit der totalen Tauschsucht in totale Stagnation verfällt?

Ist dir klar, was für eine gigantische Achterbahnfahrt diese *inflação* ist? Quälen dich die stickigen Nachmittage im Stadtbus, wo Massen von Taschendieben auf ein paar *cruzados* hoffen? Daß du immer nur minimale Beträge vom schwindenden Greenback-Bündel unter dem Sofa mitnehmen kannst? Trottest du alle ein bis zwei Wochen zu Reisebüros voll schicker Poster, wo niemand mehr irgendeine Reise bucht? Erklimmst Hintertreppen und dringst durch mehrschichtiges Panzerglas zu Sekretärinnen vor, die wissend nikken und auf versteckte Summer unter ihren Schreibtischen drükken, damit du in den zweiten Vorraum gelangst, wo immer reger Kundenverkehr herrscht? Was muß das bei den Bewohnern einer

Stadt für Gefühle wecken, wenn jede Ladenfront zur Kampffront wird?

Und wie kommt es, daß der Mann da drinnen immer stapelweise Geld hat, wo doch sonst in allen Taschen Ebbe ist? Druckfrische Scheine, obwohl alle Banken pleite sind? Oder daß der Schacherer an der Ecke immerzu irgendeinen Schwager erwartet, der in der Innentasche seiner Jacke neue Geldvorräte anbringt, festgesteckt mit einer Sicherheitsnadel? Und woher weiß dein Wechsler, daß Travellerschecks in der Stunde nach dem Bankenschluß im Kurs fallen? Wieso gibt er dir als einziger Bares für deine Schecks? Und wieviel genau verdient er bei dem Geschäft? Wenn du dir die ganzen Formalitäten, die freundlichen Nachfragen zur Gesundheit der Familie wegdenkst, ist er dann vielleicht nur das kleinere Übel im Vergleich zu den Trickbetrügern in versteckten Seitengassen? Ist dir klar, daß sich die wahren Diebe, die mit der Lizenz zum Stehlen, selten nach draußen in klapprige Busse und die erdrückende Hitze begeben? Daß ihre Stahlkammern immer vollklimatisiert und sie selbst sehr cool sind?

Stellst du dir nie die Frage, weshalb du dein Leben mit Kritzelei verschwendest, Schecks ausschreibst statt großer Manifeste? Teilst du den allgemeinen Glauben, daß deine Ersparnisse ein bißchen länger reichen, wenn du alles von der Sandale bis zum Bonbon mit Scheck bezahlst? Oder machst du das nur, weil du nicht dahinterkommst, wieviel Bargeld du bei den oft täglichen radikalen Preisänderungen dabeihaben mußt? In einem System, wo der Verdienst vom letzten Monat nicht mal die Ausgaben der laufenden Woche deckt? Oder liegt es einfach daran, daß Schecks leichter zu ersetzen sind, wenn sie jemand stiehlt, wegschnappt, mal kurz ausborgt? Kannst du dir vorstellen, einem Staat anzugehören, wo das Bild des Präsidenten weniger Vertrauen weckt als das Gesäusel von Don Juan? Wo sind die illustren Gelehrten und Dichter auf Brasiliens Geldscheinen geblieben, die zu fälschen den Aufwand nicht gelohnt hätte? Hast du bemerkt, daß der neue Tausender von Yanomami-Indianern geziert ist? Kann diese symbolische Aufwertung etwa die Talfahrt in den Abgrund stoppen? Wenn man Brasilien gegen das Licht hält, sieht man dann ein unverfälschtes Wasserzeichen?

Sicher, du bist kein Ökonom, aber bildest du dir denn ernsthaft ein, daß Tropfen, Aspirin und kalte Umschläge diesen Finanzdschungel bei den Wurzeln packen können? Du bist kein Sproß aus einer der Großfamilien, die bei der Weltbank ein hübsches Taschengeld aus den riesigen Staudämmen, den Rodungen für Straßen durch den Urwald, den Reißbrettplantagen, den Paulista-Industrieparks ergattert haben, oder? Du hast nicht geahnt, daß gerade du dafür löhnen müßtest, richtig? Schließlich gehörst du auch ganz gewiß nicht zu den internationalen Kapitalhaien, die Kredite zu Wucherzinsen gewähren, schlechtes Geld mit gutem überschütten und fleißig Zinsen einstreichen, bis alles zusammenbricht.

Haben wir nicht alle gelernt, daß es in Brasilien immer einen *jeito* gibt? Einen Weg um jedes Hindernis, ein Mittel, die herrschenden Zwänge umzuleiten? Jeden Etat aus dem Gleichgewicht zu bringen? Gläubiger einzulullen? Die Wolkendecke am stets bedrohlichen Tropenhimmel zu zerteilen? Sich auf dem Pfad des geringsten Widerstandes entlangzutasten, wie wenn man mit der Hand dem warmen Hüftschwung einer Frau folgt? Und dennoch – wärst du nicht manchmal froh, wenn es in deinem niemals parallelisierbaren Land keine Parallelwährung gäbe? Wenn nicht der Dollar dein eigentliches Geld wäre? Wenn du auf dem Nachhauseweg durchs Gewimmel der Avenida Rio Branco zu deinen Einkäufen nicht auch noch die Auslandsverschuldung mit dir herumschleppen müßtest? Wenistens ist sie unsichtbar und somit besser geschützt als Kameras, ja sogar Gürteltaschen.

Hast du Angst, daß dich der Mann hinter den vielen Sperrvorrichtungen eines Tages aussperrt? Daß er dir mitteilt, der Kurs sei so tief gesunken, daß du nicht mehr hinunterkrauchen kannst? Was passiert, wenn die Währung entwertet wird? Wenn selbst schwarz nicht mehr schwarz genug ist? Wie tauscht man da? Wie kalkuliert man? Wäre es dir nicht lieber, wenn du auf den netten *cambista* verzichten könntest? Wenn du deine überdrehten Tangoschritte nicht lernen, nicht nach seiner Geldwechsler-*samba* tanzen müßtest? Bist du einer von den Flinken, die aus dem tagtäglichen Hin und Her Profit schlagen, diesem Wenig-weniger-gar-kein-Gewinn-klickeding-bum-bum-Wechselgeschäft, dessen unverkennbar brasilianischer Rhythmus dich lockt wie schon so viele Rhythmen dieses Landes? Bist du der Mann? Brauchst du den Mann?

▲

DER SÜDEN

Die Lebensart der Brasilianer
steht in krassem Gegensatz zum Autoritarismus
und jedweder Unterdrückung.

Vinícius de Morães

Goldgräber

«Über tausend Brücken ging ich auf der Suche nach dem wahren Glück», singt Milton Nascimento, die bekannteste Stimme aus Minas Gerais, einem küstenfernen Provinzstaat von immensen Ausmaßen, dessen Großbergwerke wenig von seiner musikalischen Potenz erahnen lassen. Ich habe gerade eine Luftbrücke überquert, wie Shuttleflüge hier genannt werden. Meine Suche gilt den Urquellen des als Minas-Sound bekannten Klangwunders.

Schon die Landung in der Provinzhauptstadt Belo Horizonte macht deutlich, woher Brasiliens drittgrößte Stadt ihren sinnträchtigen Namen hat – «weites Himmelsland», im brasilianischen Portugiesisch «Bej-lo-rie-son-che» ausgesprochen. Der Flughafen ist mitten ins unebene, zerklüftete Felsgestein einer unermeßlich weiten Hochebene gehauen. In allen Himmelsrichtungen bietet sich derselbe kahle, grenzenlose Blick. Stille, wolkenlose Weiten liegen wie zur Beschwerung auf der kompakten Erzader, die ein ganzes Bergland ausfüllt. Hier und da schimmern die feuchten Hügel grün, doch der anarchisch wirre Dschungel fehlt. Keine Palmen, keine Slums; auch keine Leute, soweit ich bisher erkennen kann. Doch der Horizont ist wirklich traumhaft schön – mag es im näheren Umkreis aussehen, wie es will.

Liegt diese «Eisenbrust», wie sie von Dichtern aus der Gegend besungen wird, wirklich im selben Land, auf demselben Planeten wie Rio? Minas hat keine Strände und Trommeln in die Waagschale zu werfen, dafür aber die vielen schnellgewonnenen Reichtümer aus der freigebigen Serra do Espinhaço. Hier wurde in der ersten Hälfte des siebzehnten Jahrhunderts mehr Gold abgebaut als jemals zuvor oder danach in irgendeinem anderen Revier der Neuen Welt, mehr als die alten Schätze der Inkas und die späteren Gewinne im kalifornischen Goldrausch. Dennoch kennt kaum jemand in den angestaubten traditionellen Industriezentren Englands, Deutschlands auch nur den Namen dieses Ortes, obwohl die industrielle Revolution Europas in ihrer Frühphase sicher maßgeblich vom in Minas gewonnenen Reichtum beflügelt war. 1728 zogen die ersten Diamantenfunde noch mehr Ingenieure, Zwischenhändler und Sklaven in diese einsamste und unabhängigste Region Brasiliens. Mit Beginn des zwanzigsten Jahrhunderts wich das Edelmetall zunehmend den gemeineren Rohstoffen wie Eisenerz, Mangan und Bauxit. Doch auch heute würden die umtriebigen Mineiros (so nennt man die Einheimischen in Minas) nie im Leben mit falschen Perlen oder Aufputschmitteln handeln. In den Stoffpäckchen, die sie aus ihren Gesäßtaschen ziehen, sind edle Juwelen eingewickelt. Die Souvenirläden strotzen förmlich vor Karatwaagen und mitnahmebereit verpackten Gesteinsklumpen mit funkelnden Kristallen, oft so groß wie ganze Sofas. Wenn es je ein El Dorado gegeben hat, dann in Minas Gerais.

Belo Horizonte, von allen kurz Belo genannt, markiert weithin sichtbar die hier vergrabenen Schätze wie ein gigantisches Asphaltkreuz. Die Architektur, der konservative Sittenkodex und auch die Musik der Region verraten eine für Brasilien gänzlich untypische Affinität zu den kleinkarierten Nachbarn im katholischen Lateinamerika. Dafür findet sich nicht der geringste Anklang vom alten Europa in Brasiliens erster planmäßig erbauter Stadt, deren Bevölkerungszahl seit 1945 um das Dreißigfache gestiegen ist. Hier geht es äußerst amerikanisch zu. Das beliebteste Fortbewegungsmittel sind Kleinlieferwagen, obwohl «mittel» kaum die richtige Einstufung für das barbarische Tempo ihrer Fahrer ist. Schnurgerade ziehen sich die Hauptverkehrsstraßen meilenweit über den von Wällen und Gräben zerfurchten Boden, scheinbar Ablaufdämme für das Grundwasser aus den Erzminen. Hügellinien reißen die verrußten Einkaufsmeilen in Stücke. Auf den breiten Boulevards im *centro* bummeln nur kauflustige Urlauber. Enorme Vorortsiedlungen mit schicken Eigenheimen säumen die Stadt, gruppiert um künstliche Seen mit gefliesten Staumauern. Hier sind nicht einmal die scheinwerferbestrahlten Farnarrangements echt, und die an einen Tresorraum erinnernde Stille hat ganz gewiß nichts mit meinem Bild von diesem Land gemeinsam. Zwar sieht alles recht neu aus, aber irgendwie müßte es auch schon wieder renoviert werden.

Minas ist kein tropisches West Virginia, als typische Lagerstätte hohläugiger Bergarbeiter kann man es schwerlich bezeichnen. Ich finde, es ähnelt eher Texas. Meine ersten abendlichen Streifzüge belegen die alte Redneck-Weisheit: «Es gibt nur zwei Arten Musik: Country und Western.» In einem schummrig beleuchteten Schuppen mit runder Tanzfläche bekomme ich eine Kostprobe von der *sertaneja,* dem ländlichen Bänkelsang, der mit seinem Gekläffe und Gejaule enorm an die alten Klassiker aus dem Südwesten der USA erinnert. In Brasilien bevorzugt man für diesen Musikstil bullige, föngewellte *duplas* (männliche Gesangsduos), die sich zwecks Lokkungseffekt durchweg Namen mit Stabreimen geben, zum Beispiel Mathias e Mato Grosso oder die Dauerbrenner Chitãozinho e Xororó. Rein äußerlich haben sich die zwei Schmachtbrocken, denen ich in Minas zuhöre, den Vorbildern aus Nashville mit ihren engen Jeans und kunstvoll bestickten Hemden perfekt angepaßt, aber ihr Sound ist zu «plugged» und trottet schwerfällig daher.

Anders im Steakhaus Cuia e Mala, benannt nach der Grundausstattung der brasilianischen Cowboys, Kürbisflasche und Lederbeutel. Hier spielt die Band auf Akustikgitarren. In Besinnung auf die ländlichen Vorfahren jauchzt und kreischt das gutbetuchte Publikum wie bei einem ausgelassenen Volksfest in der guten alten Zeit. Um das Südstaaten-Ambiente auf die Spitze zu treiben, trägt die einzige Schwarze die Kluft der ergebenen Plantagenarbeiterin, weißen Rochen und weißes Kopftuch. Sie kümmert sich um das Holzfeuer unter einem Bohnenkessel von texanischen Ausmaßen. Die singenden Kellner mit ihren Denim-Overalls und Stetsons haben immer gute Laune und reichen sich zur Erhöhung des Showwertes die heißen Platten in einer Kette zu wie Feuerwehrleute die Wassereimer. Diese Leute, ihre Musik, die Kulisse und das Essen – sonnengetrocknetes Fleisch, eingelegte Mangos –, all das umspannt der Begriff *caipiras*, Cowboys. Darin schwingt genausoviel an urwüchsiger Vertraulichkeit mit wie bei der amerikanischen Entsprechung.

Urteilt man nach der Unmenge solcher texanisch angehauchten *churrascarias* im protzigen Bezirk Savassi, müßte dieses Land einen stattlichen Haufen Gitarrenzupfer ernähren. In der Cevejera Brasil, einem Ecklokal mit kahlen Ziegelwänden, frage ich einen Kellner, wo ich hier die nächste Musikertruppe finden kann. Bevor er mich an eine schnatternde Schar pausierender Sänger verweist, hat er noch eine bessere Idee: Er lädt mich zur Probe seiner eigenen *samba*-Band ein. Gibt es ein geeigneteres Land, um sich als Hobby-Musikwissenschaftler, als Fan oder beides in einem zu betätigen? Der dickliche Kellner stellt sich als Fernando Brant vor, Texter und Mitwirkender bei vielen beispielgebenden Hymnen des großen Milton Nascimento. Ich hätte ihn eher für einen Anwalt aus São Paulo gehalten mit seinem frisch gebügelten Rugbyhemd und der Pilotenbrille. Und am Holzkohlegrill in der vom Schankraum einsehbaren Küche kümmert sich kein geringerer ums Lammfleisch als Tavinho Maura, der bekannteste Ethnograph und Komponist der Gegend. Das ist ungefähr so, als würden mir in Austin Willie Nelson und Waylon Jennings über den Weg laufen.

Aber es geht noch weiter: der einsame Langhaarige an der Stirnseite des Tisches entpuppt sich als Beto Guedes, ein sehr beliebter Sänger, dessen Falsettstimme den «Minas-Sound» in den siebziger Jahren mitgeprägt hat. Heute ist er nur noch ein ganz normaler Kneipentyp, der ganz verheult aussieht in seinem Bierdusel. Sein Kopf wackelt hin und her, hilflos baumeln die verklebten blonden Locken durch die Luft, die wohl seit Monaten kein Shampoo mehr gesehen haben. Seine Versuche, Englisch zu sprechen, geraten zu einer bierseligen Lektion über Maßeinheiten. «Ein Meter, ja? Wieviel Feet sind in einem Meter drin? Wieviel Inches in einem Kilometer? Wie lang ist 'ne geile Meile?»

Nach musiktheoretischen Ergüssen steht keinem so recht der Sinn. «Ein Sprichwort der Mineiros sagt, Aufregung ist noch lange keine Regung», erzählt Fernando Brant. Hier zählen Taten mehr als Worte, was auch erklärt, warum gerade Minas die meisten führenden Männer in der brasilianischen Geschichte hervorgebracht hat – schon Tiradentes stammte von hier, der «Zahnzieher», wie die Leute den rebellischen Zahnarzt nannten, der 1789 die erste bewaffnete Auflehnung gegen Portugal initiierte (im Entstehungsjahr der Verfassung der Vereinigten Staaten von Amerika). In der jüngeren Vergangenheit stehen vor allem zwei Staatsmänner für die traditionelle Mischung aus Populismus und Pragmatismus: Juscelino Kubitschek, Bürgermeister von Belo und Erbauer von Brasília, und der Gouverneur Tancredo Neves, dem es nicht mehr vergönnt war, Brasiliens Rückkehr zur Demokratie vor einigen Jahren zu vollenden. «Nicht die Fakten zählen in der Politik, sondern wie man sie auslegt», lautet ein Mineiro-Motto. Große Spektakel und Showauftritte liegen den Leuten hier nicht.

Sozusagen als Feuertaufe bieten mir die Musiker eine Speise an, die nicht auf der Karte steht. Sie reichen mir ein braunes, flaumiges Etwas aus einer Papiertüte, eine Kreuzung zwischen Kiwi und Idaho-Kartoffel. *Pequi* heißt die Frucht und soll, so erfahre ich, die ersten Siedler am Leben erhalten haben, bevor sich die Minen bezahlt machten. «Im Geschmack der *pequi* liegt die Geschichte von Minas», verkündet ein Musiker. «Was den Beatles der Apfel, ist uns die *pequi*», witzelt ein anderer, und ein dritter drängt mich: «Wenn wir in einen Hamburger beißen können, kannst du dich auch an die Frucht gewöhnen.» Aus Höflichkeit nage ich tapfer ein paar Zahnspuren in das hellorangene Fruchtfleisch. Der strenge Geschmack erinnert an chinesische Salzpflaumen, die Konsistenz an gedünstete Kohlrüben, und dazu kommt ein Gestank, als hätte das Ding monatelang ganz unten im Gemüsekorb vor sich hingegammelt.

Als Tavinho Moura mich als Neuling in der Kultur der Mineiros identifiziert, lädt er mich ein, im März wiederzukommen und an einer ethnographischen Exkursion im Fischerboot auf dem fernen Sãr-Fancisco-Fluß teilzunehmen. «Wenn das Wasser sich beruhigt hat, mußt du mich wieder besuchen, dann zeige ich dir das Tal, wo die besten *violeiros* (Gitarristen) in Brasilien herkommen. Die werden dort nämlich vom Gesang des *urucuia* beflügelt. Diesen Vogel kann nur hören, wer einen Pakt mit dem Teufel schließt.» Kann man es als eine Abwehrreaktion gegen die Lockungen des schnellen Reichtums bezeichnen, daß gerade hier eine Musik entstand, die mit ihren Chorarrangements und metaphorischen Texten so starke religiöse Töne anschlägt? «Musik ist immer regional geprägt, sogar die von den Ipanema-Leuten», erklärt Moura. «Unserem Land fehlt die Entschlußkraft, wir haben keine klare Perspektive mehr, das ist heute unser Problem. Anfang der Sechziger hat die Errichtung von Brasília unsere Hoffnung genährt. Daraus entstand auch die *bossa nova*. Heute gibt es keine neue Richtung, keinen neuen Sound, nur Abklatsch. Die brasilianische Musik, die angestammte brasilianische Musik, stirbt genauso aus wie der Jaguar.»

Freilich wüten in der üppigen musikalischen Wildnis andere Zerstörungswaffen als Bulldozer und Buschfeuer. Sie heißen Synthesizer und Elektrobaß. Das wird mir klar, als ich mit den Musikern in den Innenhof von einem Eckimbiß umziehe, der von Paulinho Horta betrieben wird, dem großen Bruder des Jazzgitarristen Toninho Horta. Zur üblichen Konzertzeit um zwei Uhr früh plärrt eine extrem verpickelte Nachwuchsband mit ihrem häßlichen Mix aus Heavy Metal und verkümmertem Fusion-Sound das ganze Viertel aus dem Schlaf. Mühelos übertönen sie den natürlichen Taktschlag der reifen, saftigen Mangos, die von den Bäumen ringsum herabplumpsen. So beliebt Rock'n'Roll als Fluchtmittel aus dem Provinzmief sein mag, mit der Ruhe unterm dichten Sternenhimmel von Belo beißt er sich ganz fürchterlich.

Dafür strahlt nur ein paar Schritte von der Cervejera Brasil ein wahrer Leitstern aus dem kahlen Betonkeller eines eleganten Abendrestaurants empor. Hier hat Uakti seinen Proberaum, ein Experimentalquartett, das sich vor allem mit seinen aus allen verfügbaren Materialien zusammengebauten Instrumenten einen Namen gemacht hat. Geistiger Vater des Projekts ist der Erfinder Marcos Antonio. Uakti vereint klassisch geschulte Musiker aus dem Symphonieorchester von Belo Horizonte mit Absolventen der kurzlebigen, von Milton Nascimento und dem Keyboarder Wagner Tiso gegründeten Musikschule. Marcos Antonio unterrichtet heute in der Universität, dafür werden wir von Andres herumgeführt, einem bedröhnten Lehrassistenten in kosmologischer Forschung. Sein Pferdeschwanz reicht bis zur Taille.

Ich komme mir vor wie im Labor eines verrückten Wissenschaftlers, nur daß hier statt der Reagenzgläser experimentelle Klangapparate herumstehen. Andres führt uns an den erlesenen Arbeitstisch, wo Marcos mit Schrauben und Bolzen seine Kreationen zusammenbastelt – er kennt die Werkstatt wie seine Westentasche, weil er hier zur Zeit auch übernachtet. Urwüchsige Trommeln, Glocken und Bögen aus allen Teilen der Erde stapeln sich in den Ecken. Dazu gesellen sich die einmaligen verrückten Wundermaschinen, auf denen Uakti trommelt, hämmert, zupft und tutet: Marimbas aus Plastikrohren, Gongs aus Kürbissen und Kochtöpfen, an Waschbretter erinnernde Scharrinstrumente, Flöten aus Flaschen und Blasrohren.

Unter Avantgarde verstehen Brasiliens Musiker und Künstler einhellig die Rückbesinnung auf primitive Urströme. Europa und die Staaten werden zwar kräftig imitiert, doch als wichtigste Inspirationsquelle dient der Amazonas. Der Name Uakti beruht auf einem Stammesritus. Dagegen fußt Andres' wilde Natürlichkeit auf einem wohldurchdachten intellektuellen Konzept. Er räumt ein, daß er noch nie selbst im Regenwald war: «Nur im Traum, nur über die Musik…», schwärmt er mit glasigen Augen. Verzückt spielt er mir den Song auf Paul Simons brasilianischem Album vor, zu dem Uakti einen urig-spritzigen Klappersound auf Xylophonen aus Kunststoffschläuchen beigesteuert hat. «Meinst du nicht, daß Paul Simon euch nur in die Tasche gesteckt hat?» platzt es unweigerlich aus mir heraus. Darauf Andres ungerührt: «Hast du etwa noch nie 'ne Nummer von Paul Simon vor dich hingesummt? ‹Sounds of Silence?› ‹Bridge over Troubled Waters?›»

Wieder begegnet mir jene unschuldige Aufgeschlossenheit – ist sie vielleicht nur ein Beweis für Brasiliens Niedergang? Für Andres und seine Kollegen ist Musik gleich Musik. Kommerz ist für sie kein Kriterium. Sie halten sich nicht an Kriterien, stellen auch keine auf. Sie reagieren nur. Jetzt trommelt Andres auf einem Tongefäß der Hindus, um mir die regionalen Unterschiede in der brasilianischen Musik zu erklären. «In Rio schlägt das Herz im Zweiertakt», sagt er. «Da hast du die *surdo*-Trommler. Ein *surdo*, das sind zwei dröhnende Meter Afrika, bum-bum, bum-bum! Unsere *samba* hier in Minas hat mehr Swing, die ist nicht so klobig.» Je analytischer Andres' Ausführungen werden, um so häufiger schiebt sich sein berauschtes Gekicher dazwischen. Man kann auf allem Musik machen – aus dieser Wahrheit schöpft Uakti seine Kraft. Und jedes Ereignis gebiert einen eigenen Rhythmus. In Rio hat mir mal ein Synthesizer-Zauberer seine selbstkreierte Tastatur präsentiert, auf der jede Taste einem typisch brasilianischen Geräusch entspricht. Drückt man hier, hört man einen Papagei krächzen. Drückt man woanders, ertönt der «Tooooor!»-Schrei eines Fußballreporters.

Das erinnert mich an meinen Besuch bei Hermeto Paschoal, dem großartigsten Neuerer der brasilianischen Jazzwelt. Übrigens ist er neben dem Akkordeonstar Sivuca auch der berühmteste Albino des Landes. Rein äußerlich gibt ihm die Natur keinen Grund zur Freude. Der zottelige weiße Weihnachtsmannbart und die wie Holzwolle verflusten Haare unterstreichen noch den kauzigen Anblick des dicken, schielenden Hermeto. Doch schon an der Tür seines in einem Vorort von Rio gelegenen Hauses kommt er mir vor wie das fröhlichste Geschöpf, dem ich je begegnet bin. Auch dies beruht auf Vererbung. Schon in seinem kleinen Heimatdorf in der ärmlichen Provinz Alagoas erwies sich Hermeto als musikalischer Wunderknabe, der «den Hähnen und Schweinen» – deren Grunzlaute er später in seinen Alben verarbeitet hat – genauso begeistert lauschte wie «den Wellen und dem Wind im Dschungel». Für Hermeto ist alles im Universum melodisch beseelt. Im Gespräch mit einem Journalisten hat er seine durch und durch brasilianische These so zusammengefaßt: «Ich kann auf allem spielen. Wenn Sie wollen, spiele ich sogar auf Ihnen!»

Hermeto bittet mich auf den Dachboden, wo er sich ein Studio eingerichtet hat, mit Palmwedeln als Schallabdichtung an der Decke. Dort erlebe ich einen ganzen Nachmittag lang seine Band. Sie sind gerade von einer Europatournee zurück und arbeiten an komplizierten modernen Kompositionen. Auf der Suche nach neuen Klängen klimpert Hermeto auf einem Synthesizer und kaut dabei unermüdlich auf seiner schwarzen Zigarre herum. Plötzlich huscht er nach unten und holt einen hölzernen Kleiderständer. Die mit Schnitzereien verzierten «Äste» sind im Nu aus ihren Löchern gezogen. Diese brutale Vierteilung erschließt ihm genau den Sound, der ihm gefehlt hat, indem er die Holzstücke aneinanderscharrt. Als seine Gattin im Studio nach ihrem Kleiderständer Ausschau hält, prusten alle Bandmitglieder los. Sie haben diese Szene schon tausendmal erlebt. Auch Hermetos Frau ist sofort im Bilde – sie hat wieder mal ein Möbelstück an die Musik verloren.

Doch zurück nach Minas. Der Name Uakti geht ursprünglich auf eine amazonische Sage zurück. Sie handelt von einem verwundeten Krieger, aus dessen Pfeilstichen Musik drang, wenn er durch den Wald rannte. «Im Wald, zwischen den Vögeln, im Meer – überall gibt es Musik», sagt Andres von Uakti mit ungebrochener Verbundenheit zur generösen *natureza* seiner Heimat und stellt sich so in eine Reihe mit Hermeto, Jobim und zahllosen Musikern der älteren Generation. «Man muß nur zuhören und das Gehörte im Ohr behalten. Die Natur singt immerzu. Sie dringt jedem Brasilianer in die Seele, und wir singen sie einfach raus.»

Die Natur von Minas Gerais hat ihre kraftvollste Stimme in Milton Nascimento. Seit zwei Jahrzehnten drücken seine unverklärten und doch honigsüßen Melodien dem brasilianischen Bewußtsein ihren Stempel auf. Bildet man ein Akronym aus dem ersten Buchstaben seiner beiden Namen, erhält man «Minas». In einem Lied erklärt er denn auch: «Ich bin aus Gold, ich bin aus dir, bin aus der Welt, bin Minas Gerais.» Milton kam in den Slums von Rio zur Welt, verlor seine Eltern und wurde von einem Ehepaar in Minas adoptiert – Mittelständler, die für die Handelsvertretung der Firma Tres Pontas (Drei Brücken) arbeiteten. Daher also die tragende Rolle von Brücken in Miltons Metaphorik – und die urbrasilianische Lebensweisheit seiner Musik. Das Brasilianische an Milton ist jedoch sein Eklektizismus. Er hat schon «world beat» gemacht, bevor der Begriff überhaupt aufkam. Navajo-Gesänge, die ungeschminkte *nueva trova* der Mercedes Sosa, Arbeitsgesänge von Mineiro-Bergleuten, die katholische Messe, Lennon und McCartney (denen er in einem frühen Hit Tribut zollte), ja sogar Jimi Hendrix – all das schwingt im polyrhythmischen Strudel einer einzigen Milton-Nummer mit. Die an Pablo Nerudas Gedichte angelehnten impressionistischen Texte offenbaren sich in einer von tiefem Stöhnen bis zum tremolierenden Falsettgesang reichenden Stimme, die ein Kritiker der *New York Times* zurecht als «das brillanteste eigenständige Pop-Instrumentarium überhaupt» bezeichnet hat.

«Jetzt versuche ich mich auch ein bißchen als Sänger», gesteht Fernando Brant, Miltons Texter der frühen Jahre, «aber da steht immer der Druck im Raum, daß mein Partner einfach zu gut war. Meine Lieder sind schon von dem besten Mann gesungen worden.» Nach einigem Zögern verrät Brant auch, daß seine Texte oft vor Miltons elliptischen Melodien entstanden sind. Dennoch läßt er keinen Neid auf die internationale Starkarriere des Lokalmatadors erkennen. Ich habe das Gefühl, niemand hier wünscht sich an irgendeinen anderen Ort als die freundlichen Kneipen von Belo.

Dafür hat der Ort meiner Begegnung mit Milton absolut nichts mit den idyllischen Landschaften gemein, die seine Musik heraufbeschwört. *Impressão Digital*, das modernste Aufnahmestudio Brasiliens, ist ein Betonmonstrum, ein unterirdischer Atombunker am Ende einer unbefestigten Straße hinter drei öden, zwanzigstöckigen Wohnhochhäusern voller Wasserflecken am äußersten Südrand von Rio. Dort durfte ich Milton und seine Band bei der mühevollen Arbeit an der Endversion von «Txai» erleben, einem Song für die Amazonas-Indianer. Der Keyboarder spielte mit dem Bassisten im Tonregieraum direkt in das Mischpult, Milton und sein Schlagzeuger arbeiteten jeder in abgetrennten Kammern. Die unverwechselbare Stimme strömte mir aus vielen Studiolautsprechern entgegen, aber sehen konnte ich den in seiner schalldichten Milchglaszelle übers Mikrophon gebeugten Milton kaum. Natürlich herrschte typisch brasilianische Stimmung auf der Session. Der Song klang noch zu platt und leblos, ein zündender Einfall mußte her, aber irgendwie war der Wurm drin. Milton war schon so weit, daß er jeden Vorschlag aus dem Raum angenommen hätte – sogar von den zwei kleinen Kindern des Schlagzeugers.

Frustriert legte er eine Pause ein, machte ein paar Flugbuchungen klar und sprach mit einem Manager die nächste Welttournee ab. So sehr sich Milton mit seiner schlaffen weißen Mütze über dem stark ausgeformten afrikanischen Gesicht den Anschein der Jugend gibt – sein verfrühtes Altern kann er nicht verbergen. Ich habe keinen zweiten Musiker getroffen, der so offenkundig unter dem Verantwortungsdruck seiner Berühmtheit leidet. Vielleicht rührt das daher, daß er von allen Göttern der brasilianischen Musik der schwärzeste ist. Und neben Chico Buarque auch der politischste.

Erst hier erfahre ich, daß sich Milton wegen der scharfen Zensur während der Militärherrschaft auf die Kunst des Tralala verlegte und ganze Alben mit Liedern ohne Worte vollsang. Er war es aber auch, der dem Volksbegehren für freie Wahlen 1987 mit «Bailes da Vida» seine Hymne gab. Auf einer Massenkundgebung in Rio stimmten damals über eine Million Menschen sein Lied an. Nicht von ungefähr weckt der Text mit seinem Aufruf an alle Künstler, sich unters Volk zu mischen, die Erinnerung an Miltons frühe Jahre als unbekannter Liedermacher in Minas. «Als einer von vielen Barsängern hatte ich wirklich ein leichteres Leben, das muß ich sagen», erzählt Milton seufzend. «Damals konnte ich viel spontaner sein. Ich hätte mir nie träumen lassen, daß ich es mit der Musik so weit bringe. Aber ich weiß, ich stehe für all die, denen keiner ein Mikrophon gibt. Das verlangt mir sehr viel Zeit und Kraft ab, aber es inspiriert mich auch unheimlich. Das Schönste an meiner Arbeit ist für mich nicht die hohe Professionalität, sondern daß ich jeden Tag nach Harmonie mit Menschen auf der ganzen Welt strebe.»

In einem Lied singt Milton über seine Fanpost aus «Rio, Paris, Spanien und Shangri-la» und sinniert über die Frage, weshalb so viele Menschen von weither ausgerechnet in einer «brasilianischen Stimme» Trost suchen. Er selbst wußte keine Antwort, auch nicht, als ich ihn fragte – vielleicht kann man sie gar nicht in Worte fassen. Außerdem hatte Milton viel zu viele andere Sorgen im Kopf: ein Arrangement, das nicht richtig losging, eine neue Rettungskampagne für den Regenwald, seine Arbeit für Amnesty International. Die Band zog sich zu einer Mittags- und Beratungspause zurück, und ich ging solange in eine karge Snackbar mit ungepflasterter Terrasse. Ein Trupp schwarzer Mädchen stand gelangweilt hinter langen Marmortheken. Die Armen mußten den ganzen Tag *queijo quentes* machen, gegrillte Käsesandwiches. Ob es sie quälte, daß so nah an ihrem trostlosen Arbeitsplatz ständig nationale Berühmtheiten vorbeikamen? Bei Milton war ich mir sehr sicher, daß er unter der Abtrennung vom gewöhnlichen Volk litt, die ihm als Superstar, als Jet-set-Profi auferlegt war. Wie dem auch sei, nach der Mittagspause bekam der Song auf einmal den erhofften Kick. «Da siehst du's», sagte Milton zu mir. «Mit vollem Magen machen Brasilianer die beste Musik!»

Minuten später war er auf der Couch am vierundsechzigspurigen Mischpult eingenickt und bekam nichts mehr mit von der perfekten Wiedergabe dieser brasilianischen Stimme, die man auf der ganzen Welt kennt – einer Mineiro-Stimme, wie sie ihresgleichen sucht. Befragt nach dem Einfluß der Heimatregion auf seine Musik, hatte Milton mir erklärt: «Erstmal klingt überall die Kirche durch. Ich liebe vielstimmigen Gesang. Aber das Entscheidende in Minas war das nahe Hügelland, wo ich jederzeit hinkonnte, wenn ich allein sein wollte. Da konnte ich nach Herzenslust schreien, bis ich meine Stimme gefunden hatte.»

Auch ich muß mich wohl ins hügelige Hinterland aufmachen, wenn ich die Stimme von Minas Gerais finden will. An einem Sonntag fahre ich mit dem Fernbus durch eine lange, üppig bewachsene Schlucht, in der einmal bescheidene Goldvorkommen gefördert wurden. Die Straße führt nach Sabará, der nächstgelegenen unter den sechs «historischen Städten» im Bundesstaat Minas. Die vollständig erhaltene portugiesische Enklave aus der Kolonialzeit ist heute ein armes Städtchen, das in mir den altbekannten Eindruck weckt, als ließe es sich mit einem Wisch vom Berghang fegen. Allerdings stößt man hinter jeder Sackgasse auf eine Kirche. Erstaunlich, wieviel geweihte Rokoko-Schmuckkästchen der Goldrausch einst abgeworfen hat. Doch die Zeit ist an Sabará vorbeigerauscht, und nur die Souvenirhändler sind dem Städtchen heute noch treu. Kaum habe ich auf einer palmenumringten *praça* Ruhe vom Touristentrubel gefunden, donnert von einer Anhöhe gewaltiger Lärm los. Wie aufs Stichwort kommt eine *sambista*-Kapelle auf dem Kopfsteinpflaster anmarschiert und beginnt eine wacklige Rundtour um den Platz. Sie stören zwar den weihnachtlichen Frieden, aber das ist nebensächlich, schließlich üben sie für den Karneval, und der hat eben Vorrang.

Bevor ich weiß, wie mir geschieht, habe ich mich der fünf oder sechs Mann starken Trommlergruppe angeschlossen. Der ganze Zug besteht aus Männern mit Gummilatschen, Federhüten und Shorts, die vom wilden Tanz schon tief auf die Hüften gerutscht sind. Ein paar haben sich die Gesichter mit Mehl bestäubt. Natürlich fehlt auch die obligatorische Travestienummer nicht, dargeboten von einem Rauschebart im Tütü, dessen breite Schultern mit Glitter bedeckt sind. Sofort drückt mir jemand eine Rassel in die Hand, und schon einen Block weiter bergauf werde ich zum *porta-bandeira* ehrenhalber gemacht, zum Träger der Narrenflagge. Das samtig schimmernde längliche Banner präsentiert in aufgestickten Glitzersteinen den Namen der abgerissenen, mittelalten Truppe: Paraiso dos Moralistas. Paradies der Moralisten, ein sarkastischer Spitzname für ihre Heimatstadt. Er entstand vor vierzig Jahren, nachdem ein prüder, über die Gegend herrschender General den ursprünglichen Namen verboten hatte: «Heimat der Schwanzritter.»

Tatsächlich sehen die meisten aus, als würden sie bestimmt keinen mehr hochkriegen. Seit gestern abend schon tobt ihre suffselige Lottertour, und doch verstehen sie es immer noch prima, den Sonntag mit ein bißchen Percussion-Verstärkung in Schwung zu bringen. Was sie wohl wochentags treiben? Obwohl sie alles andere als in Hochform sind, hat ihre Mineiro-*samba* mehr Schwung als die in Rio. An jeder irgendwie vertrauten Ecke machen die standhaften Weihnachtssänger Halt und stärken sich mit Bier aus Literflaschen. Die aus einer Posaune und einem Saxophon bestehende Bläsergruppe wechselt frohgemut von «Jingle Bells» zu «Over the Rainbow». Ein dürrer alter Landarbeiter nennt voller Stolz seinen italienischen Familiennamen und schenkt mir seine an einem Lederriemen festgemachte Trillerpfeife. «Jetzt gehörst du zu Gottes Kindern!» verkündet er. Das muß ja ein sehr toleranter Gott sein!

Vom Tanzen in der Mittagspause geschafft, kehrt der Zug geschlossen in einem Hinterhof-Lokal ein. Ich bekomme den schönsten Schattenplatz und werde obendrein mit Unmengen von selbstgebrannten *cachaça*, Wurststücken und Steaks vom Holzkohlengrill verwöhnt. Trotzdem höre ich von allen Seiten Entschuldigungen für die «Wirtschaftskrise», deretwegen das Essen so ärmlich und die Kostüme so dürftig seien, und für den erbärmlichen Zustand der *patrimonia histórico* in ihrer Stadt, die immer mehr zerfällt, weil die Mittel zur Renovierung fehlen. Wieder werde ich gedrängt, das allgemeine Chaos zu entschuldigen. Und wieder begreife ich den rein symbolischen Wert des Wörtchens *bagunça*. Das einzige, wofür sich niemand entschuldigt, ist die Hinwendung zur

Musik als wahrer Arbeit und alleinigem Ordnungsprinzip. Alle – ob Schwarze oder Weiße, Kinder oder Alte, Banker oder Bauern – amüsieren sich gnadenlos im wohligen Tumult.

Ich muß nach Belo zurück. Dort werde ich auf einem zahmeren Fest erwartet. Eine Kinderpsychologin, die ich aus Rio kenne, hat mich eingeladen, Weihnachten bei ihrer riesigen Familie in Minas zu verbringen. Als einzige Studierte ist sie das schwarze Schaf der Sippschaft. Eines hat meine Gastgeberin aber auf jeden Fall mit ihren Geschwistern gemeinsam: das «R» als Anfangsbuchstaben, genau wie Roseangela, Renaldo, Rogerio, Rosemary, Rosany, Rosalice und Roberta. Auf der schlaksigen Geschwistergemeinde lastet eine für Brasilianer sehr befremdliche Schwermut. Fast alle tragen dicke Brillen, und keiner von ihnen, nicht einmal die Verheirateten, ist weiter als ein paar Schritte von den anderen weggezogen. Wann immer ich über den Flur gehe, sehe ich ein paar erwachsene Schwestern in Nachthemden, die zusammen in einem Bett sitzen und einander die Haare kämmen, als würden sie nie etwas anderes tun, und auch die Fernseher in allen Zimmern laufen ununterbrochen. Vielleicht ist diese Atmosphäre in lateinamerikanischen Großfamilien ganz normal, diese Mischung von ausgelassener Vertrautheit und vertrautem Trübsinn.

Neben dem flachen, ländlichen Anwesen dieser Familie der unteren Mittelschicht wollte sich offenbar ein Nachbar seinen bescheidenen brasilianischen Traum verwirklichen, aber es ist nur eine Ruine übriggeblieben, von der Zeit zerstört wie die Caracalla-Thermen in Rom. Für die Ernährung der Hausgäste ist gesorgt. Auf dem Herd köchelt ständig ein Topf mit *tutu mineiro* (einer Art Bohnenpüree), dazu gibt es Reis und verschiedene Shrimpstöpfe. Jeder bedient sich selbst aus den zwei gigantischen Kühlschränken und einer Vorratskammer, die wie ein Kibbuz-Depot anmutet: große Zwiebel- und Kartoffelsäcke, riesige Gemüsekonserven und Gewürzpackungen für Großabnehmer. Wer frühstücken will, muß sich erst einmal eine Ecke auf dem großen Tisch voller offener Schmelzkäsedosen, pappiger Brötchen und Obstfliegen freiräumen. Abgerundet wird die Szene von zwei stämmigen *mulata*-Dienstmädchen. Beide sind erst seit kurzem hier, meine Gastgeberin hat noch nicht einmal ihre Namen im Kopf. Dennoch haben sie offenbar schon tiefe Wurzeln geschlagen. Barfuß watscheln sie zwischen Herd, Wäscheleine und ihrem Doppelstockbett in einem separaten Schuppen hin und her. Sie verbringen Weihnachten nicht zu Hause. Vielleicht haben sie gar kein Zuhause. Auf jeden Fall haben sie kein Weihnachten. Sie gehören zur Familie und bekommen doch kein bißchen Familienwärme – wieder so ein Beispiel für den brasilianischen Kontrast von Gleichstellung und Herrschaft.

Wie alle hier unterstehen sie dem Befehl der Familienmutter, einer kleinen, quirligen Frau mit Hakennase und verkniffenen, leidgeprüften Augen. Zweifellos hat sie den Clan mit ihrer naiv-robusten Liebe zusammengehalten. Doch für die Show ist ihr Mann zuständig, ein Patriarch, der mich spontan an einen britischen Offizier im Ruhestand erinnert. Für sein Alter macht er eine hervorragende Figur in seinen khakifarbenen Shorts, er hält sich kerzengerade und streicht sich ab und zu den silbergrauen Schnurrbart glatt. Die Sonne hat seinem Gesicht gesunde Bräune verliehen, sogar die Glatze ist von Sommersprossen übersät. Im Grunde glänzt er nur durch Untätigkeit, und doch hält er mich und die Kinder im Bann. Von seiner einzigartigen Erscheinung fasziniert, erkenne ich erst nach einer Weile, wie absolut passiv dieser Mann ist. Nur wenn seine Freunde zu einer Runde Bridge vorbeikommen, wandert er von der Küche über den Hof zum Schlafzimmer. Das nennt er sein *itinerario*, seine Reiseroute, die er nie ohne Zwischenrast an der *cachaça*-Flasche beschreitet. Gehen Sie nicht über Los, ziehen Sie keine Million *cruzeiros* ein.

Einst gehörten dem Vater meiner Bekannten ein paar Tankstellen und ein Landgut, aber er verkaufte alles, um sich den Traum von einer eigenen Bäckerei zu erfüllen. Leider wählte er dafür genau den falschen Zeitpunkt, als flüssiges Kapital ein hohes Risoko darstellte. Eine jähe Geldentwertung und diverse Inflationsschübe reduzierten seine Ersparnisse zu einem wertlosen Papierhaufen. Wie ein gebrochener Mann wirkt er deshalb nicht, ganz im Gegenteil. Mit einem Seitenblick zu der primitiven Dusche, die er auf dem Hof gebaut hat, witzelt er über das trockene Minas Gerais: «Das nennt man eine *praia Mineiro*.» Mineiro-Strand. Und mit spürbarer Schnapsfahne raunt er dicht an meinem Ohr: «Ich hab nur eine Gemeinsamkeit mit meiner Familie: das Weiße in den Augen.»

Mithin verkam sein Haus zur klassischen García Marquez-Kulisse: ein prachtvoller Traum, der vor aller Augen zerfällt. Abgeplatzte Kacheln in der Dusche, zerschlissenes Linoleum, klaffende Risse im Beton. «Immerhin», erklärt mir eine der R-Schwestern, «ist das Haus schon fast dreißig Jahre alt!» Ihr ehrfuchtsvoller Blick verrät sie als typische Bewohnerin der Neuen Welt – man könnte denken, sie redet von einer gotischen Kathedrale.

In den Korridoren hängt ein Kruzifix neben dem anderen – der erbleichte Jesus als Ersatz für einen an seinem Tankstellendeal gescheiterten Vater. Kein besonders günstiger Ort für einen ausschweifenden Festschmaus. Wenigstens lassen sich die Kinder überreden, das kitschige Weihnachtskonzert im Fernsehen abzuschalten, in dem der öde Schnulzenheini Roberto Carlo und Kinderstar Xuxa als abartiges Engelspaar auftreten. «Am fünftem Weihnachtstage schenkt' meine Liebste mir...» Einen Schuldenerlaß von fünf Milliarden. Die Mutter spricht ein Dankesgebet, bevor sich alle über Truthahn, Schinken und Nudelsalat hermachen. Mindestens zwanzig Leute, ich eingeschlossen, sitzen Hand in Hand am Tisch. In alter Familientradition sticheln die Ehemänner der Schwestern, ob sich denn wohl im neuen Jahr endlich zwei Freundinnen für die beiden Brüder finden, die eher nach Bücherwürmern aussehen als nach Kavalieren.

Vor dem Startschuß zum Gerangel der Kinder um ihre Geschenke zeigt mir der Patriarch seine ganz spezielle Beigabe zum wuchtigen Weihnachtsschmuck. Zwischen den Glitzersternen, Keramikengeln und Popcorntütchen hängen maschinebeschriebene Papierstreifen mit erbaulichen Weisheiten weltlicher und geistlicher Herkunft. «Das ist meine Weihnachtsidee», präsentiert er mit leisem Stolz sein Hauptwerk des Jahres. «Na, kriegst du raus, von wem das hier ist? Von Savonarola. Und das ist von Abrão Lincoln.» Der gute alte Abe. «Hier ist eins von John Donne.» Zwar denkt von den Kindern keines auch nur eine Sekunde über die Sprüche nach, sie machen auch kein Quiz daraus, und unter dem Weihnachtsbaum liegt nur Kriegsspielzeug aus Plastik, Strahlenkanonen und Raketenabschußrampen. Zwar ist dem Familienoberhaupt für immer die Würde entglitten, ja entrissen, und dennoch: In dieses Haus wird niemals die Barbarei Einzug erhalten.

Auf dem Busbahnhof von Belo Horizonte spürt man das Weihnachtsfest durch den massiven Zustrom von mormonischen Missionaren, die geradewegs aus Utah angereist sind. Ihr Portugiesisch beschränkt sich auf den Satz: «Onde fica McDonalds?» Wo geht's hier zum großen M, Bruder? Außerdem werde ich Zeuge der entsetzlich langgezogenen Zeremonie, mit der die Brasilianer ihre Verwandten nach dem Fest verabschieden. Die ganze Familie, alle Nichten und Neffen, alle Tanten und Stiefsöhne müssen sich Küsse auf beide Wangen geben, oder sie zumindest glaubhaft andeuten. Und das nach Möglichkeit mehrmals! Im Volksmund gibt es dafür eine scherzhafte Ordnung: dreimal Küssen bringt Kindersegen, viermal ein gutes Auskommen mit der Schwiegermutter – und wer fünfmal küßt, kriegt niemals einen schwulen Sohn! «Beijo! Beijo!» Küßchen, Küßchen. So verabschiedet man sich in Brasilien sogar am Telefon. Kußfreudigere Verwandte gibt es nirgendwo.

Drei Busstunden südlich von Belo erstreckt sich die Stadt des «schwarzen Goldes» wie eine wahllos hingeworfene Decke aus weißem Stein und orangefarbenen Dachziegeln über die schwarzgrüne Hügellandschaft. Mein Ausflugsziel heißt Ouro Prêto und ist ein Mekka der brasilianischen Kultur. Als prunkvollste Bergbaustadt und besterhaltenes Kolonialensemble auf dem gesamten Kontinent wurde sie unter Denkmalschutz der UN gestellt. Die ovalen Plätze und großen Kirchen, die steinernen Treppen und Plateaus, all das fügt sich zu einem großen barocken Panorama, und genauso heißt auch die Hippie-Absteige, in der ich meinen Rucksack deponiere. Ich habe gehört, es soll in der Stadt einen Weihnachtsmarkt geben, bei dem ich jede Menge Volkskultur erleben könne. Doch weit gefehlt. In Ouro Prêto sind alle Türen verriegelt und verrammelt, *fechado*. Nicht mal der Juwelier hat geöffnet.

Schließlich gerate ich an einen Volksmusik-Sänger, der mich in seine Hütte einlädt und mir seine Visitenkarte in die Hand drückt: «Jacob e Toninho, Todos os Tons». Letzteres bedeutet soviel wie «Meister aller Klassen» – das Duo hat alle Nummern auf Lager, die das Herz begehrt. Mit einem Lächeln erklärt er mir, daß der Namenstag vom Schutzheiligen des Ortes statt der einstigen Sängerscharen aus der Umgebung fast nur noch Verbrecher und Dealer anlockt und deshalb inzwischen als «Polizeifestival» verschrien ist.

Um in dieser Einöde als Musiker überleben zu können, muß Jacob viel herumreisen. Seit zehn Jahren hat er kein Wochenende mit seiner Familie verbringen können. Trotzdem würde es dem bescheidenen Mann nicht im Traum einfallen, die Gitarre an den Nagel zu hängen. Übrigens hat Jacob auf beiden Schultern große Muttermale, als wäre ihm ein Leben im Harnisch vorbestimmt.

Da kein anderer Tourist so töricht war, am ersten Feiertag nach Ouro Prêto zu fahren, habe ich die ganze Stadt für mich allein. Die steilen Straßen mit dem huckligen Kopfsteinpflaster, die Meisterwerke des legendären körperbehinderten Bildhauers Aleijadinho, die Alleen und *praças*, die Stille der dunklen Berge, alles nur für mich. Das ist Brasiliens Weihnachtsgeschenk. Dieses Gefühl der völligen Herauslösung aus dem gewohnten Takt – als Mann ohne Land, ohne Zeitmaß, ohne gesittete Antriebe, Pläne, Denkmuster – ist einer der allerkostbarsten Schätze im Leben eines Reisenden. Aber auch einer der wenigen, denn im Grunde gehört Reisen doch wirklich nicht zu den gemütlichen Hobbys. Wo sonst begeben wir uns bei bestem Wissen und Gewissen immer wieder in Situationen, in denen wir rundum benachteiligt sind? Wo wir weder wissen, was uns genau erwartet, noch wie wir uns unterhalten sollen? Reisen ist ein todsicheres Rezept für peinliche Fehltritte; immer hinkt man hinterher. Aber eben auch eine Hintertür zur Weisheit, denn viele Weisheiten erschließen sich nur dem ahnungslosen Trampel. Nur indem wir uns bewußt in die Rolle des Fremden begeben, können wir ohne Scheu und Vorbedacht alle Regeln brechen, denn wir kennen sie ja nicht. Nur so können wir voll in alle möglichen Sackgassen, Irrwege und Karambolagen hineinschlittern. Ins Leere schwenken, ohne abzublinken.

Am nächsten Morgen besuche ich Brasiliens älteste Goldmine, die heute noch in Betrieb ist. Auf der Straßenseite gegenüber prangt ein enormes, Denver-Clan-würdiges Herrenhaus. Ich weiß nicht, ob die Besitzer sich noch selbst zur Mine begeben. Die Arbeiter sind jedenfalls weitergezogen, genau wie die Sklaven, die einst beim Ausschachten sangen: «Man nennt mich Mineiro, dabei bin ich's nicht. Ich bin nur ein Jongo-Sänger, der Mineiro ist mein Boß!» Heute sind hier keine nennenswerten Adern mehr zu finden, doch dafür wird reichlich Profit aus der Schaulust von Leuten wie mir geschlagen. Den Weg in die kühle Tiefe – den kühlsten Ort, den ich in Brasilien bisher erlebt habe – lege ich in einem klapprigen Karren zurück. Ich habe das ungute Gefühl, das Gefährt kracht jeden Moment ein und stürzt zum Erdkern herab. Unten angekommen, darf ich eine Goldwäscherpfanne eintauchen. Dazu werde ich an eine unterirdische Quelle im Schlund einer tiefen Höhle geführt. Oben wird mein Schlammhäufchen dann durchgesiebt, und ich bekomme den spärlichen Erlös vorgeführt. Nur ein paar winzige Körnchen, wahrscheinlich Katzengold.

Liegt darin vielleicht das Geheimnis der übernatürlichen Klänge von Minas Gerais? Kann so nur musizieren, wer seine hart erschufteten Edelsteine wieder verloren hat? Nach Stolz und Selbstgenügsamkeit muß man hier nicht sehr tief graben. Jetzt ist mir klar, weshalb Milton Nascimento von seiner Heimat sagt, sie habe ihm die Möglichkeit geschenkt, die eigene Stimme zutage zu fördern. Doch wenn ich meine finden will, reicht ein verlängertes Wochenende nicht aus, und mehr habe ich für diese gigantische Region nicht übrig. «Aha, du hast also nur fünf Tage», konstatiert ein Musiker. «Aber weißt du auch schon genau, wie lange die fünf Tage dauern werden?» Sie dauern so lange, wie ich brasilianische Musik höre – Musik, die auf einmal viel weniger mit Tanz und Trara zu tun hat und dafür um so mehr mit der heißblütigen Verbundenheit zum eigenen schäbigen Fleckchen *terra*. «Mit den Leuten in Minas ist es wie mit den Minen», hat mir Fernando Brant auch in bezug auf die Musik erklärt. «Man muß schon sehr tief graben, aber dann tun sich wahre Schätze auf.»

Musik beim Lesen:

MILTON – Milton Nascimento, *CBS*
ANIMA – Milton Nascimento, *Verve*
CAÇADOR DE MIM – Milton Nascimento, *Philips*
MINAS – Milton Nascimento, *Philips*
TRAVESSIA – Milton Nascimento, *Sigla*
NATIVE DANCER – Wayne Shorter mit
Milton Nascimento, *Columbia*
UAKTI – Uakti, *Verve*

ANDALUZ – Beto Guedes, *EMI*
DIAMOND LAND – Toninho Horta, *Verve / Sound Wave*
ONLY IF YOU DON'T WANT IT, YOU CAN'T DO IT – Hermeto Paschaol, *Intuition / Capitol*

Musicus Interruptus

Irgend etwas ist faul an dieser Szene. Fünfzigtausend Einwohner sind zusammengeströmt, um der Gründung von São Paulo dos Campos do Piratininga durch Jesuitenpriester im Jahre 1554 zu gedenken. Heute ist ihre Stadt die viertgrößte der Welt. Auf dem palmenbewachsenen Oval der Praça da Sé steht ein fahrbares Podest mit einer lauten Musiktruppe. Doch die erstarrte Messe glotzt nur verblüfft. Es scheint, als hätte diese mit allerlei politischen Protestlosungen bestückte Brasilianerschar jeglichen Antrieb verloren. «Que é isso?» – Was ist los?, lautet hier die Frage im offiziellen Paulista-Tonfall. Treffender ist der Fluch: «Que puta festa!» Was für ein beschissenes Fest! Kein Mensch singt mit. Im Herzen der industriellen Maschinerie, die sechzig Prozent des Nationaleinkommens erwirtschaftet, herrscht vornehme Stille. Von vielen einheimischen Intellektuellen werde ich immer wieder eine gequälte Frage hören, eine Grundfrage dieser Stadt: Sind Musizieren und Geld verdienen unvereinbare Gegensätze?

«Jeden *cruzeiro*, den du in São Paulo verdienst», so ein altes Sprichwort, «hättest du in Rio prima verprassen können.» Diese Arbeitsteilung zwischen den beiden größten Städten Brasiliens hat sich erhalten – in der einen wird geschuftet, in der anderen gefeiert. Anders als die leichtlebigen Cariocas gefallen sich die Paulistas als pünktliche Macher New Yorker Prägung. Die großen Stärken der Stadt liegen im Katalogisieren, Dokumentieren und Verpacken von Kultur – beim Besuch im Memorial-Kongreßzentrum, einem flachen, hangarartigen Niemeyer-Bau und Residenz der Lateinamerika-Volksbibliothek, bekomme ich ein Paar Kopfhörer ausgehändigt und darf mir in einem schalldichten Kabuff alte Glanzlichter der *samba* anhören – aber Eigenes bringt sie kaum hervor. Getreu dem

New Yorker Vorbild ist auch São Paulo eine riesige Mogelpackung, die ihren Lebenssaft aus anderen Orten heraussaugt. Hier ist alles importiert, außer Kaffeebohnen und Profiten.

Rein äußerlich erinnert die Stadt eher an Los Angeles: Schmutzige Schnellstraßen verbinden die wahllos ausgestreuten Stadtfetzen, in denen Grabesstille herrscht. Einkaufszentren ragen in die Höhe wie riesige Kathedralen. Mein Viertel trägt den schönen Namen Aclimação, und tatsächlich kann man sich hier schnell akklimatisieren. Sonnendurchflutete Parks voll verwöhnter Sportwagenkinder lockern das Netz der gewundenen Straßen, die mit Plakaten von glatzköpfigen zugewanderten Geschäftsmännern vollgehängt sind. Erst nach einer Weile begreife ich, daß diese Herren allesamt für das Amt des Präsidenten der Korinthianer kandidieren, dem führenden Fußballteam von São Paulo. Diese Wahl ist vielleicht die bedeutsamste im ganzen Land. Nur der Stärkere überlebt in São Paulo, so mild und anheimelnd das Spielfeld auch scheinen mag.

In einem Punkt ähnelt die Stadt L. A. und New York gleichermaßen: ihre Hauptenergiequelle sind die Flüchtlingsgemeinden, allen voran die Millionen aus dem armen Nordosten des eigenen Landes. In Liberdade haben sich die Japaner ihre Enklave geschaffen, deren Vorfahren sich durch falsche Versprechungen als Arbeiter auf die Plantagen locken ließen. Ihr Beitrag zum Stadtbild besteht aus roten *torii*-Toren, Sushi-Imbißlokalen und ein paar Blocks steriler Emsigkeit. Bixiga, das Italienerviertel, hat eher etwas von Greenwich Village, es ist ein Magnet für junge Leute mit seinen riesigen Pastaportionen für wenig Geld und Clubs, in denen Jazz und Volksmusik erklingt. Nachdem ich mich ein wenig weiter hineingewagt habe, stoße ich auf eine Überraschung: einen sonnigen Straßenzug mit koscheren Fleischerläden. Hebräische Klagelieder im Land der *samba* – eine merkwürdige Vorstellung.

São Paulo kann nicht völlig taub sein, dafür müssen sich doch irgendwo Beweise finden lassen. Kurzentschlossen suche ich den Musikerverband im Telefonbuch und komme so zu einem denkwürdigen Reiseerlebnis. Sieben Stockwerke unter dem Büro der Konzertagentur belagern arbeitslose Gitarristen, Trommler und Ersatzsänger den Gehweg. In kleinen Gruppen sitzen die mittelalten

Männer auf Motorhauben oder in Imbißlokalen überm *mate*, dem argentinischen Nationalgetränk, und tauschen Noten und Arrangements wie Crackdealer ihren Stoff. Einige sind zerzaust und unrasiert. Zu früh gealtert vom unerbittlichen Freiberuflerleben, klammern sie sich an den verblassenden Ganz ihrer Bühnenaufmachung – schwarze Übermäntel und Cowboystiefel. Doch die wenigsten wirken niedergeschlagen. Sie haben diesen Saum einer kleinen Grünanlage zur Tauschbörse für Ideen, Instrumente und neue Kniffe umfunktioniert. Der Straßenzug ist sogar nach Genres gegliedert. Rechts treffen sich die Eleven der *sertaneja*, links die Praktikanten des *forró*, der schnellen Polka aus dem Nordosten. Fast alle sind aus dem provinziellen Landesinneren in die Großstadt gekommen. Irgendein Auftritt findet sich am Ende fast immer im Umland von São Paulo. Einer aus dem ungewöhnlichen Berufsverband erklärt mir, wie glücklich er und seine Kollegen im Grunde seien., lebten sie doch in einem Land, wo noch solch reger Bedarf nach handgemachter Livemusik besteht. Diese Männer sind durch keine Jukebox zu ersetzen. Sie wissen um ihre Sonderstellung unter den gewerkschaftlich organisierten Arbeitern der Stadt. Ein Musiker bleibt immer ein Musiker, auch ohne Engagement.

Ob an *boca do luxo* oder *boca do lixo* – ein Wortspiel, das die «Mündung des Luxus» mit der «Mündung des Abfalls» zusammenführt –, São Paulos über sechzehn Millionen Einwohner leiden nicht an Unterhaltungsmangel. Das Topereignis an diesem Wochenende ist ein Country-Western-Festival mit brasilianischen und nordamerikanischen Acts. Der Star des Abschlußkonzertes ist der eigens aus Nashville eingeflogene Kenny Rogers. Brasiliens größte Metropole ist auch seine heimliche Hauptstadt. *Caipira*, die Musik und Lebensart der Cowboys, die mir in Minas Gerais zum ersten Mal begegnete, steht bei den Paulistas enorm hoch im Kurs. Importwaren aus Texas sind wahre Kultobjekte. In einem Einkaufsstädtchen im Umland von São Paulo füllen sie unzählige Boutiquen. Der Name Americana verweist auf die Stadtgründer: geflohene Kämpfer der Südstaaten-Konföderation. Musikalisch ist São Paulo auch die Heimstatt der *brega* – eine zweifelhafte Ehre, wenn man die miserablen Liebesschnulzen hört, die einem aus jeder Kneipe entgegenplärren. In einem Steakhaus erlebe ich einen grauenhaften Amateurwettbewerb, dessen Teilnehmer um die Wette im musikalischen Schmalztopf wühlen. Dem Sieger winkt ein halber Zentner Reis.

Am Samstagabend gibt jemand eine Party für mich. Als ich gegen Mitternacht vorschlage, noch ein bißchen rauszugehen und Livemusik zu hören, stoße ich auf Unverständnis. «Bist du *louco?* Doch nicht mehr um diese Zeit!» Die Partygäste hocken lieber weiter im Wohnzimmer aufeinander und schwatzen bis zum Morgengrauen. «Que é isso?» Was ist los? Allmählich durchschaue ich die manchmal umständlichen, oft aber auch nur zu deutlichen Ausflüchte der Brasilianer vor einem klaren «Nein». Meine Gastgeberin, eine erdbraune Journalistin, will mir mit ihrer Bessie Smith-Blueskollektion imponieren. Es ist ein seltsames Gefühl, in Brasilien «Strange Fruit» zu hören, Billie Holidays so schmerzvoll vorgetragenes Lied gegen die Lynchjustiz. Oder zu sehen, wie sämtliche Leute im Raum bei den Solos von Duke Ellington ausflippen, genau wie ich bei den *boleros* von Chico Buarque. Geht es den Ohren auch so, daß sie gerade das am meisten begehren, was sie nicht haben können? Oder ist dieses Verlangen nach Fremdem nur eine ganz normale Begleiterscheinung der modernen Zeit?

Für Sonntag nachmittag steht der Handwerksmarkt in Embu auf dem Programm, einem südlichen Vorort aus der Kolonialzeit, der als reizvolle Bohème-Enklave gilt. Doch Vorsicht: Embu hat eine extrem hohe Zahl an obdachlosen Kindern und eine der höchsten Mordraten in São Paulo. Eine empörte Einheimische erzählt mir, der Bürgermeister habe Embu nur zur «Umwelthauptstadt» ernannt, um sich danach bei einem Grillfest schamlos an seltenen, bedrohten Vögeln zu laben. Zudem erlangte die Ortschaft traurigen Weltruhm durch eine ausgebuddelte Leiche. Die Rede ist von dem hier untergetauchten Naziverbrecher Doktor Josef Mengele. «Que é isso? Que puta cidade!» In Ponchos gehüllte Andenmusiker lokken mit ihrem Flötengedudel zum Kauf von Maskottchen und Billigschmuck. Ich besuche die Werkstatt eines Bildhauers, der beklagt, daß seine imposanten Bronzefiguren von Yêmania und anderen afrobrasilianischen Göttern auf Geheiß des katholischen Gemeindepfarrers vom Marktplatz entfernt wurden. Für den Karnevalszug in São Paulo, einen schwachen Abklatsch der großen Paraden, hat er einmal einen Wagen entworfen, der den damaligen Präsidenten Sarney als desinteressierten Flugreisenden über Brasilien zeigte. Die Polizei hackte sein Werk in Stücke.

Einen gebürtigen Paulista-Musiker kann ich zwar nicht aufspüren, aber immerhin erwische ich Dominguinhos, den meisterhaften Sänger und Akkordeonspieler, in einem kleinen Komforthotel am altehrwürdigen Bahnhof Estação da Luz. Er fühlt sich offenbar pudelwohl in der modernen Herberge. Riesige Tafelglasfenster blicken auf die Avenida São João herab, einst eine schicke Nobelmeile, heute ein Billigbasar für Elektrogeräte, Armaturen und Werkzeug, vergleichbar mit der Canal Street im Südteil Manhattens. Doch José Dominguinhos de Moraes ist der typische Einwanderer aus dem Norden, der im Süden zu Wohlstand gekommen ist. Der stämmige *mulato* mit Baseballmütze, dichtgelockten Haaren und einem von Grübchen geprägten Engelsgesicht verbrachte seine Kindheit in einem kleinen Dorf im *sertao*. Mit acht Jahren lernte er *sanfona* (Akkordeon) spielen und trat gemeinsam mit Vater und Bruder auf. Schon bald darauf hatte er das große Glück, von Luiz Gonzaga entdeckt zu werden, dem musikalischen König des Nordostens. «So einen kriegen wir in hundert Jahren nicht wieder», sagt Dominguinhos über seinen Mentor. «Er hatte als erster den Mut, den Nordosten in den Süden zu bringen.»

Auch Dominguinhos' Reise muß eine Menge Mut gekostet haben. Zwölf Tage brauchte er für den Weg ins gelobte Land. «Ich kam nach Nilópolis, verdingte mich in einer Wäscherei. Als ich zum ersten Mal die Lichter von Rio sah, hab ich mich gefragt, ‹Läuft da heute eine *festa?*›» Schließlich nahm der große Gonzaga ihn offiziell als Adoptivsohn bei sich auf. So begann der Weg zum Begleitmusiker und Vorbild vieler leuchtender Sterne am großstädtischen Musikhimmel Brasiliens, Männern wie Tom Jobim und Johnny Alf. Dennoch ist Dominguinhos' Verbundenheit mit anderen Nordestinos ungebrochen. «Sämtliche Wolkenkratzer, die hier rumstehen, die Metro, die ganze Schwerarbeit, das waren alles wir.» Mit einem Anflug von Mattheit erzählt er von den vielen Konzertangeboten aus New York, die er durchweg abgelehnt hat. «Erstens fliege ich nicht gern, und zweitens, wem kann ich alter Mann denn noch imponieren.» Dann stimmt auch er das allgemeine Klagelied über den miesen Stil der brasilianischen Plattenfirmen an. «Die tun so, als müßte man sich bei ihnen bedanken, daß sie einen produzieren. Krankengeld, Altersrente, so was kennen die nicht. Die erzählen einem immer bloß, das Land steckt in der Krise. Aber mal im Ernst, wo soll das Geld denn sein, wenn nicht in São Paulo?»

Auf jeden Fall reicht es, um Sangesbrüder aus dem tiefsten Hinterland in die Metropole zu locken. In der folgenden Stunde treffe ich so ziemlich alles, was in der Stadt Rang und Namen hat. Zuerst Marica Ferreira, eine feurige Blonde mit dickem Make-up, die für ein Foto-Shooting in der Hotelbar eingeschwebt ist. Scheinbar ganz ohne Bitterkeit gibt sie sich als die wahre Autorin des Lambada-Songs «Chorando Se Foi» («Schluß mit den Tränen») zu erkennen, mit dem die französische Gruppe Koama unter Hinweis auf einen fiktiven Verfasser namens «Chico de Oliviera» die Hitlisten sprengte. Doch sie ist nicht die erste und auch nicht die letzte angeblich «wahre Autorin» des Songs, der ich in Brasilien begegne. Zur Untermauerung berichtet sie von ihrer jahrelangen Erfahrung als DJ des landesweiten Radiosenders, der von Brasília aus in die entferntesten Amazonas-Regionen sendet. Jetzt sieht man es ihr nicht an in ihrem engen Minirock, aber die wasserstoffblonde Marica hat harte politische Arbeit geleistet. «Aus den unzähligen Briefen an unseren Sender erfuhr ich von den Nöten der Regenwaldbewohner. Ich habe mich zu den *serengeiros*, den Kautschukzapfern, bekannt. Ich weiß alles über Chico Mendez, aber der war nicht der einzige Ermordete. Hunderte haben ihr Leben gegeben, von denen die Welt niemals erfahren wird.»

Hier in der Geborgenheit des Hotels, scheint der Kampf um Landbesitz und die Schätze des Regenwaldes unendlich weit entfernt. Wie alle Gäste macht Marcia Ferreira hier Station auf einer Konzerttournee. Die Gästeliste besteht ausnahmslos aus Musikern. Diese Sangesveteranen haben schon so viel vom Leben und von ihrem Land gesehen, daß sie getrost im Hotel bleiben können, zumal auf der Avenida São João ein heftiger Regen pladdert. Also rücken sie die Tische im angrenzenden Abendrestaurant zusammen, und Biergläser und Gitarren machen die Runde. Der wohlige Rausch der kleinen Session versüßt mir meine letzten Tagesstunden in São Paulo – habe ich die Musik also doch noch gefunden! Erstaunlich, wieviel Schönheit *l'art pour l'art* ausstrahlen kann. Und vor allem dieses unerschöpfliche Repertoire, diese Leichtigkeit in allem. Solche Szenen erlebe ich in Brasilien noch oft – in Transiträumen, Hotelhallen, auf Busbahnhöfen. Wenn die Zeit zu lang wird, kommt die Musik ins Spiel. Musizieren ist hier nichts anderes als atmen.

Wie kommt es, daß uns dieses seltsame Läuten, dieses kosmische Rasseln so sehr anrührt? Wie kann gerade diese simpelste Form der Abstraktion so konkret auf unsere Gefühle wirken? Keine Macht auf dieser Welt ist so wenig anerkannt und erforscht wie die Macht der Musik – diese Urkunst, für die man nur ein paar Stimmbänder und zwei Steine braucht. Wie viele Milliarden werden für CDs und Konzerte verschleudert, aber auch für gute Zwecke eingespielt! Wie viele Menschen hat sie innerlich geprägt, diese Kunstform, die sich flinker als jede andere über alle Grenzen hinwegsetzt! Und wie viele Ohren lauschen zu jeder Zeit auf unserem Planeten ihrer Lieblingsmusik im Radio, wie viele Herzen tröstet die Musik! Gibt es ein passendes Etikett für diese Ware, die Diktatoren in die Enge treibt und pickligen Romeos das letzte Geld aus der Tasche zieht? Musik ist die ewige Botschafterin: eine ererbte, außerirdische Künderin der Zukunft. Sie ist der Urschrei, ein Stöhnen, das uns alle eint. Das uns bis in die Zehenspitzen mit Leben erfüllt, unserem Kummer Luft macht! Tränenmacherin, immer dicht an unseren Ohren. Hart zu spielen, verspielt und hart – diffizil konstruierte, flüchtige Entspanntheit. Immer um einen Takt der Geschichte voraus, doch im Adagio dem Ruhm hinterher. Die *samba* des Reisenden erklingt hier, meine höchsten Töne aus tiefster Tiefe, der gereimte Grund für meine Flucht in diesen subäquatorialen Tanz. Wie beneide ich die von der Musik angelockten Barkeeper, die Zimmerkellner und die Zimmermädchen, die ihren Feierabend genießen, um eines: Sie müssen nie aus diesem Hotel auschecken.

Musik beim Lesen:

AQUENTA CORAÇAO – Chitaozinho and Xororó, *Som Livre*
ASA BRANCA – Kollektion, *Rykodisc*
AQUI 'TA FICANDO BOM! – Dominguinhos, *Continental*
JACOB DO BANDOLIM – Jacob do Bandolim, *Acoustic Disc*
MARICA FERREIRA – Marica Ferreira, *Continental*

So kommt's

Aconteceu. So kommt's – sagen die Leute gern in diesem Land, wo über kurz oder lang so ziemlich alles kommt, wie's eben kommt, ob man will oder nicht. Wenn es dann kommt, ist Duldsamkeit viel eher gefragt als Verständnis. Deshalb jetzt ein ganz unthematischer Bericht über alles, was mir in vier Tagen untergekommen ist. Ein günstiges Reisepaket mit den drei W's: Wer, Wie und Wo. Wir kommen alle nicht viel weiter als bis zur eigenen Nasenspitze, also Schluß mit der aufgeblasenen Reiseschreiberei! Nur die Fakten, bitte sehr. Das ist in Brasilien mehr als genug.

So kommt's, daß ich in Rio meinen Vierzigsten feiere. Was, wie's kommt, nicht ganz so romantisch wird, wie es klingt. Denn wie's so kommt, findet mein Geburtstagsessen in einem chinesischen Restaurant mit Blick auf die Lagoa statt. Wie's aber kommt, ist die ganze Gegend voll chinesischer Restaurants, und niemand hier stammt aus China, weder die Kellner noch – so sagt mir der Geschmack – die Köche. Was aber in Ordnung geht, denn wie's kommt, habe ich die meisten Gäste meiner Feier sowieso noch nie gesehen. Unter ihnen ist zum Beispiel ein Zahnarzt aus Kalifornien, der, wie's kommt, alles an Platten besitzt, was in diesem Land jemals geprägt wurde, und mit zahnärztlicher Akribie jedes Lied mit einer Note versehen hat: großartig, gut oder mäßig. Wie's kommt, gibt es keine Geburtstagstorte. Wie's kommt, kriegen wir nicht mal Glückskekse. In brasilianischen Glückskeksen fände man sicher Weissagungen wie: «Sie erleben eine hemmungslose Nacht mit einer geschmeidigen *mulata*» oder «Sie lernen endlich tanzen».

Wie's kommt, ist mein Tischredner ein höchst dezidierter israelischer Abenteurer, stets bewaffnet mit Strandsandalen in der einen Hand und irgendeinem hochgeistigen *nouveau roman* in der anderen. Einmal im Jahr braucht er's so richtig primitiv, und zwar möglichst zum Billigtarif. Dann flieht er nach Brasilien. Mich hat er als Begleiter für einen Abstecher in seine dezidierte Lieblingsphantasie auserwählt – das Seebad Pôrto Seguro am Südende des Bundesstaates Bahia. Wie's kommt, ist mein letzter Gast eine Dame aus einem Reisebüro, die uns zwei Flugtickets für morgen früh aufgetan hat. Wir fliegen im Bandeirante, einer Propellermaschine

«Made in Brazil». (Wie's nämlich kommt, sind Flüge in Brasilien grundsätzlich ausgebucht, aber man muß einfach trotzdem zum Flughafen gehen, dann kriegt man, wie's eben so kommt, doch immer einen Platz, selbst wenn man als Nummer achtzig auf der Warteliste steht.) Wie's kommt, ist mir der Gedanke an den Flug in solch einem Winzling mit so miserabler Ausfallstatistik ganz und gar nicht lieb, zumal wenn das Reiseziel nichts weiter als ein Strand ist. So kommt's, daß ich meinen Geburtstag in der sicheren Erwartung verbringe, es wäre mein letzter.

Bei der Ankunft am Aeroporto Santos Dumont, benannt nach einem brasilianischen Lebemann, der, wie's kommt, etwa zeitgleich mit den Gebrüdern Wright das Flugzeug erfunden hat, gibt es gleich mal eine Startverspätung. Unser Flieger, wahrhaftig ein Winzling, steht zwar auf der Rollbahn, aber wir dürfen nicht rein. Wie's kommt, hat die Maschine laut pflichtgemäßer Gewichtskontrolle Übergepäck. So kommt's nun zu der Mitteilung, ein paar der Passagiere müßten freiwillig auf den Flug verzichten. Dann kommt's aber doch anders, und wir werden allesamt an Bord gelassen, inklusive Übergepäck. So nehmen wir also Platz, als hätte uns das Personal nicht eben noch vor dem Risiko gewarnt. Die Airline präsentiert sich denn auch als Abenteuerklub, eine typisch brasilianische Schnellösung.

Wie's kommt, landen wir in Vitória. Wie's kommt, machen wir einen Zwischenstopp in Espiritu Santo. Wie's kommt, habe ich keine Lust, in irgendeinem Nest zu sterben, das meiner Familie zuallererst die Frage aufdrängen würde: «Wie hat's ihn denn dahin verschlagen?» Wie's kommt, fallen wir kurz vor einem fetten, klatschnassen Wolkenfeld in ein Luftloch und stürzen mit über hundert Stundenkilometern in die Tiefe. Wie's kommt, haben die Piloten die Tür zu ihrem «Low-Tech»-Cockpit offengelassen und lachen uns achselzuckend zu. *Turbulência, excelência.* «Manchmal kommt's, daß ich das Mannsein leid werde», schreibt Pablo Neruda. Bei mir kommt's in Flugzeugen. Und wie's kommt, wird meinem unerschrockenen Freund auf einmal übel. Wie's kommt, läßt er obendrein den Fotoapparat seiner Freundin unter dem Sitz liegen. Wie's kommt, landen wir an einem ganz stinknormalen Küstenstreifen, so stinknormal wie jeder beliebige andere Küstenstreifen in nördlicher Richtung. Wie's kommt, fällt mir dann immerhin auf, daß die an diesem Streifen gelegene Mündung eines Dschungelflusses den portugiesischen Entdeckern als sichere Anlegebucht *(pôrto seguro)* geeignet schien, daher der Ortsname. So kommt's, daß wir uns an der Stelle vergnügen, wo am Karfreitag des Jahres 1500 die ersten Europäer brasilianischen Boden betreten haben.

Wie's kommt, hat sich seitdem herzlich wenig getan in Pôrto Seguro. Jedenfalls bis zur *lambada.* Denn wie's kommt, ist das der vielleicht einzige brauchbare Exportartikel aus Pôrto Seguro, sein später Racheakt an den *conquistadores.* Wie's kommt, ist diese Gegend zum beliebten Party-Treffpunkt für die Studenten des Landes avanciert, wo der wildeste, wenn auch nicht gerade landestypische Karneval steigt. So kam's, daß hier die ersten Rucksacktouristen aus Europa *lambada* erlebt haben, obwohl der heiße Tanz viel weiter nördlich geboren wurde. Doch wie's kommt, verzeichnen diese Reiseprospekte den Streifen jetzt als Lambada-Küste, und der Flughafen heißt Lambaporto. Wie's kommt, finden wir sogar ein «Lambahotel», das stark an ein Motel am Stadtrand von Phoenix erinnert, bis auf die Tatsache, daß auf dem Hof eine Faultierfamilie ihren Wohnsitz hat. Richtige Faultiere meine ich, nicht die weitaus häufigeren sprichwörtlichen. Wie's kommt, sind die zotteligen Tiere in dem Sonnendach aus verdorrten Palmwedeln kaum auszumachen. Dort haben sie sich nämlich eingenistet. Man erkennt nur die schwarzen Augen und Krallen, bis sich das jeweilige Vieh zu einer Gewichtsverlagerung bequemt und man feststellt, daß Faultiere, wenn überhaupt, immer nur eine Kralle, ein Körperteil bewegen. Sie machen niemals zwei Sachen hintereinander. Wie's kommt, kacken sie sogar stückchenweise, in kleinen dunklen Kügelchen. So kommt's, daß ich denke, wär ich bloß zu Hause geblieben wie ein Faultier!

Wie's kommt, steht meinem Freund der Sinn nach Abkühlung im Swimmingpool. Wie's kommt, ist aber kein Wasser drin. Wie's kommt, ist diese Stadt gar keine Stadt mehr. Sie ist nur ein Fossil, in dem das natürliche Leben vom Tourismus verdrängt wurde. Wie's kommt, liegen Ruinen des historischen Pôrto Seguro weitab vom Ort. Wie's kommt, säumen Bars und Wechselstuben die dreckigen Straßen, Bikiniläden und *pousadas,* Billigabsteigen aus zwei Zimmern mit zig Hängematten. Wie's kommt, läßt mein Freund ganz gegen seine Eigenart eine leichte Enttäuschung durchblicken. Seit langem träumt er von einem preisgünstigen eigenen Ruheplätzchen im nahen Trancoso. Vielleicht, weil der Name so schön nach Trance klingt? Wie's kommt, sind die Israelis die stärkste Nation unter den Brasilientouristen. Nach dem Armeedienst ist ein Fluchttrip hierher fast schon Pflichtprogramm. Wie's kommt, ist mein Freund ein Heimatloser, wenn man die Genußsucht mal als Heimat ausklammert. Er will das Beste von allem, was die Welt zu bieten hat, doch notfalls gibt er sich auch gern mit weniger zufrieden. Als moderner Don Quixote sucht er nach dem besten Strand, dem knackigsten Hintern, dem tollsten Rhythmus, Roman oder Kumpel, und ich bin Sancho Pansa. Wie's kommt, freunde ich mich sogar allmählich mit der Rolle an.

So kommt's, daß wir uns auf der Fähre über die Flußmündung fühlen wie zwei hoffnungslose Träumer auf weiter Fahrt. Dummerweise geht's aber nur nach Arraial da Ajuda, einem typischen Küstenort mit vertrockneter Dorfwiese und der obligaten weiß verputzten Minikapelle überm Steilufer. Wie's jedoch kommt, tummelt sich so ungefähr halb São Paulo am Strand. Denn wie's kommt, zieht es die Brasilianer nicht um der Natur willen ans Meer, sondern weil sie gern mit anderen Brasilianern zusammenkommen. Wie's kommt, sind alle in Aktion – beim Ballspielen im Wasser, beim Krabbenpulen oder inmitten der Massen rund um die *batida*-Strände. Meinen Freund kann das nicht schocken, er ist der geborene Partylöwe, egal ob in Straßenkleidung oder Badehose. «Besser gut aussehen als gut sein», heißt seine Devise, und weiter: «Jung ist man nur einmal, aber deswegen muß man noch lange nicht erwachsen werden!» Wie's kommt, strömt nach dem Sonnenuntergang alles zum Weitersaufen auf die Pasarella das Alcools in Pôrto Seguro. Die Alkoholpromenade – solch beherzte Selbstvermarktung würde vielen Städten guttun, das kann ich als Dauerreisender beurteilen! Da, wo ich herkomme, heißt die entsprechende Meile Bowery. Doch wie's kommt, ist der Himmel voller Sterne, und vom Meer weht eine frische Brise. Wie's kommt, liegt die Saloonmeile nur einen Steinwurf von der riesigen Tanzfläche dieser als Party getarnten Stadt entfernt.

Wenn die Erfrischungsdrinks nur noch müde machen, wo geht man dann wohl hin? Natürlich, in die Lambateria. Wie's kommt, ist die Lambada in Brasilien nicht nur eine Eintagsfliege, wahrscheinlich weil sie hier viel besser getanzt wird. Weil man Eintagsfliegen ohnehin gern zu Dauerbrennern, ja zu Legenden macht in diesem so sehr dem Augenblick, dem Vergänglichen verhafteten Land. Die Lambateria ist ein überdachter, mit Baumrinde ausgekleideter Bau, in dem eine ganze Eisenbahn Platz fände. Wie's kommt, gibt es sogar eine Tribüne für alle, die lieber nur zugucken. Und wie's kommt, gibt es eine ganze Menge anzugucken. Wie's kommt, sind die männlichen Tänzer kostümiert wie farbenfreudige Karatemeister, sie tragen seidige weite Hosen mit dicken Schärpen darüber. Dazu flache chinesische Schuhe. Ihre dampfenden, durchtrainierten Oberkörper sind nur vom Schweiß bedeckt. Wie's kommt, erweisen sie sich alle als Schwarzgürtel im Tanz – perfekte Pirouetten würzen die wilde Kombination aus drei Grundschritten. Übrigens bleiben die Paare nicht so dicht aneinander kleben, wie es dem Rest der Welt weisgemacht wurde. Die Kids haben tänzerisch viel zu viel drauf, als daß sie sich nur auf den Sex werfen würden. Wie's kommt, ersetzt dieser Tanz im schneelosen Brasilien den Eiskunstlauf, unterstrichen durch die Sonja Henie-Röckchen der Mädchen, die bei jeder ungestümen Drehung alles darunter entschleiern, bis auf ein paar Millimeter, die vom Slip verdeckt sind. Erstaunlich, wie Hintern und Schenkel selbst bei so routinemäßiger Entblößung ihren geheimnisvollen Zauber bewahren. Wie's aber kommt, beginnt die wirklich heiße Sinnlichkeit erst über der Gürtellinie. Wie die Schöne beim Flirt mit dem Biest bäumen sich die Teenager-Mädchen auf und schleudern ihre langen Mähnen durch die Luft, so daß sie auf die nackten Schultern ihrer stolzen Tanzpartner herabpeitschen. *Muito lambada,* höre ich die Massen in der Lambateria brüllen. Ich bin schon vom Zuschauen ganz *lambacansado*. Wie's kommt, gibt es auch in Brasilien ein paar schwarze Schafe, die kein Tongefühl oder keine sehr gute Stimmlage haben. Doch wie's kommt, gibt es hier niemanden, der nicht tanzen kann.

Wie's kommt, schleppt sich das Käfer-Taxi auf der Fahrt nach Trancoso eine Stunde lang durch den Morast. Wie's kommt, fährt uns der Taxifahrer zuerst zu den teuren Nobelhütten am Ortsrand, weil er auf eine Schlepperprovision hofft. Wie's kommt, verlangt er den doppelten Fahrpreis, als er uns an unserem gewünschten Quartier absetzt. Wie's kommt, weigert sich nun mein Freund, der Forderung nachzukommen, zahlt dann aber zum Glück doch. Wie's nämlich kommt, ist unser hartnäckiger Fahrer zugleich auch oberster Ordnungshüter von Trancoso. Allerdings kein sehr wachsamer – kaum haben wir eingecheckt, besucht uns der für die Unterkunft zuständige Verwalter auf einem weißen Roß. Und was bringt der nur mit einer abgeschnittenen Hose gerüstete strahlende Rittersmann zum Vorschein? Ein Tütchen Marihuana. Er hätte auch willige Mädchen aus dem Ort für uns, sagt er, aber die kann er ja schwer mit auf den Sattel laden. Willkommen in West-Bali, Koh Samui, Cozumel, Goa, Transworld Trancoso! Wie's kommt, ist die Dritte Welt von solchen Städtchen übersät. Einzige Voraussetzungen sind ein freier Strand und Sonnenschein zum Braunbraten und schon kann die Einverleibung nach Standardmuster starten. Die wohlbekannte Verwüstung durch den willkürlichen Austausch zwischen blaß und braun, rastlos und verwurzelt. Wie's kommt, erstreckt sich der steile, verdreckte Strand von Trancoso über mehrere Meilen. Die hübsche, stuckverzierte Kirche mit rundlichem, griechisch-orthodoxem Charakter erfreut das Auge, doch ansonsten drängeln sich bloß kreischend bunt bemalte Pizzerias um den länglichen grünen Teppich vor dem Gotteshaus. Wie's kommt, ist die Stadt nur ein in den Dschungel gerammtes dreckiges Gefüge von Hütten und Erdwegen. Obstbuden, die zum Beispiel Nova Jerusalém heißen. Mit triumphierend leuchtendem Blick steigt Don Quixote in die Badehose und verkündet: «Nicht die Fülle lockt die Leute hierher, sondern der Mangel», die genüßliche Entbehrung der gewohnten Güter.

Wie's kommt, sind wir statt im Urwald im Schwarzwald gelandet. Unser Wirt ist ein strebsamer Hippie aus Deutschland, der seinen tropischen Traum lebt und dabei gleichzeitig die Pousada Calypso am Laufen hält, so gut es geht. Der Hegelianer im Hawaiihemd hört auf den Namen Heinie. Seine Frau ist eine deutschstämmige Brasilianerin aus Blumenau oder einer der vielen anderen teutonischen Enklaven im reichen Süden. Sie ist blond, und ihr Portugiesisch hat einen leichten Stuttgarter Touch. Dafür läuft sie aber mit ultrabrasilianischem Schlenderschritt in einem extra knappen Bikini herum und hält ab und zu mal an, um ihrem neugeborenen Baby die Brust zu geben. Beim abendlichen Grillfest (die Steaks sind bestenfalls vom Pferd) stellt sich heraus, daß in dieser Herberge genug Deutsche für eine neue Zweigstelle des Goethe-Instituts hausen.

Wie's kommt, ist unter ihnen eine leichenblasse Bilderbuch-Arierin, die am Tag nicht mehr als eine Stunde in der Sonne bleiben darf und schon ihre ganze Reisekasse verpraßt hat. Wie's kommt, ist auch ein bärtiger, finsterer Wolfgang dabei, den man in Brasilien freilich nur «Lobão» nennen kann, den «großen Wolf». Wolfgang arbeitet daheim als Regisseur beim Rundfunk, aber ganz nebenbei ist er ein unschlagbarer Brasilien-Freak, der Jahr um Jahr herkommt, um mit deutscher Gründlichkeit seine Sammlung von Erfahrungen, Kunstgegenständen und CDs zu erweitern. Und wie's kommt, beweist er sogar beim Abschütteln seines Deutschtums hochdeutschen Eifer. Wie's kommt, ist er als Kind von zu Hause weggerannt, weil sein Vater ein Nazi war. Wie's kommt, führt er einen unermüdlichen Kampf gegen Rassismus, in Brasilien genau wie im eigenen Land. Wie's zwar kommt, treibt er in Trancoso nur eines, nämlich gar nichts, das aber mit fanatischer Hingabe. *Aconteceu*. Er bringt mir die genaue Aussprache bei. «So kommt's.» Sogar das typisch brasilianische Achselzucken untermalt sein exzellentes Portugiesisch. «Eine Lüge ist nur eine Wahrheit, die vergessen hat stattzufinden», präsentiert er uns das brasilianischste aller Sprichwörter. «Wann ist in Brasilien die beste Zeit?» fragt er. «Immer am nächsten Tag.»

Letzterer beschert uns einen zweitägigen Regenguß, und daher lange, intensive Gespräche mit Lobão, begleitet von Gepladder. So kommt's, daß uns rasch eine innige Freundschaft verbindet, wie sie nur weitab der gewohnten Umgebung entstehen kann, genährt vom Außenseitergefühl, das uns drei verbindet und zu endlosen Plaudereien im sanften Kerosinschimmer verlockt. So geht mein israelischer Freund wenigstens nicht leer aus. Wenn schon nicht sein Traumhaus, hat er doch immerhin Lobão gefunden. Und ich habe Lobãos Kassettensammlung gefunden. Na, mein Lieber, hast du schon mal Obina Shok gehört? Darf ich dir Marisa

Monte ans Herz legen? Jetzt könnten wir genauso in Berlin oder San Francisco sein, nur würde da die perfekte Begleitmusik des Unwetters auf dem Strohdach fehlen. Wie's kommt, klingt brasilianische Musik auch vom Band noch schöner, wenn man sie in Brasilien hört.

Dank Lobão wagen wir uns eines abends zu später Stunde in eine Dorfkneipe. Auf vor hölzernen Bänken aufgestellten primitiven Campingtischen flackern Kerzen als einzige Lichtquelle in dem dumpfigen Raum. Ein Häuflein schmuddeliger Emigranten aus allen Teilen Lateinamerikas schmettert Kampfgesänge zu Gitarrenbegleitung, Loblieder auf *la lucha* und Che Guevara. Wie's kommt, sind wir per Zeitreise mitten in den späten Sechzigern gelandet. Wie's kommt, ist diese Ära in Brasilien niemals erloschen, vielleicht weil ihre Kämpfe noch bevorstehen. Doch deshalb herrscht hier beileibe kein Groll. Wie's kommt, ist dieses Betonloch von einer solchen Liebe zum Leben erfüllt, daß die Stimmung fast schon rührselig wirkt. Wie's außerdem kommt, haben alle in Sichtweite zuviel *cachaça* getrunken. Wie's kommt, ist der Wirt und Obersäufer ein waschechter Wilder, der seine jahrealte Drahtmähne unter einem Kopftuch verstaut hat und nur einen mittellangen japanischen Kimono mit Shorts am Leib trägt. Wie's kommt, schleppt er den Morast und die Kneipenschinderei von Jahrzehnten an den Füßen. Das bärtige Zwitterwesen ist nicht einfach nur berauscht, es schwebt ständig auf seiner ganz privaten, undurchdringlichen Ebene. Wie's kommt, hat er früher mal in Buenos Aires Philosophie gelehrt, behauptet er in saubersten Portugiesisch. Eine Abhandlung zum Existentialismus hat er auch verfaßt. Er betrachtet sich als Experten für die Absurdität des menschlichen Daseins. Offenbar hat er sich dereinst in Trancoso niedergelassen, um seine Nachforschungen direkt an der Quelle zu treiben.

«Absurdo!» brüllt er wiederholt beim Bericht von den sechsunddreißig LSD-Trips, die er angeblich mal in vierundzwanzig Stunden genommen hat, oder dem Kilo Koks in seiner Nase. Er hatte schon immer *uma cabeça forte*, prahlt er. Einen starken Kopf, aber gereicht hat's wohl doch nicht. «Einmal, da bin ich zum Psychiater gegangen», erzählt er auf einmal sanft und illustriert sein wirres Gerede mit ansteckendem Kichern. «Aber dann hab ich zu ihm gesagt,

wenn hier einer 'n Problem hat, dann du! Du mußt dir nämlich mit meiner Verrücktheit deine Brötchen verdienen!» So kommt's, daß uns der Verbannte nicht mehr von der Pelle rückt, weil wir für ihn gleichgesinnte intellektuelle Eigenbrötler sind. «Mit wem soll ich in diesem Nest über Sein oder Nichtsein diskutieren? Über Kierkegaard?» Wie aufs Stichwort kommt ein nächtlicher Lieferant herein, ein Dörfler mit einer Armvoll Ananas. Nach energischem Feilscherzeremoniell blickt der Philosoph zu uns und rollt die Augen in groteskem Seelenschmerz. «Ananas! Ich will über Sartre reden, und die reden immer nur von Ananas!»

Und wie's in solchen Fällen öfter vorkommt, ist der kopflose Denker vor lauter Verwirrtheit schon wieder ein Seher. Er betrachtet mich in meiner Ecke, mich, Sancho Pansa, den ewigen Beobachter und gequälten Schildknappen. «Mein Freund, du hast eine *alma fechada*, eine verschlossene Seele, das sehe ich!» Da muß ich ihm rechtgeben, zumindest in bezug auf hippieverseuchte Küstenstädtchen. «Du brauchst dringend *cocomelo*-Tee!» Das ist dieser seltsame Rauschpilz, ein Lieblingsgebräu von Timothy Leary. «Du brauchst ein paar anständige Hallus, damit sich deine Seele öffnet!»

Und sie öffnet sich tatsächlich, wenn auch schleppend. Wie's kommt, spüre ich am nächsten Morgen beim Baden im Meer für einen Augenblick, daß ich mich jetzt langsam entkrampfe. Es kommt nicht ganz unvermittelt. Ein paar *batidas de maracuja* (ausgepreßte Passionsfrucht mitsamt den schwarzen Kernen) mit *cachaça* tun das Ihrige dazu. Und es kommt wieder, als mein israelischer Freund im Morast vor dem Calypso ausrutscht und fast auf eine Giftschlange tritt. Es kommt wieder, als mich im Dunkeln ein Stier aufschreckt, der seine Hörner in meine Richtung senkt. Die Kinder in meinem Schlepptau lachen mich aus und können sich gar nicht einkriegen, weil das natürlich kein echter Stier war, sondern ein verkleideter Einheimischer, der als Schreckgespenst die Feierlichkeiten zum *Folia dos Reis* ankündigt, dem Epiphanienfest oder Dreikönigstag, wie man bei uns sagt. In der Nacht findet ein Umzug statt, eine schleppende, irre, martialistische Angelegenheit, vorangetrieben von Schnarrtrommeln. Trotzdem braucht die Prozession an die fünf Stunden für die paar hundert Meter bis zur Kirche. Wie's kommt, haben die Drei Könige falsche Bärte aus

Baumwolle und Kronen aus Papier. Wie's kommt, ist ein König schwarz, der zweite hellbraun, und der dritte ist unser durchgedrehter Marihuana-Lieferant. Wie's kommt, hat einer im Zug Mickey Mouse-Ohren auf. Wie's kommt, besteht die königliche Ehrengarde aus Mädchen mit Schmetterlingsflügeln, gefolgt von jungfräulichen Hofdamen, aufgedonnert wie Ballköniginnen an der High-School.

Alles Hausgemachte kommt von Herzen, und so kommt's auch, daß mein Freund recht behält. Der Mangel an vielem – an Pauschalreisen, Pepsiwerbung –, das ist unsere Entdeckung an diesem Ort. Don Quixote hat seine Sinne an der üppigen Natur gestärkt, an der Fülle von Möglichkeiten, sein Selbstbewußtsein zu prüfen. Er hat sein Traumparadies gefunden. Macht ja nichts, daß Sancho Pansa den Dealern und Zuhältern ihr Geld geben mußte, um die Reinheit seines Gefährten zu wahren. Verkleidete Tiere torkeln und stürmen durch die Nacht, treiben als urige Dämonen alle Ängste aus. Wie's kommt, sagt der Bürgermeister – unser *taxista* – den Leuten, dieser Umzug sei der größte in der Geschichte von Trancoso gewesen. Die Einheimischen beklatschen sein Lob euphorisch, sie glauben fest daran, sind aufgekratzt wie Geburtstagskinder, die endlich die Kerzen auspusten wollen. «Die Leute hier sind alle Kinder», resümiert Lobão nach jahrelanger Forschung ganz ohne den Hochmut des weißen Mannes. Ich habe eher das Gefühl, er ist ein ganz klein wenig neidisch. Mit Kinderaugen gesehen, ist Trancoso ein glitschiges Paradies auf der Klippe. Wie's kommt, sind die Lügen, mit denen sich die Leute hier bei Laune halten, allesamt nur Wahrheiten, die vergessen haben stattzufinden. Wie's kommt, erfahren wir über das einzige Münztelefon am Ort, daß man bei der Fluggesellschaft die verlorengeglaubte Kamera meines Freundes gefunden hat. Wie's kommt, ist nichts verloren, solange man seine Seele offenhält. In Brasilien kann in vier Tagen alles passieren. Und wie's kommt, müssen wir alle umgekehrte Forschungsreisende sein, müssen danach streben, sowenig wie möglich zu entdecken.

Musik beim Lesen:

LAMBADA BRASIL-Sampler, *Polydor*

KRIMINAL-SAMBA

An manchen Orten sind Träume die besten Reiseführer. Im Schlaf saust du wie ein Vogel im Sturzflug über eine Stadt aus lauter Grabsteinen. Vom Kopfsteinpflaster auf dem Marktplatz hallt das Hämmern der Sargtischler zu dir herauf. Hinter einer hübsch mit Schokolade umhüllten Kathedrale ragt ein Friedhof bis weit in den Dschungel. Der Tod ist der Hauptindustriezweig dieser Stadt. Doch als du gerade landest auf dem felsigen, morbiden Terrain, weist dir deine Phantasie einen Ausweg. Am Ende einer Hafenmole, die in eine Bucht hinausragt, erhebt sich ein Schacht aus dem friedlichen Meer. Geschäftsmänner in eleganten Dreiteilern wagen den kurzen Sprung vom Pier zur Fahrstuhlkabine an der Oberfläche. Ein paar ertrinken, ihre Aktentaschen treiben davon. Ein paar tummeln sich fröhlich unter der glitzernden Wasseroberfläche. In deinem Traum drückst du einen freischwebenden Knopf, zum Glück weißt du, daß dieser Unterwasserlift nur abwärts fahren kann.

Dann kommst du an in der Stadt, wo *omen* wichtiger sind als *homen* – Männer. Einer Stadt, zum Bersten voll mit bösen Prophezeiungen. Wo Fremdsein lebensgefährlich ist. Keine Stadt für einfache Touristen, Logiker, Bleichgesichter! Am Urgrund des Brasilianischen gibt es von allem zuviel: zuviel Hochstapelei, zu viele Hinterzimmerpriesterinnen, zu viele zwielichtige Handelswege und zu viele Racheakte, zu viele Scheinfassaden und zuviel Verfall, zu viele gemurmelte Zauberformeln und zuviel, das unausgesprochen bleibt! Okkultes ist hier alltäglich, alle Geschicke werden von unsichtbaren Mächten gelenkt, Mächten, gegen die niemand eine Handhabe hat. Ein unvorbereiteter Trip nach Bahia ist wie ein voller Blick in die Sonne. Wer ohne Schutz in die verfinsterten Welten von Bahia schaut, läuft Gefahr, für immer in Trance zu fallen! Falls machbar, sollte man unbedingt eine ganz reale kugelsichere Weste mitnehmen.

An jeder Straßenecke bieten fliegende Händler ihre Antwort auf die Bedrohung feil – hölzerne «Gottesfinger» mit Schnitzereien, Glücksbringer in Gestalt geballter Fäuste, Ketten mit dicken Perlen in allen Farben zwischen Blau und Schwarz, die den Beistand der *orixas*, der wachsamen «Bodyguard»-Götter auf den Plan rufen sollen, überhaupt alle Arten von Talismanen und Amuletten, Korallen und Kaurischnecken, Muschelarmbändern. Was man unbedingt braucht, ist eine *fita*, ein rotes Stoffband mit dem Aufdruck: «Souvenir für Unseren Herrn des Guten Ausgangs Aller Dinge.» Deine erste Pilgerstation ist die überaus beliebte Kirche des Senhor do Bonfim, des erhabenen Stifters der «guten Ausgänge», wo du deinen leuchtroten Farbtupfer an heiliger Stätte hinterlassen darfst. Die Heiligenfiguren sind alle so mit «Souvenirs» überhäuft, daß sich die Stoffberge wie Stalaktiten darüber auftürmen. Draußen mußt du die Aberglaubensfetzen gewaltsam abstreifen, so hartnäkkig sind die minderjährigen Reliquienverkäufer, die dich mit ihren Bändern überhäufen, sie dir mit der obligaten rätselhaften Geschicklichkeit ums Handgelenk binden.

Beim Spaziergang durch die Innenstadt von San Salvador lenkst du deine Schritte zum zentralen Platz und stößt dort auf eine Kathedrale: barock-beduselte Türme, Friedhofsgrau, schokoladenbraune Ornamente. Dann hörst du das Hämmern, und du stellst fest, daß in der ersten Seitenstraße hinterm Platz eine Sargtischlerei neben der anderen ist. Hinter der Kirche liegt der Friedhof, auf dem die ersten Missionare begraben sind. Voller Angst schaust du zum Wasser hinaus und bemerkst, daß du auf einer hohen Klippe stehst. Das *Déjà vu* lenkt deinen Blick zum Erkennungszeichen der Stadt, die aussieht wie ein zweistöckiges Warenhaus: einem unförmigen weißen Lift, dem Elevador Lacerda, mit dem man für ein minimales Entgelt vom Geschäftsviertel zum Hafen hinabfahren kann, von himmlischen Höhen ins fleckige Meer. Das hättest du alles vorher im Baedeker lesen können. Aber jetzt hat du eher das Gefühl, als wäre Alfred Hitchcock dein privater *orixa*. Du hast deine Toblerone-Kathedrale wiedergefunden, deine hämmernden Sargtischler und jetzt auch noch den Fahrstuhl ins Meer!

Entgeht dir deshalb, wie schnell die Banken und Büros nach Feierabend leergefegt sind? Was fesselt dich so an der einschläfernden Dämmerszene über der dicht bewachsenen Bucht Aller Heiligen? Wieso schlenderst du einen halben Block von der Hauptverkehrsstraße weg über eine schräglaufende Straße voll abgerissener Plattenläden, die man allerdings kaum als düstere Rotlicht-Meile bezeichnen kann? Wie lange bist du eigentlich schon vom Pech verfolgt? Oder wandelst du vielleicht doch nur durch einen Traum? An der Ecke setzen sich drei Jungs in Bewegung, sie rasen voll auf dich zu. Schnell blickst du zurück und siehst drei weitere Dämonen, die es genauso eilig haben. Im Nu haben sie dich umkreist und deine Puppenarme an eine Mauer gerammt. Diese Räuber können gar nicht echt sein: die sehen doch total harmlos aus mit ihren Zottelhaaren, die kaum die Augen erkennen lassen. Eigentlich wie die Souvenirverkäufer, nur eben schon knapp im rachefähigen Alter. Vielleicht könntest du es auf einen Kampf ankommen lassen, aber so scharf bist du denn doch nicht auf die Bekanntschaft mit den schützenden Glücksbringern, die die kleinen Dämonen dabeihaben. Sie räumen deine Taschen aus, krempeln dich völlig um. So finden sie die Uhr, die du vorher schnell noch abgenommen hattest. Tja, da hast du wohl für Bahia die falsche Zeit erwischt! Ansonsten erbeuten sie wenig mehr als ein paar Ideenkritzel in zwei Notizheftchen, Taschenformat. Vielleicht legst du dir besser ein Schild zu: «Vorsicht, ausländischer Schriftsteller! Geldbeute minimal.»

«Tudo! Tudo!» schreist du los. Wie doch die Angst die Lippen lockert! Sie haben alles, mehr ist bei dir nicht zu holen. Doch mit *tudo bom*, dem brasilianischen Leitspruch, hat deine Lage wenig zu tun. Nicht mal zehn Meter entfernt gehen Leute achtlos vorbei. Ab jetzt wirst du immer eine Karnevalspfeife um den Hals tragen. Aber ob bei dem schrillen Signal irgend jemand hier zwischen SOS und musikalischer Ekstase unterscheiden kann? Enttäuscht über das lumpige Raubgut, rammen dir die beiden Leithammel ihre spitzen Knie in den Bauch. Einer hinterläßt seine Visitenkarte mit einem harten Faustschwung, der dir voll auf die Stirn kracht. Damit hast du deine Ehrenspange weg, dein Taufmal, deine Beule zum Vorführen beim Empfangschef, der schon etliche Beulen gesehen hat. Und natürlich hast du es von vorn bis hinten vorausgesehen. Klar brauchst du Schutz, das weißt du auch ohne diesen Hotelpriester.

Das ist also dein guter Ausgang – wieder ein paar Piepen weniger in der Kasse. Jetzt bist du ein Held der Stadt, der was zum Angeben hat! Stimm ein in den zerknirschten Klang, den landesweiten Skepsisgesang! Was hätten die Leute denn zum Streiten ohne das tropische Wucherleiden? Alles tanzt die Kriminal-*samba*. Mach dich lieber bereit, brüll nicht nach der Mama! Bleib lieber immer schön im Rhythmus mit diesem Song, wo jeder mitmuß. Wo keiner mehr durchschaut, als daß sich was zusammenbraut. Beschiß und Verrat regiern diesen Staat. Hier wird fleißig geklaut statt Raketen gebaut. Jeder kennt die Raison zum Tanz der Saison. Paß auf, wo du hintrittst, die Tasche halt fest! Schau immer nach Ost und dann nach West! Und wehe, wenn du nachts das Haus verläßt! Halt die Tasche nicht schräg, steck die Kamera weg! Kann sein, daß sie dich im Taxi entführen, und am nächsten Tag wachst du auf ohne Nieren. Laß deine Sicherheit nicht schleifen, sonst kommst du stracks unter die Reifen. So ein netter Partykunde, spurlos verschwunden in einer Sekunde! Die sind schon sehr innovativ, in Mord und Folter kreativ! Die wickeln 'ne Entführung ab wie Jogger ihren Morgentrab. Allein für deine Kleingeldtüte spiel'n die 'ne Oper erster Güte! Nimm all dein Zeug ins Wasser mit, grabscht dich einer am Hosenbund, mach keinen Schritt! Die kommen sogar noch mit in die Wellen und klaun dir die Bräune – die finstren Gesellen! Du hast doch wohl sozialen Sinn? Dann zeig ihn auch, gib alles hin! Brasilianische Knaben sind keine Vandalen, du tätest dasselbe in ihren Sandalen! Drum sei dankbar für diesen herrlichen Ort, nur dein Geld ist fort, dein Gesicht ist noch dort! So geht es zu im Reich der Gleichen, da kann jeder den Opferstand erreichen! Das tun sie dann und zerbrechen dran. Die Leute hier brauchen ständig was Neues, sonst rosten sie ein. Denn hier in Brasilien weiß jeder, wenn's rostet, wird's richtig gemein. Drum hier meine Kriminal-*samba*. Und brüll nicht wieder nach Mama. Gott hat sicher 'ne Achse zur Prophylaxe. Doch Er macht keine Worte, wozu auch der Tand. Er hält lieber Distanz, wie alle im Land.

BAHIA

Wenn Brasilien der Welt etwas gegeben hat,
dann diese Mischung des Geblüts,
diese Rassendemokratie.

Jorge Amado

Ich sing das Elektrotrio

In Brasilien sind Berühmtheit und Vertrautheit zwei eng verwandte Worte. Die Helden dieses Landes stellt niemand auf einen Sockel, jeder nennt sie beim Vornamen: vom Starfußballer Socrates bis zum Gewerkschafter Lula, von Alcione bis Toquinho. Einer der wenigen Baianos, denen diese Ehre zukommt, sitzt auf dem Flug nach Salvador da Bahia zufällig in meiner Maschine. Im Ruhmestempel der vielstöckigen brasilianischen Provinz gibt es nur einen einzigen Osmar.

«Osmar, Osmar, o Carneval veio trio elétrizar...» Der Siebziger macht es sich in seinem Sitz gemütlich, er kommt gerade von einem Symposium, das ihm zu Ehren in São Paulo abgehalten wurde, und erzählt mir gern, wie er zu seinem Ruf gelangt ist. Wenn die Stimme auch manchmal versagt – für das eigene Loblied reicht sie allemal noch aus. «Dôdo, Dôdo, antes de gringo, a guitarra ele inventou...» Er hat vor dem *gringo* die Gitarre erfunden! Gemeint ist die erste elektrische Gitarre, die der «weiße» Osmar gemeinsam mit seinem verstorbenen Partner Dôdo perfektioniert hat. Obendrein schufen sie auch die Formation, in der ihr Instrument gleich ideal zum Einsatz kam – das *trio elétrico*, eine Band auf Rädern, die seither als wichtigste Institution im «schwarzen» Karneval von Bahia gilt.

«Angefangen haben wir natürlich erst mal als *dupla elétrico*, wir waren ja nur zu zweit. Das war siebenundvierzig, kurz nach dem Krieg.» Heute kommt Osmar nur mit Hilfe einer Krücke ins Flugzeug. Doch wenn es um sein allerliebstes Patent geht, erzählt er begeistert und atemlos wie ein kleiner Junge. Sein ovales Gesicht ist frei von aller Heuchelei und gerade braun genug, daß man sich einbilden kann, er wäre just von einer morgendlichen Surftour zurückgekehrt. Die silbernen Überreste seiner einstigen Haarpracht fallen in lockeren Wellen auf die Schultern herab. Wie viele brasilianische Kulturgrößen zieht er nie etwas anderes an als Sandalen, grobe Leinenhosen und ein blau-weiß gestreiftes Fischerhemd. Man stelle sich Ben Franklin in tropischer Aufmachung vor!

«Mein Partner Dôdo war Elektromechaniker, der konnte Radios reparieren. Ich hatte eine Karosseriewerkstatt und war schon immer handwerklich begabt. Zugleich galt meine größte Liebe der Musik. Mein Vater hatte auch als Mechaniker und Musiker gearbeitet. Er hat fünfzig eigene Songs geschrieben. So hatten wir also die ideale Talentmischung für unsere Basteleien in der Werkstatt. Tja, und irgendwann kam dann das hier dabei raus.» Ich glaub's nicht. Osmar greift in die Tasche unter seinem Sitz und bringt eines der kostbarsten Zeugnisse der brasilianischen Musikgeschichte zum Vorschein. In seinen dicken Arbeiterhänden liegt ein auf Hochglanz polierter, vom Korpus abgetrennter Gitarrenhals mit mehreren Tonabnehmern zwischen den Bundstäben. Das ist der echte und einzige Urtyp des *pau elétrico*, wie das Instrument getauft wurde. Natürlich ist es aus dem rotgetönten *pau Brasil*, dem Holz, das dem Land seinen Namen gab. «Am Anfang haben wir nur darauf gespielt. Viele Male haben wir bei mir in der Werkstatt gesessen, am Feedback gefeilt und die richtige Anordnung für die Tonabnehmer ausgeknobelt, bis wir dann auch meine Mandoline umbauen konnten. Ein paar Jahre später kam uns zu Ohren, in den Vereinigten Staaten würden auch Leute eine elektrische Gitarre entwikkeln. Les Paul und ein paar andere. Ich weiß noch, wie ich mit Dôdo bei der angeblich ersten Vorführung eines *violão elétrico* war. Jemand hatte das Ding aus Rio mitgebracht. Dem Namen nach dachten wir, eine ‹elektrische Gitarre› müßte doch eigentlich von alleine spielen!»

Doch noch fehlte die passende Spieltechnik zu dem neuen Instrument, eine, die genauso unwiderstehlich *elétrizado* war wie die Klangtechnik. «Damals waren mehr leise, zarte Töne gefragt. Wir hatten bisher fast nur *chôrinho* gespielt» – einen milden Stil, benannt nach dem Wort für «weinen» – «und dazu noch ein paar *valsas* und *boleros*. Aber Dôdo und ich, wir hatten mitgekriegt, wie die Vassourinhos beim letzten Karneval eingeschlagen hatten. Das war eine *frevo*-Truppe aus Recife.» Schon komisch, daß sich Bahia als Geburtsstätte der meisten brasilianischen Musikrichtungen seinen ureigensten Partysound ausgerechnet von einem Beat aus dem Norden abgeguckt hat. «Die haben die Leute richtig wildgemacht mit ihrem *frevo*-Sound. Der war so schön schnell und präzise, genau das Richtige für Virtuosen. Ich meine, gut mußte man schon sein. Ein Paganini des *povão* mußte man sein.» Mit anderen Worten, ein Maestro der Massen, des Volkes, im Portugiesischen *povão* oder *povo* genannt. Im Grunde will Osmar damit sagen, die wenigsten haben das Zeug zum ganz großen Durchbruch. «Was wir dann gemacht haben, hat wirklich viel Mut gekostet. Keine Ahnung, wie wir das geschafft haben. Bis zu dem Zeitpunkt war der Karneval in Bahia nämlich eine ganz zahme Angelegenheit, mehr was für die Oberschicht und die Mittelklasse. Kleine Truppen mit *pifanos*, Holzflöten, so was gab es damals zu hören. Mit wilder Tanzerei war da nichts, schon gar nicht mit nackter Haut. Die Leute haben sich mit Konfetti beschmissen. Die Hausbesitzer haben sich den Schaukelstuhl vor die Tür gestellt und ganz gemütlich den Umzug angeschaut. Die Stühle wurden mit Ketten festgemacht, damit sie keiner klaute. Aber dann kam der Punkt, wo wir uns gesagt haben: ‹Probieren wir's doch einfach mal.› Also haben wir meine alte Kiste aufgemöbelt, einen offenen Zweisitzer. Hinten kam ein Lautsprecher drauf, und ab ging's.»

Der Rest ist Musikgeschichte. «Vom ersten Ton an wurden wir gefeiert wie Götter! Der Wagen war völlig von tanzenden Massen eingekeilt! Die hätten uns fast umgekippt. *Meu deus!* Wie oft uns der Sound ausgefallen ist! Und dann kam die Polizei, die haben angeordnet, wir sollen aufhören. Die Oberschicht war gegen uns. Denen war klar, daß ihr alter Karneval ab jetzt passé war, daß sie hier in Zukunft nichts mehr verloren hätten. Aber die Leute haben gebrüllt, die haben richtig getobt, haben ‹Toca, toca› geschrien. Also haben wir einfach weitergespielt. Bald gingen uns die Nummern aus. Ich glaub, wir haben sogar die ‹Marseillasie› gesungen. Als wir auf der Praça Castro Alves ankamen, hatten wir solche Massen hinter uns, daß ich mich schon mal innerlich auf den Knast eingestellt habe. Pferde bäumten sich auf, warfen die Reiter ab. Viele Leute wurden in die *acarajé*-Stände geschubst», – *acarajé* sind fritierte Bohnenfladen – «und holten sich Verbrennungen vom heißen Öl und den Kochflammen. Wir hatten inzwischen keine Bremsen mehr, alle vier Gänge waren kaputt, aber die Leute schoben den Wagen immer weiter voran. Die waren nicht zu stoppen. Die nächsten zwei Jahre hatten wir Karnevalsverbot. Aber danach kamen wir im Chrysler. Und da wurde dann das *trio elétrico* begründet.»

Jetzt schaut mich Osmar mit großen Augen an, immer noch total verblüfft, daß ausgerechnet er die Welt verändert hat. «Das ist doch verrückt. Eigentlich wollte ich nur ganz gemütlich meinen *cachaça* schlürfen und dabei rausfinden, wie man auf dem Karneval besser spielen kann. Und jetzt behalten mich die Leute als Schöpfer dieses *fenómeno Baiano* in Erinnerung! Inzwischen spielen meine vier Söhne bei Dôdo und Osmar, sie führen den Namen weiter.» Noch einmal stimmt der stolze Papa in vielen tausend Metern Höhe ein Lied an: «Não precisa do rock, so precisa do toque, Envolvente e legal, para meu Carnaval!» Du brauchst keinen Rock, du brauchst nur die Gitarre – eine unübersetzbare Anspielung auf die Vorzüge von Marihuana. «Gott sei Dank bin ich nicht irgendwo im Norden geboren, sonst hätte ich vielleicht eine Atomrakete erfunden. Hier bei uns herrscht wenigstens Frieden.»

Als echter Mann des Südens mit dem typisch bahianischen Grundmix zeigt Osmar eine europäische Fassade. Doch sich dem abstrakten Fortschritt zu unterwerfen, entspricht nicht seinem Naturell. Spaß soll das Leben machen, darauf kommt es ihm an. Er gehorcht seinem Instinkt, nicht der Logik. Sein Herz hängt an keiner Hierarchie, sondern nur an den klaren Werten der Massen, seinem *provão*.

«Der Karneval ist das Fest der Notleidenden und Rechtlosen. Er ist ein Riesenventil für den ganzen sozialen Dampfdruck. Und je mehr Dampf sich ansammelt, je höher der Druck steigt, um so wilder wird gesungen und gesprungen.» Ob Osmar da wohl richtig liegt mit seinem Stolz auf den hohen sozialen Druck, der seiner Stadt so schwer zu schaffen macht? So oder so, in dem Mann steckt eine Elektrizität, die seine Erfindung überdauert hat, das kann der Rollstuhl nur noch unterstreichen, der am Terminal für ihn bereitsteht.

Später höre ich von Osmars musikalischen Nachkommen deutlichere Töne zur Lage in der Stadt. Sie beschreiben sie als ein riesiges Pulverfaß, das jeden Moment hochgehen kann. Von Jahr zu Jahr steigt die Wattzahl der Verstärker, die *trios* wachsen weit über die ursprüngliche Größe hinaus. Der federnde, lebenslustige Ursound von Osmar und seinen Jungs artet in der Mache der anderen Bands langsam, aber sicher in Heavy Metal aus. Zugleich besinnt sich die vermögende weiße Minderheit auf ihre jahrhundertealte Erfahrung in Schieberei und Manipulation und unterwandert den Karneval von neuem. Immer mehr Bands werden von einheimischen und multinationalen Gesellschaften gesponsort, die für Beschallung und Ausstattung der Wagen aufkommen. Auf den mit Neonwerbungen überladenen Plattformen sind die Musiker nicht viel mehr als Marktschreier. Wer als *bloco*-Mitglied püschelschwingend in durch Seile abgegrenzten Bereichen den *trios* hinterhertanzen will, muß dafür immer höhere Mitgliedsbeiträge löhnen. Auch die *mortalhas*, die farblich jeweils aufeinander abgestimmten ärmellosen Kittel, und alle anderen Kostümteile sind so gigantisch im Preis gestiegen, daß die Blocks heute den Ruf umherziehender Gesellschaftsclubs weg haben. Diese unverschämt hohen Kosten stehen in keinem Verhältnis zum technischen Aufwand des Elektro-Karnevals. Sie sollen lediglich verhindern, daß die armen und die reichen Freudentänzer von Bahia zusammen in einem Topf landen.

«Früher war das ganz anders», sagt Caetano Veloso, einer der vielen bahianischen Musiker, die jede Regung in der führenden kulturellen Institution ihres Landes aufmerksam mitverfolgen. «Die Straße gehörte den Schwarzen, den Jungen und den Armen, ihr Platz war hinter den Wagen. Die trägen Reichen gingen auf die Karnevalsbälle in geschlossenen Räumlichkeiten. Aber seit Mitte der siebziger Jahre hat der Straßenkarneval auf der Berühmtheitsskala enorm zugelegt, und das Establishment wurde langsam ein bißchen neidisch. Also haben sie angefangen, Finanztöpfe aufzumachen und sich als Sponsoren der *trios elétricos* einzuklinken. Wovon die Musik natürlich nicht besser wurde. Die haben praktisch den Karneval der Ballsäle auf die Straße geholt.» Viel schärfer formuliert es Moraes Moreira, geistiger Erbe von Osmar und die Seele des Karnevals in Bahia. Für ihn heißt der Entwicklungsprozeß der letzten Jahre schlicht «die Parzellierung des öffentlichen Raums».

Auch die Zuschauer reihen sich zunehmend in die allgemeine geistlose Vandalenfront ein. Das erste, was mir auf der Fahrt stadteinwärts ins Auge springt, sind Plakate einer Aktion gegen die zunehmende Gewalt in der Karnevalszeit. Riesige Porträtfotos einheimischer Musikidole fragen den Betrachter: «Ich spiele gern sicher, und wie steht's mit dir?» Zum Glück bleibe ich nur über das weit weniger riskante Yêmanjá-Fest in der Stadt, bei dem alljährlich die Mächte des Meers versöhnlich gestimmt werden sollen. Doch bevor ich mich ernsthaft in Sorge stürze, strahlen mir die sonnigeren Werbeposter des Fremdenverkehrsamtes der Region mit ihrem Slogan entgegen: «Ist es nicht schön, in Bahia zu sein?»

Um diese Frage zu beantworten, muß ich nur ein paar Schritte aus dem Hotel gehen – und schon sage ich ja. Pünktlich am Abend meiner Ankunft findet in der Stadt ein großes Konzert für den Weltfrieden statt. Die Bühne ist vor dem Barra-Leuchtturm aufgebaut, umschlossen von zwei sandigen Strandlippen. Ein postkartenreifer Sonnenuntergang entfaltet seine ganze Farbpalette von Orange bis Blau, dieweil die euphorische Menge sich vor dem wackligen, mit Picasso-Tauben auf weißen Fähnchen geschmückten Bühnenaufbau drängt. Gilberto Gil, der selbsternannte «Kulturminister» der Stadt, belebt die Massen mit seiner schwungvollen Hymne der Lateinamerikanischen Einheit, provokanterweise auf Spanisch vorgetragen: «Soy Loco por Ti America!» Olodum, die traditionsbewußte schwarze Karnevalstruppe, deren Stammestrommeln die brasilianische Musik revolutionierten, lange bevor Paul Simon sie ins Studio holte, haben nur eine kleine, disziplinierte Nachwuchsgruppe entsandt. Wie Chorknaben muten sie an, die Trommler in ihren engelsweißen, knielangen afrikanischen Gewändern, die ihre perfekt synchronen Rhythmen hinauf in den

Sternenhimmel senden. Ein deutlich Älterer mit Mikrophon steuert eine Melodie bei, die sich über den wuchtigen Donner erhebt. Der Text ist im portugiesischen Ghetto-Slang gehalten, die Melodie beruht auf einem mohammedanischen Gebetslied. Beim Finale erlebe ich Armandinho, Osmars kräftig gebauten, langhaarigen Sohn, der der Erfindung seines Vaters die wildesten Sounds und Effekte entlockt – ein wahrer Paganini, der sich so heftig auf dem Griffbrett austobt, daß die Schweißbänder um beide Handgelenke unentbehrlich sind.

Im Sommerduft des Februar ist Salvador der ideale Ort für eine Party, und da oben läuft die ideale Partymusik. In dieser Ecke der Stadt würde man wohl nie darauf kommen, daß Bahias Zentrum an der Bucht ein grausam bedrohter kultureller Schmelztiegel ist – stetig auf dem absteigenden Ast, seit die zweihundertjährige Vormachtstellung als Landeshauptstadt 1763 verlorenging. Diese Lieder hier verraten nichts vom jämmerlichen Verfall des Viertels Pelourinho, dem einstigen Herzstück der Kolonie Brasilien. In ihnen ist auch keine Rede von den achtzig Prozent der 2,5 Millionen Einwohner, die keine oder keine vollwertige Arbeit haben. Laut beängstigender Erhebungen greift die Lynchjustiz immer wilder um sich – 1991 gab es zwei Lynchmorde pro Woche, begangen von geplagten Bürgern, die das Gesetz in die eigene Faust nahmen. Unwirklich auf ihrer weißen Klippe thronend, versinkt die Stadt des Erlösers an der Bucht aller Heiligen im Sumpf der eigenen Einfalt.

«Da willst du bestimmt nicht hin!» haben mir die Leute in Rio immer und immer wieder gesagt. «Da gibt's viel zu viele Straßenbanden, zu viele Idioten, zu viele... na, du weißt schon!» Diese ersten offenen Anzeichen von Rassismus in Brasilien aus dem Munde von Cariocas gingen bei mir zum einen Ohr hinein und aus dem anderen wieder raus. Schließlich komme ich um die Stadt ohnehin nicht herum, wenn ich die brasilianische Musik erkunden will. Man kann ja auch schwerlich die Countryszene erforschen und einen Bogen um Nashville machen. Bahia ist der Hexenkessel, in dem Afrikaner und Europäer das Rezept für Brasiliens pikantes Kulturgebräu entwickelt haben, mit Palmenherzen und Paradiesfeigen, getrockneten Shrimps und Chilischoten, mit dickflüssigem abendroten *dendê*-Öl. Die Region gilt als die Mutter aller Rhythmen.

Lundu, maxixe, marcha, samba-reggae und auch die eigentliche *samba* – sie alle sind erst mit den bahianischen Umsiedlern nach Rio gelangt. Die Nummer eins unter den etlichen Baianos, die zu entscheidenden Neuerern der Popmusik wurden, ist João Gilberto, die führende Stimme der *bossa nova*, gefolgt von den Pionieren des respektlosen *tropicalismo*, Stars wie Caetano Veloso, Gal Costa und Gilberti Gil, und von den kämpferischen schwarzen Symbolfiguren einer neuen Generation wie Margareth Menezes.

Kein Wunder also, daß so viele Texte in der brasilianischen Musik nur rhythmische Auflistungen von Salvadors Naturwelt sind. Die Stadt ist einer der ganz wenigen Orte, die ihrem in Werbeprospekten vermittelten Bild aufs Haar gleichen, und das nicht nur musikalisch, nein, generell. Tatsächlich sieht man an jeder Straßenecke im Altstadtzentrum die Klischee-Baianas, die elegantesten Imbißverkäuferinnen der Welt in fließenden, spitzenverzierten Kleidern aus dem Sudan. Dazu kommt ein langer Rock, *saia*, eine weiße Bluse, *bata*, und ein passender Turban, der *torso*. Aufgepeppt mit etwas Glitter, wurde dieser Aufzug zum Markenzeichen von Carmen Miranda in Hollywood. Im Schutz breiter Sonnenschirme über ihre unablässige Brutzelei gekauert, wecken sie den Anschein pausierender Kultgläubiger, denen der Zwang zu dieser schmierigen Dienstleistung an der Würde nagt. Dennoch kochen sie ganz vorzüglich und umfangreich – auf ihren Tabletts duften Kokos-Knabbereien und frische *acarajé*, gefüllte Bohnenfladen mit scharfer *carurú*-Sauce oder breiiger *vatapá*. Das erinnert mich an den Anfang eines gesungenen Kochrezepts, eine berühmte Nummer von Dorival Caymmi: «Willst du eine gute *vatapá*, such dir erst eine schwarze Baiana, die schön was in Wallung bringen kann...» In einem anderen, von Carmen Miranda berühmt gemachten Caymmi-Klassiker heißt es: «Was ist das Geheimnis der Baiana? / Ihre unerreichte Grazie / Wie schön sie ihre Hüften schwingt!»

Die Märkte strotzen vor Perlen, Spitzen, Schnitzwerk, vor Gewürzen und Vogelküken in allen Farben, auch Trommeln und Schellen türmen sich allenthalben. «Eine Kirche für jeden Tag im Jahr», die ein Baiano-Spruch verheißt, findet man zwar nicht ganz, aber immerhin fünfundachtzig Stück. Aufrecht und schmucklos gemahnen sie an die Zeiten, da Salvador als «das schwarze Rom» galt. Auf den großen Plätzen geben kräftige Teenager Kostproben der westafrikanischen *capoeira*-Kampfkunst, einst von den Sklavenhaltern verboten. Heute wetteifern die Kämpfer mit ihren verrücktesten Drehungen und Verrenkungen um die Almosen der Touristen. Begleitet vom schrillen Klang der *berimbau*, einer einsaitigen Harfe, mutiert die Selbstverteidigung – wie sollte es anders sein – zum tänzerischen Muskelspiel. In Brasilien wird selbst der Kampf zum Tanz. In Bahia wird selbst der Tanz zum Duell der Urgewalten Tod und Lust, Verfall und Schöpfung, ausgetragen mit den Fäusten.

«Da schwingt viel Orient mit hinein, viel vom Taoismus», höre ich später von Gilberto Gil. «Salvador ist so ein Ort, der scheinbar immer im Sterben liegt und doch ständig neue Energie hervorbringt.» Dennoch feiert gerade die vielgerühmte Bastion der afrobrasilianischen Kultur den Karneval mit der schärfsten Rassentrennung. Die Kontaktschwäche der Hautfarben erweist sich als deutlichste Signifikanz der angeblich «beliebtesten» und «signifikantesten» Karnevalsfeier des Landes. Daß die Schwarzen ihre gewaltigen Trommlergruppen, ihre Afoxés und Afro-*blocos* aufbauten, war nicht zuletzt eine Antwort auf die Abgrenzung in den *blocos*. Fast lilienweiß leuchten die hellhäutigen Truppen, wenn sie auf der Avenida Sete do Septembro aus den schicken Küstenvierteln herabrollen. Von der anderen Seite, aus den Niederungen des Pelourinho und anderen verfallenen Teilen der alten Kolonialstadt, schreitet der stolze Zug der Schwarzen der Begegnung zu. Auf neutralem Boden entfesseln Schwarz und Weiß ihre mystisch-musikalische Schlacht. Bataillone strammer kleiner Blondschöpfe in Turnschuhen und römischen Gewändern sammeln sich zum Frontalangriff gegen die schwarze Phalanx in Sandalen und faszinierenden Kostümen mit geometrisch klarem Muster. Der Karneval zeigt Bahia eher als musikalisches Schlachtfeld denn als Schmelztiegel der Kulturen. Osmars *pau elétrico* gegen die Kongas von Oxalá.

Freilich bestehen enge soziale Kontakte zwischen den Volksgruppen. Was sie eint, ist die allgemeine Verwirrung in dieser Stadt der «Sträflinge, Deserteure, Jesuiten, Juden, Zigeuner, Huren und Indianer», wie ein Geschichtsbuch die Bevölkerung auflistet. Das muß kein Affront sein. Nur die wenigsten Baianos finden die Lage in ihrer Stadt so belastend, wie sie von außen scheint. Die meisten

Gesichter sind hier braun und beige, doch zu welcher Rasse jemand gehört, bestimmen eher Einkommen und Denkweise als Aussehen und Stammtafel. «Geld ist der große Weißmacher», sagen die Brasilianer. Obwohl jede Tonstufe auf der Hautfarbenskala ihre ganz spezielle Bezeichnung hat, wird offene Diskriminierung nicht selten völlig ignoriert. Als eine deutsche Firma im Zweiten Weltkrieg rotzfrech um «arischen» Beistand warb, stürmten die Nichtarier scharenweise ihre Vertretung – nicht etwa aus Protest, sondern als Bewerber. Die Polizei soll sich köstlich amüsiert haben. Doch kaum ein Dunkelhäutiger bringt es zu akademischen Ehren oder gar politischer Macht. Und so ist Bahia eben der Ort, wo die Schwarzen nicht nur am stärksten dominieren, sondern auch am deutlichsten in ihre Schranken verhaftet bleiben.

Gilberti Gil, als Musiker ein Idol für alle Rassen, blieb ohne Chance, als er für ein politisches Führungsamt kandidieren wollte. «Niemals würde die Oberschicht in Salvador einen schwarzen Bürgermeister akzeptieren», bewertet er seinen vor einiger Zeit gescheiterten Testwahlkampf. «Rein prozentual hat man echte Mühe, in dieser Stadt überhaupt einen echten Weißen zu finden. Wieviel Prozent wird's davon geben, vielleicht fünfzehn? Und die ziehen hintenrum die Fäden, schmuggeln alle möglichen Geschichten in die Presse und so weiter. Sie haben meine Kandidatur mit allen Mitteln bekämpft, nicht etwa aus politischen Motiven, sondern weil ich einfach nicht ins Bild passe. Und im Endeffekt tanzen die Leute eben immer nach der Pfeife der Oberschicht.»

Seit dem Ende der Sklaverei haben sich die Geblüte kräftig vermischt, und das entstandene Farbenspektrum unterliegt einer ähnlich starren Gliederung wie folgendes Schema der Grundfarben aus dem achtzehnten Jahrhundert: «Der Weiße ist eine Goldkette, der *mulato* eine silberne, der halbindianische *caboclo* ein Gebetsriemen, und der Neger ein Lederband.» Oder noch krasser zugeordnet: weiß gleich Himmel, halbschwarz gleich Erde, halbindianisch gleich Fegefeuer, schwarz gleich Hölle.

Selbst die Hotelwahl ist in Salvador ein Rassenproblem. Ich bin in Barra gelandet, einer profillosen Reihung von Pizzaläden, Obstständen und Geldwechslern, die sich an den ersten offenen Strandabschnitt am Westende der Stadt heftet. Die Gegend ist austauschbar, es gibt unzählige davon in Brasilien. Allein die relative Sicherheit vor Überfällen macht sie attraktiv. Nichtsdestotrotz ist Barra mitsamt seiner kläglichen Umgebung für die Schüler und Studenten das *wahre* Bahia. Hier strömen sie vor dem Yêmanjá-Fest zusammen, hier begehen sie alle Feten, die sich aus dem brasilianischen Kalender quetschen lassen. Die Urlauber bequemen sich kaum einen Schritt von den Straßencafés und Strandstreifen weg, dabei ist das Wasser deutlich als *Imprópia* ausgewiesen – verschmutzt mit Quecksilber und anderen Industrieabfällen. Barra ist auch der Ort, wo die zahlreichen *trios elétricos* ihre gigantischen Lastwagengestelle deponieren und das ganze Jahr über Proben abhalten. Am Wochenende wird das ganze Viertel abends meist zur riesigen Jubelgemeinde. Nicht, daß es besonders gloriose Gründe für den Ansturm gäbe – die Leute leben, und sie tanzen bis zum tropischen Morgen, das reicht völlig aus. Quirlige Kids füllen die Stufen, Mauern und Balustraden der Einkaufszentren wie menschliches Moos. Die durchtrainierten, sonnengebräunten Youngster tragen Schuhe von Nike, Hemden von Benetton, Sonnenbrillen von Vuarnet. Das Ganze wirkt wie eine brasilianische Imitation von Fort Lauderdale in den Frühlingsferien. Oder ist Fort Lauderdale etwa der Yankee-Abklatsch dieser Szenerie? Im schwarzen Bahia stelle ich zum erstenmal fest, wie viele blonde Weiße es in Brasilien gibt.

An einem Abend folge ich dem Popper-Heer zu einer Tanzparty im nahegelegenen Tennisclub der Stadt. Die Begrenzungsmauern der exklusiven Enklave sind mit plumpen Karikaturen bemalt, in denen man mit einiger Mühe Brasiliens «Männer des Jahres» erkennt. Präsident Collor prangt als schlauer Fuchs mit fettiger Elvis-Tolle neben einem onkelhaften Gorbatschow, Rauschebart Lula erwidert das Grinsen eines tattrigen «Häßlichen Amerikaners», offenbar George Bush. Unmengen blonder Energiebündel sind in das Freiluftareal geströmt. Kaum bin ich durch den Eingang, schließe ich Bekanntschaft mit dem Erben einer bahianischen Zuckerdynastie, einem jungen Mann in weiten Shorts und Slippern, der durch fingerdicke Brillengläser linst. Für den Uni-Absolventen sind alle Schwarzen «Tiere», eine Haltung, die er auch bei mir voraussetzt. Er lädt mich in die Ehrenloge ein, wo er und seine Eltern über dem dichtgedrängten Pöbel thronen. Doch es gibt nicht etwa Champagner und Appetithäppchen, nein, der Herr Papa reicht nur eine Flasche herum – ein Wochenvorrat der beliebtesten Karnevalsdroge, *lança perfume*. Auf Taschentücher oder Hemdzipfel geträufelt, wird es inhaliert und erzeugt einen kurzen «Rauschzustand», ein halbminütiges Herzrasen inklusive Ohrensausen und Schlackern in den Knien. Wie ich die Brasilianer kenne, steigert das Zeug sicher auch den sexuellen Lustgewinn. Der Gutsherr sieht aus wie ein Mafiaboß. Unter den Ärmeln seines Polohemds kriechen Tattoos hervor. Dem Anschein nach ist er genauso partygeil, genauso lüstern und verzogen wie sein Sohn – oder wie die aufmüpfigen «Darkies», die dem jungen Mann so mißfallen. So erlebe ich also eine weitere Ironie der Klassentrennung in Salvador – Wertvorstellungen und Laster sind überall deckungsgleich. In Ermangelung einer schutzbedürftigen «Hochkultur» leben die Reichen von Bahia kein bißchen kultivierter als die Armen. Sie haben nur die Mittel, um richtig zuzulangen.

Auf dem Fest treffe ich auch Ceiça, die ein Grundstudium an der University of California in L. A. absolviert und dabei natürlich Englisch gelernt hat. Sie kennt einen Gitarristen in einem *trio elétrico* und verspricht, mir einen Platz auf dem Bandwagen zu organisieren. Zur Mittagszeit bin ich bei Ceiça, die Band soll nach ihrer Information um ein Uhr nach Barra aufbrechen. Dummerweise hat die Dame einen Kater von gestern abend und muß zuerst mal duschen. Danach müssen alle zusammen essen – Bohnen mit Reis, Thunfischsalat und Papaya. Ceiça residiert im Penthouse eines schwer bewachten Riesenkastens aus dunklem Glas auf einem Auswuchs der gewundenen Küstenlinie von Salvador. Die Fenster eines der drei Familien-Eßzimmer – wobei ich hier außer der schläfrigen Medizinstudentin und ihren Gästen keine Familie entdecken kann – gewähren einen imposanten Ausblick auf Kolonialstil-Kirchen, Strände und auch eine Ansammlung von Wellblechhütten, die rund um das Hochhaus gewachsen ist. «Die Besitzverteilung ist das größte Problem in Brasilien», räumt Ceiça ein, und sie muß es ja wissen, bei der Aussicht von hier oben.

Das zapplige Töchterchen aus reichem Haus erzählt mir von ihrem Vater, einem «Farmer», der «ein paar Tankstellen hat». Ich nehme stark an, zwischen den Sprachen ist ein Stückchen des väterlichen Glanzes verlorengegangen. Als wir endlich am Startplatz des *trio* ankommen, ist der Wagen mit ihrem Freund längst losgerollt. Wir versuchen ihn einzuholen, schlängeln uns durch die Masse, aber die angehende Medizinerin hält jedesmal an und wakkelt ausgiebig mit dem Hintern, wenn der Rhythmus der weit entfernten Band mit ihr durchgeht. Obendrein trifft sie auf einer Strecke von drei Blocks mindestens ein Dutzend ihrer hundert allerliebsten Freunde, und jeder muß mit einem Küßchen auf jede Wange begrüßt werden, manchmal sogar mit dreien. «Beijo! Beijo!» kreischt Ceiça die Universalbegrüßung in dieser fast schon krankhaft liebebedürftigen Gesellschaft. Ein Brasilianer in Eile – das geht einfach nicht zusammen, das ist ungefähr so eine paradoxe Vorstellung wie ein Leichenbestatter als Komiker.

Als wir endlich beim *trio* ankommen, ist schon das halbe Konzert gelaufen. Ceiças Freund bedeutet uns beim Spielen, ich solle es morgen noch mal versuchen. Unbeirrt erklimme ich die Leiter, die durch ausbalancierte schwarze Lautsprecherblöcke seitlich auf den Wagen hochführt. So dicht am Sound spüre ich jeden Baßton als dröhnenden Nachhall im Brustkorb. Da stehe ich nun auf dem langsam vorankrauchenden Schwerlastzug des *trio elétrico*, eingekeilt zwischen püschelschwingenden Groupies, ein paar Bodyguards und einem der drei Percussion-Spieler, und erkenne eine Wahrheit, die in Brasilien fast für alles gilt: Die Sicht von oben ist nicht halb so reizvoll, wie wenn man mitten aus dem Gewühl einen Blick erhascht.

Außerdem kriege ich mächtige Kopfschmerzen und eine Ahnung davon, wie schwer man es als Karnevalsmusiker hat. Der Saisonjob zwingt die *trios*, alles an Arbeit anzunehmen, was irgendwie zu kriegen ist, also auch für die mickrigsten Gagen. Dabei verrichten sie echte Schwerstarbeit – selbst bei dieser Voraufführung brauchen sie ewig von einer Straßenecke zur anderen, und es kann zwölf Stunden dauern, bis die gesamte Paradestrecke bewältigt ist. Danach halten Tanztreffs und Blockparties die Mehrzahl der Bands bis zum Morgen auf Trab. Und die ganze Zeit wird stürmischer Einsatz erwartet. In Bahia gibt es keine «Schmuserunden», schon gar keine dreißigminütigen Sets mit Spielpausen dazwischen. Aber zum Glück sind die Gitarrenzupfer kräftige, langhaarige Kerle, die ihre Schweißbänder übereinander tragen wie Siegesmedaillen. Ihr Spiel sieht so aus wie es klingt – unausgegoren, oder schicker formuliert, elektrisch.

«Wie viele Leute in Bahia vom Sängerleben träumen, merkt man an der Redensart: ‹Die Geburt ist nichts weiter als ein Debütauftritt.› Für uns ist Musik ein Grundstoff wie Wasser und Luft», schildert Moraes Moreira, Hofnarr des bahianischen Karnevals und wichtigster *trio*-Abkömmling in der populären Musikszene. Ende der sechziger Jahre gehörte er zu den Gründern der Band Novos Baianos, die eine Symbiose der urwüchsigen Rhythmen des Landes mit der weltweiten Subkultur der Jugend versuchte. Auch heute bewahrt er sich seine Unabhängigkeit. Bei unserem Gespräch sitzt er am Mischpult des, so sagt er, einzigen brasilianischen Aufnahmestudios im Besitz eines Musikers. Moreira kann man wohl als den ultimativen Baiano bezeichnen: goldhäutiges portugiesisches Gesicht, schwarzer Schnurrbart und Armesünderaugen, dazu schulterlanges Haar in sehnigen Zöpfen mit Perlen, die farblich zu seinem afrikanischen Käppi passen. Bekleidet ist der Hobby-Torwart mit weiten Hosen aus japanischem *yukuta* und einem lockeren Kittel, Muschelarmbänder zieren seine Arme.

«Der Grundgedanke der Novos Baianos war die bewußte Entscheidung, alles miteinander zu teilen», erklärt Moreira. «Alle in der Band mußten wie eine Familie zusammenleben, aber eben nicht durch das Blut verbunden, sondern durch unser Denken, unsere Eintracht, diesen Zusammenhalt bei allem: Hoffen und Leiden, Essen und Hunger, auch *futebol* spielen.» Sieben Jahre darauf verspürte Moreira dann doch den Drang nach eigener Entfaltung und wurde als Mitstreiter von Dôdo und Osmar «der erste Sänger im *trio elétrico*».

«Ich sing den Elektroleib!» dichtete einst Walt Whitman. Moreira schöpft seine Inspiration lieber aus *o povo elétrizado* – jenen «elektrisierten Massen», die ihm zujubeln, wo immer ihn seine Tourneen hinführen. «Der bahianische Geist», so Moreira, «kennt keine Grenzen.» Sogar in Japan hat er gespielt. «Das war vielleicht ein *pulando* (wildes Gehopse)! Da war mir wieder klar, daß der Karneval in uns allen drinsteckt.» Auch Moreira hat diese über alle Schranken erhabene Mischung aus naivem Idealismus und hochgescheitem Weitblick, die ich bei so vielen Musikern in Brasilien erlebe. «Je regionaler, desto universaler!» brüllt er ein Geheimnis der hohen Kunst heraus, das den Brasilianern offenbar von Geburt mitgegeben ist. «Ich mache keine MPB» – *musica popular Brasileira* – «sondern MPP. Das ist die *musica popular* des Planeten!»

Diese Offenbarung erinnert mich an die ähnlich globalen Träumereien des alten Osmar: «Zur Zeit ist mein großes Ziel, dem *provão* die Klassik nahezubringen», erzählte mir der Urvater im Rundflug über der Bucht aller Heiligen. «Irgendwann wollen wir einen Lastzug bauen, auf dem ein ganzes Orchester Platz hat, wo man diese tolle Musik meilenweit hören kann! Ich will das vollkommene *trio sinfónica* mit aufbauen. Wußten Sie, daß wir im letzten Jahr eine Testaufführung mit Leuten vom Städtischen Sinfonieorchester hatten? Das hätten Sie hören müssen! ‹An der schönen blauen Donau› *elétrizado*!» Da kommt man direkt auf Ideen. Wie wär's mit der Fünften von Beethoven im doppelt beschleunigten Marschtakt auf einem *pau elétrico*? Oder mal ein heißer Partyknüller wie der ‹Hummelflug›? «Das hätten Sie sehen müssen! Zehntausende im wildesten Gehopse zu Ravels Bolero!» Na, wenn das kein elektrisches Nirwana war.

Musik beim Lesen:

TRIO ELÉTRICO – Dôdo und Osmar, *RGE*
CIDADÃO – Moreas Moreira, *Columbia*
SOY LOCO POR TI AMERICA! – Gilberto Gil, *Braziloid*
CAPOEIRA BAHIA – Bira Almeida, *Renown*
CAYMMI'S GRANDES AMIGOS – Dorival Caymmi, *EMI*
GAL CANTA CAYMMI – Gal Costa, *Philips*

Ich bin ewig

Um mich mit Turban zu sehen, bin ich nicht zum Pelourinho gekommen. Hier am Fuße des kleinen Auspeitschhügels von Bahia, im tiefen Urschlamm der düsteren Vergangenheit, beginnt die Zukunft der brasilianischen Musik. Aus der Gegend um den Auspeitschpfahl, der einst die Silhouette der ersten Kolonialhauptstadt beherrschte, kommen heute die neuesten peitschenden Trommelrhythmen. Den Straßen, wo einst perückentragende Dienerscharen Bahias Zuckerköniginnen in goldverzierten Betten zur Welt brachten, entspringen heute die frischesten Strömungen der schwarzen Emanzipationsbewegung – mit neuen Rhythmen und passenden Helden. «Valeu, Mandela!» («Es war nicht umsonst, Mandela!») verkünden Graffitis an den Mauern der himmelblauen Kirche Unserer Lieben Frau der Schwarzen, gebaut von und für Sklaven. Am schlichten Bau des Museo Afro-Brasileiro, einer simplen Vergleichsschau von Musikinstrumenten und vielem anderen mehr, liest man diese aktuelle afro-brasilianische Losung: «Zeigt eure Reggae-Negritude! Haile Selassie lebt!» Es läßt sich nicht übersehen, was diesen Ort geprägt hat: Hier endete der größte gewaltsame Exodus der Menschheitsgeschichte.

Ist das der Grund, warum mir fast die Knie einknicken und die Nikes wegrutschen, als ich das reich begrünte Terreiro de Jesus durchwandere und die hucklige Rua Alfredo Brito kreuze? Eigentlich müßten die Topographen Karten mit Höhentabellen herausgeben, um alle Touristen vor der entschieden, ja, symbolisch steilen Bergabtour zu den Anfängen Brasiliens zu warnen. Dieses Land bräuchte eine Kartographie des Selbstbewußtseins, einen Atlas der Besinnung! Karten zeigen ein totalitäres Maß, in dem alle Straßen gleich aussehen. Die als handfeste rote Punktlinien ausgewiesenen, nach portugiesischen Adligen oder Salondichtern benannten Hauptverkehrsstraßen sind oft nur Morastwege, seelische Sackgassen, manchmal auch Verbindungspfade in unerforschte Geisteszustände. Gibt es etwa keine meßbaren Höhengrade auf einer Straße, die von kargen Hütten belagert und mit göttlichem Glanz behaftet ist? Ich weiß, was mich ins Wanken bringt – diese Durchdringung der funkelnden Kulturschichten aller Couleur, von Portugiesen über Katholiken, Plantagenherren, Sklaven, Handwerker bis zu den Hippies jüngerer Zeiten und der zerlumpten, ja kriminellen Kultur der Gegenwart. Doch vor allem schickt mich der Pelourinho auf eine Schlittertour nach Afrika.

«Die Nacht war lang und reifte lang zum Tag», beschreibt ein

Dichter aus Bahia das befreiende Fazit der Verschleppung ohne Wiederkehr, «so stark, daß, als er sich erhob, die Augen der Menschen geblendet waren, und die Menschen sich in Dinge verwandelten. Doch eben da erwachte Xangó in den Himmelsweiten. ‹Oh, du mein Vater Oxalá, vergib deinem Sohn. Hör meinen Schwur: Ich baue auf Bahias Boden ein schwarzes Paradies, gestaltet nach dem Eden Afrika!›» Auf den ersten Blick scheint das Versprechen im Pelourinho unerfüllt. Dennoch, mit ihren wäschebehängten, pastellfarbenen Fassaden und in Verfallsgrade umgerechneten Restwerten kolonialen Größenwahns darf die Gegend als das fotogenste aller im Gittermuster angelegten Reißbrettviertel gelten. Ein Lissabon in tropischen Gefilden, ein architektonisches Arsenal mit extravaganten Latino-Spritzern. In den Seitenstraßen drängeln sich Souvenirläden mit billigen Lederwaren und Unmengen primitiver Volkskunst. Gußeiserne Balkons strotzen vor Papageikäfigen und Pflanzen in wilder Fülle. Mit üppigem Strauchwerk umrahmte Fenster lassen nur Dschungelbewuchs erkennen, der von den halbzerfallenen, moosbedeckten Palästen Besitz ergriffen hat. Doch wer tiefer blickt, findet nicht etwa nur eine brüchige Ghettolandschaft. Hinter jeder Tür weilen wahre Meister aller afrikanischen Künste: Musiklehrer, Schnitzer, Stoffdrucker, Schmuckmacher, Heiler, Kampfkünstler und Seher.

«Das ist alles so tief im Blut verwandt, so kraftvoll!» verkündet Dorival Caymmi, der seit Jahren hochverehrte Liedermacher aus Salvador. «Bahia ist eine schwarze Stadt, ein Hort des Urtümlichen!» In dem Reisebericht eines Franzosen aus dem achtzehnten Jahrhundert heißt es: «Nicht viele Städte dürften so absonderlich besiedelt sein wie Bahia. Wüßte man nicht um seine Lage in Brasilien, könnte man es ohne viel Phantasie für eine afrikanische Hauptstadt halten, den Herrschersitz eines mächtigen Negerprinzen, dessen rein weiße Bürgerschaft gänzlich in den Hintergrund tritt... Alles, was hier umherläuft, schreit und arbeitet, alles, was etwas trägt und bewegt, gehört der Negerrasse an.»

Doch welcher Rasse genau? Der in allen Teilen Amerikas lebendige Rassismus läßt uns zwischen deutschen, irischen oder italienischen Europäern unterscheiden, während wir die Afrikaner alle in einen Topf werfen, dabei sind die ethischen und religiösen Unterschiede bei ihnen wesentlich größer. Unter den ins nördliche Brasilien verschleppten Schwarzen waren sudanesische Moslems, Nigerianer vom Stamm der Yoruba, Mandigueiras von der Küste Guineas, eine geringere Zahl kam aus Dahome, dem heutigen Benin, erstaunlich viele dagegen aus dem entlegenen Mosambik, und schließlich die Bantus aus dem Gebiet, wo heute Angola und Zaire liegen. Letztere bilden die größte schwarze Bevölkerungsgruppe in der Gegend von Rio. Noch einige Jahre nach der Abschaffung der Sklaverei durch Prinzessin Isabel im Jahre 1889 identifizierten sich die schwarzen Brasilianer stark mit ihren *naçoes*, ihren Heimatländern. Doch mit der Zeit kamen Etiketten wie «Kongo», «Monjola» und «Benguela» in Verruf, weil sie Menschen gliederten wie Ware, und flogen als Überreste einer schmachvollen Vergangenheit über Bord. Zahlreiche afrikanische Sprachen haben sich jedoch vor allem durch Musik und religiöse Zeremonien erhalten, wie etwa Nãgo, die wichtigste Mundart in Bahia und den *candomblé*-Häusern des Landes.

Gleich hinter dem zentralen Platz im Pelourinho haben sich Nachfahren von Sklaven zu einem der fest verankerten Rituale des schwarzen Salvador versammelt. Eine wahllose Reihe junger Männer wartet mit rührender Geduld vor einer azurblauen Bruchbude im Kolonialstil. Dies ist das Klubhaus des berühmtesten Karnevalsvereins, Os Filhos de Gandhi. Sie haben sich nicht gerade die friedlichste Ecke von Brasilien ausgesucht, die selbsternannten Söhne des indischen Lenkers Mohandas Karamchand Gandhi, hier «Ganji« ausgesprochen. 1949, etwa zu der Zeit, als Osmar und seine «Elektrotrios» zum erstenmal den Saft aufdrehten und den Karneval umkrempelten, planten die dunkleren Massen ihren ersten organisierten Vorstoß in die alljährlichen Feierlichkeiten. Als das überwiegend aus Hafenarbeitern bestehende Vereinspräsidium von Gandhis Ermordung erfuhr, wählte man den kleinen, nußbraunen Mahatma, der sich auf der anderen Seite der Erdkugel gegen die Übermacht der Weißen aufgelehnt hatte, zur Vorbildfigur für den Karnevalszug.

Diese Entscheidung kam nicht von ungefähr. Als Rebell ohne Furcht und Tadel entsprach Gandhi genau dem Wunschbild der aufsässigen Vereinsbasis. Der friedenstiftende Mahatma würde bei den Weißen keinen Zweifel über die Ziele dieses unberechenbaren Neuzugangs im tanzenden Gewimmel aufkommen lassen. Wie sich herausstellen sollte, hat überdies der ungemeine Schauwert der indischen Kostümierung die Truppe nun schon über vierzig Jahre am Leben erhalten. Man stelle sich dieses Bild vor: fünftausend gebeugte, abgemagerte Schwarze im langsamen Gang über die Pflastersteine aus dem sechzehnten Jahrhundert, gehüllt in weiße Laken, dazu auf den Köpfen weiße Turbane, die das Konterfei Gandhis mit Hirtenstab tragen, blaue Perlenketten, blaue Socken und weiße Sandalen. Ein Anblick, der selbst Dalí den Atem verschlagen hätte – zutiefst befremdlich und doch zugleich sehr stimmig.

Bevor ich lange zögern kann, werde ich in die kleine Eingangshalle mitgerissen, vorbei an einem abgeschlossenen Schrein mit der heiligen Kuh in Gips, dann treppab auf einen Betonplatz, auf dem sich ein riesiges Herrenmodegeschäft unter freiem Himmel breitmacht. Männer lassen sich auf Metallklappstühlen die Turbanschals zu paßgerechten Kopfbedeckungen wickeln. Was werden diese Anhänger wohl wissen über die historische Figur, die da in Blau auf ihren Stirnen prangt wie ein Zyklopenauge? Die Neugier treibt mich zu einer Blitzumfrage. «Gandhi war ein afrikanischer Häuptling», sagt einer der Söhne. «Ich glaub, der muß wohl so 'ne Art Gott gewesen sein», rätselt ein anderer. Jezt schlägt meine große Stunde als Ehren-Inder. Eine freiwillige Helferin bittet mich auf ihren Stuhl, ihr gewaltiger Leib erbebt vor Lachen. Hinterher sehe ich aus wie ein siecher Sikh. Oder vielleicht eher Jasir Arafat auf dem Weg zur Dauerwelle? Ein flüchtiger Blick in den Spiegel macht mir klar, ich bin nicht der geeignete Marschgefährte für diese extrem schrullige Bruderschaft.

Wer im bummernden Herzen des schwarzen Brasilien seinen Platz finden will, braucht mehr als ein Kostüm. Auf der anderen Seite des Platzes liegt das himmelblaue alte Rathaus von Salvador, Schauplatz der Verfilmung des Romans «Die zwei Männer der Dona Flor» von dem bahianischen Schriftsteller Jorge Amado und inzwischen der Sitz von SENAC, einem staatlichen Kulturverband. Dort läuft jeden Abend ein Einführungskurs in die vielseitige brasilianische Kochkunst, deren Wurzeln unverkennbar in Afrika liegen, in Form eines Buffets. Bei der Gelegenheit kann der geneigte

Tourist erfahren, daß beispielsweise *moqueca de peixe* eine reichhaltige Fischsuppe und *ximxim de galinha* nichts als Hühnchen in Erbsensoße ist. Den krönenden Abschluß bildet der Kokospudding *(quindim)*.

In einem Amphitheater vor der Kulisse der roten Ziegeldächer des Viertels erlebe ich SENACs «Kulturschau», eine rühmliche Ausnahme unter den Volkskunstdarbietungen vor Publikum. Hier steht nicht die harte Währung der ausländischen Gäste im Mittelpunkt, hier werden Rituale am Leben erhalten, die in ihrer Fortdauer einer großen Gemeinde Halt bieten. Erstaunlich, wie wenig sich im Lauf der letzten fünfhundert Jahre an den Tänzen und Liedern Westafrikas verändert hat, die hier von einer euphorischen neuen Baiano-Generation wachgerufen werden.

Als die minderjährigen Nachwuchstänzer in einem großen Kreis ihre ländlich zahme, überschaubare *samba de roda* tanzen, schießen mir plötzlich Tränen in die Augen. Hoffentlich merkt keiner was davon. Und wenn, kann ich nur darauf bauen, daß man für meinen Ausbruch die scharfe Sauce verantwortlich macht. Der wahre Grund für meine Tränen ist, ich habe mein Leben lang die ex-afrikanischen Einwohner Nordamerikas unterstützt, verehrt und manchmal auch gefürchtet, aber noch nie habe ich Schwarze so sehr im Einklang mit ihrem Selbst erlebt. Wo immer sich in den Staaten afroamerikanischer Stolz vor mir offenbarte, schienen die Posen überzogen, die Herzen bitter. Der Widerstreit der Gefühle zum eigenen Schwarzsein, die qualvollen Konflikte über das Wann und Wo der Rückkehr auf irgendeinen geheiligten Grund, all das ist in Brasilien erloschen. So bestialisch man ihnen auch zugesetzt hat, die brasilianischen Sklaven haben sich ihre Wurzeln nicht entreißen lassen. Sie gaben ihr Heiligstes nicht auf, auch wenn sie die Oxalá-Figur jedesmal hinter dem heiligen Antonius verstecken mußten, wenn der portugiesische Herr vorbeistolziert kam. Die Verfrachtung nach Brasilien wurde ihnen nicht zur Quelle unerschöpflicher Qual und Selbstverleugnung, sie nahmen sie als Chance, um eine höhere, glücklichere Stufe zu erklimmen. So sehen sie Brasilien denn auch nicht als Kerker der Entfremdung, sondern vielmehr als ein wundervolles Geschenk der Geschichte. Das findet man immer wieder in den Themen-*sambas* beim Karneval in

Rio bestätigt. «Die Schwarzen kamen, und die Blumen blühten auf», hieß es in einer *samba*, zu der ich dort getanzt habe. Es überrascht mich nicht, als ich erfahre, daß der Yoruba-Gesang des Folkloreensembles von SENAC die Worte «Ich bin ewig» zelebriert.

Irgendwie will die Kette zwischen Nord und Süd nicht reißen, und wer die Lebensumstände der Sklaven in Brasilien und Nordamerika näher unter die Lupe nimmt, erkennt mindestens drei signifikante Unterschiede, die das erklären. Erstens wurden die brasilianischen Sklaven weder gewaltsam von anderen ihrer Sprachgruppe getrennt, noch hat man ihnen verboten, in der Freizeit die gemeinsame Vergangenheit am Leben zu halten. Folgender Ratschlag eines portugiesischen Jesuiten aus dem achtzehnten Jahrhundert könnte sogar einen Grundstein für den Karneval gelegt haben: «Man soll es den Sklaven nicht vereiteln, daß sie sich selbst ihren König wählen und ihre Tänze und Gesänge an bestimmten ausgewählten Tagen des Jahres nach Belieben pflegen mögen.» Gilberto Gil, der Popstar und mittlerweile wichtigste Sprecher der Schwarzen von Bahia, formuliert es so: «Kulturell wurde den Sklaven sehr viel Raum gewährt. Die Kolonialherren waren spielend mit den Indianern fertig geworden, nun standen sie nur noch vor dem Problem, die Sklaven friedlich zu halten. Zugleich hatten die Sklaven natürlich keinen Zufluchtsort.»

Allerdings räumt die brasilianische Geschichtsschreibung mindestens vierzehn vehemente Aufstände ein. Die mutigsten Schwarzen errichteten *quilombos*, Gemeinden für geflohene Sklaven in entlegenen Wäldern. Die kurzlebige, von dem Rebellenführer Zumbi gegründete Republik Palmares gehört zu den beliebtesten Themen bei Rios *samba*-Schulen. Ferner, und das ist der zweite Unterschied, nährte auch die relative Nähe der brasilianischen Küste zum afrikanischen Kontinent die stetige Fortentwicklung der angestammten Kultur. Dank einer dreieckigen Handelsverbindung, die beide Atlantikseiten mit Portugal koppelt, konnten einige befreite Brasilianer sich wieder geschäftlich in Afrika engagieren. Noch heute findet man in Lagos und Luanda eine deutlich von Brasilien geprägte Architektur. Auch auf musikalischem Gebiet verlief der Einfluß nicht nur in die eine Richtung.

Schon im frühen achtzehnten Jahrhundert wurden die neuesten Tänze aus Rio und Salvador in Angola nachgeahmt.

Und schließlich kam hinzu, daß das portugiesische Volk zum Zeitpunkt der Eroberung Brasiliens bereits mehrere hundert Jahre der Fremdherrschaft durch dunkelhäutige Herrscher erlebt hatte. Vor dem Hintergrund der eigenen Besetzung und Zivilisierung durch die nordafrikanischen Mauren sahen sich die Portugiesen nicht so sehr als «Übermenschen» wie die nordamerikanischen Weißen. «Durch den Einfluß der Mauren waren die Portugiesen selbst schon ein kleines bißchen afrikanisch», berichtet Gil. «Sie haben die Sklaven mit in ihre Häuser genommen. Sie haben mit ihnen geschlafen. Sicher konnten sie auch grausam sein, aber längst nicht so wie die anderen Europäer.» Rein sexuell waren sie mit Sicherheit weltweit die größten Fans von dunkler Haut.

«Als die Portugiesen den ersten Afro-*bunda*, den ersten schwarzen Arsch gesehen haben, war alles aus.» So die Kurzfassung der feministischen Filmemacherin Tizuka Yamasaki zur brasilianischen Geschichte. Sie selbst gehört zu den einzigartigen Mischlingen, die man in Brasilien überall bewundern kann. Auf den brasilianischen Plantagen gab es keine intimere Beziehung als die zwischen dem Herrn und seiner *sinhazinha*, dem schwarzen Kindermädchen. Die familiäre Fürsorge, die auch den Alltag der Plantagen im Süden der Vereinigten Staaten bestimmte, diese Symbiose, in der die Mächtigen ihre Schwäche und die Schwachen ihre Macht entschleiern durften, ging hier im wahren Süden noch ein beträchtliches Stück weiter. «Ich bin zwar häßlich, aber ich bin auch zärtlich», schmachtete ein Sprichwort der Sklaven. «Die Gewürze sehen auch häßlich aus. Aber sie machen das Essen erst gut.» Manche portugiesischen Gutsherren entwickelten eine solche Vorliebe für schwarze Frauen, daß sie nur noch mit ihren europäischen Gattinnen schlafen konnten, wenn im Zimmer ein Kleidungsstück von einer Schwarzen den verlockenden Sklavinnengeruch verströmte, den *budum*. Die Sklavenmädchen wurden reihenweise zur Prostitution gezwungen, getreu der strengen Hierarchie: «Weiße Mädchen sind zum Heiraten da, *mulatas* zum Huren und Negerweiber für die Arbeit.» So überrascht es wenig, daß Brasilien schon im frühen achtzehnten Jahrhundert als Weltzentrum der Syphilis verschrien war – was bald auch für Aids gelten könnte –, wo sich die weißen Landherren schon im zarten Säuglingsalter bei ihren schwarzen Ammen ansteckten.

«Brasilien ist schon ein Unikum», resümiert Gilberto Gil, mit dem ich in seinem gemütlichen, abgeschiedenen Eigenheim fernab vom Pelourinho plaudere. «Die Portugiesen, die hier reingekommen sind, das waren zum größten Teil Verlierer, Menschen zweiter Klasse, Banditen, die auf einmal jede Menge Land und glanzvolle Titel kriegten. Dieses Schema hat sich erhalten, auch nach der industriellen Revolution. Nur leider gab es hier von Anfang an kein Europa. Keine nahen Nachbarn, denen man hätte imponieren können, keinen spanischen Hauch. Diese Faktoren haben in ihrem Zusammenspiel die Atmosphäre zugleich bedrückt und aufgelockert. Und Bahia ist das Symbol all dessen.»

Bahias heißestes Kultursymbol ist Olodum, der bedeutendste und unverhohlen militanteste Afro*bloco*, dessen Name im Yoruba «Göttlichster aller Götter» bedeutet. Immer wenn ich über den Hauptplatz im Pelourinho komme, sehe ich mindestens eine Trommlertruppe beim Üben. Der Verein begeht beim diesjährigen Karneval sein zehntes Jubiläum. Nur mit stundenlangem Training läßt sich der ideale Gleichtakt erreichen, der die urgewaltigen, martialischen Trommelrhythmen vorantreibt. Stöcke und Schlegel sausen zeitgleich durch die Luft, als ob die Truppe beim Wettstreit der Spielmannszüge in Texas mitmachen will. Im Nachwuchs sieht man viele sehr junge Gesichter, aber die Kleinen donnern schon mit der ganzen Wildheit der Großen auf die tiefklingenden *surdos* ein, die sie an Schulterriemen vor sich hertragen. Die Trommelgehäuse strahlen im Streifenmuster von Mutter Afrika – schwarz, gelb und grün. Schwarze können in unverbrüchlicher Eintracht gemeinsam marschieren, das ist die Grundaussage.

Ein gestrenger Ausbilder namens Mestre Neguinho dirigiert seine Truppen wie eine Straßenparodie von Zubin Metha. Er wirbelt zwei winzige Taktstöcke in seinen riesigen, festen Pranken herum. Der Schwall buschiger Dreadlocks, der hinten aus seiner blauen Baseballmütze quillt, läßt den Maestro noch wuchtiger erscheinen. Ob der Sohn Bahias weiß, daß das B über seiner Stirn für die Brooklyn Dodgers steht? Ich glaube kaum. Die Kopfbedeckung soll nur zu seinem T-Shirt mit der Werbung für «Do the Right Thing» von Spike Lee passen – beides erstanden, als Olodum zu einem Auftritt mit Paul Simon in New York eingeflogen wurde. Offenbar hat Mestre Neguinho keine Probleme damit, sein hippes Outfit mit imperialistischen Versatzstücken zu würzen, solange sie aus der schwarzen Weltgemeinde stammen. Olodums neuer Beat, brüllt er mir zu, könne man als *samba-reggae* bezeichnen, aber mit *samba* habe das nichts zu tun. Die sei nämlich Schnee von gestern, nur kommerzielles Getue. Ich hoffe auf genauere Angaben zum Takt, aber Mestre Neguinho läßt mich nur wissen, daß seine Rhythmen «puren schwarzen Stolz» ausdrücken.

In ihrer recht militärischen, komplett durchgestylten Ordnung erinnern Olodums Trainingsstunden fatal an die frühen Manöver der Black Panthers; es fehlen nur die Barette und Lederjacken. Eine Holztafel mit muschelförmig eingeschnitzten Buchstaben weist auf ihr Hauptquartier im zweiten Stock eines Hauses hin. Dort fühlt man sich wie in einer politischen Kommandozentrale. «Nimm dem Volke nichts, nicht einmal Nadel oder Faden!» lautete der alte Mao-Leitsatz, den sich die Panther auf die Fahnen geschrieben hatten. Hier in Brasilien, dem Land der Korruption, tritt Olodum den Beweis an, daß Schwarze ein ordentliches, erfolgreiches Unternehmen ohne Korruption führen können. Das Vokabular ist direkt den Parolen der Black Power-Advokaten der späten Sechziger entliehen. «Aber Sepataristen sind wir nicht», erkärte Peter Leão (das heißt Löwe), ein Gründungsmitglied der Truppe. «Wir freuen uns, daß heute mehr Weiße als je zuvor zum Pelourinho strömen, um uns zu sehen. Wir wollen doch nicht, daß Schwarze als ausgegrenzte Monster erscheinen.»

Olodums Sitz ist nur ein paar Türen von den Söhnen Gandhis entfernt, aber in ihren Ansichten sind sie eine ganze Generation auseinander. Laut Leão haben die Friedenssymbole ihrer illusionsbewegten Vorkämpfer jegliche soziale Bedeutung verloren. Ich suche allerdings eher nach der Verbindung zwischen Olodums Musik und ihrem neuesten Slogan «Von Atlantis bis Bahia – das Meer ist der Highway!» Leão, dessen 106jähriger Großvater in seiner Kindheit noch als Sklave gedient hatte, erklärt mir: «Jede Bewegung nimmt ihren Anfang in Salvador, weil hier die aus Afrika hereingetragene Kultur nicht durch zuviel industriellen Fortschritt zerstreut wurde. Außerdem sind wir eine Hafenstadt und haben einfach diese Sehnsucht, mit der ganzen Welt verbunden zu sein.» Doch ihre Anhängerscharen haben die Leute von Olodum allein mit ihrer Musik angelockt. Auch dazu hat Peter Leão einen Kommentar parat: Die strikte Abkehr von allen herkömmlichen Taktmustern sei ein Aufschrei gegen den Rassismus und eine Bezeugung schwarzen Stolzes vor der gesamten Nation.

«Am Anfang waren wir sechs, heute haben wir über hundert Trommler.» Die überwiegende Mehrheit sind Männer, aber daran wird schon gearbeitet. In einer kürzlichen Attacke gegen den männlichen Chauvinismus hat Olodum verstärkt Frauen angeworben. «Das hier ist die erste Frau, die Olodum als Sängerin zum Karneval ausgewählt hat!» sagt Leão mit Blick auf eine schüchterne junge Dame mit eng gewickelten Locken, deren Debüt-Vorbereitungen sich im wesentlichen auf die Büroarbeit des Vereins beschränken. «Wir haben immer noch so viele, die bei uns mitmachen wollen, und so viele Nachahmer, aber davon lassen wir uns nicht einschüchtern, wir haben schließlich ein Plus – bei uns basiert alles auf fundierten Recherchen.» Ist das nun wirklich Ethnographie oder doch nur Show? Nach den Postern in seinem Heiligtum heißen die obersten Gottheiten des Vereins Tut-ench-Amun, Amnesty International und natürlich Bob Marley, der jamaikanische Reggae-Guru. Ich kaufe sogar eine Mütze mit dem Aufdruck «Olodum – Malcolm X».

Ob die Leute hier wissen, daß der Typ kein geflohener König mit dem Titel Malcolm der Zehnte ist? Und ist es nicht ein perfektes Sinnbild für Brasiliens anhaltenden Kolonialkomplex, wenn gerade seine selbstbewußteste Schicht ihre Anregungen aus der Ferne schöpfen muß. Sogar ihr Nationalismus ist importiert. «Alls, was man in Bahia über Mutter Afrika mitbekommt, über Jamaika, Black Power, Funk, zeigt nur immer wieder ganz allgemein die schwarze Übermacht», erklärt Gilberto Gil. «Die neuen Afro-*blocos* teilen auch diese energische Gesinnung. Daran sieht man, daß die schwarze Gemeinschaft ihre eigenen Wege auslotet, ihren eigenen Stil. Das ist wie in den Staaten mit Rap. Genauso läuft es in Jamaika und eben auch bei uns. Mit einemmal wird die Kultur ein entscheidendes Mittel, um das Leben in unseren Gemeinden in die eigenen Hände zu nehmen. Deshalb kann's dir passieren, daß du in Harlem Sprüche von Fela oder Bob Marley hörst, vielleicht sogar von Gilberto Gil. Du mußt wissen, in letzter Zeit kommen immer mehr schwarze Touristen aus Nordamerika nach Bahia und suchen hier nach ganz bestimmten Aspekten ihrer afrikanischen Wurzeln. Der Austausch wird zur Gewohnheit. Und während der Karneval in Rio die Deutschen oder die weißen Amerikaner bedient, hat sich der bahianische Karneval zum festen Anlaufpunkt für Schwarze aus Amerika und der Karibik entwickelt. Wir bauen ein richtiges Netzwerk auf.»

Gil, der den Söhnen Gandhis mit einem Lied den Weg zu landesweitem Ruhm geebnet hat, ist ein unerschöpflicher Macher. Geboren ist er im Stadtteil Tororó, wuchs jedoch im bahianischen Hinterland auf. Als Sohn eines Lehrers und Landarztes gehört er zu den hochgebildeten Schwarzen, die am Ende das Zeug zu Sprechern ihrer Gemeinschaft haben. Seine musikalischen Wurzeln liegen im von ihm mitbegründeten *tropicalismo,* der eklektischen, vom Rock beeinflußten und eng mit Dada verbundenen Bewegung der frühen Siebziger. «Tja, die brasilianische Musik», sagt er. «Sagen wir's mal so, sie ist sehr verführerisch, sinnlich, gewitzt, gut gemacht und geistreich.» Gils Diskographie ist das beste Beispiel dafür mit den vielen brillanten Collagen aus tropischen Elementen und globalen Aussagen. Er war auch der erste, der einen *reggae*-Beat unter ein portugiesisches Lied gelegt hat. «Am Siegeszug des Reggae kannst du dir ausmalen, wie bedeutend unsere Musik wäre, wenn wir Englisch singen würden. Dann hätten wir das Geld, die Promoter, das internationale Publikum. Denn die Kolonialsprache, die Machtsprache unserer Zeit ist Englisch, nicht Portugiesisch.»

Mit der stärkeren Zuwendung zur Politik ist Gils Musik populärer geworden – zu kommerziell, finden manche. Doch er schreibt immer noch Sachen wie: «Wir fühlen, was die Massen fühlen, die Massen wollen nur noch brüllen!» Zur Zeit haben die schwarzen Massen in Salvador mal wieder einen neuen Hit von Gil auf den Lippen, die «Provokations-Samba», in deren Refrain er sich spöttisch fragt, wie Michael Jackson überhaupt noch leben kann, «nicht nur, weil er jetzt weiß ist, auch weil er jetzt traurig ist». Gil kann anscheinend nichts aus der Bahn werfen, nicht einmal der kürzliche Unfalltod seines ältesten Sohnes, der auch ein vielversprechendes Musiktalent war. Gil ist ein «guter Mensch von Beruf», und in einem Song gesteht er dazu: «Hast und Perfektion sind Feinde, das darf ich nie vergessen... Beim Fliegen hab ich immerhin gelernt, als letzter aus der Maschine zu steigen.» In allem, was er angeht, erscheint Gil als Sanguiniker, ein Innovator mit unerschöpflichem Ideenquell.

«In meinen zwei Jahren als Kulturbeauftragter», berichtet er weiter, «habe ich mich bemüht, die Idee zu propagieren, daß wir uns besser um unsere architektonischen Schätze, unsere ererbten schwarzen Traditionen kümmern, unsere *candomblé*-Häuser wieder aufbauen. Außerdem habe ich versucht, die Kontakte zwischen Bahia und ein paar Orten in Afrika zu vertiefen, habe eine neue Städtepartnerschaft mit einer Stadt in Benin in die Wege geleitet und so weiter. Danach wurde ich Ratsmitglied und erwog eine Kandidatur zur Bürgermeisterwahl. In der Musik steckt nun mal eine politische Dimension, das ist wohl jedem klar, aber man kann nicht zulassen, daß die Individualität darunter leidet. Ich habe schwer gekämpft, um mein privates Selbstverständnis vor dieser offiziellen Rolle abzuschirmen. Aber in diesem Land geht es zu wie in einem großen Volksstamm, da wird einfach verlangt, daß man Rollen spielt.» Jetzt kommt Gilberto Gil zum Punkt, das habe ich im Gefühl, er will etwas sagen, das ich von Anfang an gespürt, aber nie laut auszusprechen gewagt habe. «Seien wir doch mal ehrlich. Brasilien ist nur deshalb so musikalisch, weil es ein afrikanisches Land ist. Und die Afrikaner sind enorm musikalisch, die machen sich für alles eine Musik, zum Arbeiten, zum Unterrichten der Kinder, zur Liebe und zum Krieg. Die Musiker sind Stammesoberhäupter, da verlangt das Leben nun mal sein Recht. Wir bewahren die Geschichte der Seele, des Körpers und des Geistes, genau wie die Afrikaner.»

Wie bei den Afrikanern hinkt auch hier die politische Ordnung der Musik weit hinterher. Wie lange wird es noch dauern, bis die Schwarzen in Brasilien die ersten Führer aus ihrer Mitte finden? Denken wir nicht an Malcolm. Zunächst einmal muß die Nation, in der über die Hälfte aller Einwohner afrikanisches Blut in den Adern haben, ihren Booker T. Washington hervorbringen, ihren Thurgood Marshall, Frederick Douglas oder sogar Adam Clayton Powell. Zur Frage nach einem schwarzen Präsidenten, oder zumindest einer Kandidatur wie der von Jesse Jackson in den Vereinigten Staaten, gibt mir Peter Leão dieselbe Antwort wie vor ihm Djavan und andere schwarze Popstars: «Das dauert noch zwanzig Jahre. Bei euch wird es viel eher soweit sein. Wir müssen unsere Leute hier erst noch auf den nötigen Bildungsstand bringen. Überleg dir mal, wie wenige Schwarze den Weg in die Universitäten schaffen!»

Falls heute ein Schwarzer außer der Fußballegende Pelé den Weg ins Präsidentenamt schaffen könnte, dann nur Gil. Doch abgesehen von Musikern und Sportlern beschränkt sich der Kanon der wirklich bekannten Symbolfiguren schwarzer Auflehnung auf entflohene Helden der Skalvenhalterzeit: die brutal zum Schweigen gebrachte Sklavin Anastasia, der Rebellenführer Zumbi und die symbolträchtige Xica da Silva, die ihren Charme spielen ließ, damit ein portugiesischer Gouverneur sie zur Königin ernannte. Vielleicht irre ich mich auch im Symbolgehalt dieser Figur, vielleicht denken Brasilianer eben kategorisch bei «Bewegung» zuerst an Befriedigung. Das wichtigste Schlachtfeld in diesem Land ist und bleibt die Kultur. Mögen die Trommeln auch donnern wie Artilleriefeuer, sie sind nicht die erste Salve einer Massenerhebung. Bei Olodum genau wie bei allen anderen ist die Musik wohl das einzig wirklich originäre, brasilianische Element ihrer Botschaft.

Und scheinbar ist auch nur die Musik so bedeutend, daß der Kampf um sie tatsächlich lohnt. Man denke nur daran, wie sich die neue Musikbewegung von Salvador in wetteifernde Lager gespalten hat. Wie verfeindete Cliquen sichern sich alle Afro-*blocos* ihren eigenen heruntergekommenen Ladenraum, ihren Wahlbezirk und eine individuelle «Ideologie». Olodum gilt als Urvater – erstens, weil sie die ersten waren, und zweitens wegen ihrer zentralen Lage direkt am Pelourinho. Muzenza rühmen sich zum Beispiel mit dem echtesten Jamaika-Sound, den nur sie als wahre Erben von Bob Marley hätten. Auf der Treppe vor ihrem Klubhaus, einem kahlen Rohbau in dem trostlosen, sehr unpassend benannten Ghetto Liberdade sitzen nur mit Shorts bekleidete Jungen, sie stimmen die Trommeln für die Saison und streichen sie orange. Auf die Ähnlichkeit der Instrumente mit denen bei Rios *samba*-Schulen angesprochen, erklärt mir einer der Muzenza-Knaben kopfschüttelnd, bei den Baianos heiße die Schnarrtrommel *caxa de guerra* (Kriegskiste), und das Minitamburin *tarol*. Die älteren Gruppen, wie etwa die Söhne Gandhis, nennen ihren Rhythmus *afoxé* und benutzen noch immer die herkömmlichen *maracas* und *agogô*-Schellen.

Nur eine Sandstraße weiter residiert der Ilê Ayê, bekannt als der Block der extremen Separatisten. Weiße dürfen dort nicht Mitglieder werden. Das Gegenteil gilt für Ara Ketu, einen Verein, dessen Wahl in unmittelbarer Nähe zu den weißen Organisationen im Zentrum mehr als symbolisch ist. Benannt nach dem in Bahia stark vertretenen nigerianischen Kentu-Stamm, bricht dieser Verein so beherzt die Tradition, daß er sogar eine Frau an die Spitze gewählt hat. «Indem man sich selber rassistsich verhält, kann man gegen Rassismus nichts ausrichten», argumentiert die gesetzte, nicht gerade vor Humor sprühende Lehrerin, die ihre Laufbahn aufgab, um in Simbabwe und im Senegal die afrikanische Musik zu erforschen. Bislang ist Ara Kentu auch der einzige *bloco*, der das elektrische Instrumentarium der Weißen in seine Paradebeschallung integriert. Die Frontfrau sieht ihren Verein eher als ein ethnographisches Forschungslabor denn als Plattform für organisiertes Engagement. Allerdings berichtet sie nur allzubald mit stolzgeschwellter Brust von einer durch Ara Ketu aufgebauten Schule für Straßenkinder. «Wer sein Leben im Stillstand fristet, ist nicht lebendig», zitiert sie Bahias offiziellen Barden Castro Alves. Dann zeigt mir die Vereinschefin voller Stolz das Gästebuch mit einer handschriftlichen Eintragung des jamaikanischen Sängers Jimmy Cliff: «Ihr seid die aufgehende Sonne. Laßt euer Licht auf die Welt scheinen.»

Wie immer dieses Licht beschaffen sein mag, auf jeden Fall wird es von vielen anderen genutzt und weitergeleitet. Wie Bahia einst die *samba* an Rio weitergab, bringt dieser Urquell schwarzer Phantasie neue Rhythmen hervor, die Brasiliens populäre Musik durchdringen und neu beleben werden. «Die Schwarzen haben sich zusammengetan und diese sehr frischen, sehr kreativen Sachen geschaffen», erklärt der Komponist Caetano Veloso. «Das ist, wie wenn man einen Fluß betrachtet, einen Wasserfall. Man kann ihn nicht wegleugnen. Die Musik von Olodum oder Muzenza hilft uns allen dabei, den richtigen Weg zu finden. Sie ist nicht nur ein Wegweiser, sie führt selbst zur Einsicht.» Schon sind Gal Costa und andere Mainstream-Stars dem Beispiel Paul Simons gefolgt und haben ungestüme bahianische Trommlergruppen als Verstärkung für ihre Nummern angeheuert. Dabei machen die weißen Sänger ein Vermögen – und den Schwarzen bleibt nur die Grübelei nach einem neuen, deutlicheren Umsturzversuch.

«Revolutionäre Ansätze sind hier dünn gesät, so richtig gekracht hat es noch nie», erinnert sich Gilberto Gil. «Der Widerstand der Leute bleibt immmer passiv. So entsteht bei uns dieser absolut unfaßbare Zustand: Bei allem Druck, bei allem Leid und Elend bewahren die Leute sich doch irgendwie ihren eigenen Stil. Die da oben werden einfach ignoriert, nach dem Motto: ‹Sind halt verrückt, die Idioten!› Freilich fluchen wir oft auf die Obrigkeit, mit so Sachen wie *filho da puta.* Aber uns mit der Macht anlegen – nein. So kommt's, daß wir in zwei Welten leben: einer streng hierarchischen und einer ohne jede Ordnung. Zugleich hart und locker, sehr beengt und doch sehr frei.»

Der «Kulturminister» hat mir die kulturelle Spaltung im Leben der meisten Brasilianer klarer gemacht. Es reicht nicht aus, wenn man Brasiliens traditionelle Apathie in Sachen Politik in schroffe marxistische Schablonen preßt, in eine starre Dialektik, wo die soziale Verantwortung von der Realitätsflucht des Karnevals aufgehoben wird, wo Musik und Tanz automatisch allen Eifer beanspruchen, der höheren Zielen zu widmen wäre. Wer will denn auch bestimmen, welches das höhere Ziel ist – Freiheit auf gesicherter Verfassungsgrundlage oder Freiheit im Augenblick? Was ist daran verkehrt, wenn sich die Brasilianer in ihre reiche Tradition von Kostümen und Glaubensrichtungen zurückziehen, die so gar nichts gemein hat mit «Ordnung und Fortschritt» – dem Motto der Nationalflagge – und aufstrebenden Potentialen? Doch dafür verheißt die Abkehr von der geraden Linie, vom Rationalen enorme geistige Potentiale.

«Wenn ich höre, wie die Leute von einer ‹neuen Weltordnung› reden, von einer ‹amerikanischen Übermacht›», so Gil, «dann lache ich nur und denke, ihr armen Idioten, das ist längst gelaufen! Ich finde, Bahia ist ein gutes Beispiel für die Zukunft aller Kulturen auf dieser Welt. Wir schalten blitzschnell um in die andere Welt, die andere Sprache. So sieht's aus – eine Welt, wo die Politiker immer belangloser und die Musiker immer wichtiger werden.»

Den Eintritt in diese auf keiner Landkarte verzeichnete Welt konnte ich erst hier in Bahia finden. Diese Welt, wo sich einer aus New York City den Kopf umwickeln lassen kann wie ein heiliger Hindu, und das alles im Namen von Mutter Afrika. Wo der Rhythmus, dieses stärkste Medium des Spontanen, als wichtigster Vermittler fungiert. Wo Lieder Geschichtenerzähler sind, Schlagzeilenmacher, Kinos und Telegrafen, Klatschspalten und Literatur. Wo die Musik alle Lebensbereiche absteckt und auf lange Sicht vorausplant. Wo sie den ersten, zweiten, dritten und vierten Stand bildet. Musik ist alles in dieser Welt, sie ist Gesetzgeber, Moralwächter, König und Emporkömmling, Richter und Zeuge, Archivar, Kalender, Zeittafel und Zeitmesser, mehr zur Bewahrung als zur Verkündung der Zeit, verewigt im unaufhörlichen Viervierteltakt der Trommeln.

Musik beim Lesen:

DA MÃE AFRICA – Banda Reflexus, *EMI*
OLODUM: TEN YEARS – Olodum, *Sound Wave*
AFROS E AFOXÉS DA BAHIA – Sampler, *Polygram*
ELIGIBO – Margareth Menezes, *Mango*
THE ETERNAL GOD OF CHANGE – Gilberto Gil, *Tropical Storm / WEA*
REALCE – Gilberto Gil, *Tropical Storm / WEA*
SOM LUXUOSO – Muzenza, *Continental*

Denker mit Gitarre

«Da drüben steht das Haus von Caetanos Tante! Und schaut mal da, Caetanos Grundschule!» Ein tiefschwarzer Baiano im eleganten roten Polohemd verheimlicht dem Pilgerzug auch nicht das kleinste Wahrzeichen auf dem Weg durch die holprigen Straßen von Santo

Amaro da Purificação. Noch als der Bus uns hier ausgespuckt hat dachte ich, diese samstagnachmittägliche Zweistundentour würde nur geschaffte Einkäufer von Salvador in ihre Dörfer im Tabak-Anbaugebiet Recôncavo transportieren. Doch weit gefehlt, ich bin nicht der einzige Musiktourist. Heute haben die Buspassagiere nur ein Ziel: das alljährliche kostenlose Konzert von Caetano Veloso zu Mariä Lichtmeß, dem Fest der Reinigung, in seinem Heimatort.

Es muß mich nicht überraschen, wie nachhaltig dieser Caetano Emmanuel Viana Telles Veloso die Brasilianer in seinem Bann hält. Seit zwanzig Jahren gilt der spindeldürre intellektuelle Lockenkopf als führende Stimme der Haßliebe seines Landes zur modernen Welt. Ein nordamerikanisches Pendant läßt sich nicht recht bestimmen. Bob Dylan trifft es nicht so ganz, auch Leonhard Cohen nicht. Er liegt irgendwo zwischen John Denver und Jim Morrison, mehr kann man nicht sagen. Veloso und Gilbert Gil bildeten die bahianische Doppelspitze des *tropicalismo* – einer Musikrebellion, in der die «psychedelischen» Klänge der späten Sechziger mit den brasilianischen Urtönen zusammenfanden – und bezahlten dafür in den schwärzesten Jahren der Militärdiktatur mit Gefangenschaft und Verbannung. Mit ihrer eigentümlichen Mixtur aus Dada und Knittelversen, aus Volksgeist und Schwäche rangiert Velosos konkrete Dichtung im Urteil einiger Kritiker auf einer Stufe mit Fernando Pessoa, dem zurückgezogenen Dichter der Jahrhundertwende, der für die portugiesische Sprache etwa dieselbe Bedeutung hatte wie Baudelaire für das Französische. «Mein Land ist meine Sprache», schreibt Pessoa, und der traditionsbewußte Veloso greift seine Worte auf, «ich mag das Gefühl, wenn meine Zunge die Sprache von Luis de Camões streift... Was die Dichtung gegen die Prosa, ist die Liebe gegen die Freundschaft, das weiß ich». Ein Musikerkollege prägte in einem Text das ehrenvolle Verb *caetanear* für Versuche im Stil des stillen Sängers. Noch mehr gereicht ihm zur Ehre, daß ich immer wieder überall, von Gesprächspartnern aller Couleur, höre: «Die Straße hier kommt in dem einen Song von Caetano vor», oder «Hier sieht es genauso aus, wie's Caetano beschrieben hat», oder «Wenn du das verstehen willst, muß ich dir was von Caetano vorspielen.»

Fragt sich nur, wie eine solche Ikone aus so einem Nest stammen kann. Halb versunken in morastigem Ackerboden, den die Portugiesen von Anfang an für seine Fruchtbarkeit schätzten, weckt Santo Amaro so gar nicht den Anschein einer wichtigen Station auf der musikalischen Reiseroute. Nicht ein Motorgefährt kreuzt unseren schleppenden Pilgerzug über den dunklen Holperweg, der hier als Hauptstraße durchgeht. Mehrere ovale Grünflächen liegen auf der Strecke zum Konzert, sie sind gepflegt, aber ohne Bäume. Ich zähle drei Glockentürme, einen Kornspeicher, ein paar Bäckereien, ein «Hotel Amaro», nur durch ein diskretes Holzschild von den anderen zweistöckigen abgeblätterten Häuschen abgehoben. Der erste musikalische Hauch weht von der ortseigenen Blaskapelle herüber, die in irgendeinem Wohnzimmer probt, alle in Einheitskluft, sichtbar durch die offenen Fensterladen. Sie sind wohl als einzige nicht auf der *praça*.

Ich hätte eigentlich gedacht, Caetano gehört zur Elite im Städtchen, aber die modrig-biederen Behausungen, die uns der geschwätzige Führer als Schlupfwinkel der Veloso-Familie präsentiert, sprechen eine andere Sprache. Hier und da stehen Caetano-feindliche Losungen an den Wänden, Reaktionen auf den kürzlichen Einspruch des Sängers gegen ein korruptes Konzept zur Aufteilung von Santo Amaro in Verwaltungsbezirke. «Und das Kreuz dort», fährt der Ortskundige fort, «ist das Grab von Dona Veloso.» Der redet den Leuten ernsthaft ein, daß Caetanos Großmutter in irgendeinem Vorgarten begraben liegt. Dann zwinkert er mir zu.

«Bitte, mein Freund, bleib doch heute nacht bei uns! Im Haus von meinen Verwandten ist genug Platz auf dem Fußboden. Männer und Frauen schlafen getrennt...» Offenbar ist dieser Service für Caetano-Fans bei seinen Leuten Tradition. Mein neuer Freund läßt es sich auch nicht nehmen, mich zum Mittagessen in ein Wirtshaus in einer Seitengasse am Marktplatz einzuladen. Zu Ehren des seltenen Besuchs aus dem Ausland stellt der Wirt seinen einzigen glanzlackierten Tisch nach draußen, mitten aufs Straßenpflaster. Wir bekommen einen großen Zinnteller mit reichlich schwarzen Bohnen und *carne de sol*, einem zähen Pökelfleisch, das ich noch nie gekostet habe. «Ißt du gern Pferd?» fragt mich mein Gastgeber. Ich unterdrücke einen unfreiwilligen Anflug von Übelkeit, bestimmt macht er nur wieder einen Witz. Doch dann stellt mir der Wirt dieselbe Frage. Die beiden haben sich abgesprochen, den *gringo* zu verladen. Schallend lachen sie über meinen Einfaltsblick.

Da ist das Volksfest gleich um die Ecke schon durchschaubarer für mich. Unter Lichterketten halten etliche Stände zu dem schwierigen Gewinnspiel an, bei dem es darum geht, mit Münzen in oder an eine Flasche zu treffen, die auf einer glitzernden Drehscheibe steht. Der Speiseplan erinnert an ein sommerliches Abendvergnügen in Iowa: frisches Popcorn, feilgeboten von vielen angereisten *pipoqueiras*, Zuckerwatte und «Corndogs». Es gibt sogar Hot dogs, in Brasilien als *cachorros quentes* geläufig, bestehend aus Büchsenwürstchen, die von früh bis spät in einer Tomatenbrühe köcheln und mit einer labbrigen Salatbeilage aus geraspelten Möhren, Zwiebeln und Kohl serviert werden. Doch auf welchem Provinzjahrmarkt in Nordamerika findet man schon Querschnittsgelähmte, die mit ihren Rollstühlen für ein kleines Almosen Pirouetten drehen? Oder eine Wandertruppe *capoeiristas* mit weißen Stirnbändern, die ihre Kampfkunst paarweise vorführen und von der fachkundigen Zuschauermenge für jeden Sprungtritt mit Applaus bedacht werden? Und da wir uns in Brasilien befinden, scharen sich die Bettelbuden natürlich um eine Kathedrale, Santo Amaros Hauptattraktion. Abgesehen von den wogenden Schnitzereien am Hauptportal ist das Gotteshaus so sachlich, wie ein Bau nur sein kann. Der Anstrich ist in der landesüblichen bleichen Farbe gehalten, wie Haut im Schockzustand. Abendsterne aus roten und gelben Glühbirnen schmücken die beiden Glockentürme. Direkt gegenüber der Portaltreppe steht die Bühne für Caetanos Konzertauftritt – ein Freilufttempel für einen ebenso allmächtigen brasilianischen Glauben.

Selbstverständlich ist keine bindende Anfangszeit für das Konzert festgesetzt. Und wenn es die gäbe, würde sich doch erst zwei Stunden später etwas regen. Wer kann es denn auch eilig haben an einem tropischen Abend inmitten lustwandelnder Familien und spielender, trinkender Halbstarker? Die Frommen warten geduldig vor ihrem Tempel, und die Groupies können es kaum noch aushalten, bis sie endlich ihre allerliebsten Pophymnen mitträllern dürfen. Am Sonntag findet das Fest seinen Höhepunkt im *procissão*, einer Reinigungsprozession, bei der die Heiligenfiguren von den Gläubigen auf den Schultern aus der Kirche durch den Ort getragen werden. Doch zunächst warten alle nur auf den Sänger und sein Gefolge. Gegen elf regt sich auf der einen Seite der *praça* leichter Tumult. Im lockeren Verband mit Freunden und Helfern hält die Veloso-Familie Einzug, angeführt von einer stolzen *grande dame* in Schwarz mit ordendlich zum Dutt hochgesteckten Zöpfen. Das muß Caetanos Mutter sein. Sie hat dieselbe indianische Hakennase, dieselben tiefliegenden portugiesischen Augen wie ihre Tochter, die Sängerin Maria Bethânia. Jetzt entdecke ich Caetanos nicht minder berühmte Schwester mit der schwarzen, in der Mitte gescheitelten Lockenpracht, ihrem Markenzeichen. Ich kann es gar nicht fassen – ist sie das wirklich, die brasilianische Edith Piaf, die Schnulzenkönigin mit der rauhen Stimme, die vor meinen Augen das Publikum im Pariser Oylmpia drei Stunden lang völlig in ihren Bann geschlagen hat? Auf der Bühne erscheint Maria Bethânia immer barfuß, sie vermittelt das Bild einer emanzipierten, lustbetonten Naturtochter. Hier in ihrem Heimatort verkümmert sie zur scheuen kleinen Schwester.

Am Schluß seiner zwanglosen Prozession, abgeschirmt von einer *telenovela*-Naiven, die ihm seit kurzem als Frau und Beschützerin zur Seite steht, kommt der Kronprinz von Santo Amaro. Oder ist er vielleicht eher der Brahmane der Stadt in seinen weißen Jeans mit weißem Bengalenkittel? Caetano hält die Gitarre in einer Hand auf Kniehöhe, damit wirklich niemand seinen Auftritt übersieht. Doch sein Blick bleibt starr aufs Pflaster gerichtet, ein instinktiver Selbstschutz, den man leicht als Arroganz mißdeuten könnte. Das noble Flair verstärkt sich noch, als die Hofgesellschaft ihren Aussichtsplatz auf der erhabenen Terrassse eines Hauses einnimmt, durch hohe Eisenzäune vor lästigen Autogrammjägern geschützt.

Ewig später erscheint ein enormer Schwarzer mit routiniertem Frohsinn auf der Bühne. Nachher berichtet mir Caetano: «Derselbe Mann hat dieses bescheidene Städtchen schon aufgewirbelt, als an mich noch gar nicht zu denken war.» Jetzt brüllt der Stadtschreier über den Platz, und sein Schrei dringt weit über die Tabakfelder, bis zur Bucht aller Heiligen hinaus. So wird er hier angekündigt, der *grande poeta Santo Amarese*. Danach kann Caetanos Auftritt eigentlich nur noch enttäuschen. Er schrummelt sich durch eine verkürzte Variante des «unplugged»-Programms, mit dem ich ihn bereits in Rio vor einer andächtigen Fangemeinde erlebt habe. In der Entstehungszeit der ruinösen *tropicalismo*-Bewegung pflegte Caetano mit glitzerndem Lidschatten und orientalischen Gewändern einen Image-Mix aus weiser Reinheit und polymorpher Perversion. In Rio erschien er im gestreiften Oxford-Shirt mit grauer Bankerweste, wenn auch aufgeknöpft. Textzeilen wie «dem Anthropologen Claude Lévi-Strauss hing die Guarana-Bucht ganz schauerlich zum Halse raus» versetzten das akademische Publikum in wilde Ekstase. Die jungen Leute von Santo Amaro sind längst nicht so hellhörig. Caetano mit seinen fast fünfzig Jahren ist doch schon ein bißchen zu abgedudelt für den unerschöpflichen Nachwuchs des Landes. Die kräftigen *mulata*-Mädchen, die, sich an den Händen haltend, Kreise bilden, wollen mehr Action, ihre weißen Röckchen sollen fliegen. So plappern und kichern sie die ganze Zeit, während Caetano seine beziehungsreichen Wortspiele und Affronts auf die Weltpolitik absingt. Er ist diesem Heimatpublikum ganz einfach zu hoch, aber er gibt sein Bestes. Junge aus der Gegend macht gut gemachte Musik.

«Gott, ich war furchtbar, stimmt's?» begrüßt mich Caetano mit einer rhetorischen Frage. Er entspannt sich auf einer gemütlichen Couch im Wohnzimmer der Familienresidenz am Platz. «Ich muß mich entschuldigen, aber dieser Abend gehört meiner Mutter. Meiner heiligen Mutter!» Sie ist immer in der Nähe ihres Sohnes, obwohl seine Locken schon an vielen Stellen grau schimmern. Allerdings macht ihn sein hellorangener Overall wesentlich jünger. Er gehört zu diesen Leuten, die einfach kein Fett ansetzen. Seine geschmeidigen Arme sind wie geschaffen für silberne Armreifen, blaue Perlen, *candomblé*-Maskottchen. Dieser Mann ist nicht nur der ewige Hippie, er ist der ewig fleckenlose Goldjunge. «In Santo Amaro hab ich so ein unprofessionelles Gefühl. Diese Leute, diese Unruhe, das geht nicht richtig los! In Bahia tue ich mich viel schwerer als in Rio oder São Paulo. Da komme ich mir so nackt vor. Die Leute gucken mich an, als wollten sie sagen: ‹Na los! Zeig doch mal, was du sonst noch auf Lager hast!›»

Mit der Seelenruhe, die einem nur der Ruhm verleihen kann,

macht mir Caetano Veloso klar, wie hart er sich gegen die Lockungen der Berühmtheit zur Wehr setzt. «Wenn ein Konzert von mir wirklich Bewunderung ernten soll, muß es etwas ganz Eigenes haben, es muß einen Zauber haben. Die Brasilianer sind ein sehr anspruchsvolles Publikum, aber ich mag diese Vertrautheit bei uns», sagt der Sänger im weichen, galanten Englisch der zwanziger Jahre, das ihm sein zweijähriges Exil in London beschert hat. Doch er ist durch und durch Brasilianer. «Für mich war es immer eine Ehre, zu den brasilianischen Musikern zu gehören. Als Kind konnte ich Tausende von Liedern auswendig. Meine Mutter hat mir die älteren vorgesungen, aber das meiste habe ich aus dem Radio aufgeschnappt.» So bringt die halbwegs entwickelte Massenkommunikation Brasiliens in den merkwürdigsten Orten große Geister hervor. «Ich wollte mit zur Tradition gehören. Ich mußte einfach dazugehören. Weil unsere Musik so tief reingeht, Gott sei Dank! Denn musikalisch bin ich höchstens Mittelklasse, wenn überhaupt. Ich hab Phantasie, das mag schon sein, aber diese unglaubliche Musikalität von Leuten wie Djavan oder Hermeto Paschoal, nein, die hab ich nicht.» Hermeto ist der Albino-Hexer, der alle der Menschheit bekannten Instrumente spielen kann – und sogar noch ein paar mehr, wie wir bereits erfahren haben. «Ich stand sogar zweimal kurz vor dem Bruch mit diesem Beruf, in der Studienzeit. Aber meine Kommilitonen, alles große *bossa nova*-Fans, die brauchten das Gespräch mit mir, um ihre Ideen zu entwickeln. Also hab ich beschlossen, ich helfe ihnen bis zu einem gewissen Punkt, und dann mache ich Schluß. Ich wollte malen und Filme drehen. Aber dann fand ich die darstellenden Künste sterbenslangweilig. Brasilianischer Pop hat einfach so viel Leben, das hat mich gepackt. Ich hab zwar immer wieder erzählt, irgendwann höre ich auf, aber Gilberto Gil hat dazu nur gesagt: ‹Wenn du gehst, geh ich auch.› Für mich ist Gil die Verkörperung der Musik. Und die Musik hat zu mir gesagt: ‹Du hast kein Recht, mich zu verlassen!›»

Bei jedem Zwischenstopp in seiner Lebensgeschichte fährt sich Caetano mit einem Finger über die Hüften und murmelt: «Ich weiß nicht, ich weiß nicht.» Wenn an dem Mann irgend etwas erstarrt ist, dann sein Kampf gegen das Erstarren.

«Den *tropicalismo* haben wir noch in seinem Geburtsjahr wieder begraben. Wir sind mit dem Sarg des *tropicalismo* vors Fernsehen gegangen, denn es ging uns ja eben darum, von allen Traditionen frei zu sein. Wir hatten keine Ahnung, daß daraus so ein Skandal entstehen könnte. Die Linken warfen uns Amerikahörigkeit vor. Neben uns wirkte plötzlich sogar die *bossa nova* brasilianisch!» Bis Ende der Sechziger hatten die Puristen noch gegen den coolen, jazzigen Sound von Jobim, Gilberto und Konsorten gewettert. «Die Kritiker schoben uns in die Rock'n'Roll-Ecke. Aber komisch, wenn man sich die alten Sachen heute anhört, klingt das kein bißchen rockig. Sicher, der Haarlänge nach waren wir Hippies, aber deshalb kann man uns nicht einfach so in die weltweite Protestkultur einordnen. Das wäre zuwenig und zuviel gesagt, so waren wir nicht. Die Beatles haben uns beeinflußt, aber erst nach ‹Eleanor Rigby›, als ihre Musik Geist bekam. Zum argentinischen Tango hatten wir auch ein Wörtchen zu sagen, und zur brasilianischen *brega*, der Kitschmusik, zu allem eigentlich. Wir hatten was gegen die althergebrachten Vorstellungen von Achtbarkeit. *Tropicalismo* hat mit alldem gebrochen. Er hat die *bossa nova* gründlich umgekrempelt.»

Nur ein brasilianischer Musiker kann so über Musikformen reden, als wären sie greifbare Gegenstände. Aber ich glaube, ich weiß, worauf Caetano hinauswill. Vietnamkrieg und Umweltkatastrophe, LSD und fernöstliche Religion, die wachsende globale Vernetzung durch die Massenkommunikation – das alles waren neue Herausforderungen, die seiner Generation neue Reaktionsformen abforderten. Zugleich wollten sie das Lebensbejahende am brasilianischen Geist bewahren, und zwar lauter, vulgärer, nicht gar so hochgestochen. «*Tropicalismo* war unsere brasilianische Antwort auf das moderne Leben, nachdem wir die Ironie der modernen Zeit begriffen hatten», hat mir Velosos wichtigster Mitverschwörer Gilberto Gil in Salvador erklärt. «Ich meine, das moderne Leben ist doch wirklich ziemlich komisch, tragikomisch. Wir werden alle kontrolliert und sind doch selbst die Kontrolleure, wir sind Opfer und dabei doch selbst die Vollstrecker. Das Gute wird immer sofort vom Schlechten vereinnahmt, das Schlechte vom Guten durchdrungen, das ist wie mit Coca-Cola: Wir wissen, daß das Zeug Gift ist, aber in der Hitze am Strand könnten wir uns reinlegen. Wir schlucken das Gute und das Böse. Im *Tropicalismo* waren wir uns zum erstenmal im klaren über diese Zweiseitigkeit, diese Wirklichkeitsspaltung. Von dem Punkt an konnten wir alles, die ganzen Werte, offen auf den Tisch legen. Die Brasilianer konnten sich allem stellen, wie es sich für eine moderne Gesellschaft gehört. Wir konnten über die Musik so vieles zur Sprache bringen! Jede Angelegenheit, jedes Thema. Nicht nur Liebesgeschichten und platte Gefühle. Wir Brasilianer gehen lieber in die Tiefe, in die Philosophie.»

Veloso zeigte sich als verfrühter Punk, als er auf einem nationalen Liederfestival mit dem Lied «E Proibido Proibir» – «Verbieten verboten» – auftrat und in die Massen schrie: «Ihr wollt die brasilianische Musik bloß überwachen, ihr alle! Gil und ich, wir machen Schluß mit dem Stumpfsinn, der unser Land regiert!» Doch in Brasilien waren die sechziger Jahre nicht die Zeit für Revolten, auch nicht in der Kultur. Anders als seine Ebenbilder in den höher entwickelten Ländern erwischte Caetano mit seiner wilden Phase den ungünstigsten Moment, als nämlich die Militärdiktatur auf ihrem Höhepunkt war. «Die Militärs waren keine Kritiker. Als die 1968 die Leitfiguren der *tropicalia* eingesperrt haben, ging's ihnen nicht um dem Mangel an brasilianischen Elementen in unserer Musik. Sie war ihnen zu anarchisch, zu aggressiv, eine Gefahr für das Familienleben, für das Verhältnis der jungen Leute zu ihren Eltern, den Respekt vor der Obrigkeit, der Religion. Vielleicht hatten sie ja recht. Vielleicht war das alles nur neoromantischer Kinderquatsch, was da in den Sechzigern gelaufen ist. Gott, war ich naiv. Ich habe mir eingebildet, gute Dinge erzeugen immer nur Gutes. Alles wollten wir befreien! Und dann, eines Morgens, saßen wir plötzlich hinter Gittern.»

Seltsam, das alles von Caetano zu hören, während er in die Geborgenheit seiner großen Familie verhaftet ist. «In meinem Geburtshaus in Santo Amaro bin ich mit zehn Frauen aufgewachsen. Alles Militärische war mir fremd, ja, ich konnte es psychisch kaum ertragen. Ich saß mit Gilberto Gil im selben Knast, aber ich durfte ihn nicht sehen. Wir durften keinen Anwalt haben, wir erfuhren nichts. Eine Woche war ich in Einzelhaft, da mußte ich auf dem Fußboden schlafen, neben der Toilette. Dann kam ich in eine Zelle mit so vielen Häftlingen, daß niemals alle zur gleichen Zeit schlafen konnten.

Die meisten Häftlinge waren sehr herzlich, bis auf die ganz schlimm verbitterten. Immer wieder sagten sie: ‹Habt keine Angst. Laßt uns beten!› Und dann habe ich mit ihnen gebetet, obwohl ihnen die Soldaten oft die Rosenkränze wegnahmen.»

Auf zwei Monate Gefängnis folgten zweieinhalb Jahre Exil im kalten England. «Gleich nach unserer Entlassung faßten Gil und ich den Entschluß, daß wir im Exil besser aufgehoben wären. Anfangs war ich furchtbar deprimiert. Aber die Zeit zwischen neunundsechzig und zweiundsiebzig in London war toll, ich habe die Rolling Stones in ihrer spannendsten Phase erlebt, phantastische Konzerte, und Jimi Hendrix auf der Isle of Wight, das vergißt man nie, Led Zeppelin, T-Rex und viele andere.» In England entstand auch sein Klassiker «Sehnsucht nach Bahia». «Nach dem Exil hab ich Bahia drei Jahre lang überhaupt nicht verlassen. Das Heimweh war so schlimm! Auch jetzt noch bin ich beim Karneval jedes Jahr mittendrin im Treiben. Die *trios elétricos* laden mich dann immer ein, sie rufen: ‹He, Caetano, komm rauf, wenn du da bist!› Dann steig ich auf den Wagen und singe ein Lied, da schreie ich mich richtig heiser. Das ist wirklich traumhaft, so herrlich urig, orgiastisch! Denn Karnevalssongs sind ja eben sehr spontan, genau so, wie der Rock'n'Roll immer sein wollte. Wie ‹I can't get no satisfaction!›. Die Texte sind sehr einfach, sehr stark, aber ohne überzogene Ansprüche. So muß eine gute Karnevalsnummer sein, als ob sie ein fetter alter Schwarzer gemacht hat.»

Wie zum Beispiel Caetanos Jubelklassiker «Cuva, Suor e Cerveia» – «Regen, Schweiß und Bier!» Auf einmal kommt Leben in Caetanos Stimme. Die Liebe zur Musik hat ihn über die Enttäuschung nach dem Auftritt hinweggerettet. «Ich finde es so aufregend, daß ich in einem Song alles tun kann, was ich will. Ich kann über alles reden! Ich weiß noch, wie ich im Gefängnis das erste Foto der Erde vom Mond aus gesehen habe. Bei unserer traditionellen Liebe zur Erde fiel der Übergang zu den Umweltthemen gar nicht so sehr auf. Und dann habe ich eine Schwäche für Namen, in meinen Liedern sind jede Menge Namen.» Stimmt, da fallen mir gleich ein paar Zeilen ein: «Die Sonne teilt sich in süße Claudia Caradinales» oder «Der ovale Esso-Mond scheint auf die Küsse der armen, traurigen Liebenden in unserm Land», oder der Refrain «Die Liebe ist blind, Ray Charles ist blind!»

Caetano erzählt weiter. «In einer amerikanischen Zeitung hat mal ein Kritiker über mich geschrieben, ich glaub, einer aus Philadelphia: ‹Er hat eine farblose Stimme und einen Hang zum Namedropping.› Ich hab mich scheckig gelacht, weil ich immerzu Namen verwende. Hier einen seriösen Schriftsteller, da eine zwielichtige literarische Figur oder eine Straße in São Paulo. Deshalb wundert es mich auch sehr, daß sich Leute in meine Musik verlieben können, obwohl sie kein Wort Portugiesisch sprechen. In meinen Verweisen mischen sich Hochkultur und Triviales, Primitives und Erhabenes. Ich gehöre zu der Generation, die die Hierarchie zerbrechen, die alles aufwirbeln wollte.»

Auch nach zwanzig Jahren des aussichtslosen Künstlerkampfes bleibt er seiner Sache treu. Im Kontrast zu der rebellischen Fassade zeigt Caetanos Gesicht, wie steinig sein Weg zur Selbstachtung gewesen sein muß.

«In den Sechzigern wurden Popidole auf einmal zu politischen oder geistigen Führern stilisiert. Mit dieser Illusion möchte ich nichts zu tun haben.» Die Zeit der Manifeste hat sich erledigt, heute ist der Kampf subtiler. «Bei meinen internationalen Auftritten habe ich mein professionelles technisches Niveau. Aber als ich zum erstenmal in Amerika gesungen habe, in der Carnegie Hall, da war meine Soundtechnik Müll. Und wieso? Weil man als Star vierzehn Kanäle für die eigene Stimme hat. Nicht wahr, Madonna? Nach der Show hab ich geheult. Aber die Ami-Kritiker haben sich nicht daran gestört. In den Staaten gibt's keine Fragen, da geht es überall nur ums Geld. Das ist brutal, aber sehr fruchtbar. Bei euch entstehen haufenweise perfekte Saxophonisten, perfekte schwarze Sängerinnen, Millionen perfekte Tänzer, die exakt synchron die Beine schwingen! Vielleicht muß das so sein. Aber vielleicht haben wir noch einen besseren Weg parat.»

Was zeichnet ihn wohl aus, diesen brasilianischen Weg? Möglicherweise, daß die Mythos-Maschinerie hier dem Verfall überlassen wird. Jetzt macht der große brasilianische Mythos das, was er in seinen Songs so hervorragend kann: den Schluß vom Persönlichen auf die Allgemeinheit. «Es ist schon seltsam, wenn man sich zur modernen demokratischen Nation entwickelt. Wir können es fast schon vor uns sehen, trotz der vielen Schwierigkeiten! Aber der historische Entwicklungsweg des brasilianischen Volkes ist so chaotisch!» Zur Unterstreichung führt Caetano die letzten Wahlen an, bei denen die Wähler «den dringenden Bedarf nach einem Vertreter des modernen Liberalismus im Gespür hatten» – und am Schluß trotzdem den jungen Collor vorzogen, eine «Karikatur» von Modernität und Liberalismus. Doch er muß auch eingestehen, daß sich in Brasilien ein Wandel vollzogen hat, wie er ihn in seiner Haftzeit niemals erträumt hätte. «Bei allen sozialen Problemen, die noch vor uns liegen, ist es doch unbestreitbar ein Fortschritt, daß wir die Diktatur abgestreift haben. Aber man muß nur die Augen aufmachen, schon sieht man wieder, wie ungeheuer kompliziert und frustriert dieses Land ist, in dem wir leben. Manchmal ist es wirklich ein niederschmetterndes Gefühl, daß man so ein verkümmertes Leben mitlebt. Ich gebe mich nicht mit der Lage in Brasilien zufrieden, ganz praktisch, meine ich. Und selbst in der Musik denke ich oft darüber nach und will immer so handeln, daß der Wandel möglich ist oder doch zumindest nicht unmöglich bleibt.»

Diesen Wandel definiert Caetano kurios brasilianisch: «Wir Brasilianer haben es nie geschafft, eine große starke, gesunde Nation zu errichten. Vielleicht lieben wir deshalb die Musik so sehr. Die USA sind das Idealbild, das wir nicht erreicht haben. Aber man muß das alles viel subtiler, viel komplexer betrachten. Vielleicht haben wir sogar die geistigen Werte, nach denen ihr sucht. Solche Sachen sind nicht meßbar. Ich will hier kein mystisches Zeug reden, ich weiß einfach, daß es stimmt. Denk an die Worte Christi: ‹Ihr sollt die Armen immer um euch haben.› Meine Wunschvorstellung von einer vollständigen brasilianischen Nation unterscheidet sich grundsätzlich von den Staaten. Da spielt mehr der Heilige Geist herein als der Sohn – oder der Vater.»

Meint er damit eine Welt, die mehr dem Fortschreiten verschrieben ist als der endgültigen Lösung, die weniger geradlinig, weniger autoritär ist und mehr wie ... ja, mehr wie Musik?

«Ich weiß nicht, ich weiß nicht. João Gilberto – unser größter Künstler mit dem tiefsten Einblick in all diese Dinge – hat mal gesagt, Caetano macht *acompanhamento do pensamento*. Wie kann man das übersetzen? Daß ich meinen Gedanken nie von der Seite weiche? Das ist alles. Ich bin Liedermacher, und ich kann meine Lieder auch singen – viel besser als heute abend! Ich weiß nur, man kann nicht immer weiter *chôrinho* spielen, wenn die ganze Welt vom Rock beherrscht wird. Man kann die Welt, in der man lebt, nicht verleugnen. Man muß sie lieben lernen, wirklich lieben, von ganzem Herzen!»

Ich muß heute nacht noch den Umstand lieben lernen, daß der Stadtführer, der mir vorhin einen Schlafplatz angeboten hat, zwischen den schmusenden Pärchen und den Betrunkenen unterm festlichen Feuerwerksbaldachin nicht aufzutreiben ist. Was wiederum heißt, ich muß den Nachtportier im Hotel Amaro von ganzem Herzen lieben lernen und mit lautem Klopfen an die Glasscheibe aus dem Schlaf holen. Darauf zeigt er mir ein Zimmer, das ich lieben lernen muß: eine feuchte, fensterlose Folterkammer mit einem Ventilator, der den fauligen Sackgestank durchrührt und in meine zerlumpte Koje pustet, und einer Toilette, die mir nach leichtfertiger Begehung Alpträume von uralten verschmierten Kotresten beschert. So ist das eben in Caetano-Songs, also lerne ich auch die allgegenwärtigen trocknen Zwiebackscheibchen lieben, die am nächsten Morgen als einzige Ware in der Bäckerei zu haben sind. Die zahllosen Zwischenstopps auf der Busfahrt nach Cachoeira, dem Herzen des Recôncavo, wo die Träume von industrieller Größe, Träume in Gestalt einer Eisenbahnlinie, einer Zuckerfabrik und einer Eisenbrücke, im Schlamm der Tropen versinken. Diese nach einem Wasserfall benannte Stadt kann nur ein Caetano-Song sein, und von ganzem Herzen liebe ich denn auch sofort die fünf, sechs alternden Kerle, die sich den Sonntag in einem schäbigen *botequim* mit einer halbsaitigen Gitarre, einer abgedroschenen Conga und einer Flasche *cachaça* vertreiben. Es kann nur ein Caetano-Song sein, daß diese Tabakpflücker das ganze Repertoire von Pixinguinha und Noel Rosa aus dem Rio der zwanziger Jahre auf Lager haben, denn sie lieben «die Klassiker, und nur die Klassiker!» Ich kann Caetano vor mir sehen, wie er seinen Auftritt macht, in der musikalischen Demokratie schwelgt, dieser Caetano, der einmal gesungen hat, Brasilien sei zwar ein bißchen absurd, aber immerhin müsse jeder zugeben, daß es «perfekt gestimmt» wäre. Als ich wieder in Santo Amaro ankomme, startet gleich *procissão*, die alljährliche Reinigung des verstaubten Städtchens in einem flüchtigen Durchgang katholischer Heiligenfiguren. Von ganzem Herzen liebe ich den Anblick von Caetanos Mutter auf der Kirchentreppe, die mit demselben strahlenden Stolz, den sie ihrem Sohn geschenkt hat, auch der Exhumierung der vergoldeten Porzellanheiligen aus dem schützenden Mittelschiff beiwohnt. Er kommt ganz gewiß aus einem Caetano-Refrain, der Stimmungsmacher von gestern abend, der seinen Livebericht vom Abmarsch «unseres herrlichen São Bartolomeu, unserer Heiligen Frau der Plagen» per Mikrophon in die Menge schmettert. Jede Figur bekommt dieselbe bombastische Ansage wie Brasiliens größter Sänger am Vorabend, und zwar von ganzem Herzen – nicht mehr, aber auch ganz gewiß nicht weniger. Und ich denke wieder von ganzem Herzen an die letzten Worte, die mir der Heilige Caetano der Plagen mit auf den Weg gab, als Familie und Fans ihn wieder an sich zogen. «Ich kann nicht behaupten, daß wir in Brasilien ein natürliches Gleichgewicht haben. Vielleicht sind wir einfach in allem unbegabt, selbst im Berühmtsein.»

Musik beim Lesen:

ESTRANGEIRO – Caetano Veloso, *Elektra*
CINEMA TRANSCENDENTAL – Caetano Veloso, *Philips*
UNS – Caetano Veloso, *Philips*
CAETANEAR – Caetano Veloso, *Fontana*
MEMORY OF SKIN – Maria Bethânia, *Verve*
SIMPLESEMENTE – Maria Bethânia, *Polygram*
25 ANOS – Maria Bethânia, *Polygram*
BETHANIA, CAETANO & AMIGOS –
Maria Bethânia, Caetano Veloso, *Fontana*

Heiliger aller Buchten

Die Erlösung schwimmt nicht auf dem Trocknen in der Stadt des Erlösers. Salvador ist eine Hafenstadt, hier bildet das Wasser Anfang und Ende von allem. Deshalb bleibe ich noch über den 6. Februar, dem Namenstag Yêmaniá, die als Yoruba-Göttin der düsteren

Wandlungen, der Gezeiten und der Lockung die Rolle der Schutzheiligen Bahias innehat. In der Zwischenzeit stoße ich überall auf rituelle *lavagems*, Frühjahrsputzaktionen auf Kirchentreppen, Plätzen und in Hafendocks mit geweihten Wässerchen aus irdenen Vasen, die die Baianas auf ihren Turbanen tragen. Man weiß nie so genau, wann diese Putzkolonnen hereinbrechen. Eine wird durch Trommelschläge angefacht, eine andere durch den trappelnden Doppelgalopp von Ponys am Strand. Die Wasserträgergruppen werden von *maes de santos* angeführt, den Oberinnen der *candomblé*-Häuser – in dieser Stadt sind sogar die Putzer Gesalbte –, gefolgt von Nachwuchsschwestern und kleinen Eleventöchtern. Wie pausbäkkige Püppchen von einem anderen Planeten gleiten sie vorüber in ihren weiten, weißen Baumwollröcken, weiß wie das sterile Sommerlicht. Die mit Flieder- und Liliensprößlingen gefüllten rundlichen Vasen auf ihren Köpfen zeichnen die verborgenen Formen der Priesterinnen nach. Ihre Körper bleiben derweil luftige Geheimnisse unter den Lagen von Spitze, diesem reinsten Anblick in Bahia.

Sie werfen die Blumen fort und träufeln die Duftwasser auf die Schwelle des nächstbesten Gotteshauses, auch wenn es katholisch ist. Wenn der Monotheismus dann seinen animistischen Segen erhält, drängeln die Zuschauer nach vorn, um vielleicht auch ein Tröpfchen abzubekommen. «Tia! Tia!» gellt es aus aller Munde, «Tante! Tante!» Entrückte, zahnlose alte Weiber mit allwissenden Augen hinter Aschenbecherbrillen tun ihren Dienst als Flüssigkeitsspenderinnen mit großer Freude. Es liegt in ihrer Hand, wer von den Bittstellern nur mit ein, zwei Tropfen auf den Nacken bedacht wird und wer eine volle Ladung braucht. Dieweil verstärkt sich die Hitze immer mehr, und bald werden die in Spitze gehüllten Greisinnen von Feuerlöschzügen ersetzt, die wahllos in die Menge spritzen. Ganz Bahia nimmt eine Dusche in voller Kleidung. Und am Ende ergießt sich über jeden das Shampoo der Sündenreinigung.

Ich stelle mir die alljährliche Besänftigung der ozeanischen Launen Yêmaniás als Massenzeremoniell in der Hauptbucht vor, bei dem alle die Hosenbeine hochkrempeln und gemeinsam in die Bucht aller Heiligen waten. In meiner Phantasie sehe ich eine zarte und doch unversenkbare Flotille der Barmherzigkeit in See stechen – Papierboote, mit Kerzen gespickt und voll winziger, mit Bändern geschmückter Opfergaben, damit die festen, klitschigen Hände der Göttin etwas zum Auswickeln haben. Doch das ist nur wieder so ein feuchter Kolonialistentraum von mir.

Der Hauptakt findet vor einem Yêmaniá-Haus statt, einem Betonbau, schlicht wie eine Holzhütte an einer kleinen Bucht zwischen buntgemischten Baracken und trendigen Tanzklubs mit Namen wie «Rio Vermelho». Diesen Ort hat wohl ein Wahrsager aus einem Muschelhäuflein gedeutet. Der Strand ist zu klein, die Promenade zu klein, der Tempel zu klein, die Gegend zu klein für die hastig zusammengezimmerten *barracas*, wo sich die devoten Opfergänger mit gebratenen Shrimps stärken sollen, für die vielen Hofdamen des Meeresgeistes und das weniger erlesene Gewühl, das bei jedem unsanft provozierten Zusammenprall verschwitzter Rücken, derber Ellbogen und Gerüche in Wallung kommt. Liebe geht durch den Magen, heißt es bei uns. In Brasilien, so meine Feststellung, geht Liebe durch das Gedränge.

Alle paar Stunden schaue ich wieder beim Zeremoniell vorbei an diesem heißesten Tag meiner ganzen Zeit in Brasilien – die reinste Äquator-Backstube! Doch von Booten keine Spur, ich erlebe nur, wie Menschendichte und Alkoholpegel kontinuierlich steigen. Seit dem frühen Morgen singen die Priesterinnen unterm Strohdach ihres provisorischen Unterstandes. Ein paar ältere Frauen paffen Zigarren und trudeln dabei im Kreis, um sich in Trance zu versetzen. Die Schlange der Opferwilligen mit Geschenken für Yêmaniá erstreckt sich schon fast einen Kilometer weit über die Strandpromenade. Schwarze Frauen harren trotz Sonne in ihren besten Sonntagssachen aus, mit riesigen Blumensträußen vor den Brüsten. Mittlerweile könnte man die Strohbude schon fast mit einem Blumenladen verwechseln. Doch am Strand selbst tut sich scheinbar wenig, nur ein paar barfüßige Kinder mit Krabbennetzen sind zu sehen. Ein paar *candomblé*-Gemeinden mit von Meerwasser und Sand behafteten Rocksäumen nehmen einen labbrigen Spaghetti-Imbiß ohne Besteck.

Gegen achtzehn Uhr brauche ich schon eine Stunde für die knappen hundert Meter von der Küstenstraße zum Wasser, so enorm ist der Andrang. Tatsächlich werden Boote beladen, aber es sind nur mickrige Ruderkähne mit achtlos hereingekippten Blumenbüscheln. Abordnungen von Olodum und Ilê Ayê sorgen für eine lebhafte Geräuschkulisse aus vielen Gesängen und ein bißchen Trommelklang. Der Strand ist ein Minenfeld voll zerkrachter Flaschen, knautschiger Pappbecher und Blumen.

Bei nochmaliger Rückkehr zu einer etwas kühleren Stunde finde ich nur noch einige wenige Gläubige, die im Suff über den Strand torkeln oder am Horizont nach den Umrissen der vor langer Zeit losgeschickten Boote Ausschau halten. Ich habe gehört, die Stadtverwaltung muß eigens einen Wachtrupp auf See schicken. Wie nicht anders zu erwarten, schwimmen oder rudern Diebe hinter den Booten her, darauf erpicht, Yêmaniá die wertvolleren Stücke unter den Opfergaben wegzuschnappen. Und im dümmsten Fall spült die Flut den ganzen Ramsch wieder an Land.

Oben auf der Promenade sind derweil fixere Glücksspiele in vollem Gang und erfreuen sich größter Beliebtheit – eine Riesenparty mit lautem *lambada*-Sound aus allen Ecken. Die *barracas* platzen vor Kundschaft. In ihrer Verzweiflung bieten alle Straßenverkäufer dieselben *caipirinhas* und *caipiroskas* an, das sind Fruchtsäfte mit Wodka statt dem sonst üblichen *cachaça*. Kaum verdient sich einer einen *cruzeiro*, finden sich etliche Nachahmer ein. Die Kultur der Straße ist in Brasilien erstaunlich gleichförmig. Und das gilt nicht nur im Lande, nein, auch in Mexiko, Indien und anderswo sehen die Buden und Tricksereien nicht viel anders aus. Jedes Schild hat dieselbe Schrift, jede Speisekarte dieselben Speisen und Preise, jeder Taschentrick denselben unschönen Ausgang. Dieser Phantasiemangel ist im Grunde der deprimierendste Aspekt der Armut. So viele Millionen auf der ganzen Welt, und alle bequemen sie sich fast immer nur zur Nachahmung! Was haben die erdrückenden Mütter ihren großäugigen, übersprudelnden Töchterchen denn auch an Wissen zu vermitteln außer ein paar Schüsseln und auf Holzkohle erhitztem Fett? Der kürzeste Weg zum Überleben, das ist die einzige Schule für so viele, und am Ende lernen sie nur, wie steinig dieser Weg in Wahrheit ist. Wie lange wird es dauern, diese Welt aus dem vielfarbigen Sumpf der Selbsterhaltung zu befreien, wenn man jede Krabbenrösterin einzeln herausfischen muß? Ich fühle mich unweigerlich gelähmt von so wenig Helligkeit am Tag der Yêmaniá. Und dennoch, obwohl anscheinend niemand die Verantwortung hat, werden die entscheidenden Dinge doch gemacht: jeder Segen, jeder blitzschnelle Seitenhieb.

Irgendwie habe ich mich in die Suche nach einem imaginären Priester verstiegen, der die okkulten Geheimnisse hinter den ganz alltäglichen Abläufen in Bahia ganz speziell für mich entschlüsselt. Und irgendwie kommt mir da immer wieder ein Name in den Sinn: Geronimo. Dann erfahre ich, wo der einheimische Sänger zu finden ist – er hat einen ehrenamtlichen Bürojob in der führenden Kulturstiftung der Stadt, die den Namen des frühen bahianischen Dichters Gregorio Matos trägt. Schon der erste Blick erklärt die allgemeine Auffassung, wonach Geronimos Puls im Takt der Gegend schlägt. Mit dem klassischen Bürohengst hat er herzlich wenig gemein, wie er mit den Füßen auf dem Tisch an seinem Arbeitsplatz lümmelt. Auf dem lässig zur Seite gedrehten Schirm seiner Seemannsmütze steht «Capitano dos Pôrtos da Bahia» – eine Ehre, die Geronimo tatsächlich vom Hafendirektor verliehen wurde. «Ich bin ja auch ein Seemann, na klar!» grölt er. «In meinen Liedern geht's immer um die See!»

Geronimo ist der fleischgewordene Vagabundentyp aus Jorge Amados Romanen, der klassische verzauberte und bezaubernde brasilianische *moreno*. Er hat die übermütigen grünen Augen – die *olhos verdes*, wie sie in so vielen Liedern besungen werden – eines vom rechten Wege abgekommenen portugiesischen Schurken. Seine pechschwarzen Locken sind überlang, das schmuddelige Gesicht ziert ein Dreitagebart, und seine Haut hat eine blasse permanente Sonnenbräune. Auch ohne Mütze und messerscharfes Vokubular ist er ein echter Draufgänger, einer, der gar nichts dafür tun muß und es trotzdem macht. «Daß wir in Bahia die beste Musik haben, verdanken wir unserer Nähe zum Meer. Das ist der Grund. Die Seeleute bringen uns Sachen rüber, die man sonst nirgendwo im Land zu hören kriegt. Wir haben hier *salsa*, wir haben Jamaika, wir haben die Karibik und Europa.» Na so was, da muß mir aber eine Menge entgangen sein in den schäbigen Plattenläden von Salvador. «Wir sind alle Soundschmuggler, musikalische Schieber ...»

Selbstzufrieden lehnt sich Geronimo auf seinem Stuhl zurück.

«Weißt du, was unser berühmter Gregorio Matos, dieser Porno-Schreiber aus dem siebzehnten Jahrhundert, mal in einem Gedicht geschrieben hat? Bahia ist die Stadt, wo die Schwarzen einfach den Schwanz aus dem Fenster halten und lospinkeln! Und daran hat sich in den letzten dreihundert Jahren nicht viel geändert!» Solche «Negerwitze» kann man sich nur als Ehrenmitglied der schwarzen Gemeinde erlauben. «In meinem zweiten Leben bin ich der *Sarapigembe*, der Bote. Mein Auftrag ist die Bewahrung und Bewachung des heimischen Lebens, ich kümmere mich um die Gebetshäuser. Hast du bei Amado gelesen, was sich hier in den Dreißigern abgespielt hat? Die Soldaten haben die *terreiros* zugemacht» – die Gemeindezentren auf Hinterhöfen –, «weil die Leute da Aufrührer versteckt hatten. Die brasilianischen Kommunisten haben dort ihre Geheimtreffs abgehalten. Aber als die Polizei Schiß bekam, wurden sie von der Macht weggefegt! Xangó, mein *orixá*, hat mich zum Mittler zwischen dem geistlichen Leben und dem Leben auf der Straße bestimmt. Die Ahnen haben mich auserwählt. Deshalb muß ich immer alles über Bahia wissen. Als Künstler hab ich eine besondere Pflicht, ich bin ein Vorläufer, ich muß die Leute hinter mir herlocken!»

Ich nicke brav wie ein Frischbekehrter. «Jedes Haus hat seinen Rhythmus. Zum Beispiel den *afoxé*. Der klingt sehr beruhigend, wie Meereswellen. Eins war mir schnell klar – an der Hochschule lerne ich gar nichts über Musik. Da wollen sie einen nur vergessen machen, was man schon weiß. Wir haben in diesem Land kein bißchen von den Europäern gelernt. Das funktioniert bei uns einfach nicht. Außerdem waren die Portugiesen auch reichlich blöde. Die hatten das Land und das Geld, und den Rest haben die Schwarzen gemacht. Und von den Indianern haben wir auch nichts, nur *farinha*, unser Mehl. Brasilien ist nur eine Behausung, unser richtiges Zuhause ist Angola. Also bitten wir Jesus und Maria demütig um Vergebung, aber hintenrum beten wir wie wild zu unseren afrikanischen Göttern, daß sie für uns kämpfen!»

Ulkigerweise sieht Geronimo kein bißchen afrikanisch aus – aber genau das ist der Schlüssel zu Bahia, der Schlüssel zu Brasilien. Er redet wahrhaftig anders als ein Teenie-Schwarm, der in ein paar Stunden im Regionalfernsehen die Discohits von seinem neuen

Album vorsingt. Er lädt mich dazu ein, was mich sehr freut, zumal heute mein letzter Abend in Salvador ist. «Du kannst mir bei meiner Nummer zusehn, und anschließend zeig ich dir mal 'n paar Ecken, die noch kein Ausländer gesehn hat.»

Den freien Nachmittag nutze ich für einen Besuch bei einem jungen Percussion-Spieler, den mir Caetano Veloso ans Herz gelegt hat. «Wenn du den Geist des neuen Bahia suchst», hat er mir gesagt, «dann mußt du zu Carlinhos Brown.» Nur hat besagter Brown kein Telefon, und die Adresse nennt mir nur eine Straße auf der Anhöhe über einem Hausbesetzerviertel. Mein einziger Zugang zu dem gigantisch großen, aus dem Boden gemeißelten Becken im Zentrum der Landseite von Salvador ist eine steile, gewundene Sandstraße. Die Häuser sind überraschend elegant, mit großen Vorterrassen und schmiedeeisernen Toren, aber verkümmerte, unpassende Anbauten ruinieren überall das Bild. Ein Graben an der einen Straßenseite dient zugleich als Abwasserkanal. Jede plötzliche Überschwemmung könnte mühelos das ganze Viertel wegspülen. Das habe ich von meinem Interesse an dem vielversprechenden Komponisten der Top-Nummer von Caetanos umstrittenem, Metal-angehauchtem Album *Estrangeiro*! Ich lande ganz unten, in der chaotischsten Ecke der Stadt. Ist dieser Halbgeschoßbau aus Schlackstein, aus dem kleine Würmer glotzen wie aus einem durchgefressenen Schrank, wirklich der Wohnsitz dieses ominösen Mister Brown?

Ich finde das große Kind auf der anderen Straßenseite, wo er mit ein paar Jungs aus seiner Band das Sofa in einem Wohnzimmer okkupiert. «Hier drin wohnt meine Tante», klärt mich Carlinhos auf. «Eine tolle Frau. Setzt sich immer für die Musik ein.» Und hat einen Videorekorder, auf dem sie sich die Aufzeichnung einer Probe in einer Garage hier in der Nähe anschauen können. Carlinhos erklärt mir, wie er zu seinem Nachnamen gekommen ist: «Ich hab mal auf einer Party getanzt, und die Leute meinten: ‹He, du tanzt ja so brown.› Ich weiß nicht, ob die James Brown meinten oder ob sie mich anmachen wollten, aber ich hab mich für James entschieden.» Ein bißchen amerikanisch darf's bei Carlinhos schon sein. Trotz seiner beachtlichen Größe – mindestens einsneunzig, beziehungsweise zweifünf, wenn man die unverzichtbaren, fünfzehn Zentimeter hohen vertrockneten Rastalocken mitrechnet – ist er ein schüchterner junger Mann, dem seine selbstgenügsame Ausstrahlung gewiß nicht bei der Kontaktaufnahme hilft. Sein Grinsen zerrt die ohnehin extrem breiten Nasenlöcher und Wangen noch mehr in die Breite.

«Das ist unser *laboratório*», kommentiert er das Video. «Ist nur 'ne winzige *castanha*», was in Brasilien vor allem die Cashewnuß bezeichnet. Ich heuchle Anerkennung für die schiefen Versuche der Band, eine mißglückte Mischung brasilianischer Klänge mit Rockelementen. Nur allzu oft versacken dabei die brasilianischen Klänge unterm synthetischen Schlagzeugtakt, und die wohltuende Leitstimme der *samba* weicht einem schwulstigen Getöse. Doch je öfter ich das Video sehe, um so deutlicher wird bei mir der Gedanke, daß Brown und seine junge Truppe auf dem richtigen Weg sind. Ich erlebe die ersten wackligen Schritte eines neuen Sprößlings der universalen Popgattung, die wir heute als «World Beat» bezeichnen. Vielleicht beginnt Weltmusik immer an solchen heruntergekommenen Orten, solchen ungepflasterten *barrios,* wo Schweine und Gockel das Bild prägen. Carlinhos unterstützt den Eindruck mit seiner Auskunft: «Mit Bahia hat die Musik hier nichts mehr am Hut, das ist was für die ganze Welt.»

Um es denn auch soweit zu bringen, würde Brown zu gern in die besser entwickelten Gegenden dieser Welt Eintritt finden. «Natürlich wär die Aufnahme in den Staaten viel besser», entschuldigt er sich. «Da gibt's Fender-Gitarren, tolle Instrumente und technische Ausrüstung, jede Menge Musikhochschulen.» Nicht als erster Musiker hier malt Carlinho das Traumbild von einem nördlichen Musikerparadies, wo Leute wie er einfach so die Immatrikulation für die Julliard School of Music in die Hand gedrückt bekommen, gefolgt von einer Mitgliedskarte der Gewerkschaft und einem lebenslangen Arbeitsvertrag. Hat diesen Jungs denn keiner erzählt, wie viele bei uns vor ihrer Zeit gestorben sind? Von Bessie Smith, von Bix und Bird und Clifford Brown? Vom kläglichen Ende der meisten Jazz-Genies als abgewrackte Halbweltexistenzen, als Nachtclubschmeichler, Gangster, Obdachlose? Verglichen damit hat es Carlinhos Brown gar nicht so schlecht erwischt. Er muß sich nicht in einer Bude mit kaltem Wasser abquälen, er hat die Wärme seiner

Familie um sich. In einem mit Vorhängeschloß gesicherten Keller hat Brown einen Synthesizer, einen primitiven Computer und ein nagelneues Faxgerät gehortet. «Wir sind bereit für den Anschluß ans Netz!» ist sein Leitspruch. Und vor der Verflachung durch die moderne Technik hat er keine Furcht. «Ein *sambista* mit Computer ist immer noch viel besser als ein Computer mit *sambista*.»

Und weiter geht die Philosophiestunde: «Außerdem finden wir Brasilianer die Mischung von neu und alt, von schwarz und weiß immer am besten!» Für einen kaum Zwanzigjährigen ohne nennenswerte Ausbildung strahlen Carlinhos' Worte eine erstaunlich ruhige, eindringliche Überlegenheit aus. «Ich war von Anfang an für meine vier Brüder und sechs Schwestern verantwortlich. Ich hab sie gern um mich. Kennst du den Spruch: ‹Vor dem Samen kommt die Freude, nach dem Samen kommt das Kind›? Wenn Mestre Pintado, mein Nachbar am Berghang, nicht gewesen wäre, hätte ich wahrscheinlich nie mit der Musik angefangen.» Pintado ist ein seichter, aber sicherer *conga*-Spieler, den ich auf dem Friedenskonzert als Begleiter von Gilberto Gil gesehen habe. «Als ich grade mal sieben oder acht war, hat er mir den ersten Unterricht gegeben. Er hatte mich schon immer als seinen wahren Sohn angesehen. Und dann hat er versprochen, er schenkt mir meine ersten Trommeln, wenn ich schön fleißig übe.»

Jetzt führt er mich in einen dunklen Schuppen, der sich über die ganze Länge der ausladenden Vorderterrasse erstreckt. Wenn Trommeln im bahianischen Rassenkampf die Waffen sind, dann stehe ich hier vor einer riesigen Rüstkammer. Carlinhos sagt: «Für mich ist die Musik auf der rechten und der Rest der Welt auf der linken Seite. Die Musik ist eine Zeugin, kann man das so sagen? Sie klagt an. Sie kann Sachen sehen, die sonst niemand sieht.» Liebevoll streicht er über Bongos und *surdos*. «Angefangen hab ich auf einem Alu-Eimer. Ich glaube, jedes Stück Holz, jede alte Eisenschiene hat irgendwas zu erzählen. Es macht mir Spaß, solchen Sachen ihre Geschichte zu entlocken.» Habe ich denselben Knaben nicht eben noch als MTV-Rocker erlebt? Während der gewichtigen Worte von Carlinho sind ein paar Jungs aus der Gegend eingetrudelt. «Ich muß mich jetzt leider entschuldigen, aber meine Schüler kommen schon. Du dachtest doch nicht etwa, ich hab so viele

Trommeln nur für mich alleine? Nein, ich gebe fast jeden Abend Unterricht. Ich lebe gern hier, an meinem Geburtsort. Ich glaub, ich will niemals aus der Gegend weg. Wozu braucht man denn ein Auto, wenn man mit dem Bus überall hinkommt? Wozu braucht man schicke Tennisschuhe, um den Boden richtig zu spüren? Den spüren wir hier immerzu, weil wir keinen Asphalt auf den Straßen haben. In einem armen Viertel kann man so viel lernen.»

Mal sehen, ob er immer noch so redet, wenn er mit seiner Afro-Funkband die erste Vierzig-Städte-Tour durch die Staaten macht. Wir gehen auf die Terrasse und betrachten die ersten Anzeichen eines gespenstischen Sonnenuntergangs über dem Kesselrand, der uns von der Großstadt abtrennt. Ganz entspannt greift sich Carlinhos eine Gitarre aus einem Koffer und singt – ein bißchen, um vor mir und seinen jungen Bewunderern anzugeben – «Meia-Lua Inteira», «Voller Halbmond», eines der in Caetano Velosas Interpretation verbreiteten Lieder. In der Version des Komponisten klingt es rauher und ernster. «Eigentlich ist der Song nicht von mir. Er leiht sich nur meine Stimme», sagt er wie so viele brasilianische Musiker. Ich bin beruhigt bei dem Gedanken, daß die Zukunft der brasilianischen Musik in den Händen von Leuten wie Carlinhos Brown liegt. Vielleicht wird er elektrisch, vielleicht hockt er irgendwann in einer Strandvilla. Auf jeden Fall wird er nie die Gabe verlieren, dieses geheime Wissen zu vermitteln, er wird nie aus Bahias Lift ins Meer aussteigen.

Blitzschnell huscht Carlinho an ein *conga*-Set, und dann legt er ganz locker los, er verkündet das Tagesende mit einer geschmeidigen Trommelexplosion. Ein paar ältere Jungen lassen sich nicht lange bitten und stimmen mit ihren Trommeln in die Session ein. Das Gedröhn beschallt den ganzen Abhang, aber deswegen hält sich keiner zurück. Ein Rundblick über die Hüttensiedlung im Dämmerlicht eröffnet ein neues Geheimnis der musikalischen Größe: Nachbarn, die nicht die Polizei rufen, sondern eher ihre Trommeln rausholen und mit dazukommen.

Nur sehr ungern verlasse ich die trommelnde Klasse, aber ich muß leider, und Carlos hört extra für mich auf und angelt eine rostige, von Hand gelötete *agogô* aus einer Kiste, die klassische Doppelschelle, die den *samba*-Beat so wirkungsvoll macht. «Hier, die möchte ich dir schenken. Wir sagen hier immer, die *agogô* ist der Anfang von allem. Die *agogô* eröffnet den Weg. Nimm sie zur Hilfe, wenn du mit deinem Buch anfängst. Wenn du irgendwas Neues anfängst. *Vai que vem.* Komme, was wolle!»

Wieder am Oberrand der Ghetto-Schlucht angelangt, nehme ich mir ein Taxi für die Klettertour auf die nächsthöhere Klippe. Geronimo hat mir gesagt, er würde mich am Stacheldrahtzaun vor dem Fernsehstudio des Regionalsenders abholen, aber da kein Wachpersonal zu sehen ist, folge ich einfach den Dutzenden Teenager-Mädchen durch einen engen Gang in das einzige Studio, über dem rote Lampen den Sendestart anzeigen. Es geht gerade los. Geronimo ist der Stargast einer wöchentlichen Unterhaltungsshow, moderiert von einem Selbstdarsteller, der sich «Big Ben» nennt und mit seinen schiefen Zähnen und dem unverkennbaren Toupet wie ein Autohändler aus Cucamonga aussieht. Sein Hawaiihemd ist üppig mit Blumen gemustert, er kläfft in ein kleines Ansteckmikro an seiner Brust. Geronimo hat die Seemannsmütze abgesetzt und trägt jetzt ein knalliges Satinhemd mit einer smaragdgrünen Weste darüber, ein furchtbar schweißtreibender Aufzug unter den heißen Scheinwerfern – auch das ist leider unverkennbar. Die Musik ist ein abstoßendes Teenie-Gedudel auf Bahianisch mit hauchzarten afrikanischen Abklängen. Auch in den Texten finde ich keinen Hinweis darauf, daß dieser Mann ein Bote des Xangó ist. Die einzige Kamera schwenkt ständig von Geronimo auf vier unbeholfene Nachwuchsgirls in elastischen Trikots, die sich bei ihren verstohlenen Seitenblicken auf das eigene Nonstop-Gehopse im Monitor nie ihr nervöses Grinsen verkneifen können. Als Kulisse ihrer Cheerleader-Nummer dient ein mit schwebenden Luftballons und dem Bildnis des symbolischen Karnevals- und Frohsinnskönigs bei Rei Momo bemalter Vorhang. Geronimo hat meine Stimme für den Job – ein perfekter Routinier im Playback-Gesang, dieselbe mondblind-schelmische Ausstrahlung wie in natura. Auch die halbrunden Schweißflecken, die er bei jedem hohen Ton unter seinen Achseln entblößt, können seinem Zauber nichts anhaben.

Nach dem Auftritt ist Geronimo völlig abgeschlafft, und als er auf der Rückfahrt ins Zentrum mit seinem Manager den ersten Marihuana-Joint ansteckt, wird mir klar, meine Insidertour durch das nächtliche Bahia entfällt. Anscheinend fehlt dem Sänger heute abend die Energie zur Vorführung seiner übersinnlichen Kräfte. Ein bißchen von Sinnen ist er anscheinend wirklich, setzt er mich doch direkt am Stadtlift ab, und der Mercado Modelo verwandelt sich abends vom Showkampfplatz der *capoeiristas* in eine kriminelle Gefahrenzone. Aber gegen einen letzten Blick auf die Sterne überm Wasser ist ja nichts einzuwenden. Die schnelle Talfahrt führt mitten in die unvergänglichen Elemente, die diesen Landepunkt geprägt haben. Ein paar Fischer flicken noch die Netze in ihren primitiven Einbäumen, ich sehe ihre weisen, fleckigen Gesichter unter den Strohhüten. Passagierdampfer kehren von Vergnügungsfahrten ins nahe Itaparica heim. Salvador reckt sein fettes Kinn in die inselreiche Bucht aller Heiligen, es wirft sein Netz nach Metaphern aus, rührt seine Trommeln nur, um gegen die übermächtige Stille des Meeres anzukämpfen.

«Der Bruder ist Musiker. Bleib schön bei ihm, du weißt ja, als Ausländer kriegt man hier leicht was ab.» Mit diesen Worten übergibt mich Geronimo in die Fürsorge eines spindeldürren Jungen mit zerzausten Haaren, der einen Schritt weiter – na so ein Zufall – im Mondlicht an einen Chevy gelehnt steht.

«Das kannste dem Geronimo ruhig glauben. Hier muß sich jeder vorsehn.» Der schwungvolle Gang meines Begleiters macht mir klar, daß er auf mich gewartet hat. «Alter, ich komm aus Surinam, ich muß das wissen. Da ist geistmäßig schwer was los. Da gehn wir in die Wälder und kämpfen mit den bösen Geistern. Sieben Jahre mußte meine Mutter warten, bis sie mich gekriegt hat. Sieben ist die Zahl. Sieben Jahre hat sie für ein übersinnliches, musikalisches Kind gebetet. Deshalb mußte ich nach Salvador. Wir waren in unseren früheren Leben alle schon oft hier.» Es überrascht mich nicht, als er hinzufügt: «Kriegste das auf die Reihe, Alter? Ich hab die Stadt schon im Traum gesehn, als ich noch gar nicht hier war...»

Musik beim Lesen:

RITUAL BEATING SYSTEM –
Bahia Black: Carlinhos Brown and Others, *Axiom*
DANDA – Geronimo, *Continental*
AXÉ BRASIL! – Sampler, *World Pacific*

SAMBA VON AUFSTIEG UND FALL

In der ersten Jahrmillion formte sich eine Bucht aus schwarzem Sand an der Mündung des Dschungel-Nebenstroms. Tags darauf kam er flußabwärts, das umgekippte Kanu fest umklammert. Wäre er nicht am hinteren Ende der Bucht gestrandet, hätte er ins offene Meer hinaustreiben können. Soweit der inoffizielle Bericht vom Anbeginn.

Am zweiten Tage baute er Wälle aus Morast um das Wort «Entdeckung». Als die Eingeborenen ihn mit Papaya-Salven aufhalten wollten, gab er ihrem Stamm den neuen Namen «die Spielverderber». Wieso mußte überall schon jemand vor einem dasein? Er wollte eine Welt, auf die noch kein Mensch seinen Fuß gesetzt hatte, eine Welt ohne Mütter, ohne irgendeinen Anbeginn vor diesem. Zum Friedensschluß übertrug er den Spielverderbern den vollen Anspruch auf all seine fixen Ideen. Seine durchnäßten Unterhosen machte er zur immerwährenden Grundurkunde der Bucht und lieferte eine Verkündigung, an der er die ganze Nacht geübt hatte. Alles Große, so sprach er, beginnt mit einer Rede an uns selbst.

Am dritten Tage gewahrte er einen fernen Flecken im Sumpfland, wo er geschlafen hatte. Diese wunderbar leichte, glatte Torffläche, diesen so vielversprechenden Flecken, nannte er *praça*. Den Pfad zur Morgenwäsche nannte er «Avenida do Rei». Den Pfad zum Abort nannte er «Rua Dom Pedro Joaquim da Silva Pereira». Wie gut, daß er wenigstens den Namen des Königs noch wußte, wo ihm schon sein eigener entfallen war. Kultur, so sprach er, ist nichts weiter als ein lebenslanger Gedächtnistest. Am späten Nachmittag bestieg er zur ersten Erkundung die Klippe, skizzierte seine groben Vorstellungen vom Hauptplatz, wohl darauf bedacht, daß auch Eisbuden und ein Shinto-Schrein ihren Platz fanden.

Einen Haufen verstreuter Zwiebelschalen bestimmte er zum

Baugrund seines Stadtmuseums. Die vage Landkarte in seinem Hosenbund wäre das erste Ausstellungsstück. Als Stützbalken für das Museum hackte er zwölf Totempfähle ab, so stiftete er das Fundament der ersten steuerlich absetzbaren Stiftung. Er streute ein paar Rispengrassamen aus, die ihm auf einem anderen Kontinent in die Tasche geweht waren, und gab seiner jungen Wiese den Namen «Seeblick-Park». Alle gefräßigen Wesen, die sich dem Gras näherten, tötete er. Er hatte Angst vor dem Getier aus dem Busch. Im Davonlaufen gab er ihnen Namen. Er machte sich schon Gedanken über einen Zoo.

Am vierten Tage erfand er sich eine Stadtbevölkerung. Auf einem Dampfschiff kamen sie an, schwer erschöpft, die Gesichter mit Kakaopulver aus dem Schiffsspeicher bestäubt. Er fand es eine nette Geste, die Pässe persönlich abzustempeln und so die berühmten Anwälte zu entlasten. Er überlegte, wie er mit ihnen Geld verdienen könnte, bis ihn einer nach dem Duty-free-Shop fragte. Zu jedem Stadtbürger gehörten ein Satz Golfschläger, ein Fortgeschrittenen-Zeugnis in Muschelaushöhlung sowie eine Hundemarke (noch ohne Inschrift). Alle waren rundum versichert und fest unter Vertrag. Sie waren große Kosmopoliten. Das heißt, kaum einer hatte Erinnerungen an seine Ahnen, die weiter zurückreichten als bis zur Zahlung des letzten Taschengeldes.

Als erste Verordnung der Stadt versprach er allen den Tod, die keine Nachkommen zeugten. Drum taten sie es alle ohne viel Gegrunze im Schutze der Berge. Am Abend wurde das Staatliche Muschelexportkartell gegründet. Neben dem Weltmonopol in Konfetti sollte dies die einzige Industrie bleiben. Er kam in den Aufsichtsrat, aber seine einzige Pflicht lag im Erinnern.

Am fünften Tage zog er Linien, damit die Menschen auf der anderen Seite leben könnten. Er fühlte sich auf beiden Seiten nicht wohl, deshalb spreizte er sein Schloß über alle Abschnitte, die er geschaffen hatte und jemals schaffen würde. Zwischen den Netten und Garstigen, den Siegreichen und Muschellosen. Falls die Stadt irgendwann eine U-Bahn bekäme, verliefe sie durch seinen Keller. Er stellte Gepäckaufbewahrungsschränke mit Münzschlitzen darin auf.

Am sechsten Tage entstand an der Rua Dom Pedro eine öffentliche

Latrine, aber sie erwies sich als zu klein. Er vergrößerte sie und baute sie zu einem Gefängnis um. Dazu kam ein Gerichtsgebäude. Er zog eine Linie vom Gericht zum Gefängnis und nannte sie «Straße der Freiheit». In dieser Stadt herrschte große Freiheit, sogar verfassungswidrige Zügellosigkeit, aber eine neue Straße festlegen, das konnte nur er. Das Rathaus diente nebenher als Bingo-Salon. Er unternahm die erste Volkszählung, indem er selbst die Bingo-Karten ausgab.

Am siebenten Tage wurde das Massageverbot aufgehoben (außer bei Leuten, deren Nachnamen mit dem Buchstaben ‹n› aufhörten). Wer zehn Stempel auf seiner Bingo-Karte hatte, bekam den elften gratis. Am hinteren Ende der Bucht entstanden ein strohgedecktes Bordell und eine Strecke für Seifenkistenrennen. Die Arbeitnehmer durften fünfzig Prozent ihrer Vergütungen in zinstragenden Muschelkonten festlegen, auf daß sie eines Tages die Bucht zurückkaufen könnten. Dann wurden im Namen der Gleichheit alle Vergütungen verboten. Außerdem verbot er Mieten, Cocktailsauce, Kaffeemaschinen, Eifersucht. Er schloß die erste Bank und eröffnete das erste Leihhaus. Alle Bürgerinnen und Bürger erhielten das untilgbare Recht, ihre Wollhosen zu verpfänden. Er druckte die erste Postkarte, ein Bild der *praça* bei Sonnenuntergang. (Bis zum zwölften Tag gab es keine Sonnenuntergänge.)

Im ersten Restaurant war er der erste Koch, bis er zur ersten Kellnerin wurde. Mit der Möglichkeit, auswärts zu essen, schuf er einen Nährboden für ansteckende Krankheiten. Die Pest steckte schon in den Vorspeisen, aber er hatte nun einmal Hunger. Das auf Pontons im Wasser errichtete Krankenhaus trieb dahin, bis es steckenblieb und seine Zusatzrolle als Staudamm antrat. Das elektrische Licht wich dem Fackelschein. Die Kranken wurden seekrank.

Der achte Tag war sein größter. Die Nachfrage nach Muscheln war riesig, und er aalte sich tief im Traum. Er baute die erste Gedenkstätte mit einer originalgetreuen Nachbildung seines umgekippten Kanus. Er machte alle Möwen zu Aquarellmalern und alle Schachspieler zu Pelikanen. Er gründete einen Duty-free-Shop (endlich!), eine Sporthalle und eine Seilbahn, wobei die Reihenfolge nicht verbindlich ist. Sämtliche Wohnhäuser wurden hinter die Klippe verlegt, damit ihn das Schnarchen nie mehr nerven könnte. Und alles hielt ohne einen Nagel zusammen.

Inzwischen war genug Zeit für die alkoholische Gärung verstrichen – der erste Schnaps war da, dank eines Geheimrezepts der Spielverderber gebraut aus den Früchten eines kiefernartigen Gewächses, das nur im Stadtgebiet wuchs. Kein Ortsname hat mehr Bedeutung, so sprach er, als der Name seiner Droge. Deshalb schnitt er allen Schnapsbrennern die Zungen heraus. Als Begleitung zu dem neuen Getränk erklang ein eigenwilliger Taktschlag auf den Rippen von Bananenblättern. Für einen ganz, ganz winzigen Moment sang jemand eine Ballade, ein spontanes Lied, das die unverwechselbare Sehnsucht des Ortes perfekt zum Klingen brachte.

Die Rua Dom Pedro wurde mit Muschelkies ausgestreut. Siebzig vorzügliche Techniker starben an Überarbeitung. Nichtsdestotrotz wurde aus dem Gefängnis das Sozialamtsgebäude. Die Ambulanz für Geisteskranke eröffnete in Kopplung mit einem französischen Straßencafé unter einheitlicher Geschäftsführung. Der Platz quoll über vor rotem Laub, die Blütenblätter fielen in Reih und Glied. Die Bäume waren von Straßen gesäumt.

Am neunten Tage bevölkerten neue Einwanderer den Hafen, in ihren Händen die Postkarte mit der Fotodämmerung. Er tauschte aus, immer einen frischen Arbeiter gegen einen verbrauchten. Die verbrauchten Frauen wurden als Bibliothekarinnen eingesetzt, genau wie überall. Er hob einen Graben aus, der ihm jedoch kein Gefühl des Umschlossenseins verschaffte. Er mixte Bezirksaufteilungsgesetze und Unsittenkodex, bis beides einen Sinn ergab. Er führte die Handelskammer an, die sich immer am FKK-Strand traf, aber mangels Teilnahme nie beschlußfähig war. Seiner Bürgerschaft standen jetzt drei Lokale, sechs Freudenhäuser und eine Mineralquelle zum Durchradeln zur Verfügung. Die meisten gingen allerdings zu Fuß, und kaum einer bat um ein Handtuch. Die Dichter versammelten sich im Sozialamt und verfaßten Oden auf den einzigen Fluß, erschaut von der einzigen Brücke. Schädlinge fraßen alle Palmen vom Küstenstreifen weg, so daß der Horizont nun noch dramatischer wirkte. Der Zoo bekam seinen ersten Käfig, gespendet von der Hilfsgarde der Mutter Gottes. Sein Werk war beinahe vollendet, bis auf einen Touristenführer und ein Stück Rinde vom Kanu. Die Spielverderber servierten Appetithäppchen und waren gegen alles.

Am zehnten Tage ergab seine Zählung einen deutlichen Rückgang gegenüber jüngsten groben Schätzungen. An der Börse in Antwerpen purzelten die Muschelpreise in den Keller. Die Lagerhäuser am Hafen wurden in Geschenkläden umgewandelt, dabei gab es gar keinen Feiertag zum Schenken. Mehrere Filme wurden vor Ort gedreht, aber alle ohne Mord und somit zum Scheitern verurteilt. Die Taxis wurden taub, ihre Fahrer blind. Das Transportproblem war niemals so groß, wie einige Leute behaupteten. Die Netten schlossen ein Bündnis mit den Garstigen, aber sie wurden sich nie einig, was sie in wessen Namen fordern sollten. Sogar die Shanghai-Chinesen packten ihre Koffer. In einem Akt der Verzweiflung schuf er das erste Ladenschaufenster, aber die Modepuppen sahen zu alt aus und die Mode zu neu.

Am elften Tage machten Gerüchte von einer Bestechungsaffäre in der Fischereibehörde die Runde. Hygieneinspektoren fanden Ordnungswidrigkeiten in seiner Schloßküche. Das Museum hatte jetzt donnerstags geschlossen, wegen Geschichtsmangel. Sprühfarbe kam auf, und mit ihr die separatistischen Volksgruppen. Jedesmal, wenn er in der Bucht schwimmen wollte, verhöhnten ihn die Rebellen wegen seiner unflexiblen Boxershorts und wer-weißwieso. Er hörte, wie sie ihn den barmherzigen Hausmeister nannten. Ganz recht, sprach er da, ich habe von meinen Bürgern niemals mehr verlangt, als daß sie selber die Ersatzschlüssel machen. Darauf senkten sie die Köpfe und paddelten von dannen, und er schoß ihnen eine Salve aus zehntausend Briefmarken hinterher. Das Große Schmollen, eine Gedenkausgabe.

Am zwölften Tage wurde seine Stadt zur Auktion freigegeben. Sein Schloß kam für ein halbes Dutzend Venusmuscheln unter den Hammer. Hatte er doch immer gewußt, daß die Garderobenschränke irgendwann mal zu was gut wären. Die Spielverderber könnten nie zu irgend etwas gut sein. Die *praça* wurde von den Geschwistern Maryknoll gepachtet, das Bordell zum Wildreservat erklärt. Alles wird einem irgendwann über, verkündete seine letzte Verkündung, sogar der Trübsinn. Doch nichts ließe sich in die ursprüngliche Unordnung zurückversetzen. Es gab keine Pläne mehr vom Originalzustand. Er packte das Museum in eine modrige Truhe und reihte sich, die Bingo-Karte startbereit, seine Identität verborgen durch einen Kranz wilder Zwiebelschalen, in die Warteschlange für das nächste Dampfschiff stromaufwärts ein.

▲

NORDEN

Die Wirtschaft kommt gut voran,
das Volk nicht so gut.

General Emílio Medici,
Expräsident von Brasilien

Karnevalskenntnisse

Ein Pendlerzug in die Urzeit, könnte man sagen. Im Mittelgang vom Waggon der Stadtbahn in Richtung Recife / Zentrum drängelt sich ein Amazonas-Stamm. Ein künstlicher Kriegertrupp mit ledernen Lendenschurzen, Fellarmbändern und Kopfschmuck aus Federn. Manche können ihre mit nachgemachten Mokkasins beschuhten Füße partout nicht stillhalten und brechen in einen Kriegstanz aus. Andere fachsimpeln über ihre Körperbemalung. So viel nackte Haut, und doch läßt niemand ringsum eine Spur von Verlegenheit erkennen. Der paradoxe Anblick ruft auch keine Kicheranfälle hervor. Zusammengebundene Pfeile und Bögen in Miniaturausführung klickern im ratternden Takt der Waggonräder. Nur ein paar wenige Fremdlinge – ein überarbeitetes Hausmädchen, immer noch in babyblauer Schürze, und ein paar Reisende mit karierten Billigkoffern – stören die Wirkung dieser Massentäuschung im Massenverkehr. Das ist ungefähr so ein Anblick, als würden auf dem Times Square überall nur Apachen herumlaufen.

Wer verrückt genug ist, am ersten Karnevalsabend in eine brasilianische Stadt einzureisen, darf sich nicht wundern, wenn er in einem von den Insassen beherrschten Irrenhaus landet. Die Wurzeln des brasilianischen Karnevals liegen in den *entrudos*, den ruppigen Straßenspielen, bei denen sich die Kolonialisten Wachsgeschosse mit Urin und anderen ekelhaften Flüssigkeiten an die Köpfe warfen. Später setzte sich Konfetti als stark gemilderte Variante der Stinkbomben durch. Die schwarzen Sklaven begingen zunächst eine sehr simple Nachahmung des Festes vor der Fastenzeit – sie machten einfach tüchtig Lärm und lockerten die Kleiderordnung. Fast dreihundert Jahre sollten vergehen, bis sich der Karneval endlich aus dem europäischen Adelskorsett befreite, und doch war er immer eine Hochphase des Klassenkampfes, ein Racheakt an der Wirklichkeit. Was mich so erstaunt, ist die Entspanntheit, mit der ein ganzes Volk hier vom Mondänen ins Theatralische wechselt, die Bestimmtheit beim Wandel von der inneren Realität zur äußeren Mythologie.

So wäre das in keinem anderen Land denkbar. Wenn doch, wäre Brasilien überflüssig. Nie kann ich meinem Idealbild vom glittergeschmückten Brasilien näherkommen als bei dieser Anreise zwischen Recifes *caboclinhos* – so nennt man die stampfwütigen «Indianer der Nacht». Freilich sind diese Mitpassagiere nur ein winziger Vorgeschmack auf die Feierlichkeiten, die feuriger und weniger kommerzialisiert sein sollen als in Rio oder Bahia, den beiden anderen Karnevalshauptstädten des Landes. Als der Zug endlich die steile Bergabstrecke in die Stadt einschlägt, sehe ich gleichförmige Wohnblocks vor den sanften Konturen der Meeresküste, deren strahlendes Weiß sich gegen kohlrabenschwarze Gewitterwolken absetzt. Recife ist keine proletarische Wachstumsstadt, sie ist ein amphibisches Monstrum. Ein Atlantis mit Einkaufszentren! «Hej-sie-fie» wird ihr Name ausgesprochen, abgeleitet von der Bezeichnung für den Schilfgürtel im offenen Meer, der die Bucht schützend umschließt. Hier liegt seit etwa 1530 der Haupthafen der Provinz Pernambuco. Ab 1631 griffen die Holländer nach der heute viertgrößten Stadt des Landes und hielten sie bis 1654 besetzt. Drei Millionen Recifenser, so die letzte Zählung, schaffen hier eine Anhäufung von Reichtum und Arbeitskraft, wie sie in beiden Richtungen an der Küste Lateinamerikas tausende Kilometer weit ihresgleichen sucht.

Unter den Schienen erstreckt sich ein gigantischer Sumpflandstreifen um die vagen Grenzen des Zentrums, vollkommen okkupiert von den *favelada*, Barackenvierteln, die sich hier ganz anders als in Rio nur horizontal ausdehnen können. Aus zersägten alten Werbeflächen haben sich viele der Arbeitssuchenden vom dürregeplagten Hinterland ihre viereckigen Hütten gebaut. Auf einer gewellten Seitenwand erkenne ich direkt über der Tür das L von Lulas Werbeposter mit dem Slogan «Lula Là!» («Rein da mit Lulá!»). Die blaue Sternenschar der brasilianischen Nationalflagge – für jeden Bundesstaat ein Sternchen, allerdings hierzulande bunt verstreut wie die Milchstraße – übersprenkelt eine zum Dach umfunktionierte Fläche. Die Besetzersiedlungen von Recife sind riesige Collagen, Zersetzungsparolen, zusammengewürfelt aus Wortbausteinen wie «Estado» oder «Banco», dazwischen die Nase von Präsident Collor oder der Slogan irgendeines korrupten *governador*, leere Politikerversprechungen, die in der Zerlegung doch noch zu etwas nütze sind.

Weiter draußen die Überbleibsel des alten Hafens, gespickt mit Kirchtürmen der Kolonialzeit, auf einem großen Verbund von tränenförmigen Inselchen mit Meeresfingern dazwischen, die Recife einst den unzutreffenden Titel des südamerikanischen Venedig einbrachten. In unserer modernen Weltsicht steht Recife in einer Reihe mit Mombasa, Tianjin, Karachi – die Reihe monströser Geschwüre der Unterentwicklung. Wie alle genannten Städte macht sie deutlich, daß sich die Dritte Welt heute vor allem in urbanen statt in ländlichen Räumen abspielt. Zugleich rangiert Recife als Kulturhauptstadt des Nordostens – Brasiliens fromme, staubige Trockenzone, so arm an Gütern, wie sie an Folklore reich ist. Dieser dampfende Magnet zieht große Meister der primitivistischen Kunst an, die Viehtreibern und gottesfürchtigen Katholiken der Region in fesselnden schwarzweißen Holzschnitten ihr Denkmal setzen. In Recife trifft man auch Betreiber der *literatúra de cordel*, der Kettenliteratur. Das sind umherziehende Geschichtenerzähler, die in naiven Pamphleten ihr Loblied auf heldenhafte Liebhaber und Banditen des Hinterlandes zum Vortrag und auch zu Papier bringen. Ebenso saugt die Stadt natürlich die größte Zahl ehrgeiziger Anbeter der vielen Musikformen des Nordens aus der Provinz an. Die Brasilianer assoziieren Recife unweigerlich mit *maracatu*. Dieses Wort steht sowohl für einen wilden Rhythmus als auch für ein mythisches Wesen, beides vor allem von den schwarzen *mulato*-Hilfsarbeitern ins ländliche Pernambuca verbreitet. Außerdem gibt in Bahia jeder gerne zu, daß die Elektrotrios ihren musikalischen Lebenssaft aus dem Lieblingsbeat von Recife ziehen, dem *frevo* («fräjwou»), abgeleitet von «frevar», «erregen».

Das Erregende am Karneval von Recife sind die vier vollkommen unterschiedlichen Gesichter Brasiliens, die diese Stadt zeigt. Am meilenweiten Strand im Süden staffeln sich die Luxusvillen des Viertels Boa Viagem wie ein steinernes Vermächtnis des «Wirtschaftswunders» der siebziger Jahre. Im *centro* mischt sich protziger Modernismus mit ödem Art déco, und die dichtgedrängten Sonnenschirme auf den Märkten können die üppige Früchtevielfalt kaum vor der Hitze schützen. Weiter landeinwärts geben karge Dörfer im halbverdorrten Hügelland eine Kostprobe vom riesigen nordöstlichen «Hinterland». Und wem das alles noch nicht genügt, dem empfehle ich Olinda, eine der alten Provinzhauptstädte Brasiliens und außerordentlich gut erhaltenes Relikt der Kolonialepoche in vom zwanzigsten Jahrhundert abgeschotteter Lage auf einer Landzunge nördlich der Großstadt. Olinda ist ein legendärer Karnevalsschauplatz, nicht minder legendär als Rio, und in seinen schmuddeligen Kneipen und hochwandigen Wohnhäusern haust die größte Gemeinde von Künstlervolk und anderweitigen Faulenzern in diesem faulen Staate.

Von den karnevalistischen Offenbarungen dieser so unterschiedlichen Welten fällt den *caboclinhos* heute die geringste Beliebtheit zu. Zwar verwandelt sich die Innenstadt in ein riesiges Wigwam unter freiem Himmel, doch die stolzen Stämme ziehen an halbleeren Tribünen vorbei. Nur ein paar Alteingesessene haben ihre Klappstühle am Bordstein aufgebaut, um das Defilee aus nächster Nähe zu erleben. Ein Kampfrichter blökt unablässig trällernde Ansagen in ein Megaphon. Er hat alle Mühe, Ordnung in das Indianergewühl zu bringen – und selbiges gilt wohl auch für die Entscheidung, welchem Stamm die Siegerkrone für das urtümlichste Gesamtbild gebürt. Teenager vom Lande hopsen barfuß über den Asphalt der Großstadt, wedeln mit ihrem Federschmuck, der sich zu prächtigen Schwingen fügt. Immer auf exakten Gleichtakt bedacht, spannen und lockern sie die Bögen mit den daran befestigten

Minipfeilen. So werden hier nicht Schwerter zu Pflugscharen, sondern Schußgeräte zu Musikinstrumenten.

In einem Land, wo die endlose Wildnis von alters her verfolgte Menschen vor ihresgleichen schützt, ist die Identifizierung mit den Wilden nur allzu verständlich. Im Schulterschluß mit den Verlierern der Geschichte gestehen die Menschen offen zu, daß ihr Land seine teuersten Schätze verloren hat. Dennoch folgen immer weniger Menschen dem alljährlichen Ruf zur Rückkehr in die heimatliche Urwelt. Die Krieger von Pernambuco sind aus der Mode, verbraucht, wie die Ritter des Kolumbus. Der moderne Brasilianer verkleidet sich lieber als Michael Jackson oder Saddam Hussein oder verbirgt doch auf jeden Fall seine amazonischen Wurzeln, egal welches Niveau die Verschleierung erreicht. Vergessen wir nicht, daß der Karneval in seiner heutigen Massenform erst mit der Gründung der *samba*-Schulen in Rio seinen Anfang nahm, also vor kaum siebzig Jahren. Folglich sind ihm alle Launen des zwanzigsten Jahrhunderts mitgegeben. Die Wirtschaftslage, die Medien, neumodische Stoffe und Trends nehmen alle ihren Einfluß aufs kollektive Unterbewußte, das hier zum Ausbruch kommt. Brasiliens große Party floriert mit Traumgeschwindigkeit, springt flink und wirr durch die Phantomwelt wie wir in unseren verrücktesten nächtlichen Phantasieausflügen. Sobald eine Metapher nicht mehr richtig anspricht, ist sie für den Karneval so gut wie tot.

Heute ist das anti-institutionelle Massenforum die größte aller Institutionen, ein langes verlorenes Wochenende, dessen Rausch ein ganzes Jahr der Planung erfordert. Polizeiketten, Plakatkleber, Umzugsordner, Verkehrsumlenker, Kraftfahrer, Verkäufer und Straßenfeger – alle arbeiten sie doppelte Schichten, alle gehen auf in der Mammutorganisation im Dienste des am Ende doch so organisationslosen Festes. Für diese kurze Zeitspanne zieht endlich einmal produktive Arbeit ein und führt das Zepter Hand in Hand mit der dionysischen Symbolfigur König Momo. Was kein Diktator in Brasilien geschafft hat, schafft der Karneval locker – auf einmal fahren alle Busse pünktlich.

Das einzige leicht befremdliche Anzeichen am Samstagmorgen vor dem Fest ist die gespenstische Leere auf den Straßen rund um meine Unterkunft. Vielleicht liegt das daran, daß unzählige Brasilianer ganz gegen alle Klischeevorstellungen die Beine in die Hand nehmen und aus der Stadt flüchten, wenn sich das zügellose Gewühl ankündigt. Entflammtere Recifenser sind hingegen längst zum Galo de Madrugada ins *centro* aufgebrochen, dem Eröffnungsritual, das seinen Namen von einem unhaltbar krähwütigen Hahn hat. Der erste Umzug aus motorisierten *frevo*-Bands führt abartigerweise durch die engsten und verstopftesten Seitengassen der Speicherstadt von Recife. Das erinnert mich an das Spiel, bei dem sich möglichst viele Leute in eine Telefonzelle quetschen müssen. Eine Schlagzeile des Tages – groß genug, um den thermonuklearen Holocaust zu verkünden – legt die diesjährige Besucherzahl schon mal auf über eine Million fest. In der siedenden Hitze kommt es mir eher vor wie zehn Millionen.

Wer wollte all die Zaungäste mitzählen, die wie Angler beinebaumelnd auf den Balkons sitzen? Die halbnackten Menschentrauben auf allen Dächern? Was für ein Blutbad könnte ein einziger Scharfschütze in diesem Getümmel anrichten! Doch zum Glück klettern die Leute hierzulande nur in die Höhe, um ihren wilden Hüftschwung ein bißchen näher bei Gott zu praktizieren. Vor mir laufen panikartige Szenen ab wie beim Freilauf der Stiere im Pamplona. Nur daß hier jeder als wildgewordener *bicho* herumwütet, was im Brasilianischen eher ein Untier bezeichnet. Dabei schwingt eine Mischung aus Abscheu, Respekt und Selbstbekenntnis mit. Hitze von allen Seiten, in allen Varianten, und die einzige Erfrischung verschafft ein wahlloses Gesprenkel – deutlich verwandt mit dem traditionellen Brauch der *entrudos* – aus Schläuchen, Benzinkanistern und Wasserballons. Wo sich alle zusammen schmutzig machen, muß auch zusammen geduscht werden. Alle sind bis auf die Unterhosen durchnäßt, Scherzbolde nutzen den Effekt und verstreuen ihren Feenstaub aus Maniokmehl-Säcken. Ein riesiger Hühnerhaufen entsteht, zum Frikassee bereit, kaputt von den Haarwurzeln bis auf die Tennisschuhe. In der verkehrten Welt Brasiliens braucht niemand schwarze Schminke, aber eine Massenbleichung ist immer *de rigueur*.

Am Abend verstopft eine völlig neue Camperfront die Strandpromenade in Boa Viagem. Brasiliens längster Stadtstrand dient als Kulisse einer amphibischen Masseninvasion von unvorstellbaren

Ausmaßen. Die entlang der Küste aufgereihten schwarzen Wagen der Musikgruppen stemmen sich wie Bollwerke gegen die Flutwelle aus barfüßigen Feiernden. Meilenweit erstreckt sich auch die Kette der Imbißstände. Hier tobt eine heiße Schlacht zwischen Hot dogs in blubbernder Tomatensauce, Tintenfischspießen, Wagenladungen frischer Kokosnüsse und mürber, trockener Pfannkuchen, zubereitet von *tapioqueiras*. Ganz ähnlich dem bahianischen Barra ist dieser überwiegend mittelständische Bezirk der Hauptschauplatz der närrischen Latino-Explosion. Dabei geht es so stürmisch zu, daß die noblen, in bizarrer Rechtwinkligkeit angeordneten Eigenheime am Strand in ihren Grundmauern erzittern. Ein öder Bezirk übrigens – Balkons glotzen im wesentlichen auf andere Balkons. Wie die ganze Wohlstandswelt des Landes ist auch Boa Viagem ein wackliges Betonkartenhaus mit akuter Einsturzgefahr.

Die gigantischen fahrbaren Krawallpodeste der Livebands sind eine weitere Erinnerung an Salvador. Nur hat hier der *frevo* das Monopol als Herzpumpe der Menge bis knapp vorm Infarkt. Das martialische Rattatta der Schnarrtrommeln hetzt die Bläserbegleitung über Schnellschritt und Sprint hinaus in ein unermeßliches Tempo. Wie auf einer musikalischen Achterbahn schlagen Trompeten und Posaunen ihre atemberaubenden Kapriolen. Der traditionelle *frevo* ist der echteste Partysound des Landes, übermütig und dreist, ständig auf Abwegen in wilde Halbtongewitter. Es gibt auch einen offiziellen Tanz dazu, der hier aber offenbar keinen großen Anklang mehr findet, eine Art hopsigen Holzschuhtanz, bei dem die Akteure zierliche Sonnenschirmchen hin und her wirbeln. Dieser ausschweifende Einsatz von Schirmen und Bläsern knüpfen enge Bande zu einer anderen afroamerikanischen Ausdrucksform, die uns als Dixieland bekannt ist. Der Karneval von Recife ist wohl der engste Verwandte des Mardi Gras in New Orleans.

Unweit vom Patio São Jose, den ältesten Treffpunkt im *centro*, wo sich heute die handgemalten Ladenschilder restaurierter Geschäfte aneinanderreihen, bekomme ich jedoch einiges zu hören und zu sehen, was man am ganzen Mississippi vergeblich suchen würde. Abgelatschte Fußgängerzonen führen an Lagerhäusern vorbei durch eine nicht abreißende Kette von Barockkirchen. Auf den Treppenstufen unter einer ausladenden Fassade, einem plastischen

Alptraum von grotesken Krüppelwesen und Heiligenfiguren inmitten versteinerter Brandungswellen, folgen hunderte Schaulustige einer Wandertruppe von *maracatu de tambores*. Der wirre *conga*-Wettkampf macht mir klar, wie weit ich bereits in den Norden und damit in Karibiknähe vorgedrungen bin. Mutter Afrika belebt die duftige Nacht mit ihrem Ruf, obwohl die Karnevalsschau dieser Sklavenenkel eigentlich die portugiesische Adelswelt des achtzehnten Jahrhunderts durch den Kakao zieht. Dralle Königinnen in roten Samtkleidern, Prinzen samt Garde in Schnallenschuhen mit Federhüten und allerlei Flitterkram blenden die Straße mit ihrer herrschaftlichen Pracht.

Die Hofdamen tanzen nicht so recht, sie posieren eher. Dafür wirbelt eine Gruppe von *candomblé*-Anhängern in weißen Spitzengewändern um so verrückter herum. Mit wildgewordenen Hüften und wackelnden Köpfen beschwören sie ihre Ahnengötter, überwacht vom gestrengen Blick der *mães de santos*, schwarz und schrumplig wie Betelnüsse unter ihren weißen Kopftüchern. Dann mache ich eine verrückte Feststellung bei ihren Schützlingen. Unter den Lagen von Rockstoff, Stickwerk und geweihten Perlen stekken gar nicht immer echte «Tanztanten». Eine barfüßige, üppige Ballkönigin, die wie ein Derwisch im Kreis herumwirbelt, hat sich zwar die blonde Lockenperücke ordentlich aufgesetzt, aber heute früh das Rasieren vergessen. Und als wäre das nicht schon verwirrend genug, halten die meisten dieser verirrten Baianas bei ihrem Tanz kleine Stabpuppen in den Händen, in denen ich bei näherer Betrachtung die dazugehörigen Tänzer wiedererkenne. Diese Figürchen sind nichts anderes als Woodoo-Puppen.

Für eine Kostprobe vom unverfälschten ländlichen *maracatu* begebe ich mich auf Empfehlung eines Einheimischen in ein stadtnahes Dörfchen namens Tracunhaem. Die Dreißig-Kilometer-Tour dauert geschlagene zwei Stunden, aber nur weil der Busfahrer extrem verkatert ist. So oft es geht, hält er an, schüttet Bier und Brause in sich hinein und putzt sich mit dem Dienstschlips die Nase. Die ganze Landschaft sieht aus, als hätte sie einen Dauerkater. Dieses Band aus Ackerland am Übergang zwischen Küstengebiet und Steppe ist die fruchtbare Zona da Mata. Doch zu dieser Jahreszeit sieht man auf den Zuckerrohrfeldern höchstens ein paar zaghafte

Stoppeln. Braun überwiegt auf den sanften, grausig schattenlosen Hügeln. Kaum zu glauben, daß so nah am Meer solche Trockenheit herrschen kann. Und daß die verfallenen Dörfer am Weg so nah vor der Großstadt liegen.

An jedem Haltepunkt fühle ich mich an die Grenzörtchen aus dem Film *Bye, Bye, Brazil!* erinnert. Der einzige Kontakt der Dörfer zum Rest des Landes läuft über die Fernsehantennen, im einheimischen Sprachgebrauch «Fischgräten» genannt. Doch von echten Gräten keine Spur in dieser Einöde, keine Fische, kein Meer, nur die obligatorischen Kirchen und Kneipen auf den Hauptstraßen, nie auf derselben Straßenseite und doch vereint im hintersten Winkel der Welt. Aufgewogen wird die Öde durch eine enorm reiche Palette an Häuserfarben. Da findet man limonengrüne Häuser mit orangenen Streifen neben rosaroten Fassaden mit babyblauen Fensterläden. Bisher sieht es hier nicht sehr nach Karneval aus, nur ein Nachmittagstanz in einer Gerätehalle läßt hoffen. Und der ist offenbar gut besucht – zahlreiche Teenager aus der Gegend binden ihre Pferde vor dem Tor an.

Tracunhaem zeigt auf den ersten Blick nicht mehr Leben als die anderen durchreisten Orte. Typische Stuckkästchen reihen sich auf einer steilen Anhöhe aneinander. Kaum hat mich der Bus am Fuß der Erhebung abgesetzt, stürmen drei Dorfjungen mit verschmierten Gesichtern und wie zu Kostümzwecken zerschrammten Knien aus einem Haus auf mich zu. Ohne ein Hallo kneten sie vor meinen Augen kleine Vögel, Tauben und Schweine aus grauem Ton und legen mir ihre Schnellkunstwerke statt einer Begrüßung in die Hände. Die Töpferei ist der Hauptwirtschaftszweig der Gegend, das weiß ich, aber mir ist nicht ganz klar, ob die Jungen Geld von mir wollen oder mich einfach nur nett begrüßen möchten. So oder so finden sie reichlich Beglückung darin, einen verirrten Americano zur einzigen *praça* zu führen, dem Herzen ihrer Welt.

Über dem Bergkamm hat sich eine beachtliche Menschenmenge im Schatten des Kirchturms versammelt. Ihre Aufmerksamkeit gilt einer kleinen Bühne, die vor der kleinen Anreihung von Lokalen gegenüber aufgebaut ist. Gerade ist die nächste *maracatu*-Truppe ihren Lieferwagen entstiegen, in denen sie zum Karneval über die Dörfer tourt, und stellt sich weit bergab am Beginn eines gepflasterten Gehwegs auf. Wenn man den großen Worten betrunkener Einheimischer glauben darf, ist Tracunhaem bei den wandernden Tanztruppen der Umgebung der beliebteste Treffpunkt überhaupt. Trotz Inflation und Kürzung an allen Ecken verleiht der ehrgeizige Bürgermeister diesem Ruf seines Städtchens durch Gelder aus seiner Kasse nachhaltig Dauer. So pilgern die meisten *maracatu* vor allem wegen des Entgelts hierher, das immerhin fürs Benzin reicht – ein spärlicher Zuschuß für ihren alljährlichen Exorzismus. *Maracatu* tanzen ist nämlich kein Spaß. Viele Mitglieder haben die Tradition mitsamt den Kostümen schon von ihren Eltern übernommen. Auf der samtenen Standarte der ersten Truppe lese ich in gestickten Lettern den Titel Maracatu Leão Teimoso (Standhafter Löwe). Dieses Tier hat es hierzulande zwar nie gegeben, aber die Benennung nach mutigen, herrschaftlichen oder weisen Dschungelkönigen hat in Brasilien Tradition.

Jetzt kommt der Trupp den Hügel herauf. Begleitet von jungen Mädchen in hochgeschlossenen Festkleidern, stürmen etwa zwanzig junge Männer in immer weiter werdenden Kreisen auf den Platz. Sie bewegen sich betont cool, gefährlich und unberechenbar. Schließlich bilden sie eine Reihe, die *caboclos da lança*, benannt nach den mit leuchtenden Wimpeln geschmückten Lanzen, die sie in ihren Fäusten schwingen. Die Stoffwimpel nehmen den scharf gespitzten Zwei-Meter-Pfählen kaum den Schrecken. Es sind durchweg afroindianische Mischlinge, die im festlichen Tanz ihrer Wut über die jahrhundertelange doppelte Unterjochung Luft machen.

Doch so richtig schauerlich werden die *maracatu* für mich erst durch die kegelförmigen Perücken der Männer, die ihnen über einen halben Meter an Größe zugeben. Vermutlich wurden diese Haarteile früher aus Seilen und Stoff gebaut. Heute jedoch bestehen sie aus durchsichtigen roten und orangenen Zellophanstreifen – ein schockierendes Geflimmer, das sich so ziemlich mit allen Kleidungsstücken auf dieser Welt beißen würde, ganz bestimmt aber mit den Pailettenkostümen der Tänzer, ärmellosen Umhängen, auf denen sich üppige, kreischende Stickereien um jeden Zentimeter prügeln. Unter diesen intergalaktischen Ponchos haben die *maracatu* starre Holzbretter mit mehreren Kuhglocken auf ihre Rücken geschnallt, die natürlich bei jeder Bewegung bimmeln. Insgesamt kann der Zierat pro Tänzer bis zu zwanzig Kilo wiegen, das meiste davon besteht aus Samt und anderen luftundurchlässigen Stoffen. Und um die Verrücktheit komplett zu machen, tragen die Männer bemalte Turnschuhe und gestreifte Fußballerstrümpfe, die sie über ihre langen Hosen bis zu den Knien hochgezogen haben. Aus unerfindlichem Grund steckt bei vielen eine frische weiße Nelke zwischen den Zähnen.

Alle Truppen haben ihren Schmuck aus demselben Phantasiearsenal, auch die Plastikmähnen und gestreiften Socken gehören zur Einheitstracht. Das Spektakel ist zugleich extrem ritualisiert und unsinnig. Ein Gruppenältester besteigt die überfüllte Plattform und nimmt das einzige, schrille Mikrophon unter Beschlag. Er brabbelt ein Epos mit monotonem Verstakt herunter. Nach jeder der langgezogenen vierzeiligen Strophen macht er eine Pause. In stilistischer Verwandtschaft mit den traditionellen *repentistas*, den Stegreifdichtern, die für Almosen ihre Zoten reißen, liefern diese brasilianischen Rapper ihr Resümee des vergangenen Jahres. Die Themenvielfalt reicht vom Ertrag der hiesigen Ernte bis zum Amtsantritt von Präsident Collor. «In seinem Gesicht ist keine Scham», stellt einer der reimenden Schamanen über den obersten Hexenmeister des Landes fest. «In Brasilien wird immer Frieden sein, weil Christus Brasilianer ist.»

So überzogen und salbungsvoll die Jahresrückblicke auch sein mögen, bekommen sie doch am Schluß immer ein lautes «Amen» aus Glockengebimmel. Sobald ein *maracatu*-Häuptling das letzte Wort gesprochen hat, kommt sofort der nächste Chronist auf das Podest. Die Tänzergruppen werden von Mal zu Mal wilder in ihrem wirbelnden Tanz, die flittrigen Plastikhauben immer prächtiger. Kaum ist der Exorzismus für dieses Jahr erledigt, stürmen sie in ihre Lieferwagen, die in einer Reihe gegenüber dem Friedhof geparkt sind. Während sie auf die hucklige Weiterfahrt durchs kahle Hügelland warten, lassen die Tänzer kein Lächeln sehen. Zigarettenrauchend sitzen sie da wie kosmische Landarbeiter, die sich von einem harten Tag auf dem Feld erholen. Piloten-Sonnenbrillen – eine Neuheit – verbergen die Erschöpfung und, so heißt es hier, einen tranceartigen Zustand am Rande der Hypnose. Ich kann keinerlei körperliche Erleichterung erkennen, auch löst niemand die Haarknoten, wie sonst im Karneval üblich. Die Kegelperücken stecken umgedreht auf Haken an den Seitenwänden des Wagens, sie sehen aus wie psychedelische Wespennester.

Wo gehören sie hin, die meist knochigen, sonnengegerbten Zuckerrohrschneider, sind sie benebelte Verbannte aus dem amazonischen Eden, Buschmänner aus Borneo, Einmannorchester? Gehören sie in eine Kategorie mit den New Yorker Geistesgestörten in ambulanter Behandlung, die in ausgeklügelten Phantasiekostümen durch die U-Bahn wandeln? Oder sind sie nur Gaukelbilder eines kollektiven brasilianischen Unterbewußten in der Schwebe zwischen High-Tech und Steinzeit? Ein solcher Mix von Archetypen kann jeden Jungianer in Rage bringen. Vielleicht gibt es gar kein Geheimnis an der kritiklosen Einverleibung aller Einflüsse in diesem Land, vielleicht ist das Brasiliens größtes Geheimnis.

Ich habe die wörtliche und metaphorische Schwelle zur unendlichen Grenzwelt der Brasilianer gestreift – in diesem Gefühl fahre ich von Tracunhaem weg. In dieser Landschaft geschieht niemals irgend etwas, und doch scheint es, als könnte alles geschehen. Hier habe ich dem Wunder des brasilianischen Karnevals in seiner schroffsten Urform ins Auge geblickt. Diesem Wunder, das ohne jeden Sinn bis ins kleinste Detail durchorganisiert ist. Kämen diese Dörfler jemals nach Manhattan, würden die Leute sie als experimentelle Performancekünstler mit Beifall überschütten. Der *maracatu*-Tanz sprengt alle Theorien, Posen, Sinnansprüche. In Brasilien bevorzugt das Genie die Herkunftsangabe «anonym».

Ungern reiße ich mich los, aber der letzte Bus wartet nicht. In der Hand halte ich immer noch die feuchte Tontaube, ihre Flügel sind abgeknickt. Mit mir verläßt ein letzter kosmischer Tänzerstamm das Städtchen auf dem düsteren Talweg, leicht zu orten durch ihre Waschbrettglocken. Ein Ruf der *maracatu* lautet: «Möge mich der Tod verschonen, auf daß ich noch einmal hier tanzen kann!» Auf der ganzen Fahrt nach Recife klingt mir das Gebimmel der Menschenherde im Kopf.

Musik beim Lesen:
SAUDADES DO BRASIL: FREVO –
Sampler, *Musical Heritage Society*

Mitternachtsmann

Im Aufzug des ewig Reisenden komme ich in Olinda an, schwer beladen mit Gepäck und falschen Erwartungen. Am Ende der Dammchaussee vom modernen Recife in das sagenumwobene alte Fleckchen wird mein Taxi von einem *bloco* blockiert, tausend oder sogar noch mehr in T-Shirts mit dem Aufdruck «Unidos Fudidos» (Die Vereinten Chaoten), die zum Fest die Stadt heimsuchen. Obwohl es erst zehn Uhr früh ist, hat der Trubel die steilen Wege des Küstenauswuchses schon voll im Griff. Bierbecher und Obstschalen liegen in den Rinnsteinen verstreut, die Kirchen sind mit Luftschlangen und Konfetti kostümiert. Ich laufe das letzte Stück zu meiner reservierten Herberge und werde auf dem Weg gleich ins Figurenensemble von Olindas improvisiertem Straßentheater eingebaut.

Keine Kulisse wäre dafür besser geeignet als die bühnenreifen Fassaden einer Stadt, der die entzückten Portugiesen schon zu ihrer Gründung 1537 den Namen «Oh, wie schön!» gaben. Mit den farblich abgestimmten Püscheln von Salvador, den mechanischen Oben-ohne-Verrenkungen von Rio hat der Karneval hier überhaupt nichts am Hut. Olinda ist das Zentrum der Kunstfertigen und Bohemiens, nicht ganz das Greenwich Village von Brasilien, eher sein Santa Fe. Deshalb bestimmen Kunst und handwerkliches Geschick wie nirgendwo sonst diesen entspanntesten Karneval Brasiliens, der in seiner kindlichen Unschuld auch der ursprünglichste ist. Auf den Balkons stehen angemalte Puppen in Lebensgröße, begutachten den vorbeiziehenden Pöbel wie Majestäten. Strahlende Sonnengötter sind als Pappmachémasken auf den roten Ziegeldächern aufgereiht. Expressionistische Wandgemälde ranken sich um Victory-Zeichen, ägyptische Henkelkreuze und noch allerlei Symbole aus dem Restbestand der Protestkultur aus den Sechzigern. Die Kostüme sind durchweg selbstgemacht und somit natürlich viel individueller als bei den *samba*-Armeen von Rio. Die Heere von Jungstudenten aus dem ganzen Land machen Olinda eher zu einem Halloween-Gewimmel amerikanischer Prägung, nur ohne die Frankensteinmasken aus dem Supermarkt.

Ich gerate in einen zügellosen Haufen, angeführt von einer eigenen Kapelle und Olindas berühmter Phantasieschöpfung, einer *boneca*. Die überlebensgroße Figur ragt aus dem Zug, sie hüpft wie wild herum und wirft die Arme um sich. Von weitem sind die voll kostümierten Witzfiguren von fünf Meter Größe die einzigen deutlich auszumachenden menschlichen Formen im Karnevalsgewühl. Die Hauptfigur im alljährlichen Puppentheater von Olinda ist der «Mitternachtsmann», ein schnurrbärtiger Schwerenöter in Smoking und Zylinder nach dem Vorbild eines Schürzenjägers aus der Zeit der Jahrhundertwende, der zu mitternächtlicher Stunde seinen außerehelichen Leidenschaften frönte. Irgendwann bekam er eine Partnerin, das als «Morgenfrau» bekannte rotwangige Hausmütterchen mit ungekämmten Haaren. Wieder ein paar Karnevals später bekamen die beiden einen höchstwahrscheinlich unehelichen Sprößling in Gestalt des «Nachmittagskindes». Meine erste *boneca* ist jedoch ein sommersprossiger Ami-Touri mit roten Haaren, gepunktetem Hemd und Bergwandershorts inklusive Pappkamera vor dem Bauch. Ich muß schnellstens in mein Hotel, sonst macht mich auch noch einer zum Maskottchen.

Wie der Name schon vermuten läßt, überblickt das Hotel Pousada das Quatro Contas, ein restauriertes Wohnhaus aus dem achtzehnten Jahrhundert, eine große Hauptstraßenkreuzung. An diesen vier Ecken tobt das wildeste Treiben in der Altstadt. Reisegruppen aus dem ganzen Land melden sich Monate vorher an, um hier im turbulenten Herzen des Wirbelsturms dabeizusein. Sie zahlen fürstliche Preise für das Fünf-Tage-Paket mit vier schlaflosen Nächten plus Erinnerungs-T-Shirt – und lassen mir nur ein Zimmer in einem neuen Kelleranbau mit Fenstern auf Gehsteighöhe. Anders als in Bahia, wo meine erste musikalische Karnevalskostprobe aus einem Lautsprecher dröhnte, gibt es hier keinen schlafraubenden Lärm. Olindas durchwachte Nacht ist von irreführenden Ruhepausen geprägt, bis die Posaunengruppe mal wieder die Erkennungsmelodie aus einem beliebten *frevo* schmettert und ein Freudengebrüll anzeigt, daß die Straßen doch noch bevölkert sind.

Weitermachen, weitertanzen, weitertrinken. Wer nachläßt und ins Schwanken kommt, wird zerdrückt. Wieder einmal bestätigt sich in allem der Lehrsatz, daß dem Karneval weit mehr Bedeutung zukommt als die bloße soziale Ventilfunktion, diese Billigformel, mit der Außenstehende die überschwengliche Raserei in eine harmlose Korsage zu zwängen suchen. Es wäre falsch zu glauben, daß die Leute hier ernsthaft irgendwelche Missionen für sich in Anspruch nehmen, die nach irgendwelchen Wertvorstellungen «wichtiger» sein könnten. Wein, Weib und Gesang – in diesem Fall *cachaça*, das nächstgreifbare menschliche Wesen und *frevo* – das ist keine Formel zur Lebensbewältigung. Das *ist* das Leben. Die Bewältigung ist der Rest.

Ein paar Karnevalstruppen spielen im Vorbeiziehen ausgefeilte Parodienummern vor, zum Beispiel auf das Fernsehen, verkörpert durch ein Reporterteam, auf dessen Pappkamera «TV Bobo» steht – Portugiesisch für «blöd», eine Verballhornung des Senders TV Globo. Folgerichtig ist der «Chefreporter» ein aalglatter Blödmann, der allen ein phallisches Mikro unter die Nase hält, die den Mut haben, sich interviewen zu lassen. Beflissene Krankenschwestern, natürlich von verkleideten Jungen verkörpert, schleppen einen toten Patienten auf einer Krankentrage – die brasilianische Wirtschaft, mit einem sinnlos gewordenen Thermometer im Strohmund. Darüber hängt ein Schild mit konstant absinkender Fieberkurve, die Plan Eins und Plan Zwei von Präsident Collor als Todesursachen verzeichnet. Zirkusclowns mit Hosenträgern und kugelrunden roten Nasen tanzen im Rudel an. Zigeunerinnen, trotz der Hitze in Babuschka-Kopftücher eingemummelt, lesen den Leuten aus der Hand, sofern sie ihr Tanztempo einen Moment herunterschrauben. Sogar Scheherazaden und Scheichs sind hier in der Mythologie vertreten, durchweg verschleiert und zum größten Teil mit blutträufelnden Ölkannen bewaffnet. Vage Kostüme aus Gummi und Schaumstoff verwandeln Männer in stolze Penisse, Kondome und flusige Tampons. Der Mitternachtsmann findet sein leibhaftiges Ebenbild in einem schwarzen Gentleman alter Schule, der in abgewetztem Smoking nebst Zylinder und weißen Handschuhen durch das wüste Treiben stolziert. Dieser Mann ist seit vierzig Jahren der selbsternannte «Fürst von Olinda». Mit überzogen herrschaftlichem Gebaren grüßt er seine Untertanen, und bei genauerem Hinsehen erkenne ich in einem seiner hochwohlgeborenen Söhne den Hotelpagen.

In euphorischen Schriftzügen verraten mir die Mauern aus dem siebzehnten Jahrhundert den wahren ungekrönten König der Stadt: «Alceu, wir lieben dich! Alceu, du bist unsterblich!» In manch anderem Land müßte man annehmen, der Personenkult wäre von einem Diktator inspiriert – oder eher inszeniert. Hier in Olinda gilt er dem bedeutendsten Popmusiker der Stadt. Alceu Valença ist Pernambucos eingeborener Mick Jagger. Er hat bewiesen, daß sich das Image eines modernen Rockrebellen durchaus mit hoher Achtung vor der volkstümlichen Tradition seiner Heimatregion verbinden läßt. Auf seinen Alben und Konzerten fließen ländliche Motive mit frenetischen Heavy Metal-Sounds zusammen. Eine der Huldigungen aus der Spraydose liefert diese Kurzdefinition seiner Musik: «Alceu – bom de frevo, bom de rock, bom demais!» Gut im *frevo*, gut im Rocken, gut wie nie!

Ich treffe Alceu außerhalb in Boa Viagem, wo die Sponsoren Brahma und Antarctica, die beiden Hauptrivalen auf dem Biermarkt, zwei parallele kostenlose Strandkonzerte veranstalten. Alceu Valença tritt mit freiem Oberkörper auf, schulterlanges Haar quillt unter seinem hohen Zylinder hervor. Ob er hüpft oder schreitet, er hat die Bühne im Griff wie kein anderer seines Faches in Brasilien. Immer wenn er kurz von der Bildfläche verschwindet, bangt die ortsansässige Zuschauermenge mit stockendem Atem um die Wiederkehr ihres «besten Sohnes». Auf den ersten Hut folgt ein Uncle Sam-Zylinder mit Stars and Stripes, dann die Chaplinsche Melone, eine Narrenkappe, der Kopfschmuck eines Medizinmanns. So avantgardistisch die Aufmachung, so eingängig sind die Texte. In «Morena Tropicana» preist er die Vorzüge der Frauen im Nordosten, indem er jeden Körperteil mit einer Frucht vergleicht. Den Kontrast zu Alceus pubertärer Prahlerei bildet eine drollige Kleinmädchengruppe à la Shirley Temple. Die kleinen Fratzen tragen rosa Geburtstagskleidchen mit weißen Handschuhen und setzen mit kreiselnden Sonnenschirmchen – natürlich auch in Rosa – Effekte in ihrem Tanz. Vor ein paar Monaten hätte mich dieser befremdliche Mix aus Rührseligkeit und Hardrock noch stutzig gemacht, aber inzwischen weiß ich: Brasilien ist nun mal unschlagbar im Mixen.

«Meine Musik ist wie die Heilige Dreifaltigkeit», beginnt Valença seine Erklärung, und die in der Mitte gescheitelten langen braunen Jesuslocken scheinen seiner Vermessenheit eine Grundlage zu geben. «Wenn ich mich bescheiden äußern will, mach ich Pop. Wenn ich aggressiv und wütend bin, mach ich Rock. Und wenn ich ein Gefühl hab wie ein Clown, mach ich *frevo.*» Selbst in dieser mit Gitarrenkoffern, Bandleuten und deren Freundinnen vollgestopften Garderobe strahlt Alceu ein messianisches Charisma aus.

«Wo ich herkomme, willst du wissen? Ich bin der Enkel von Luiz Gonzaga und der Sohn von Jackson do Pandeiro!» Die beiden sind die berühmtesten Liedermacher aus dem nordöstlichen Hinterland, die legendären Schöpfer der ländlichen Rhythmen *forró* und *baião.* «Und wenn du mal genau hinhörst, kann ich dir beweisen, daß Luiz Gonzaga voll gleich mit Elvis Presley ist!» Alceu läßt ein kehliges Gurren hören: «You Ain't Nothing But a Hound Dog» auf Portugiesisch. «Und Jackson do Pandeiro klingt genau wie Little Richard!» Die Seitenblicke der anderen Musiker sagen mir, ich soll kein Wort von Alceus Dauergeplapper ernst nehmen. Zur Demonstration klopft er verschiedene Takte an der Wand. Einer klingt wie Pferdegetrappel, ein anderer wie ein wildgewordenes Metronom. «Das ist *frevo,* der kommt ursprünglich von den Militärkapellen, aus unserer portugiesischen Tradition. Der *frevo* ist sehr barock, da muß man sich mit der Theorie auskennen. Das ist unser Mozart.»

Doch Alceu ist erst am Anfang seiner Freilegung der nordöstlichen Wurzeln. «Die Musik von der Küste war schon immer mehr *negra,* von Afrika her, obwohl das nicht so ganz zutrifft. In São Bento da Una, hundert Meilen landeinwärts, wo ich geboren bin, da war die überlieferte Kultur ja von vornherein schon halb maurisch. Die Portugiesen waren schon gemischt, könnte man sagen. Sieh dir nur mal meine Nase an!» Sie hat eher eine Hakenform, gut abgestimmt auf die großen, eindringlichen Augen und das gespaltene Kinn, das sich langsam, aber sicher verdoppelt. Doch worauf er hinauswill, ist mir schleierhaft, bis ich mich daran erinnere, daß dieser Teil Brasiliens von Novos Christianos besiedelt worden sein soll. Das waren portugiesische Juden, die abrupt zur Konvertierung gezwungen wurden, als Portugals König einem spanischen Begehren ihrer Verbannung nachgeben mußte. Und es gab nicht eben wenige Portugiesen mit jüdischen Vorfahren – laut einem Witz aus der Zeit soll der erste Minister des Königs selbigen bei der Unterzeichnung des Verbannungsedikts gefragt haben: «Nun denn, Sire, wer geht zuerst, Ihr oder ich?» Und so kann Alceu Valença noch fünfhundert Jahre später erklären: «Alles läuft über Schuld. Meine alte Tante war mal bei ihrem Arzt zur Jahresuntersuchung, und der Doktor hat sie gefragt, ob sie gut Wasser lassen kann. Darauf meine Tante: ‹Besser als ich's verdiene.› Da siehst du's, wir sind alle verirrte Juden im Nordosten!»

Dann reicht mich Alceu an Nilson Barbosa weiter, seinen Produzenten und Chefadjutanten. Der hagere Abraham Lincoln-Verschnitt mit Sonnenbräune und verfrühtem Haarschwund erweist sich als echter Jude. Man fragt sich wirklich, wie er es bei all den schweren Sorgen überhaupt fertigbekommt, eine musikalische Frohsinnsmaschinerie zu steuern. Doch er lädt mich mit Nachdruck zur After-Show-Party in einem Penthouse mit Strandblick ein. Endlich darf ich eine echte brasilianische Karnevalsfete erleben! Bei dieser sind nur so etwa fünf Pärchen und ein paar altkluge Kinder dabei. Man hockt im Schneidersitz auf dem Wohnzimmerteppich und läßt einen Inhalator mit *lança perfume* kreisen – der ätherähnlichen Droge, die den Karneval seit über hundert Jahren beduselt. Ich nehme ein paar tiefe Züge, natürlich nur zu Forschungszwekken. Mich interessiert, wie weit die Hemmungslosigkeit tatsächlich gehen kann. In Sekundenschnelle tauche ich in eine starke Erregung ein, lautes Bummern hallt durch meinen Kopf. Ohren, Augen, Beine, Herz – alles kommt in Wallung. Gar so prächtig kann ich sie nicht finden, diese rasante Gefäßschwellung bis auf Maximum, bis Pupillen, Trommelfelle und Arterien knapp vorm Bersten sind. Die Droge verstärkt tatsächlich die Lockung der Musik. Aber was ist denn das für eine Begleitung, die soll authentisch sein? Nilson ist geradezu sklavisch vernarrt in Paul Simons brasilianisches Album und führt die Nadel beharrlich an den Anfang zurück, immer wieder des Lobes voll für die dank perfekter amerikanischer Aufnahmekunst in ihrer ganzen Urgewalt erhaltenen Trommelklänge von Olodum. Bestimmt dreißigmal spielt er ein und dieselbe zweiminütige Passage und nutzt die Pausen jeweils für Züge aus dem Inhalator, unbeirrt, bis auch der letzte Partygast um Erlösung bettelt.

Als ich Alceus Manager für eine Nase voll Seeluft auf den Balkon folge, überschüttet er mich mit einem rauschseligen Schwall von

Argumenten, warum er die Filmerei, seine erste Leidenschaft, aufgegeben hat. «Seit über drei Jahren ist hier kein anständiger Film mehr gemacht worden. Überleg dir das mal, in so einem großen Land! Zur Zeit sind wirklich alle Kassen leer.» Da habe ich meine Zweifel, wenn ich mir die Baustellen anschaue, die an Recifes gleichnamigem Riff in die Höhe ragen, soweit mein benebeltes Auge reicht. «Ach so, eins mußt du natürlich bedenken: Das hier ist nicht Brasilien! Weißt du, was man bei uns sagt? Wir Brasilianer, wir leben wie Krebse, scharren immer nur am Sand. Ins Innere mußt du gehen.» Der Plattenproduzent brüllt in Richtung der Feiernden unter uns. «Den Hunger mußt du kennenlernen! Das Elend!»

Aber das hier ist eben doch Brasilien, und da wirkt Sozialbewußtsein auf einer guten Party eher störend. Mir kommt die Anekdote eines Freundes in den Sinn, der in der Hochphase der *ditadura* um zwei Uhr nachts in den Provinzort Curitiba kam, um einer geheimen Versammlung der verbotenen Kommunistischen Partei beizuwohnen. Der illegale Treff entpuppte sich als die wildeste, lauteste Party weit und breit.

Nilson führt uns zu einem privaten Schwimmbad. Als alle nur noch ihre knappen Badesachen anhaben, geht die Sonne auf. Wirklich sanft schimmert die tropische Morgenröte nur in den Augen und Herzen derer, die sich mit echter Wonne der erlösenden *madrugada* hingeben, einer trostreichen Schwebe zwischen Tag und Nacht, die in so vielen brasilianischen Liedern besungen wird. Vom Wasser aus sehe ich, wie sich Nilson immer tiefer in einem Gartenmöbel zusammenkauert. Ohne sich groß zur Seite zu lehnen, aufrecht wie ein alter Krieger, kotzt er auf die Bodenfliesen.

Am Donnerstag nach dem Karneval schnarcht ganz Brasilien seinen Rausch aus. Die Erholungsphase beginnt – und damit auch schon wieder die Planung für das nächste Jahr. Am späten Nachmittag wanke ich ins Freie. Olinda ist jetzt wie leergefegt. Zum ersten Mal kann ich die steilen Kopfsteingassen richtig bewundern, sehe endlich die vielen mit Königspalmen umsäumten Kirchen in voller Schönheit, die verrückten Wandgemälde mit dem Idealbild einer Stadt der sonnengebräunten Peaceniks und tanzenden Clowns. «Paz, Liberdade e Socialismo!» steht auf einem gemalten Banner über einer Kneipentür. Aus der entfernten Betrachtung kann ich auch erkennen, daß das von Sandalenläden dominierte Kaufhaus ursprünglich als Sklavenquartier diente – noch immer steht der Block davor, auf dem die menschliche Ware versteigert wurde. Und noch etwas wird jetzt sichtbar. Olinda ist trotz allem Künstlertouch eine arme Stadt. Eine einzige trostlose Bäckerei und Saftbar – im Klartext ein Häufen Brötchen und fauliges Obst mit Insektenschwärmen – versorgt den ganzen übervölkerten Berghang. Das unentrinnbare Chaos der letzten Tage haben flinke Straßenfeger zu einzelnen Haufen aus bunten Bändern, verlorenen Kostümresten, reduziert. Farbenprächtig türmen sich die Häuflein wie Opfergaben. In dieser Stadt leuchtet der Abfall in orientalischer Pracht. In Brasilien ist selbst der Müll grandios.

Ich weiß genau, in welches Haus ich muß. Die Fans haben mir beim Karnevalsumzug den Weg gewiesen, als sie aus Wut über Alceu Valenças Billigung eines alten Schulfreundes als Kandidat der Regierungspartei zur Gouverneurswahl aggressive Sprechchöre vor seiner Haustür losließen. «Du hast Scheiße gebaut! Du hast Scheiße gebaut!» Dennoch bleibt seine Tür immer unverschlossen, offen für jede Kritik. «O Americano!» verkündet eine hübsche *mulata* mit fröhlichem Singsang. Die mit Schnitzereien verzierte Tür führt mich in das ultimative Traumdomizil jedes Künstlers in Soho. Sämtliche Ziegelwände und Pfeiler des aus dem siebzehnten Jahrhundert stammenden Grundbaus sind freigelegt, und als Verbindung zwischen den drei Stockwerken dienen metallene Feuerwehrtreppen. Nur ein paar antike Schränke durchbrechen ganz sacht die erschlagende Leere. Topfpflanzen und indianische Hängematten sorgen für Tropenflair. Und doch reicht der Platz für einen wie Alceu noch immer nicht aus.

Er hat mich erwartet, was sein Standardaufzug des alternden Rockstars – zerschlissene Jeans, sonst nichts – allerdings kaum erkennen läßt. Valença läuft immer mit freiem Oberkörper herum, egal wer hier vorbeischneit. Zwar zeigen sich in seiner Sixties-Mähne hier und da dramatische weiße Strähnen, aber insgesamt bleibt er doch immer der halbstarke Großkotz mit dieser verrückten Mischung aus dekadentem Verfall und jugendlicher Energie.

«Du mußt wissen, ich war nicht immer Musiker», plappert er ungefragt los. «Ich wollte eigentlich Journalist werden, hab Gedichte geschrieben. Ich hab auch kurz in Harvard studiert. War 'ne tolle Zeit. Ich kannte alle Black Panthers.» Zwischen Gesprächen am schnurlosen Telefon und einer Portion Pasta nimmt mich Alceu zur amerikanischen Politik ins Kreuzverhör. «Das Problem in Amerika ist, daß der ganze Staat von Rechtsanwälten geführt wird. Da sind Generäle viel leichter zu verkraften! Ich hab ein Examen in Jura. Aber meine Laufbahn bestand nur aus einem einzigen Fall. Schon bald hatte Brasilien einen mittelmäßigen Rechtsanwalt verloren und dafür einen ironischen Rebellen gewonnen.»

Der Sänger beschließt seinen Lebensbericht mit einer Führung durch die exhibitionistische Exposition an den Ziegelmauern seines Hauses. Neben einer Sammlung pernambucanischer Masken und den großen Pferdeköpfen, die er auf der Bühne überstülpt, hängen dort etliche dem Star gewidmete Portraits, dazu fast alle auf seinen Covern verwendeten Kunstwerke und gerahmte Publicity-Fotos. Dieser Mann braucht keinen Spiegel im Badezimmer mehr – er sieht sich überall, egal wo er hinschaut. Eigentlich müßte an der Tür ein Schild mit der Aufschrift «Museu Alceu Valença» hängen. Museumskunst und Museumsführer verschmelzen hier in einer Person. Während der ganzen Tour folgt uns ständig das gebannte schwarze Mädchen, eine von der Natur verwöhnte Ausreißerin im Teenageralter, die sich in Olinda als Putzfrau herumschlägt. «Ständig erzählt sie nur, sie will einen Amerikaner heiraten, und jetzt bringt sie kein Wort raus. Als sie gehört hat, daß du vorbeikommst, ist sie gleich gerannt und hat sich den BH ausgezogen!»

Mit seinem gnadenlosen Spott verscheucht Alceu die Kleine in Richtung Küche. Alceus Frau, beileibe nicht die erste, hat genauso große Augen, aber ihr haftet die Souveränität einer wohlhabenden Frau an. Trotz der unerschöpflichen Auswahl an Schönheiten, wie sie kein anderes Land der Erde bieten kann, haben sich alle Musiker, denen ich begegnet bin, für eher glanzlose Gefährtinnen entschieden. «Als wir uns kennengelernt haben, hat mir Alceu sofort einen Heiratsantrag gemacht. Ich hab ihn ausgelacht», erinnert sich die Gattin, die als einzige im Haus nicht von Alceus Energie benebelt ist. Einmal unterbricht er seinen Vortrag, gibt ihr einen Kuß und erklärt mit gequältem Lächeln: «Ich bin ihre Spielpuppe.» Das muß wirklich erleichternd sein, wo er doch sonst bei allen anderen so spielend leicht die Fäden führt.

Der erlesene Kreis dieser «anderen» besteht aus deprimierten Künstlern, selbsternannten Historikern und ein paar handverlesenen Karnevalsflüchtlingen. «Früher waren's drei Tage, dann vier, und jetzt schon fünf», sagt Alceu zu mir. «So arbeiten wir schrittweise auf den Ganzjahres-Karneval hin!» Ein Fan ist zu Fuß den weiten Weg von Boa Viagem gelaufen, nur um sich ein Autogramm zu holen. Alceu lädt ihn und alle anderen zu einer Videovorführung ein. Zu sehen gibt's – na, was wohl – einen Auftritt von ihm, und zwar den bei Rock in Rio vor kurzer Zeit. Als einer der wenigen einheimischen Musiker im Festivalprogramm erfreute er sich bei den hopsenden Teeniemassen im weltgrößten Stadion Maracaña enormer Beliebtheit. Jetzt durchschaue ich den Zusammenhang, als die Kamera auf einen Fan mit einem «Olinda»-Schild zoomt. Ein Stück weiter tanzt einer in wilder Woodstock-Manier mit einer hüpfenden Mini-*bobeca*. Alceus Stimme offenbart eine engelsgleiche Zartheit, die in seiner fleischlichen Hülle verborgen bleibt.

«Ich bin der Beste, weil ich Musiker und Kritiker in einem bin!» verkündet Alceu und klatscht sich auf den nackten Bauch. Irgendwie weckt er in mir das Gefühl, um mit seiner schuldbeladenen Tante zu sprechen, es gehe ihm besser, als er verdient. «Nur ich allein weiß, wie viele Brasilianer es gibt! Ich bin ständig auf Tour, hundertundzwanzig Städte im letzten Jahr. Ich hab die Holzfällercamps von Pará gesehen, den roten Grund des Rio Grande do Soul, die ewigen Weiten von Rondônia! Ich hab in Nestern gespielt, wo sie den einzigen Stromgenerator abnetzen mußten, damit ich spielen kann. Meine Musik hat schon überall die Straßen verstopft. Ich glaube, die zentrale Bedeutung der Musik kommt bei uns daher, daß unsere Gesellschaft noch nicht so stark homogenisiert ist. Wenn Brasilien irgendwann zu weit entwickelt ist, werden wir mit dem Singen aufhören. Aber bis dahin bleibt unser Land das zugänglichste von allen!»

«Zugänglich» – unbestritten ein treffend gewähltes Adjektiv, wenn ich mir die abgerissenen Typen so ansehe, die in Alceu Valenças Haus Eintritt gefunden haben. Alceu der Zweite, bedacht mit dem Spitznamen «Ceceu», hört allerdings etwas anderes aus den Klängen des Pöbels heraus, die sein Vater so hochschätzt. «Die Brasilianer sind so unfaßbar dumm. Die trotten wie 'ne Kuhherde nach Nirgendwo.» Der langhaarige Junior ist Schlagzeuger in der Band seines Vaters und vereint die bullige Statur eines Footballspielers aus Nebraska mit der Coolness eines Straßenkids aus New York. Wie das kokette Hausmädchen, wie überhaupt so viele seiner Generation träumt der Junior davon, eines Tages in die Staaten auszuwandern. Doch ihm gelüstet nicht nach finanzieller Sicherheit. Ihn reizen nur die besten Drumpads, die besten Aufnahmestudios, eine saubere High-Tech-Welt der unbegrenzten Möglichkeiten. «Guck dir die Japaner an, denen haben sie vor vierzig Jahren das ganze Land unterm Arsch weggebombt, und trotzdem sind sie so weit gekommen! Unser Volk hatte fünfhundert Jahre Zeit, und die Leute reden sich immer noch raus!»

Junior bleibt zurück, als der Rest der Truppe den Drang nach einer neuen Party verspürt. Angeführt von Alceus schickem weißen Chevy holpert die Karawane die Kopfsteinwege herab und dann über flache Hauptstraßen in ein neues Olinda, das in den letzten Jahren an der flachen Spitze der Landzunge gewachsen ist. Drive-ins und chemische Reinigungen, die schäbigsten Haltepunkte der modernen Zivilisation, säumen den Weg in das vor einem gründlich verschmutzten Strand gelegene einzige Fünf-Sterne-Hotel der Stadt. Ungeniert platzt Alceu mit seinem Gefolge mitten in den Karnevalsempfang des Bürgermeisters von Olinda herein. In der geschniegelten Festgemeinde rund um den nierenförmigen Hotelpool sind auffallend wenige schwarze Gesichter zu erkennen. Ich bin in einer tropischen Handelskammer gelandet. Wenn ich hierzulande in wohlhabenden Kreisen bin, beschleicht mich jedesmal der Gedanke, daß selbst Brasilianer langweilig sein können.

«Du mußt wissen», verrät mir Alceu nach der nächsten Runde *caipirinha*-Cocktails mit enormer Durchschlagskraft, «ich träume ständig so 'nen Traum, daß ich in den Himmel komme, und da sitzt Christus an Gottes rechter Seite, und zur Linken Karl Marx. Und alle Neuzugänge müssen eine schriftliche Prüfung ablegen. Ich bin nur ein schuldbeladener Sohn des Dorfes São Bento da Una! Ich bin nicht bloß ein Musiker. Ich bin ein existentialistischer Humanist.» Muß es mich überaschen, daß der Hofnarr der brasilianischen Musik Töne aus der französischen Philosophie anschlägt? «Sartre und de Beauvoir, das sind meine Helden! Alle Macht der Imagination! Das Bewußtsein des Nichtseins, das nimmt uns in die *Pflicht*!»

Alceus große grüne Augen zeigen, er ist zu weltlich für die Welt, die er durchwandelt. Doch würde er sich je von dieser Welt abwenden, wäre alles zeschmettert, was ihm Freude bringt. Vielleicht ist er der wahre «Mitternachtsmann» von Olinda, nicht als Verführer auf leisen Sohlen, sondern eher als schleichender Kater. Eine Blondine im Strandkleid ist extra von Florianópolis angereist, das sind wohl über tausend Meilen, um eine Audienz zu erbitten. «An sich bestimmt ein lieber, netter Mensch», raunt er mir zu, nachdem er seine Anhängerin beglückt hat, «aber sie ist einfach nicht vom gleichen Stamm wie wir!» Ich grüble gerade, welchen Stamm er da wohl meint, ob Existentialisten, Juden oder die Sorte mit Federschmuck und Lendenschurz, da reißt die Ankunft eines neuen Festgastes Alceu von seinem Hocker hoch. «Das ist er! Jetzt kannst du ihn dir sogar ansehen, meinen einzigen Klienten, den ich jemals vor Gericht vertreten habe. Meine einzige Prozeßpartei! Aber ich hab alles vergessen. Sag doch mal, haben wir gewonnen oder verloren?»

Musik beim Lesen:

OS GRANDES SUCESOS – Alceu Valença, *Philips*
ANDAR, ANDAR – Alceu Valença, *EMI*
OROPA, FRANÇA E BAHIA: TROPICAL ROCK – Alceu Valença, *RCA*

Der brasilianische Nationalsport ist zwar Fußball, aber dafür stellt der Karneval den Superbowl im Voyeurismus. Ansehen, nicht anfassen, ist das Gebot des Tages – und *raison d'être* für durchgehende Fernsehübertragungen bis in den Morgen. Wenn das Partyvolk müde wird, klinkt es sich einfach aus und schaltet ein. Wenn die Feier vor der Haustür erlahmt, holt man den festlichen Schwung per Knopfdruck ins Wohnzimmer. Selbst im Reich der sinnlichen Freuden besteht der intimste Körperkontakt für die meisten Brasilianer im Ankuscheln an ihren Fernseher. Was dem Gros der Ausländer wie eine Entweihung vorkommen muß, erscheint vielen Brasilianern ganz normal: Die wohl größte Show der Welt ist die Fernsehausstrahlung des Karnevals.

Wahrscheinlich ist der vergleichende Blick in die Glotze das am meisten unterschätzte Reisevergnügen. Wer will sich denn schon gern als internationalen Stubenhocker outen? Doch fest steht, der Umgang eines Landes mit den Ätherwellen gibt ebensoviel Aufschluß über dessen Mentalität wie Werbeplakate, Speisekarten, Staatsführer. Ich denke da nur an die seidigen, wohlig schnurrenden Wettermadonnen in Italien, die chinesische Teppichwerbung, in der die Festigkeit des Geflechts mit Panzern demonstriert wird, oder die spätabendlichen Sumo-Kämpfe auf Münzfernsehern in idyllischen japanischen Herbergen – mit hundert Yen ist man dabei. Und auch mit meiner Angewohnheit, bei Abstechern in die internationale Dorfgemeinde öfter den Ton stummzuschalten, bin ich gewiß nicht allein auf der Welt.

Wie der Superbowl ist auch Rios viertägige Nonstop-Halbzeitshow für den Flimmerkasten konzipiert. Es ist schon eine erstaunliche Parallelität, daß sowohl Rios *samba*-Schulen als auch die Profiversion des American Football vor siebzig jahren ihren Anfang nahmen und *beiden* maßgerecht auf den Fernsehschirm zugeschnitten sind. Und auch das erotische Gerangel zwischen den gegnerischen Teams im Karneval, die in ihrer Uniformierung den Sportlern in nichts nachstehen, ergibt einen gradlinig verlaufenden Wettkampf auf gut ausgeleuchtetem Spielfeld. Die Zauberkräfte der Videotechnik verwandeln das schmutzige Sambódromo mit seinen kalten, an Viehwaggons erinnernden Betonrängen in eine warme Freudenstätte. Von weitem sind Football und Karneval beide nur ein Gewühl aufeinanderkrachender Leiber. Statt sich im Kathodenbereich zu verringern, wächst der Trubel unaufhaltsam. Die Live-Zuschauer kommen nie hinterher mit ihren Zoom-Objektiven bei all den gewitzten Spielformationen, weiten Pässen, gewandten Einzelaktionen, schamlosen Fouls und vor allem den Momenten, wenn's hinten eng wird!

Betrachtet man einmal die *samba* selbst mit ihrem wahnwitzigen Geschüttle und den wirbelnden Tanzschritten in Fünfzehn-Zentimeter-Hackenschuhen, die kein menschliches Auge erfassen kann, scheint sie wie geschaffen für sportgemäße Übertragungen mit Zeitlupenanalysen. Kann man sich bei dem verrückten Gewirbel irgend etwas mehr wünschen als sofortige Wiederholungen? Wie wir es auch alljährlich beim Super Bowl erwarten dürfen, zeigen die brasilianischen TV-Kanäle den Karneval aus allen vorstellbaren Blickwinkeln: von Luftaufnahmen der zentrifugisch flatternden weiten Baiana-Röcke bis zum Aufwärtsblick von Bodenhöhe, also unter die Röcke, mitten ins Gewimmel. Eine fahrbare Kamera zieht auf seitlichen Schienen an der Stadionwand knapp über den Köpfen der Menge mit den Blöcken. An Geld wird wahrlich nicht gespart. Dafür aber an Zartgefühl. Von Hand geführte «Carnivalcams» gewähren mehr als intime Einblicke, «hautnah» kann man am Bildschirm die unverhüllten Hinterbacken einer Taximannschaft von oben ohne tanzenden *mulatas* erleben, die quirligen *portabanderas*, die unglaublichen *passistas*, die in athletischem Laufschritt Tamburine auf ihren Nasen balancieren. Die Regisseure sorgen immer wieder für die begehrten Großaufnahmen von Brustwarzen, lächelnden Lippen, glitterbesprühten Bauchnäbeln. Die Kameramänner sind nicht zu beneiden, müssen sie doch die meiste Zeit auf dem Rücken liegend arbeiten, damit der Zuschauer auch ja unter alle Kleider blicken kann. Dank Fernsehen sehen wir die verbotene Frucht andauernd in greifbarer Nähe. Der Drang einer Nation nach Vermischung und Vereinigung wird hemmungslos offengelegt. Dagegen wirken die Cheerleader der Dallas Cowboys wie die Muppet-Show.

Kostüme, Tanz und Trommelschlag unterliegen sämtlich der permanenten Gliederung in einzeln kommentierte Spielzüge wie beim Football. Die fachmännischen Kommentatoren kommen aus den Reihen der alten *carnavalescos*, aber auch neuere Sänger sind bisweilen am Mikrophon dabei, *samba*-Legenden wie Alcione oder Beth Carvalho. Es fällt jedoch auf, daß schwarze Gesichter in den Zügen deutlich stärker überwiegen als in den Kommentatorkabinen. In der Mehrzahl fällt die Sprecherrolle an prominente Mitglieder der reichen Oberschicht, Fußballstars und Tourismusbeauftragte. Eine Blitzinterviewer-Mannschaft wirft sich ins Getümmel, zerrt mal verschwitzte Percussion-Spieler heraus, mal einen verirrten Popsänger oder gar einen Politiker, auf frischer Raserei ertappt. Diese weithin bekannten Karnevalsreporter sind überwiegend junge Leute in ganz normalen gestreiften Fischerhemden. Steife Smokings sucht man hier vergebens. Die Übertragung aus Rio bildet den Rahmen der bis in die Morgenstunden ausgestrahlten Sendung, die in regelmäßigen Abständen auch Liveschaltungen zu anderen Festorten im Land bietet. Kurzausschnitte vom wilden Massentaumel allenthalben reihen sich aneinander wie Kurznachrichten.

Genau wie bei der sonntagnachmittäglichen Superbowl-Übertragung rangieren auch hier die Bierbrauer an vorderster Stelle auf der Sponsorenliste. So prosten einem denn in jedem Intro-Spot bierfeste Bikinigirls zu. Monate vor dem Karneval präsentieren die zwei nationalen Sendeanstalten Rede Globo und Manchete stolz ihre neue Grafik-Aufmachung und Erkennungsmusik zum Karneval, als müßten sie damit um Quoten kämpfen. Als ob irgendwer zu der Zeit lieber alte Enterprise-Folgen einschalten würde! Eingedenk der Tatsache, daß die hiesige Zielgruppe fast zur Hälfte aus Analphabeten besteht und zu einem Viertel in extrem unterentwickelten entlegenen Landregionen lebt, erscheint es nur logisch, wenn die Brasilianer gewohnheitsmäßig die flimmernden Fernsehbilder als verläßlichen Blick auf ihr modernes Leben akzeptieren.

Trotz trickreicher Machart entpuppt sich Brasiliens Fernsehwelt bei genauerem Blick als reichlich fadenscheinig. An amerikanische TV-Standards gewöhnt, suche ich im Tagesprogramm vergebens nach der «prime time», der Hauptsendezeit mit den großen Shows und Spielfilmen. Hier sind die Abende mit ungeheuer beliebten *telenovelas* und Miniserien vollgestopft, seichter Kost, wie sie den nordamerikanischen Hausfrauen nur in den faden Tagesstunden zugebilligt werden. Hier sind die hauptsächlich auf verbotenen Liebschaften zwischen Herren und Dienstmädchen gestützten Seifenopern offenbar die Hauptattraktion. Nach Intrigen und Ehebruch in Börsenbüros und Strandbädern geht der Trend in letzter Zeit stark in Richtung Landleben, zu Geschichten von Treubruch und Gefangenschaft mit bäuerlichen Protagonisten im brasilianischen Grenzland. Schon komisch, daß irgendwer im Land der *samba* solche Leidenschaftsausbrüche hinkriegt, ohne daß die hohen Stiefel dabei auch nur einmal in Schwung kommen. Möglicherweise manifestiert sich hier der zunehmende Einfluß der ständig wachsenden Zahl von Städtern mit ländlichen Wurzeln. Viele Herzen schlagen hier für die ebenfalls im Aufwind begriffenen *caipira*-Sänger. Mato Grosso als Pendant zu «Dallas».

Die absolute Spitzenposition gehört selbstverständlich den *futebol*-Spielen. Unterhaltungsshows und Musik-«Specials» häufen sich zwar vielleicht noch mehr als in den Staaten, aber in Kenntnis der üppigen Talentevielfalt in Brasilien läßt das Angebot dieser Sendungen wenig Begeisterung aufkommen. Ein, zwei Stunden am Tag gehören einem brasilianischen «MTV»-Verschnitt, der internationale Clips mit amateurhaften Imitaten einheimischer Rockbands vereint. Die Spätnachrichten sind recht nüchtern gehalten. Dennoch treibt der brasilianische Hang zur Übersteigerung der Wirklichkeit auch hier bisweilen bizarre Blüten. Da kann es schon mal vorkommen, daß mitten in einen Live-Bericht über die Umweltkatastrophe in Kuwait nach dem Golfkrieg Archivbilder von ölverseuchten Vögeln aus irgendeinem alten Tankerunglück eingeblendet werden, untermalt mit rührseliger Musik. Oder daß ein Report zur militärischen Schlagkraft der USA mit kurzen, kaum ins Bewußtsein dringenden Bildern von Arnold Schwarzenegger oder Rambo-Gemetzel gewürzt werden. Und dabei macht sich niemand die Mühe, Dichtung und Wahrheit zu entwirren.

Als weitere surreale Beigabe lebt das Kinderprogramm fast ausschließlich von synchronisierten japanischen Gruselcocktails aus Kampfkunst und Roboterwesen, Godzilla auf Portugiesisch. «Niveau dritte Klasse» ist der Stempel, den das brasilianische Fernsehen, den überhaupt die ganze Kulturwelt des Landes trägt. Nicht nur Samstag morgens, sondern jeden Nachmittag in der Woche wird der Nachwuchs unterhalten. Die beliebteste Show bei Kindern und Eltern ist der tagtägliche Marathon-Mix von Spiel und Show mit der geschmeidigen, schon unangenehm engelsblonden Moderatorin Xuxa («Schuscha»). Mit herzförmigem Mikro bewaffnet, hetzt der Star mit dem bürgerlichen Namen Maria da Graças Meneghel ein ausgesuchtes Grüppchen von aufgekratzten Rackern durch verschiedene Studio-Sportspiele, die manchmal nur der Überforderung und Erniedrigung von Kindern zu dienen scheinen. Doch die gute Laune reißt niemals ab, und am Schluß dürfen alle der Königin ein Küßchen geben. Wenn sie mal nicht die rührigen Kleinen anfeuert, liest sie aus Fanbriefen vor, schwebt verträumt durch die Gegend oder singt einen neuen Hit, unterstützt von biegsamen Background-Sängerinnen, passend zur Primadonna mit blondem Pony und Go-go-Stiefeln ausgestattet.

Xuxa bannt solche Massen vor den Bildschirm, daß für den zweiten *Clube da Criança* (Kinderklub) kurzerhand ein ebenso blasser, drahtiger Abklatsch der Moderatorin gewählt wurde. «'Tá na hora, tá na hora, tá na hora de brincar...», tönt einer von Xuxas geistlosen Superhits. «Jetzt wird wieder, jetzt wird wieder, jetzt wird wieder losgespielt!» Als ich die Originalversion noch gar nicht kannte, machte mich der Papagei eines befreundeten Paars in Rio mit dem Liedchen vertraut. Das Tier hört auf den Namen Kacke und kann alles von Xuxa nachkrähen, allerdings ein Stückchen tiefer. Vor kurzem bekam Xuxa ihre Berühmtheit zu spüren, als Entführer sie kidnappen wollten. Die Aktion scheiterte, aber seitdem hat sie ein Bewacherteam von acht Bodyguards. Wie sagte doch ein Brasilianer zu mir: «Die Frau hat wahrscheinlich mehr Platten verkauft als die ganzen Leute in deinem Buch zusammen.»

Ein weißer, nordischer Typ als beliebtester Star in einem Land, wo den Rassen so starker Symbolgehalt anhaftet – auch das wundert mich nicht mehr, nachdem ich eine Weile hier verbracht habe. Ebenso ist es nur folgerichtig, wenn die oberste Kindergärtnerin des Landes herzlich wenig Anstalten macht, ihren unübersehbaren Sex-Appeal zu verhüllen. Schon vom Kindesalter an fördert das brasilianische Fernsehen eine ganz der Physis verschriebene Population: ein einziges Singen, Tanzen, Springen, Rütteln und Schütteln. Die Vorschule hat hier nur eine Botschaft zu vermitteln: Stillstand ist kein lebenswerter Zustand. Nicht einmal habe ich gesehen, daß die Kinder ein Märchen vorgelesen bekamen. Bücherwürmer und motorisch Gestörte haben es in Brasilien verdammt schwer.

Mit diesem alltäglichen Karneval für Kleinkinder im Hintergrund ist der Schritt zum echten gar nicht mehr so groß. «Die Revolution läuft nicht im Fernsehen», hieß es in einem beliebten Song der Protestbewegung in den Staaten. In Brasilien laufen etliche Scherzrevolten in erschlagender Farbenpracht. Und das ganz ohne schwarze Balken oder Dementis. Ohne reumütiges Kopfnicken zu staatlichen oder kirchlichen Würdenträgern auf der Ehrentribüne, geschweige denn kriecherische Händedrücke. Trotz der angeblich so großen Überempfindlichkeit der Staatsmacht gegenüber subversiven Anspielungen aller Art finde ich im Stegreifskript der weltberühmten brasilianischen Miniserie keinerlei Anzeichen von Selbstzensur.

Auf ihrem Höhepunkt gewährt die Berichterstattung dem ganzen Land einen lüsternen Blick in die verruchten Karnevalsbälle von Rio und São Paulo. Der Schwarz-Weiß-Ball, die Scala, ja sogar die Tuntenbälle waren einstmals nur dem Jet-set vorbehalten. Heute stehen sie offenbar jedem offen, der sich eine Karte leisten kann und etwas vorzuzeigen hat. Und da wir uns in Brasilien befinden, erklingt ausgerechnet hier eine schockierend trockene Musik. Bigbands ringen sich die «Cidade Maravilhosa» und alte Carmen Miranda-Kamellen ab. Die Kulisse ist nicht gerade kamerawirksam, nur eine Tanzfläche mit Unmengen dichtgedrängter Kaffeetische ringsherum. So wird die Berichterstattung zu einer endlosen Probeaufnahme, bei der sich die Starlets von morgen hoffnungsvoll ihre Interview-Chancen erkämpfen, um dann die ganze Nation mit ihren Reizen zu betören. Man könnte denken, die späten Sechziger sind wieder da, und ABC, NBC und CBS haben sich geschlossen in die Mitgliedschaft von Andy Warhols Studio eingereiht. Das ist zwar kein «naked lunch», aber dafür splitternacktes Fernsehen.

Die Mädchen plappern so schnell, daß ich oft gar nicht hinterherkomme. Aber was gibt es da schon Interessantes zu erzählen? Was ich aufschnappe, sind erhellende Quellenangaben zu einem Katzenkostüm, Städte, die man hier in Rio würdig vertreten will, Berufsentscheidungen zwischen Model und Schauspielerin. Viele haben nichts weiter am Leib als Federbüschel, knappe Dessous und Strapse. Immerhin hat jedoch die totale Nacktheit beim Karneval 1988 – damals waren sogar schaukelnde Penisse mit lustigem Punktmuster zu sehen – einen Erlaß nach sich gezogen, der für Genitalien zumindest symbolische Verhüllungen vorschreibt. Zu den größten Verkaufsrennern in den Tagen vorm Karneval gehört zweifellos Enthaarungscreme. Auf den Tuntenbällen gelten keine Einschränkungen, auch nicht für die heißesten Doppeldeutigkeiten. Bei der gut einstündigen Übertragung aus einem dieser Sammelbecken männlicher Weiblichkeit stellt der Reporter jedem Gast die dreiste Frage: «Na, Männlein oder Weiblein?» Geredet wird wenig, dafür um so mehr Hintern gezeigt. «Que moca bonita! Que bum-bum maravilhosa!» Was für 'ne süße Braut! Was für ein prachtvoller Popo! Wo so ungeniert gebaggert wird, dürfen auch die Moderatoren den moderaten Tonfall ablegen.

Gibt es einen klar definierbaren Grund für die Fixierung der Brasilianer auf den *gluteus maximus? La bunda*, «bum-bum», der Arsch, Hintern, Popo ist für die Mädchen hier wohl noch weit mehr als ihr «Sparkonto», wie der Volksmund in Brasilien scherzt. Der braune brasilianische Arsch, diese Kreuzung aus europäischer Grazie und afrikanischer Fülle, ist ein nationales Identitätsmerkmal. Ganz offen feiert man ihn hier als «die prächtige Blüte unserer Rassenmischung». Kein Werk der Schöpfung steht so buchstäblich und sinnbildhaft für Brasiliens Glanz und Elend. Welches andere Land würde es zulassen, daß seine Massenmedien den Hintern in den Mittelpunkt stellen?

Unmeßbar, wie diese betäubende Parade anatomischer Vollkommenheit auf die nationale Libido wirkt. Haben Klima, Kost und die Bestechlichkeit der Moralhüter Brasilien tatsächlich zum Land der zügellosen Lust gemacht? Liedtexte nehmen hier in keinem Bereich ein Blatt vor den Mund – und die ungebändigte Geilheit des Karnevals wird spätestens neun Monate nach dem Ereignis untermauert, wenn die Geburtenrate auf einmal deutlich in die Höhe schießt. Allerdings sehe ich nirgendwo einen Anflug öffentlicher Begattung. Auch macht hier niemand den Eindruck, als würde er am Ende nicht im eigenen Bett landen. Ich habe das Gefühl, die meisten Tänzer, Rüttler und Schüttler bringen es nicht im mindesten auf die Wildheiten, die wir Nordmenschen hinter unseren Sicherheitstüren vor lauter Nachholbedarf an unterdrückten Gefühlen zustande bringen. Hinter der ganzen Entblößung sehe ich eher ein schulterzuckendes «Na und, was ist daran nun so besonders?» An einem gewissen Punkt schwindet der Glanz in vieler Hinsicht, und der Massenstriptease muß zwangsläufig als Saugschwamm für ein Gutteil der Begierde herhalten. Die Lebenssituation der Brasilianer wirkt ähnlich auf ihre Kultur wie der Alltag in einer Nudistenkolonie. Die Sexualität geht weit über das Sichtbare hinaus.

Schon bald werden die neuen Videokassetten in den Souvenirläden erhältlich sein. Brasiliens größtes Großereignis, Rio, in *samba*-Stereo und Multikulti-Farbe. Die Riesenparty dieses Landes ist niemals eintönig, sie kann niemals enttäuschen oder floppen. Doch wie jeder Superbowl hat auch der Karneval alljährlich seine Gewinner und Verlierer. Ihren offiziellen Schlußpunkt findet die Berichterstattung erst am Nachmittag nach dem pompösen Aufmarsch der ersten Garde der *samba*-Schulen. Diesmal ist es die Verkündung des Siegers, für die eine ganze Nation stundenlang vor dem Bildschirm ausharrt. Dieses Finale ist in den ganzen fünf Tagen vielleicht die spannendste Äußerung brasilianischer Kultur.

So schwarz die Wettkämpfer sind, so weiß zeigen sich die Juroren, überwiegend leitende Mitarbeiter im Fremdenverkehrsamt der Stadt Rio. Wie Edelzuhälter sehen sie aus in ihren schicken Leinenanzügen, und der Begriff paßt ja auch ganz gut zu Leuten, die von der Ausschlachtung des Vergnügens leben. Ihre langen, exklusiven portugiesischen Namenszeilen wie «Doctor Roberto Antonio Figuereido Maçeo da Silva Mendonça» erscheinen in voller Länge auf dem Bildschirm. Mit einer pompösen Feierlichkeit und vor allem endlos (besser gesagt: brasilianisch) in die Länge gezogen verliest jeder seine Wertungen in den zehn Kategorien: Themenlied, Kostüme, Gesamtbild, Kreativität und so fort. Während der natürlich nie ganz pannenfreien Computer-Auflistung der Ergebnisse sitzen die Reporter direkt an den Tischen, wo sich die Schulpräsidenten drängen, kettenrauchende Paten, die keuchend über ihre Chancen spekulieren und sich von ihren mit Hochfrisuren geschmückten Frauen beruhigen lassen. Sie sehen noch elender aus als die schmierigen Typen auf dem Podium, diese sonnenscheuen Echsen, die in die miesesten Salons von Las Vegas passen würden. Jeder in Brasilien weiß um ihre Doppelrolle, sie sind *bicheiros*, abgeleitet von Rios verbotenem Lotteriespiel *jogo do bicho*. Aber das stört keinen. Irgendwer muß schließlich das ganze Trara bezahlen.

In Rio hat mir jemand den Tip gegeben, als Jahressieger kämen diesmal nur Mocidade Independente de Padre Miguel oder die traditionsreichere Salgueiro-Schule in Frage. Tatsächlich gerät die letzte Wahlrunde zum Kopf-an-Kopf-Rennen dieser beiden Vereine, die nur einen Zehntelpunkt auseinander sind. Im entscheidenden Moment hat die Kamera sofort den Chef der Mocidade im Bild, der überglücklich seine Frau umarmt. Gleich darauf wird live ins Probenzentrum der Schule in der Zona Norte umgeschaltet, wo sich die Getreuen für einen letzten Freudenausbruch versammelt haben. Ihr zweiter Sieg in Folge erweckt den Karneval noch einmal zum Leben. Die Trommeln bummern, die Massen taumeln auf der Ekstasewelle.

Von solchen Glücksmomenten über das Training auf dem Testgelände im Fußballstadion bis hin zur unerschütterlichen Einhämmerung zehntausender Karnevalsstandards läuft in diesem Land ein ideologischer Prozeß ab. Brasilien läßt ahnen, daß die Gabe zur wilden Hemmungslosigkeit nicht unbedingt angeboren sein muß. Mit Methode wird die Ausschweifung zur Lebensart transformiert. Traurig, aber wahr: Spontaneität ist kein bißchen natürlicher als Verschüchterung oder Angstgefühle. Hier wie dort entspringt gesteigerte Anfälligkeit für Wahnausbrüche dem Ansporn seit frühester Kindheit. Den ultimativen Schluß der Berichterstattung setzt die «Themen-*samba*» des Gewinners, die im verzückten Siegestaumel ein letztes Mal angestimmt wird. Es kann keinen stolzeren Erfolg geben in diesem Land, keinen würdigeren Moment. Und dann fällt der Äther wieder an die Kindersendungen.

Musik beim Lesen:

SAMBAS DE ENREDO '91 –
Diverse Samba-Schulen, *RCA*
BATUCADA –
Mocidade Independente de Padre Miguel, *JSL*

Die Papageienstange

«Als ich zum erstenmal ins Gefängnis kam, wollte mir keiner glauben, daß ich Musiker bin», erinnert sich Geraldo Azevedo hinter der Bühne vor einem ausverkauften Konzert. «Meine Bewacher haben mir eine Gitarre gebracht, damit ich's ihnen beweise. Der Offizier war so beeindruckt, daß er seine Soldaten wegschickte. So hat mich die Musik, die mir ja den Ärger eingebrockt hatte, am Ende vor der Folter bewahrt!»

Wer sich dem ersten Thema in Brasilien zuwendet, stößt zwangsläufig auf das letztere. Nach der Musik, so erfahre ich, muß die Folter als Brasiliens ausgefeilteste Kunstgattung gelten. Auch auf diesem Gebiet hat das Land ein paar der größten Kapazitäten hervorgebracht. Bezeichnenderweise hüllten sie ihre Greuel in Humor und gaben ihren Erfindungen illustre Namen. *Pau de arara*, die «Papageienstange», stand für das Aufhängen an den Füßen. Beim «chinesischen Bad» mußten die Opfer stundenlang im Wasser bleiben. Und wenn ein Häftling gezwungen wurde, tagelang mit ausgestreckten Armen dazustehen, in jeder Hand ein Telefonbuch, nannte man das «Christus der Erlöser» nach Rios berühmtester Touristenattraktion. Während der *ditadura*, der düsteren Phase brutaler Militärgewalt vom Staatsstreich 1964 bis Mitte der achtziger Jahre, wurden Tausende ermordet, vergewaltigt, mißhandelt und gebrochen. Dank der beispiellosen Unfähigkeit der Brasilianer zur Geheimhaltung gelang es Aktivisten der katholischen Kirche, ausführliches Aktenmaterial zu über fünftausend Fällen aus staatlichen Stellen zu schmuggeln, eine Akte nach der anderen.

Ich kann kaum glauben, daß dieser Wandersänger zu ihnen gehört haben soll. Mit seiner engelhaften grauen Lockenpracht, den stechend blauen Augen und dem eher putzig als schurkig wirkenden weißgrauen Spitzbart hat Geraldo Azevedo alle Merkmale eines alternden Hippies. Er trägt flache chinesische Stoffslipper und einen himmelblauen Inderkittel. In seinem sterilen Wohnzimmer mit so riesigen Spiegeln, daß der Hausherr selbst die üppigsten Operndiven getrost zu sich einladen kann, kommt er mir schmächtig vor, kaum der Richtige für einen großen Solo-Auftritt. Doch er zeigt keine Spur von Lampenfieber. Ganz und gar in sich selbst versunken sitzt er da und stimmt seine Gitarre mit betörendem Klimpern. Überall sonst in Lateinamerika hätte man Geraldo mit seinen bildreichen Texten, den sanften volkstümlichen Melodien und seiner atemberaubenden Kunstfertigkeit als *violeiro* längt als Vertreter der Nueva Trova (Neues Lied) eingeordnet. In der brasilianischen Musik gibt es keine so klare Unterscheidung von religiös und politisch, trendig oder traditionell, und so ist Geraldo Azevedo hier schlichtweg einer von vielen Samstagabend-Sängern auf Dauertour durch die Provinz.

«Ich kenne das Gefühl, wenn sich die Geldmenge in der Tasche anfühlt wie eine Moskitozunge», witzelt der schlichte Musiker. Massenwirksame Wohlklänge und eine satte Portion Stehvermögen haben dafür gesorgt, daß Azevedo heute wesentlich besser zurechtkommt. Große Anerkennung brachte ihm seine maßgebliche Mitwirkung bei einer beliebten Kollektion von *cantorias* ein – im Nordosten der Begriff für zwanglose Liedchen zum Mitsingen. Die vielen Jahre in Rio haben Azevedos Nordestino-Prägung nichts anhaben können. So führt ihn seine nordöstliche Rundreise heute nach João Pessoa, dem brasilianischen Küstenvorsprung mit der größten Nähe zu Europa und Afrika. Die nur wenige Busstunden von Recife entfernte Hauptstadt des riesigen Bundesstaates Paraíba ist nichts Besonderes, nur ein ganz normales verschlafenes Küstenstädtchen. Den Strand prägen etliche *jangadas*, Einsegler der einheimischen Fischerflotte, dazu barfüßige Händler mit Kühlboxen voller Cocktails in ausgehöhlten Ananasfrüchten, leerstehende Hotels, geheimnisvolle Lagunen, heroische Reiterstandbilder, protzige Gerichtsbauten. «Da, der Platz der Unabhängigkeit», sagt Azevedo mit ausgestrecktem Finger, «dabei sind wir noch lange nicht unabhängig!» In den von offenliegenden Klärgruben durchwühlten Außenbezirken häufen sich die Wellblechhütten der neuangereisten Provinzler. «Die Häuschen sind so winzig, da wackelt alles, wenn man eine Nummer schiebt.»

Doch Geraldo Azevedo ist froh, daß er hier sein kann, denn sein ländlicher Heißhunger auf Livemusik ist einfach unstillbar. «Die Musik hat mich ausgewählt, nicht andersrum. Ich bin ein Kind des *sertão*, aus Jatoba, ganz nah bei Petrolina, und am anderen Flußufer liegt Juazeiro, der Heimatort von João Gilberto. Das ist so ein Städtchen, wo die Männer noch nachts auf die Straße gehen und unterm Fenster ihrer Angebeteten *serenatas* trällern. Meine Mutter war Lehrerin, bei ihr haben alle Kinder aus der Gegend ihr Abc gelernt. Sie war sehr einfallsreich, hat ihren Unterricht gern mit Gesang und Tanz aufgefrischt. In meiner Familie haben alle Musik gemacht. Ich habe schon als vierjähriger Knirps mit meinem Bruder und ihr Sketche aufgeführt, wir sind im ganzen Landkreis herumgereist.»

Besser kann man wohl nicht aufs musikalische Wanderleben eingestimmt werden. «Trotzdem wollte ich Architektur studieren, deshalb kam ich nach Recife. Zu meiner Überraschung hat es mich immer stärker zur musikalischen Fakultät gezogen. Noch überraschter war ich dann, als ich zusammen mit anderen Liedermachern aus der Gegend nach Rio eingeladen wurde.» Irgendwann müssen alle brasilianischen Künstler diesen Vorstoß ins nationale Testfeld ihrer Gattung wagen. Ähnlich wie Hollywood, ist Rio ein einziges Gewimmel von kauzigen Künstlertypen aus dem ganzen Land. Ihr Erfolgsrezept sind Lobeshymnen auf die Landstriche, die sie nur allzu gern verlassen haben. «Rio ist wie das Schaufenster von einem Plattenladen. Da hast du alles vor der Nase, was du dir nur wünschen kannst. Aber ich war emotional nicht darauf vorbereitet. Ich konnte mich nur sehr schwer umgewöhnen. Meine Architekturträume waren noch lange nicht ausgeträumt, ich wollte meine Brötchen eigentlich mit technischen Zeichnungen verdienen. Die Musik hat mich einfach nicht losgelassen. Und dann kam die Verhaftung.»

In vielen brasilianischen Lebensgeschichten, die ich gehört habe, klafft an dieser Stelle ein Loch. Ein jäher Zeitsprung zerreißt die Chronologie. Faktisch hat der brutale Einschnitt des Militärputsches von 1964 in allen Biographien seinen Schatten hinterlassen, er hat den Alltag des Landes so nachhaltig durchbrochen, daß ich mir Brasilien fast zu keiner Zeit als «normales» Land vorstellen kann. Im Licht der späteren Ereignisse wirken Geraldo Azevedos Liedchen vor den Schülern seiner Mutter genauso harmlos wie die Phase der Hoffnung, die seinerzeit den Grundstein für Brasília und die *bossa nova* legte. Damals gab es Wahlen mit echten Kandidaten,

Gewerkschaftsfunktionäre, eine radikale Bauernbewegung, einen sozialbewußten katholischen Priesterstand, eben all die Symptome der verzweifelten Selbstheilung eines Volkes. In Nordamerika hat sich das Klischee breitgemacht, die Lateinamerikaner hätten von Natur aus einen Hang zur Diktatur. Doch der Putsch von '64 war nur eine Angstreaktion der Militärs auf die zunehmend volkstümelnden Reden des damaligen Präsidenten João Goulard – eine Überreaktion, nichts von langer Dauer, wie selbst die größten Verfechter des Notstands meinten. Aber dann ließen sich Generäle von ihrem eigenen Überschwang mitreißen – ein typisch brasilianisches Drama, gewissermaßen ein ins Gegenteil verkehrter Karneval.

«Wachsende subversive Umtriebe zwingen uns...» – so begann die berüchtigte Verordnung vom 13. Dezember 1968, die der provisorischen Aufhebung aller Bürgerrechte Dauer verlieh. «Die nächsten fünfundzwanzig Jahre war Brasilien völlig lahmgelegt», so Alceu Valença bei unserem Gespräch in Olinda. «Kommunismus und Kalter Krieg schwebten als Phantome über uns, und die Oberschicht, gestützt vom Militär, nuckelte an den Titten der Vereinigten Staaten.» Schon bald folgten Argentinien und Chile dem brasilianischen Vorbild mit all seinen Formen der Unterdrückung, vor allem auch dem schonungslosen Feldzug gegen die populäre Kunst. Caetano Veloso, das prominenteste Opfer dieses Feldzuges, berichtete mir über die Leidenszeit: «Oft haben die Militärs die falschen Leute einkassiert. Einfach hinter Gitter gesteckt, aus Versehen. Und manchmal kam es vor, daß mir die jungen Wachleute beim Rundgang auf dem Gefängnishof zuraunten: ‹Ich schäme mich für das, was ich hier mache, ich mag deine Musik.› Das lief natürlich ganz schnell und heimlich ab, und ich durfte keine Reaktion zeigen. ‹Caetano, ich muß mich bei dir entschuldigen...›»

Dreißig Jahre später hat von den wahren Verbrechern kein einziger eine öffentliche Entschuldigung abgeben müssen. Manche sind noch heute ordensgeschmückte Würdenträger. Wie kaum anders zu erwarten, beschritten die Brasilianer die Rückkehr zum parlamentarischen System – eingeleitet 1979 durch die *abertura* (Eröffnung) – mit enormer Geduld und erstaunlich friedfertig. Von Rachegelüsten keine Spur. Schließlich hat dieses Land auch den

Schritt von der Monarchie zur Republik ohne einen einzigen Schuß geschafft. Nur wenige Wochen vor seiner Absetzung scherzte Kaiser Dom Pedro II. noch, als er bei einem noblen Kostümball stolperte: «Das Kaiserreich ist gestrauchelt, aber es ist noch nicht gestürzt!» Und was sagte Getúlio Vargas, nachdem er mit seiner Unterschrift das Ende der jahrzehntelangen Gewaltherrschaft der Generäle besiegelt hatte? «So, damit wäre das letzte erledigt, jetzt können wir alle ins Bett!»

Überhaupt sehen die meisten Brasilianer offenbar keinen Grund, weshalb sie sich in der Politik zu ernsthaften Kämpfen quälen sollten. «Sogar die Militärs hatten das Ganze am Schluß nur noch satt», meint Gilberto Gil. «Anfang der Siebziger herrschten noch überall Unterdrückung, Aggression und Folter. Die Drahtzieher wurden direkt von der CIA und vom Pentagon geschult. Dieses Regime hat uns Musikern klargemacht, daß wir einen politischen Auftrag zu erfüllen hatten. Das machte uns Angst, denn im Grunde wollten wir den Leuten doch nur Freude bringen und von ihnen geliebt werden. Aber auf einmal waren ein paar von uns Soldaten geworden.»

Keinem traut man diese Rolle weniger zu als Geraldo Azevedo. Dieses Blumenkind kann keiner Fliege etwas zuleide tun, aber einem General durchaus, das ist gar nicht so abwegig. «Unter dem Militär war alles verboten, alle Arten von Versammlungen und Diskussionen. Alles mußte man klammheimlich machen, sogar Proben. Man war schon in Gefahr, wenn man einen linken Sympathisanten kannte oder auch nur jemanden, bei dem Bücher über China rumlagen! Das erstemal wurde ich '69 verhaftet, von der Marine, die haben mich in ein Gefängnis mitten in der Guanabara-Bucht gebracht. Da saß ich dann vierzig Tage, zwanzig davon in Einzelhaft. Als Musiker war man eh schon schlimm genug. Aber ich hatte auch noch mit Geraldo Vandré in einer Band gespielt.»

Vandré war der Verfasser der heimlichen Widerstandshymne «P'ra Não Dizer Que Não Falei das Flores.» Laßt uns nicht mehr über Blumen reden – dieser Text fiel natürlich 1968 sofort der Zensur zum Opfer, wie so viele blumige Balladen seiner Zeit. Mit jeder beschnittenen Veröffentlichung wuchs das Geschick der brasilianischen Texter, ihre Andeutungen in die entlegensten Metaphern zu verpacken. Chico Buarque, der sich später nach Italien absetzte, gab der Militärregierung in Gestalt einer Frau den melodischen Laufpaß: «Morgen kommt ein neuer Tag, daran kannst du nichts ändern.» Dieser Refrain schaffte tatsächlich den unzensierten Weg aufs Vinyl, genau wie die Zeilen: «Du hast die Traurigkeit geschaffen, jetzt sei so gut und schaff sie wieder ab! Du hast die Sünde geschaffen, jetzt schaff auch die Vergebung...»

«Die Militärzensoren waren vollkommen schizophren», berichtet Alceu Valença. «Die haben in jedem Wort nach dem Hintersinn gesucht. Ich mußte nur singen: ‹Joãna, vamos viajar!›» – Joãna, laß uns gehn! –, «schon sahen sie darin eine Anspielung auf Marihuana. Ein paarmal mußte ich Wörter rausnehmen, nur weil sie sich zufällig wie die Namen von irgendwelchen Großgrundbesitzern anhörten.» Und Djavan, heute einer der Spitzenverdiener in Brasilien, durfte keine Beatles-Songs mehr singen – «ich war der Paul McCartney» –, weil seine Teenager-Truppe den Namen LSD gewählt hatte.

Einer, der nie wieder auftrat, war Geraldo Vandré. Er erlitt im Londoner Exil einen schweren Nervenzusammenbruch. In São Paulo sagte mir jemand, er würde öfter bei Proben vom Symphonieorchester vorbeischauen, dort könnte ich ihn am ehesten treffen. Jetzt versichert mir Azavedo, Vandré erhole sich hier in seiner Heimatstadt João Pessoa von der schweren Zeit. Wie so viele ehemalige Kollegen warnt mich auch sein alter Freund, es wäre «sinnlos, ihn anzusprechen». Der Mann ist eine Legende – überall und nirgends. «Vandré hat mal gesungen: ‹Unser König Arthur hat die Krone nicht verdient.› Ich glaube, da liegt der Grund, weshalb unsere Regierung im Kulturbereich so viel kaputtmacht mit den ewigen Kürzungen. Ich glaub, die rächen sich immer noch für den Einsatz der Musiker und aller Künstler.»

Erst jetzt berichtet Azevedo, wie man sich an ihm gerächt hat. «Bei meiner zweiten Verhaftung 1975 war ich schon ein bekannter Mann. Meine Songs wurden auf Festivals ausgezeichnet, ich war mit Alceu Valença im Studio. Deshalb wurde es beim zweitenmal – inzwischen war Geisel an der Macht – viel schlimmer und brutaler. Ein Freund hatte mich denunziert. Später erfuhr ich, daß Präsident Geisel beim Vertragsabschluß über den Bau eines Kernkraftwerkes durch die Deutschen zwei offizielle Geschenke an die deutsche Staatsführung überreicht hat: eine Platte von Villa-Lobos und eine von mir. Und ich saß zu der Zeit im Gefängnis und wurde gefoltert.»

Ich weiß nicht, ob ich nachhaken oder doch lieber weiter auf meinen Notizzettel starren soll. «Sie haben alles mögliche probiert», fährt Geraldo Azevedo mit ruhiger Stimme fort.

«Einmal haben sie mich zehn Tage mit verbundenen Augen splitternackt in einen Kühlraum gesperrt. Tagelang ließen sie vor meiner Zelle laute Sirenen laufen, rund um die Uhr. Und Elektroschocks haben sie mir verpaßt. Ich habe dann immer so getan, als ob ich ohnmächtig werde. Anders konnte ich sie nicht bewegen, aufzuhören. Vor allem am Penis habe ich viele Schocks bekommen. Aber als ich dort herauskam, war ich innerlich gefestigt und entschlossen, all meine Kraft der Musik zu widmen.»

Die Konzerthalle von João Pessoa ist hoffnungslos überfüllt, die Menschen drängen sich zwischen den Sitzreihen und auf der Fläche zwischen der Bühne und den ersten Stühlen. Und Geraldo Azevedo hält den ganzen Saal in Schach mit seinen aufstrebenden Melodien und flamcencoartigen Gitarrensolos. Pärchen zwicken einander in die Arme, begeistert von der Chance, ihr Idol in voller Lebensgröße zu erleben. Bei den Liebesliedern schmiegen sie sich aneinander und rollen verträumt die Augen. So viel Zärtlichkeit vor anderen Leuten, zumal auch noch vor einem Star, wäre Nordamerikanern viel zu peinlich. Dennoch bringt dieses liebevolle Publikum auch die Männer der Todeskommandos hervor, die raffinierten Räuber, die Rabauken und Folterknechte. Sicher kann man der Mehrzahl der Brasilianer nicht das historische Schimpfwort «gute Deutsche» anhängen, aber haben sie es wirklich schon geschafft, richtig gute Brasilianer zu werden?

Für diesen einen Abend rettet sie die Musik vor aller Barbarei, wie sie auch Geraldo Azavedo gerettet hat. Vielleicht wird die Musik diese Rolle der rettenden Gabe für ihr Land niemals verlieren. Selbst hier in der Provinz können offenbar alle jedes Wort mitsingen. Aber kennen sie auch die ganze Wahrheit? «In meinem allerschlimmsten Moment», so der Sänger zu mir, «haben die Soldaten den Fernseher eingeschaltet. Da fing gerade eine beliebte *telenovela* an, der Titelsong war von mir. Die Peiniger haben meine Stimme erkannt. Sie haben meine Schreie mit meinem eigenen Lied übertönt. Und dann sagten sie zu mir: ‹Jetzt bringen wir dich mal richtig zum Singen.›» Heute bringt er andere zum Singen.

Musik beim Lesen:
PERSONALIDADE – Geraldo Azevedo, *Philips*
CANTORIAS, 1 & 2 –
Geraldo Azevedo und andere, *Philips*
XANGAI – Xangai, *Auvidis*
VAI PASSAR – Chico Buarque, *Polygram*

Balzende Vögel

Im Angesicht der See verdursten! Der Refrain von Djavan meint eigentlich die unerwiderte Liebe, aber ebensogut hätte der im Nordosten geborene Schnulzenbarde damit die Sehnsucht des *sertão* besingen können. Dreißig Meilen landeinwärts vom Atlantik macht sich fast überall die ewige Trockenheit breit. Furchtbare Dürreperioden brechen alle sieben Jahre über diese kratzbürstige Landschaft herein, die von den Ureinwohnern *caatinga* (weißer Wald) genannt wurde. Geologen bezeichnen das gesamte Ödland von Brasilien als klimatischen Ableger der Sahara. Beide weisen eine traurige Übereinstimmung in Niederschlagsarmut und Sonnenglut auf – nur leider sind die Überlebenskämpfer in Brasiliens Steppenprovinzen keine Kamele! Schlaftrunken nach der langen Nachtfahrt von der Küste, begreife ich meine Ankunft erst richtig, als der einzige *taxista* an der Bushaltestelle einen spärlichen Nieselregen vor Sonnenaufgang begrüßt. «Ah, jetzt kriegen wir *um bem molhado*», verkündet er mit aufrichtiger Andacht. «Einen schönen Guß. Gott sei Dank!»

Gottesfurcht und Feuchtigkeit – das sind die Hauptmerkmale von Juazeiro do Norte, der «Oase» des *sertão*. Zwar ist die Landschaft statt sattem Grün von einem kühlen, kreidigen Grau dominiert, doch das umliegende Cariri-Tal birgt immerhin vierundsiebzig natürliche Quellen. Die ausgeprägte Frömmigkeit dieses Marktplatzes im armen Bundesstaat Ceará entspringt jedoch nicht den geweihten Wassern – genau wie sein ungewöhnlicher Wohlstand. Beides geht auf Padre Cicero Romão Batista zurück, einen einheimischen Priester, der von 1889 an Wallfahrer aus dem ganzen Umland in den Ort lockte, weil sich von ihm zum Abendmahl gereichte Hostien angeblich in Blut verwandelt hatten. Dem folgten die verschiedensten «wundersamen» Heilungen, so viele, daß Padre Cicero von seinen Anhängern im Vatikan zur Heiligsprechung vorgeschlagen wurde. Statt dessen hat Rom den abtrünnigen Priester keine fünf Jahre nach seinem Dienstantritt exkommuniziert. Dennoch herrschte er als eine Kreuzung aus Billy Graham und Al Capone weiter über Juazeiro und weite Teile von Ceará.

Unterstützt von einer Söldnertruppe zog Padre Cicero für den *sertaneio*-Nationalismus ins Feld. So bezog er seinen Ehrenplatz in der nordöstlichen Tradition der *cangaceiros*, der umherziehenden Rebellen, wie vor ihm etwa Lampião, der Robin Hood mit Brille, die vielbesungene Maria Bonita, das weibliche Gegenstück dazu, und Antonio Conselheiro, auch ein selbsternannter Messias, der sich gegen das Baden und alle Formen zentraler Regierungsgewalt auflehnte. 1911 wurde die Macht von Padre Cicero gefestigt, als seine Truppen einen Angriff des brasilianischen Bundesheers abwehren konnten. Sein Einfluß ging so weit, daß er irgendwann mit seinen Getreuen einen Siebenhundert-Kilometer-Marsch ins nördliche Fortaleza unternahm und den Gouverneur der Provinz absetzte. Mit inbrünstigen Prozessionen und Geißelungszeremonien verhieß er den Armen Erlösung. Cicero liegt seit 1934 unter der Erde, doch noch heute wird Juazeiro zweimal im Jahr von der Massenwallfahrt seiner als Romeiros bezeichneten Anhänger überflutet. Viele glauben fest, daß ihr Erlöser eines Tages in den *sertão* zurückkehrt.

Zwischen den gelben Hängematten an den Verkaufsständen auf Juazeiros schnurgerader Hauptstraße, auf den Kassen aller Lebensmittelläden, Haushaltsgeschäfte und Apotheken, sieht man immer wieder eine auffällige Keramikfigur. Das ist nicht etwa ein Sparschwein für Trink- oder Spendengelder, sondern das Götzenbild vom lieben Pater, mit gemaltem weißem Haar unter breitkrempigem Hut. Seine braune Soutane fällt hinab bis auf die Füße. An seinen moralischen Einfluß reicht nur noch einer heran: Charlito, bei uns besser bekannt als Charlie Chaplin. Schon mein erster Bummel durch Juazeiro macht deutlich, daß der Tramp mit der Melone für die Leute hier weit mehr ist als ein Clown. Sein Konterfei in typischer Vagabundenpose ziert Kneipen, Bäckereien und auch das Café, wo ich eine Viertelstunde auf meine Kaffeesahne warte. Er ist Jedermann, der absolute Verlierer, und überall in seiner weitverbreiteten Gläubigenschar höre ich die portugiesische Übersetzung der flehentlichen Bitte um die Liebe aller Menschen aus der Schlußszene von Chaplins *Der große Diktator*.

Das begreife ich nicht. Der *sertão* soll doch angeblich die rauheste, unflätigste Ecke von Brasilien sein, mit halbfeudalen sozialen Verhältnissen. Aber wo sind sie denn alle, die wandernden Farmpächter, Kopfgeldjäger, Macho-*vaqueiros*? In diesem lateinamerikanischen Pendant des australischen Buschlands werden Ehebrecherinnen noch ganz legal erschossen, und als Tourist, so wird jedenfalls behauptet, kann man schon für einen falschen Blick aus der Stadt geworfen werden. Doch ich kann hier weder hitzköpfige Viehtreiber noch stolze Schürzenjäger entdecken, nur einen äußerst bescheidenen, gesitteten Menschenschlag. Juazeiros Kopfsteingassen sind von den reinsten Puppenhäuschen gesäumt, künstlich erhöht durch reliefgeschmückte, in weiblichen Schattierungen gehaltene Oberstockwerke. Statt krachenden Schüssen herrschen Schweigen und strahlender Sonnenschein in den Seitenwegen vor. Ist diese gequälte Stille nur ein Deckmantel, verhüllen die Leute ihr wahres Gesicht? Die Straßen des *sertão* geben dazu keinen Kommentar.

Trotz Verschwiegenheit wurde dieses abgelegene Stück Brasilien zum musikalischen Urquell. Vom Einfluß der Portugiesen und Deutschen, der Afrikaner und Indianer ist erstaunlich wenig spürbar und hörbar. Vergebens spitze ich die Ohren nach einer Trommelsession oder wenigstens ein paar Radioklängen des schwungvollen *forró*, dem typischen Rhythmus des Nordostens.

Der Name entstand wahrscheinlich aus dem englischen «for all» – mit diesen Worten luden die Friedenstruppen der Briten im neunzehnten Jahrhundert die einheimische Bevölkerung in ihre Stützpunkte ein. *Forró* ist die Melange aus Polka, Squaredance und Geschichtsbericht, vorgetragen von einem Trio unter der Leitung eines Akkordeonspielers. Der Sänger setzt mit leisen Triangelschlägen klangliche Akzente in seinem langen Monolog. Der Trommler schließlich sorgt auf der dunklen, klangreichen *zazumba* für den Takt. Der einzige karge Hinweis für die Existenz des *forró* kam für mich bisher von einem bettelnden Straßentrio an einem Limonadenstand vor João Pessoa. Doch bald erfahre ich, daß diese Musik hier für Wiederbegegnungen weitverstreuter Freundeskreise reserviert bleibt. Vom Tanzen kann Padre Cicero auch nicht viel gehalten haben. In seinem ganzen Lehnsgut finde ich keinen einzigen Tanzsaal, nicht mal eine schön verruchte Kneipe. Ich habe mich in die einzige Stadt Brasiliens verirrt, wo die Musik nicht heilig ist.

Hinter der Casa de Cultura verbirgt sich wenig mehr als ein Edelsteingeschäft mit kitschigen Aquarellen an den Wänden. Die Stadthüter der hohen Künste sitzen kartenspielend an einem Tisch auf dem Gehweg. Ein einheimischer Maler mit entstellenden braunen Gesichtsnarben von einer schweren Verbrennung erklärt sich bereit, mir eine *banda cabaçal* aufzutreiben. Als ich offen eingestehe, daß mich diese nach einer bestimmten Trommelform benannten Gruppen überhaupt nicht interessieren, muß ich erfahren, daß Juazeiro kaum mehr an «Folklore» zu bieten hat. Und eins habe ich nun wirklich gelernt – alles, was diesen Stempel trägt, ist abgeschrieben. Wenn eine Tradition als Folklore gilt, kann sie noch so wertvoll zum Verständnis einer Region sein, mit dem Alltag hat sie nichts mehr zu tun. Folklore ist abgefüllter Urquell, Langeweile «zum eigenen Vorteil».

«Aber zuerst mal», sagt der brandgezeichnete Maler, «mußt du Luis Fidelis kennenlernen.» Der Musiker wohnt gleich um die Ecke. Mit einem einfachen Klopfen sichere ich mir das Gastrecht auf einer morgendlichen Probe. Warum begrüßen mich wildfremde Leute in Brasilien immer so, als hätte ich mich längst per Telefon angekündigt? Luis Fidelis tapst zur Tür wie ein großes Hundebaby. Mit seiner zottligen Mähne hat der alternde Mann wenig von einem gitarrezupfenden Provinzler. Selbst hier im Haus verdeckt er seine kahle Stelle mit einem Strohhut. Scheinbar wohnt er im zentralen Antiquitätenspeicher der Region – Standuhren, Steingut, Sprungdeckeluhren, vergilbte Familienfotos in allen Ecken. Die Lampenschirme sind mit Fransen besetzt, das Bett ist ein Himmelbett. Da überrascht es mich wenig, als mir der Musiker erklärt, er habe das Haus von eher bürgerlichen Vorfahren geerbt. Und doch wirkt dieses Domizil genau wie alle, die ich im *sertão* noch betreten werde, lebensfroh und unkompliziert statt muffig und verstaubt. Die Dachziegel lassen reichlich Luft durch (Regen muß man ja hier nicht befürchten) und tönen das Licht orange. Die Zimmerwände reichen nur halb bis zur Decke, wie um spontane Umbaupläne zu ermöglichen. Ein versteckter Innenhof voller Pflanzenkübel und Papageien dient als Gewächshaus und Klohaus.

Luis Fidelis ist zugleich erfreut und betrübt, daß ich ihn *in situ* erwische. «Was einen Musiker an so einen Ort verschlägt?» Er kann nicht genau sagen, was ihn in diesem drolligen und doch erstickenden Spießerstädtchen hält. «Ich bin eben ein Dickkopf. Ich hab mir in den Kopf gesetzt, unsere regionale Kultur zu retten. Aber die stirbt so schnell aus wie alles in Brasilien, was sich auf langsames, natürliches Wachstum gründet.»

Seinen Lebensunterhalt verdient sich Luis in den Tanzschuppen von Fortaleza, zehn Fahrstunden von hier. «In meiner Lage hat man nur zwei Chancen auf richtiges Geld. Entweder gewinnt man einen Liedermacherwettbewerb, oder man schreibt die Titelmusik für eine *telenovela*. Ansonsten bin ich nur ein ganz normaler Plattkopf.» Was mir zunächst als krasse Selbstdiffamierung erscheint, erweist sich schnell als üblicher Begriff für die «Hierbleiber» im *sertão*. «So nennen wir uns wegen dieses Witzes, daß die Dummen immer Plattköpfe kriegen, weil ihnen Papa ständig auf die Birne haut und sagt: ‹Schön hiergeblieben, mein Junge!› Die Schlauen, die mit den elastischen Köpfen, verschwinden nach São Paulo.»

Die Fahrverbindungen zwischen Provinzhauptstadt und Kleinstädten sind im Nordosten äußerst dürftig, aber die dreitägige Busreise in den arbeitsreichen Süden kann man jeden Tag von überall antreten. Das Busunternehmen, mit dem ich hergekommen bin, heißt Esperança, Hoffnung. Manche Bürgermeister bezahlen den Arbeitslosen in ihren Städten sogar das Fahrgeld, nur um sie loszuwerden. Der *sertão* erinnert in vielem an Italiens *mezzogiorno*, diesen verschlafenen, unterentwickelten Landstrich, der alle halbwegs vermögenden Nationen ringsum mit billigen, ausnutzbaren Arbeitskräften versorgt. Und wie Mailand von den Sizilianern aufgebaut wurde, formten die derben Hände der *sertanejos* Brasiliens Wolkenkratzer und Industrieparks. «Leute aus dem Nordosten findet man überall», berichtet Luiz Gonzaga junior, der Sohn des größten Sängers der Region. «Die haben alles aufgebaut – São Paulo, Rio Grande do Sul, Amazonien. Ich möchte wetten, ein paar von denen sitzen jetzt in New York City, schuften das ganze Jahr durch und futtern Hühnchen.»

Diese Massenflucht ist kein Wunder bei einem durchschnittlichen Jahreseinkommen von nicht mal 200 Dollar und einer Lebenserwartung von nur fünfunddreißig Jahren für achtzig Prozent der Bevölkerung. In einigen Gebieten ist die durchschnittliche Kalorienration pro Tag nicht größer als seinerzeit in den Konzentrationslagern Nazideutschlands. Ja, brasilianische Wissenschaftler erklärten schon seit Jahren, die chronische Unterernährung hätte eine neue Spezies hervorgebracht, einen Homo sapiens mit vierzig Prozent weniger Hirnmasse. Sind das etwa die «Plattköpfe», von denen Luis Fidelis gesprochen hat? Bei solchen Verhältnissen klammern sich die Leute an blinden Glauben.

«Die extreme Gläubigkeit in der Gegend hier geht schon auf den Eingeborenenstamm der Cariri zurück», erklärt mir Luis. «Padre Cicero hat sich nur die Neigung der Leute zunutze gemacht, die unterschwellig immer da war.» Auch er selbst will mir als allererstes das fünfundzwanzig Meter hohe Standbild des prophetischen Hochstaplers zeigen, die die Stadt von einem Bergrücken am Talrand noch immer überragt. «Big Padre is watching you!» heißt das Motto in Juazeiro do Norte. Mühsam quält sich Luis' Brasilien-Käfer den gewundenen Weg zum Mahnmal hoch. Entlang der einspurigen Straße stehen die albernsten, am dürftigsten zusammengeklatschten Gestelle, die mir je unter dem Namen «Haus» vorgekommen sind. Der Außenputz ist zum größten Teil abgebröckelt,

Flechtwerk und Matsch liegen bloß. Auf den Eingangstreppen sitzen Mütter mit ihren nackten Babies in derselben Haltung wie die Frauen in Nordindien. In den *favelas* der Großstädte hat man wenigstens noch das Gefühl, daß immer irgendwo ein rettender Trick, eine Hoffnung auf den schnellen Ausweg winkt. Hier habe ich den Eindruck, die Leute können wirklich nur bis zur nächsten Schale Bohnen denken, die wieder irgendwie zusammengekratzt werden muß.

Rund um den Parkplatz auf der Bergspitze bieten Händler Souvenirs feil – Wimpel, Rosenkränze, die allgegenwärtigen Padre-Figuren, ja sogar 3-D-Sichtgeräte mit dem Helden der Stadt. Das große Missionshaus ist gerade weitab von der pilgerischen Hochsaison. Barfüßige Aufseherinnen schnarchen in Hängematten. Theoretisch gilt ihre Aufsicht einer Sammlung von Reliquien, die ein klein wenig von der Anziehungskraft des Padre vermitteln. Die vier Gipswände des Ausstellungsraums sind vom Boden bis zur Decke mit paßbildartigen Schwarzweißfotos von Heilungswilligen übersät. In einem größeren Raum stapeln sich wahllos *milagres*, verkleinerte Blechnachbildungen von verletzten Körperteilen, Knien, Herzen und undefinierbaren Organen, gemischt mit weggeworfenen Holzbeinen und Zahnprothesen. Ein Arsenal fleischlicher Leiden, fehlt eigentlich nur noch der eine oder andere echte Knochen. Ich frage mich ernsthaft, wie das Missionspersonal mit diesem Berg vor Augen seiner täglichen Arbeit nachgehen kann. «Hier glauben alle an Wunder», sagt Luis. «Die schießen praktisch aus dem vertrockneten Boden hoch.»

Um diese Jahreszeit ist der Gipfel wirklich einsam, wir sind die einzigen Besucher. Den Bettlern ist das egal. Unter ihnen ist ein bilderbuchgerechter Bauernlümmel mit roten Haaren, Sommersprossen und großer Zahnlücke. Seine Jeans sind drei Größen zu eng, Schuhe hat er keine. Die fleischgewordene Vogelscheuche sieht so kerngesund aus, daß ich einen richtigen Schreck bekomme, als auch diese Hand sich mir entgegenstreckt. Ich fliehe auf die in den fünfzehn Meter hohen Kunstfelsen unter dem Padre eingelassene Treppe. Ein Schild weist die überdimensionale Figurine als drittgrößte Statue der Welt aus. Das stimmt zwar nicht, ist aber gewiß keine böswillige Übertreibung. In der Vorstellungswelt der

Brasilianer gibt es eben nur zwei andere solche Symbole: den Jesus auf Rios Corcovado und die Freiheitsstatue vor Manhattan. Doch ich bringe es einfach nicht fertig, meinem Gastgeber die Illusion zu nehmen und behalte für mich, daß ich auf meinen Reisen schon viel gradiosere Standbilder gesehen habe, etwa von Ferdinand Marcos oder Mao Tse-tung. Und Padre Cicero ist ja auch nicht gerade ein Zwerg, vor allem wenn man bedenkt, daß sich Juazeiro do Norte kraft seiner religiösen Profite das halbe Tal unter uns einverleiben konnte. Auf die Frage, ob er sich selbst zu den Gläubigen zählt, erwidert Luis Fidelis augenzwinkernd: «Das größte Wunder, das Padre Cicero je vollbracht hat, war diese Stadt.»

Die nächste Station auf der Suche des Sängers nach kulturellen Lebenszeichen ist die neugebaute Stadtsporthalle, ein klobiger grauer Bau in Form einer umgedrehten Maya-Pyramide. Auf dem lehmigen Parkplatz baut ein Arbeitstrupp ein weiß-orange gestreiftes Zirkuszelt auf. Auf dem Schild über der Kuppel steht MIAMI 2001. Im unerträglich heißen Planungsamt der Gemeinde treffen wir die beiden Musikerkollegen von Luis. Sie leihen ihr geneigtes Ohr der Stimme einer frisch zugereisten Dame. Die freundliche Oberstufenlehrerin hat sich fest vorgenommen, das verschlafene Juazeiro wachzurütteln. Sie bittet um die Mitwirkung der Musiker vom Ort bei einem «Konzert für den häuslichen Frieden» als offene Verurteilung der Gewalt gegen Frauen. Das verträgt sich aber gar nicht mit den bei mir geweckten Vorstellungen vom *sertão* als Region mit Keuschheitsgürtel! Ortstypisch wirken allerdings die vielen Bremsen, die durch ihre schwarzen Locken summen und sich sogar auf ihre Lippen setzen, wenn sie ihre mahnenden Worte unterbricht. «Die kommen von dem verdammten Zirkus», flucht ein Musiker. Offenbar haben die Elefanten und Affen den Insektenschwarm hereingeschleppt. Wie schafft es dieses Land nur immer wieder, jedes Erlebnis in ein surreales Chaos zu verwandeln? Eine starrköpfige Feministin, die mit Pferdebremsen vom Zirkus kämpft! Das klingt eher nach einem Buñuel-Film als nach der Gemeinde des lieben Padre.

Da sich im Umkreis von dreihundert Kilometern kein Live-Konzert auftreiben läßt, bleibt mir nur noch das Zirkuszelt. Mein Platz in der ersten Reihe kostet keine fünfzig Cent. Ein Trüppchen verschmierter Kinder lungert in der Hoffnung auf freien Einlaß am Kassenstand herum. Kann man sich vor der moralischen Pflicht drücken, ein obdachloses Waisenkind in den Zirkus einzuladen? Da denkt man an glänzende Augen, aber die drei verwahrlosten Gören, denen ich die Freude mache, sind so furchtbar dreckverkrustet, daß die Verwirrung unter ihren schmutzigblonden Locken kaum zu erkennen ist. Sie wirken eher perplex als erfreut. Der Glanz in ihren Augen ist vom *sertão*-Frust getrübt. Ich mache mir schon Sorgen, daß sie ihre Karten weiterverkaufen, sobald ich auf meinem Platz sitze. Doch nein, sie setzen sich verschüchtert in die hinterste Reihe des großen Zeltes. Wie das ganze «Plattkopf»-Publikum sind sie sofort Feuer und Flamme für die Mätzchen eines Clowns der – na, wie wohl? – Lambada heißt.

MIAMI 2001 hat einen dressierten Affen und zwei mürrische alte Löwen zu bieten – kaum genug Viehbestand für so viele Fliegen. Ein fescher Direktor brilliert als Dauerredner mit dem bei Radiomoderatoren so beliebten überzogenen Tremolo. Jeder Darbietung schickt er sein überschwengliches: «Fantastico! Espetacular!» voraus. Vier einheimische Mädchen im knappen Gymnastik-Dreß steuern die obligate Hinternreihe bei. Ein Trapezkünstler segelt mit hochgerecktem Kinn in seine glanzvolle Auftrittsnummer und dabei auf ein zu tief gespanntes Seil zu, das ihm beinahe den Kopf absäbelt. Der Spannungshöhepunkt des Abends folgt allerdings im Bus, der die Zuschauer zurück ins Zentrum bringt. Vorne beim Fahrer entsteht ein Handgemenge, und im Nu rasen zwei Hünen in braunen Anzügen vor und entwaffnen einen Rabauken. Schneller als ein Jäger einem Hasen das Fell abzieht, rupfen sie ihm ein dreißig Zentimeter langes Küchenmesser aus der Innentasche.

Am nächsten Abend wage ich mich gleich wieder in den Bus. Ich will eine musikalische Kapazität besuchen, die mir nur unter dem Namen Alembergue empfohlen wurde. Irgendwie denke ich bei diesem ominösen Titel unweigerlich an Schärpe und Bartwichse. In Wahrheit ist sein Träger fast noch ein Teenager mit ponyverhangenen Augen. Er trägt nur Shorts und Gummilatschen. An seinen Händen haftet dunkle Erde vom Buddeln im Hofgarten, und sein Lispeln filtert jedes «S» durch eine Speichelpfütze. «Meine Mutter hat mich nach ihrer Lieblingsfigur in einer *telenovela* genannt. Der Graf von Alembergue!»

Ein barfüßiges Mädchen mit Haaren bis zur Taille bittet mich herein. Erst halte ich sie für das Dienstmädchen, doch dann sehe ich ihr Gesicht auf Werbeplakaten für Klubauftritte und Liedwettbewerbe, verstreut über eine Wand. Sie heißt Rosiane und steht Alembergue als musikalische Begleiterin, Forschungsassistentin und Ehefrau zur Seite. Die beiden passen zusammen wie Zwillinge. Beide sind dunkelhaarig, gefühlsbetont und sehr natürlich. Doch wie sich zeigt, sind der Graf und die Gräfin von Alembergue weit mehr als nur ein herkömmliches Volksmusikpärchen. In ihrem Haus fühlt man sich wie im Anthropologie-Institut einer Universität. Ein Eßtisch ist das einzige Möbelstück weit und breit – rundherum sehe ich nur Tomtoms, reihenweise Zimbeln und Schellen, selbstgebaute Vibraphone und andere eigentümliche Gebilde aus Knochen und Rinde. Wo die Plakate Platz lassen, hängen detaillierte Erdkundekarten, gespickt mit roten und weißen Stecknadeln. Die beiden bieten mir einen freien Platz auf einem indianischen Teppich an und weihen mich in ihren privaten Kreuzzug zur Wiederbelebung der angestammten regionalen Kultur ein.

«In vier Jahren hab ich nur vier Songs geschrieben», beichtet mir Alembergue in vertraulichem Flüsterton. «Weil ich meine ganze Kraft dem Geist und dem Gefühl des Cariri-Stammes und der anderen Ureinwohner widmen möchte.» Wann immer es geht, dringt das junge Paar in die entlegensten Berge und Schluchten vor, weitab von Juazeiro und den Hoheitsgebieten des weißen Mannes. «Die Leute hier haben keine Ahnung von dem reichen geistigen Erbe ihrer Heimat. Vor der Eroberung war das Gebiet dichtbesiedelt. Und noch weiter davor war es komplett unter Wasser. Deshalb findet man Unmengen von Fossilen und primitiven Werkzeugen. Und die alten Leute in den Dörfern können viele, viele Geschichten erzählen.» Alembergue zeigt mir schlecht belichtete Schnappschüsse von uralten Stammespriestern mit deutlich ausgeprägten asiatischen Zügen, von Höhleneingängen und verschwommenen Malereien im Inneren, von Pfaden aus Flußsteinen, die den Anschein erwecken, als wären sie von Gottheiten systematisch angeordnet.

Er verschwindet kurz in seinen Sammelraum und bringt mir Fossile, Pfeilspitzen aus der Steinzeit und anderes urzeitliches Gerät, genug für ein ganzes Provinzmuseum. Auch ein paar gespenstische Holzmasken mit ausgehöhlten Augen und schmückenden Stoppeln aus Pferdehaar sind dabei, wie geschaffen für ceylonesische Teufelsanbeter. Laut Aussage der alten *caboclos bravos* – so nennt er die indianischen Krieger – hat einst ein Leitgeist mit weißer Haut und leuchtend rotem Haar diese Gegend durchwandert und die Stämme durch geheime Felsgänge zu einem *lago encantado*, einem verzauberten See, geführt, der inzwischen ausgetrocknet ist. Und sogar zum Amazonas, will Alembergue wissen, durch Tunnel von Hunderten Meilen Länge. Der rothaarige Weise vom Mittelpunkt der Erde soll den Eingeborenen auch die Grundzüge der Landwirtschaft beigebracht haben. Außerdem schwört Alembergue, er habe in Höhlen ägyptische Inschriften gesehen.

Es ist wieder mal soweit. Gerade will ich mich auf verstiegene Kapriolen einstellen, auf einen neuen brasilianischen Trip in ferne mystische Sphären mit außerirdischen Raumschiffen und Begegnungen der dritten Art, da dreht Alembergue ab und führt mir seine selbstkreierten Musikinstrumente vor, alles Einzelstücke. Diesen tiefen Drang der Brasilianer nach Ausweitung ihrer Klangvielfalt kenne ich gut, vor allem von den komplizierteren Musikmaschinen der Uakti-Musiker. Rosiane ist für die Percussion zuständig, gewandt wechselt sie zwischen Muschelketten, Kuhglocken und Kürbissen. Alembergue hält sich traditionell an Gitarre und Gesang. Er spielt nicht besonders gut, aber das Repertoire der beiden hat etwas seltsam Anrührendes. Ich kann ihre Musik nicht recht einordnen, sie liegt irgendwo zwischen indianisch und brasilianisch, zwischen *bolero* und *samba canção*. Ihre Texte schreiben sie in der rekonstruierten Sprache «ihres» Stammes, der in ihrer Phantasie wieder auflebt. Nur beim Bericht über die Zivilisierungsmethoden der ersten katholischen Missionare wechselt Alembergue ins Portugiesische: «‹Es ist nicht recht, Holz, Stein oder Ton anzubeten›, sagte ihnen der Priester. ‹Ab jetzt müßt ihr *Abbilder* aus Holz, Stein und Ton anbeten.›»

Hätte ich nicht vorher schon ähnliche Fälle der Hingabe für die musikalischen Wurzeln des Landes erlebt, würde ich Alembergue für ein exzentrisches Genie halten. Doch ich kenne diesen Eifer, diesen Einfallsreichtum und das Streben nach elementaren Erklärungen von Leuten wie Hermeto Paschoal oder Carlinhos Brown aus Bahia. Eine instinktive Neugierde belebt die musikalischen Quellen dieser Nation, eine Ahnung, daß der Blick zurück den Weg in die Zukunft weist. Die ganze Zeit komme ich nicht recht dahinter, ob die Musik Alembergue nur als Werkzeug bei seiner Spurensuche dient, oder ob die Suche der Musik dienen soll. Mit sarkastischem Lachen gesteht er, sein Gerede von verschwundenen Stämmen mache seinen Eltern angst. «In meiner Familie will es zwar niemand zugeben, aber ich bin mir fast sicher, daß ich selbst ein Cariri bin.» Komisch, dabei sieht er gar nicht aus wie ein Indianer.

Und wie leben sie sonst so, diese beiden lieben Junghippies aus dem Archäologie-Grundkurs? Sie laden mich zu ihrem höchst weltlichen Mittagessen ein, bestehend aus heißer Milch, gesalzenem Käse und frischem Brot. Alembergue schaltet sogar den familieneigenen Fernseher ein. TV Globo überträgt live aus Hollywood die Grammy-Verleihung, die morgen überall im Lande Schlagzeilen machen wird, denn eine *forró*-Gruppe aus Recife bekommt den Preis als beste ausländische Popformation oder irgendwas in der Richtung. Die langhaarigen Rocker auf dem Bildschirm, die ländlichen Schnulzensänger, die den Verantwortlichen der Plattenindustrie danken – all das ist nicht nur Tausende Meilen entfernt, sondern auch um Äonen entrückt von diesem Urtrieb zum Musizieren – zur Freude, als Droge oder, wie bei Alembergue, als Kreuzzug.

«Komm mit», drängt mich der Graf nach dem Essen. Ich fürchte schon, er führt mich auf den Pfad zur Höhle eines verzauberten Kobolds, aber er will mir nur einen Musiker vorstellen. Schotterwege führen uns am Rand des Cariri-Tals bergauf. Nicht anders als in Rio bauen die Armen auch hier ihre Hütten nach eigenem Ermessen, und keine staatliche Stelle kann ihnen hineinreden. Dem Gestank nach rieselt unter uns das Abwasser. In der ganzen Siedlung gibt es keinen Strom. Alembergue kennt sich bestens aus. Hinter der Rückfront einer relativ festen Konstruktion finden wir eine strohgedeckte Hütte auf Pfählen. Obwohl die Mittagszeit gerade erst vorbei ist, hat sich die Familie bereits auf dem morastigen Boden schlafen gelegt. Videospiele und sanfte Träume von der Anlage sind eben nicht drin, wenn man keinen Saft hat.

Und jetzt – meine *samba* auf die «Schietewelt». Hier ist die Wahrheit mit dem Oder: alle Macht auf Erden vergeht im Moder. Es geht um die Toilettenschulung der Massen – wer denkt ans Abwischen, wer will's lieber lassen? Ein Stapel Papier türmt sich vor der Tür. Wo's wirklich herkommt, weiß es einer hier? Das faule Wachstum ist ständig am Laufen, beharrlich wächst der Scheiterhaufen. Zuständig fühlt sich keiner dafür, bis die Fäulnis selbst regiert. Sie tanzen Tänze zum Unrathaufen! Beten zu Göttern, die Abwasser saufen! Doch je erdiger ein Leben, desto weniger Vertrauen kann man drauf geben. Und das Komische ist, bei solcher Abfallübermasse hat auch die Dichtung größere Klasse. Derweil bleibt in der Ersten Welt das ganze Leben kaltgestellt. Alles blitzsauber, keine Flecke, allein der Reim bleibt auf der Strecke. Das Chaos wird nicht toleriert, das Gute mit dem Großen wegpoliert. Aus lauter grundverkehrten Gründen kommt alles so zum guten Schluß. Ein Sieg der geistigen Gesundheit – nur das die Weisheit weichen muß. Daher das Gefälle von Norden nach Süden. Es gründet sich nur auf hygienische Riten.

Auf Alembergues Gruß zündet jemand Kerzen an. Im Nu rappeln sich drei fast nackte schwarze Kinder auf – nein, schon sieben, die kleineren mit unverkennbar aufgeblähten Bäuchen, die älteren von der Feldarbeit gestählt – und kommen heraus auf die Bambusterrasse. Sie stellen den einzigen Stuhl ins Freie und warten stumm auf das Familienoberhaupt. Alle klettern irgendwie auf den Schoß des gebrechlichen Vaters, den mir Alembergue als Mestre Antonio vorstellt. Er ist der musikalische Leiter und Lehrer der ältesten *banda cabaçal* in diesem Landstrich. Und er gehört zur ethnischen Gruppe der sogenannten *caboclo*, der eingemeindeten Indianer, in deren Stammbäume sich weiße oder schwarze Geblüte gemischt haben. Für mich sieht Mestre Antonio extrem afrikanisch aus, aber er betont mit Nachdruck, seine Musik sei «durchweg Cariri». Sein Vater, und davor dessen Vater, hätten über 160 Jahre hinweg ihren musikalischen Stamm als Häuptlinge angeführt.

«Ich bin schon mal mit dem Flugzeug geflogen, aber nur einmal», berichtet der alte Mann voller Stolz. «Da hab ich gewußt, es gibt kein Himmelreich, weil ich meinen Bruder dort oben nicht finden konnte.» Sein Bruder muß ein ziemlicher Charmeur gewesen sein. «Er hat dreißig Kinder gemacht und dabei drei Frauen verbraucht. Gestorben ist er dann mit neunzig, beim Tanzen.» Die *cabaçal*-Gruppen sind für ihre stürmischen Tanzduelle bekannt, bei denen sie mit scharfen Messern herumfuchteln und so die bösen Geister austreiben. «Unsere Musik dient zur Heilung, nicht zum Geldverdienen», sagt der Meister. «Wenn wir im Tanz kämpfen, bleiben wir im Leben friedlich.»

Mestre Antonio schenkt mir eine frisch geschnitzte Holzflöte – das zweite Hauptinstrument im *cabaçal*. Sehr zur Erheiterung der Kleinen kriege ich darauf keinen Ton zustande. Der Meister dagegen trällert mit der gelassenen Virtuosität eines Jean-Pierre Rampal. Er läßt sich nicht lange bitten und spielt uns ein fröhliches Liedchen vor, das zu den Parks und Plätzen im Tal herabklingt. Er schöpfe seine ganze Inspiration aus der Feldarbeit, sagt er uns. An einem Tag kämen ihm genug Melodien für einen ganzen Monat in den Kopf. Nach seiner Technik befragt, sagt er: «Ich mache den Gesang balzender Vögel nach.»

Ich muß wieder an die Grammy-Verleihung denken. Wandelt dieser «Bandleader» wirklich in derselben Kunstform, auf demselben Planeten wie Led Zeppelin oder Lawrence Welk? Und muß ich nur deshalb in so weiter Ferne nach unverfälschten Klängen suchen, weil die Musik in meiner Heimat vom Kommerz verdorben ist? An dieser Krippe der Musik, diesem schöpferischen Urquell suche ich aufs neue die Antwort nach meiner unausweichlichen Frage, was Brasilien so musikalisch macht. Mestre Antonio gerät ins Stammeln, so analytische Fragen ist er nicht gewohnt. «Das kommt sicher, weil unsere Heimat so von Glück erfüllt ist.»

Das deckt sich nicht unbedingt mit meiner Beschreibung dieser Hütte, wo der Uringestank durch die Dielen dringt, auch nicht von diesem Tal voller rötlichem Schlamm und Pferdebremsen. Entweder bin ich von Lügnern umgeben, oder ich muß meine Glücksauffassung gründlich überdenken. Ermuntert von Alembergue, der mir zunickt, male ich ein Phantasiebild von einem Leben im unaufhörlichen Kreislauf von Musik und Plackerei unter den Sternen, die keine Glühbirne, kein Fernseher überstrahlen kann. Wie heißt es doch in einem beliebten Lied: «Ach du, mein *sertão*, wie schön sind deine Nächte!»

«Ja, unser Glück ist grenzenlos», wiederholt der alte Mann immer wieder und klingt jedesmal sicherer. Wo die Verzweiflung am schlimmsten ist, höre ich die schwärmerischsten Loblieder. In Brasilien kann mir niemand vorwerfen, ich würde die Armut idealisieren. Die Armen selbst treiben mich dazu. «Wir können diesen glücklichen Ort nur immer wieder loben.»

Musik beim Lesen:
BRAZIL: FORRÓ, MUSIC FOR MAIDS AND
TAXI DRIVERS – Sampler, *Rounder*
FORRÓ ETC.: BRAZIL CLASSICS 3 –
Sampler, *Luaka Bop / Warners*

Wenn Pelé singen könnte

«Siebenhundert Kilometer hinterm Nirgendwo.» So beschrieb Luiz Gonzaga junior den Geburtsort seines Vaters. Hinter der Bühne einer Konzerthalle in einem Vorort von Rio verbannte der verstädterte Sohn des größten Sängers der ländlichen Volksmusik in Brasilien das Haus seiner Vorfahren verbal in einen Krater auf der Nachtseite des Mondes. «Siebenhundert Kilometer landeinwärts von Recife, siebenhundert von Salvador, siebenhundert von Fortaleza. Das Dorf heißt Exu, ein indianisches Wort für Biene. Eine brandgefährliche Biene! Wenn du dich für Musik interessierst, die aus Staub und Armut geboren ist, fahr hin. Dann verstehst du, warum die Lieder von Luiz Gonzaga ewig leben werden. Mein Vater ist unsterblich.»

Wer wollte Gonzaguinha, wie der «kleine Gonzaga« hier genannt wird, seine pompösen Worte über «Gonzagão» verübeln? Unzählige bekommen in Brasilien das verniedlichende *-inho* an ihre Namen geheftet, das ihre bescheidenen Errungenschaften noch schmälert, aber die Größe für das ehrenvolle *-ão* erreichen nur ganz wenige. Luiz Gonzagas Bedeutung für die brasilianische Musik ist schwer festzumachen. Er war ein Bahnbrecher, einer wie Hank Williams vielleicht. Genausogut könnte man ihn als lateinamerikanischen Woody Guthrie mit einem Schuß Louis Armstrong bezeichnen. Obwohl auf keinem Instrument überragend, galt er bis zu seinem Tod 1988 als unbestrittener König des *Baião*, einer Abwandlung des *forró*, die so etwas wie ein Namensanhängsel für ihn wurde. Als großer Star der Glanzzeit des brasilianischen Rundfunks und der aufkommenden serienmäßigen Schallplattenproduktion verhalf Gonzaga mit seinen Schilderungen vom Alltag im *sertão*, mit seiner sanften Vortragsart zum Akkordeon, seinem Outfit aus ledernem Cowboyhut und Troddelweste der armen Landbevölkerung seiner Heimat zu einer ganz eigenen Präsenz in der brasilianischen Musikwelt.

War Gonzaga senior noch ein fröhliches, harmloses Dickerchen, so zeigte sich der Junior als abgemagerter Wuschelkopf mit wildem Blick. Er hatte die knochigen Wangen und das terroristische Ziegenbärtchen «eines verhungernden Gesichts», wie man in Brasilien sagt. Obwohl er sich als Songschreiber und Sänger längst einen eigenen Namen gemacht hatte, sprach immer noch die Tragik seines Aufwachsens aus Gonzaguinha – die Sehnsucht nach der Anerkennung durch den Vater. «Ich bin in Rio aufgewachsen, weit weg von ihm, aber ich habe seine Arbeit schon von Jugend an gemacht. Gut, mein Vater hat mich nicht oft besuchen können, aber ich weiß, er war stolz, daß ich auch Musiker geworden bin. Ich weiß, er hatte festes Vertrauen in mich.» Dann fragte er mit einer Treue, die nur verlassene Kinder aufbringen können: «Mein Vater war berühmt, wozu soll ich auch noch berühmt werden?» Für den Sohn von Luis Gonzaga war ein Effekt der Berühmtheit, daß er sich leisten konnte, sie zu verachten. «Ich laufe gern auf der Straße herum, rede mit Leuten, trinke mit Leuten. Ich bin nur ein Arbeiter. Ein Arbeiter im Schönen.»

Vielleicht daher unser Treffpunkt – eine schlichte Garderobe hinter einer heruntergekommenen Konzerthalle am Busdepot. «Ich spiele nicht für Geld», versicherte mir Gonzaguinha. «Kein Geld der Welt kann die Freude aufwiegen, die ich beim Spielen empfinde. Leider tendieren wir in Brasilien auch zu euerm ‹Star-

System›. Aber das hat nichts mit Musik zu tun.» Wie zur Unterstreichung dieser Aussage wollte der schmutzigbraune Ford-Kombi des berühmten Sängers partout nicht anspringen. Der Percussionspieler und ich mußten schieben. Ich stemmte mich mit ganzer Kraft gegen den Wagen, den Aufkleber des stolzen Erben direkt vor der Nase: I LOVE GONZAGÃO.

Zum Glück wird der Weg in die Heimatstadt von «Big Daddy» bequemer. Die letzten fünfzig Meilen der Wallfahrt lasse ich mich im Taxi von Juazeiro do Norte chauffieren. Der Fahrer weiß bestens Bescheid, die Fernfahrt zum Bienenstädtchen wird am häufigsten gewünscht. «Neben Lampião, dem Rebellen», verkündet der junge Mann in einem Polohemd von Lacoste mit ernster Miene, «sind die größten Männer des Nordostens Padre Cicero und Luiz Gonzaga.»

Auf dem Weg in den Heimatort des letztgenannten Helden kommen wir in Crato vorbei, der Geburtsstätte des zweiten. Dieses Örtchen an der entlegenen Seite des Cariri-Tals ist unverkennbar seine dunklere. Ein Schild «SWING MOTEL» markiert in großen roten Lettern die Außengrenze der Stadt. Die Bezeichnung Sündenpfuhl wäre für Crato zu hoch gegriffen, aber immerhin scharen sich ein paar Kneipen und Billardsalons um den Hauptplatz. Die ganze Stadt wirkt grüner und entspannter, der gestrengen Sittlichkeit des Padre entwischt. Tatsächlich hat Cicero Romão Batista als junger Priester seine Gemeinde aus Crato abgezogen, weil die Leute hier den Umtrieben «ihres» Jungen eher skeptisch gegenüberstanden.

Ich mache kurz hier Station, um einen Radiomoderator zu besuchen. Er hat sein rundumverglastes Studio in einem Klosterbau, wo ich ihn mitten bei der Sendung antreffe. Seit vierzig Jahren legt Eloi Teles de Moraes hier *forró* auf, doch vor kurzem haben ihn einheimische Plattenhändler von den kommerziellen Kanälen weggedrängt. «Die wollten keine Werbegelder mehr geben, weil ich mich geweigert habe, die neuen *forró*-Hits zu spielen. Diese Nummern kommen von Stadtleuten, die sind randvoll mit Frivolitäten und obszönen Metaphern.» Der Purist mit dem schmalen Oberlippenbärtchen zeigt sich ungerührt von der Grammy-Ehrung für das in den USA erschienene *forró*-Album *Music for Maids and Taxi Drivers*, anspielend auf die einstigen Landarbeiter des Nordostens, die heute als Dienstmädchen und Taxifahrer in den brasilianischen Großstädten arbeiten. «Früher», klagt der Radiomacher, während eine Platte über den Sender läuft, «da hatten die Musiker noch Achtung vor den Leuten auf dem Land. Ihr natürlicher Lebensrhythmus war der Gegenstand ihrer Lieder. Saat und Ernte, Heirat, Geburt und Tod – dafür brauchen die Menschen ihren *forró*!» Zwischen den Musiken in seiner Sendestunde kündigt er Traktorverkäufe, Versteigerungen und Taufen an. Mit schwülstig gerolltem «R» wie ein Fußballkommentator nach einem Tor verspricht Senhor Eloi seinen Zuhörern noch mehr «Forrózinho, bem grande! Bom demais!» – «Ein bißchen *forró*, toll gemacht, besser geht's nicht!» Doch off air gesteht er: «Der Kontrast zwischen Stadt und Land wird den echten *forró* bald auslöschen. Die neue Technik reißt den Leuten ihre natürlichen Kleider vom Leib. Mit den Zeiten von Luiz Gonzaga hat das nichts mehr zu tun.»

Luiz Gonzaga war ein Gläubiger vom alten Schlag. In seinen Aufnahmen hört man immer wieder den Namen Padre Cicero, manchmal als punktierte Schreie zu Akkordeonthemen. Nach Gonzagas Tod wurden seine sterblichen Überreste auf dem Luftweg nach Juazeiro übergeführt und in der Kathedrale des Padre aufgebahrt. Noch heute diskutiert man hier in der Gegend über den mächtigen Streit, der entbrannte, als Gonzaguinho sich gegen diesen Wunsch seines Vaters stemmte. Es kam zwar letztlich zum Kompromiß, doch vorher gab es noch ein buchstäbliches Handgemenge zwischen dem jetzigen Priester und dem Sänger auf der Kirchentreppe. So oder so war die Totenfeier eines der größten Ereignisse in der Geschichte der Region. Eine gigantische Trauergemeinde, darunter massenhaft Musiker und Politprominenz, zog genau auf dieser Straße über einen erstaunlich waldreichen Bergkamm nach Exu. Eingefaßt war die Prozession von roten Feuerlöschzügen und einheimischen *bombeiros*.

Hinter der Grenze zu Pernambuco sind die Berge trockener, der Bewuchs spärlicher. Von verbrannter Erde kann man nirgendwo im *sertão* sprechen, jedenfalls nach meiner Erfahrung. Die leicht blaugetönte Hochsteppe mit ihrer nur von Felsbrocken durchstreuten Öde erinnert an Landstriche in New Mexico. Es wächst zwar so einiges, aber anfangen kann man damit nichts, und nichts davon ragt hoch genug, um mir die Sicht auf das nächste riesige Tal zu versperren, in das uns die steile Serpentine hinabführt. Das einzig sichtbare Häuserklümpchen ist Exu, abgeleitet von dem Cariri-Wort *inxu*. Neben der Musik ist das Städtchen auch für seine Morde berühmt. Eine uralte Familienfehde über Wasser und Weiber hat hier einst eine lange Kette von Erschießungen und Vergiftungen eingeleitet, ja, sogar Tausende Meilen von Exu entschliefen entfernte Verwandte plötzlich aus heiterem Himmel. Die durch die Stadt führende Schnellstraße läßt allerdings keinerlei Anzeichen einer Mördergrube erkennen. Der Ort hat nur eine Tankstelle und drei, vielleicht vier Rasthäuser.

Ich kehre kurz ein ins Gonzagão Restaurante, die Bar Gonzaga und das Asa Branca (Weiße Schwinge). So hieß der Erkennungssong von Gonzaga, eine aufrüttelnde, hochgeschraubte Hymne über die Misere eines Bauern, den die Dürre von seinem Land vertrieben hat. «Nichts wächst auf meinem Acker... mein Pferd ist verdurstet», klagt er und hofft auf die Rückkehr des Regens, damit auch er zurückkehren kann, «nach Haus in meinen *sertâo*». Im Restaurant sind keine Gäste, die gelben Plastiktische dienen als Rollschuhbahnen für die Fliegen. Auf der Karte stehen nur Bier und Grillfleisch. Es gibt längst nicht so viele Kellnerinnen wie Bilder vom «König», alle Stationen seiner Karriere, ergänzt durch Plattencover, die ganze Wände füllen. Fragt sich, wieviel echte Begeisterung hinter der geschäftsträchtigen Aufmachung steckt. AI QUANTA TRISTEZA... FAZER BAIÃO SEM TU! steht auf einem handgemalten Spruchband an der Wand im Asa Branca. «Ach, wie traurig... ist die baião ohne dich!»

Vierhundert Meter weiter auf der Straße, direkt vor dem Stadtausgang, steht ein streng symmetrischer Hof gegenüber einem sumpfigen Wasserloch. Das Tor ist offen, aber in das Gebäude komme ich nicht hinein. Mittagspause. Ich kann mir allerdings nicht vorstellen, daß das Heiligtum von innen weniger traurig aussieht. Das Anwesen könnte ebensogut ein entlegener Militärstützpunkt sein, wäre da nicht die Aufschrift auf dem Güterwagen in der Mitte: MUSEU DO GONZAGÃO. Obwohl er sich mit seinem Verdienst das tollste Luxusleben in der Großstadt leisten konnte, kehrte Luiz Gonzaga immer wieder an die Stätte seiner Kindheit zurück, der sich ein paar weiße Baracken mit babyblauen Fensterläden angliedern. Der Bau auf der linken Seite ist, wie große Lettern in dem gleichen Blau ausweisen, das einstige Wohnhaus von Januario, dem Vater von Gonzago, der ebenfalls Musiker war. Auf der rechten Seite steht die Motel-ähnliche Unterkunft, die Luiz für seine vielen Musikerfreunde baute. Hier waren ständig Kollegen untergebracht, illustre Namen – was haben sie in dieser Einöde nur die ganze Zeit getrieben, außer für Fotos zu posieren und mit dem Meister zu jammen?

In der erdrückenden Hitze mache ich mich auf den Rückweg in die Stadt. Dabei komme ich am allgemeinen Waschplatz vorbei. An Betonpfeilern neben einem überdachten Wasserbecken prügeln kichernde Hausfrauen ihre Wäsche windelweich. Als sie mich sehen, vertiefen sie sich noch mehr in ihre Arbeit. Für brasilianische Frauen wirken sie außergewöhnlich sittsam mit ihren Kopftüchern, T-Shirts und knöchellangen Röcken. Ihre Haut ist sonnengebräunt, nicht dunkel, und doch unterstreicht dieses Wäscheritual die Bindung des *sertão* zu Afrika. Vielsagend – mehr als alle meteorologischen Angaben – sind auch die Wasserkrüge und die eckigen Speiseöldosen, die die Frauen auf ihren Köpfen balancieren.

An einer Seite der Schnellstraße ist ein quadratisches Gitter aus breiten Straßen entstanden, gesäumt von jämmerlichen, weißvergipsten Häuschen im unaufhörlich grellen Licht. Welche Erlösung, als ich in diesem unbarmherzigen, orientalisch anmutenden Labyrinth tatsächlich auf Menschen stoße! Trotz praller Mittagssonne sitzt ein stoppelbärtiger Säufertrupp auf Korbstühlen vor einer Eckkneipe. Sie haben schon gut für ihre tägliche Dröhnung vorgearbeitet. Ihre schier exzessive Trägheit läßt darauf schließen, daß sie bereits seit Menschengedenken arbeitslos sind. Zwinkernd behaupten die Männer, sie wären mit einem «wichtigen Projekt» beschäftigt. Das Ziel ihres Projekts wird klar, als sie mir einen Schluck vom selbstgebrannten *juiabo* anbieten – für Zuckerrohrschnaps gibt es in Brasilien mehr Spitznamen als für alle nationalen Musikidole zusammen. An einem Baumstamm gleich an der Ecke hängt eine Flaschenhalterung, darüber ein Schild mit der Bitte um die «Mithilfe» der Kundschaft, damit der runde Metallkorb immer voll bleibt. Eigentlich erwarte ich zynische Kommentare zu Exus einzigem Anspruch auf Ruhm und Touristensegen, doch der «Projektleiter» versichert mir prompt: «Gonzaga ist unser Mythos.» Ein anderer *cachaça*-Säufer mit schockierend blutunterlaufenen Augen erklärt: «Wir haben hier nur zwei Könige. Luiz Gonzaga und Roberto Carlos.» Carlos ist der aus der Volksmusik stammende kommerzielle Schnulzensänger, eine brasilianische Kreuzung aus Julio Iglesias und Perry Como. «Und wir hätten drei Könige», fügt er hinzu und erbringt den Beweis, daß der Ruhm des Fußballs selbst nach hier draußen reicht, «wenn Pelé singen könnte.»

«Der König kehrt heim», heißt die Radiosendung, die aus einem alten Lautsprecher über der Schwingtür der Kneipe hängt. Eine Stunde laufen dort tagtäglich die Hits von Gonzaga, ausgestrahlt von einem Sproß des Städtchens, dem Sender Asa Branca FM. Bevor ich weiß, wie mir geschieht, nimmt mich ein jüngerer Saufkumpan an die Hand und führt mich um die Ecke. Er ist der stolze Gründer des Senders und einer der zwei Moderatoren. Das in einer Dachkammer gelegene Studio ist nur durch eine Deckenklappe zu erreichen. Ein einzelner Plattenteller mit angeschlossenem Sendegerät verbreitet die Musik über einen Umkreis von zehn Meilen. Noch hat der Sender nicht einmal die für Werbeeinnahmen erforderliche Lizenz, aber mein frecher Gastgeber hat sich schon mal das Starpseudonym «Jota Grandão» («Das Große J») gegeben. Im Nu rammt er mir das Mikro unter die Nase und fragt mich aus, wieso ich zum Gonzaga-Museum gekommen bin, ob sich mein Buch mehr um Exu oder um die Musik des «Königs» dreht und so weiter. Als ich nach dem Interview wieder auf die Straße herabsteige, erwartet mich schon eine Kinderschar aus der Nachbarschaft – sie wollen Autogramme. Das war das erste englischsprachige Interview auf Asa Branca FM.

Im Museum bekomme ich eine exklusive Sonderführung von der Tochter eines ehemaligen Waisenmädchens, das von Gonzaga adoptiert wurde und ihm bis zu seinem Tod den Haushalt führte. Verständlicherweise erglüht die Patentochter der Legende in tiefster Hingabe für den Wohltäter ihrer Mutter. Sie zeigt mir Fotos von dem drallen Sängerbaby mit Grübchen kurz nach seinem *nascimento* als Luis Gonzaga do Nascimento im Jahre 1912. In einer Glasvitrine ist sein erster Plattenvertrag mit RCA, der ihm 1941 die fürstliche Summe von 150 *reis* zusicherte. Wieviel ist das wohl in *cruzados, cruzeiros* oder *cruzados novos*? Oder in welch minimalem Verhältnis steht diese Summe allein zu den Tantiemen, die der Sänger für seine insgesamt 241 Langspielplatten eingestrichen hat? Dann werden mir Videoaufnahmen vorgeführt – Ausschnitte aus legendären Fernsehkonzerten und auch ein Stück von den Streitigkeiten anläßlich der Beerdigung in Juazeiro. Meine Begleiterin führt mich auf eine Bank inmitten des sogenannten Parque Asa Branca, einem Kreis von Betonblöcken, in die die berühmtesten Songtitel von Gonzaga eingemeißelt sind. Ringsum türmen sich Tausende Pokale, Preise, goldene Schlüssel von Städten und Fotos der vielen musikalischen Weggefährten, darunter auch eines von dem zwergwüchsigen Trommler, den Gonzaga immer «Mindestlohn» nannte.

Noch mehr beeindruckt mich das berühmteste Musikinstrument von Brasilien: Gonzagas erste *sanfona* (Akkordeon) mit Elfenbeintasten und der perlmuttenen Inschrift *E de Povo* (Aus dem Volke), keiner schlechten Kurzbeschreibung für den Mann selbst. Ich denke an die Worte von Gonzaguinha zurück: «Alle, die meinen Vater kannten, werden dir bestätigen, was für ein bescheidener Mensch er war. Was nicht volksnah war, hat ihn nicht interessiert.» Beim Eintrag in das Gästebuch fällt mir auf, daß allein die aktuelle Spalte viele Male die Berufsbezeichnungen *domestica* und *camioniero* aufweist. Sie lieben diese Musik über alles, die Dienstmädchen und Kraftfahrer. Und ohne Scham zeigen sie ihre schlichten Berufe genauso offen wie ihre Liebe.

Erst jetzt entdecke ich eine hastig hinzugefügte Nische, die sich der Beziehung von Vater und Sohn Gonzaga widmet. Ein Foto zeigt den halbwüchsigen Junior, wie er seinem Vater schüchtern auf der Gitarre vorklimpert, während die beiden in ihren Hängematten lümmeln. «Gonzaguinha hat hier alles in der Hand», sagt die Patentochter. «Er ist sehr nett zu uns.» Jetzt begreife ich, was der junge, in Rio geborene Gonzaga meinte, als er mir sagte: «Die Nordestinos sind sehr schlicht und sehr direkt. Das Leben ist so hart, da muß man so sein. Aber die Musik macht alle Türen auf: zu Gott und Teufel, zu *saudade, sol, praia, miséria, floresta.*» Sehnsucht, Sonne, Strand, Kummer, Wald.

«Mein Vater ist an einem verstaubten, bröckligen Flecken Erde geboren, aber die Menschen dort sind glücklich, und das zeigen sie auch. Das kommt, weil – kann man das in deiner Sprache so sagen? – weil es zwischen Armut und Poesie kein Verhältnis gibt. Deshalb ist Brasilien die reine Musik.»

Ein halbes Jahr später erfahre ich, daß Luiz Gonzaga junior bei einem Autounfall ums Leben gekommen ist – das nächste Opfer des fatalistischen Flirts mit der Geschwindigkeit –, und muß unweigerlich an Exu denken. Wie werden die getreuen Patentöchter und Trinker ohne ihren «Arbeiter im Schönen» zurechtkommen? Und dann muß ich daran denken, wie ich damals das Auto mit angeschoben habe. Ist er in dieser klapprigen Kiste gestorben? Doch was hat das jetzt noch für eine Bedeutung? Brasilien ist *wirklich* die reine Musik. Und genau wie sein Vater ist auch Gonzaguinha unsterblich.

Musik beim Lesen:
PERFORMANCE – Gonzaguinha, *Capitol*
ASA BRANCA – Luiz Gonzaga, *Sigla*
ASA BRANCA – Sampler, *Rykodisc*

Wir sehen uns in São Luis

Überall, wo ich hinkomme, fragen mich die Leute, wie ich mit meiner *pesquisa*, meiner Forschung, vorankomme. Da haben sie eine falsche Vorstellung. Ein Forscher muß an einem festen Ort verweilen. Ein Reisender muß immer in Bewegung sein.

In Piauí lockt nichts zum Verweilen. Das kratzige Buschland dieser Provinz kann höchstens Büßer locken. In der Zeit, als die Militärherrscher Caetano und Gil nach England und Chico Barque nach Italien vertrieben, vernarrte sich ein gewisser João do Vale, ein zur Legende avancierter Sänger der Volksmusik, der seine Tantiemen konsequent in *cachaça* anlegte, in die Idee, daß auch er in Gefahr sei.

Der ironischen Legende nach trampte er daraufhin nach Piauí. Das Exil des armen Mannes!

In Teresina muß ich in einen anderen Bus umsteigen. Hier ist es so heiß, daß sich die Geier mit nur einem Flügel in der Luft halten und den anderen als Fächer benutzen. Wo immer wir zum Ausruhen anhalten, sind nur Strapazen zu haben. Ein körperbehinderter Junge bringt den Fahrern Teller mit Bohnen, die Passagiere warten derzeit draußen beim Dorfnachwuchs. Kinder umkreisen unseren Bus, sie rufen «Tchau!», eine Abart des italienischen *ciao*, und strecken uns Orangen hin, so rund wie ihre flehenden Augen.

Zwei volle Tagesreisen bringen mich noch weiter gen Norden, von Juazeiro do Norte weg, durch den ärmsten Teil vom Hinterland zurück zur Küste. Durchgedrehte Fahrer rattern mit solchen Geschwindigkeiten über die einspurigen Straßen im Grenzland, daß mir vom Hinsehen schlecht wird. Die Leselampen sind zerborsten, die Sitze zugeteilt, so daß ich mich nicht von dem lautstark knutschenden Pärchen in der Reihe vor mir wegsetzen kann. Mitten im leeren Raum empfange ich mit meinem Kurzwellenradio den Leitstrahl historischer Gewißheit, den Kernsatz der BBC: «This is London.» Na gut, bei euch ist London, aber was ist das hier? Ich sehe nur Niemandsland, ein durch nichts erreichtes Nichts. Die Entfernung zwischen zwei Punkten bringt kaum noch Punkte. «Nichts kann schöner sein als Petrolina am Morgen...» Jetzt singe ich meine Transportmittel-*samba*. «Wir sehn uns in Saint Louie, Louie!»

Brasiliens Version São Luis ist zwar kein Tor zum Mississippi, dafür aber die Hauptstadt des verdreckten Bundesstaates Maranhão, bezeichnet als Übergangszone zwischen der regenlosen Steppe und dem Amazonischen Regenwald. Wie wohl tut nach so endlos langer Fahrt über die staubige Landstraße der Blick der üppigen *babaçu*-Palmen, die ihre Wedel wie Fächer über eine biblische Oase breiten! Als abgeschiedenste Hafenstadt des Landes ist São Luis auch der letzte Ort, wo noch *bumba-meuboi* gespielt und getanzt wird, eine Musik zum São-João-Fest im Juni. So kurz nach dem Karneval mache ich mir freilich keine Hoffnungen auf eine Kostprobe von diesem ländlichen Spektakel, aber immerhin weiß ich, was hinter dem Verb *bumba* steckt. *Boi* heißt in diesem Fall Rindvieh. Soweit geht mein Wissen. Ein Sprichwort besagt: «Wer in Maranhão den *boi* tanzt, hat schon längst echte Hörner.»

Laut meinem Straßenatlas hat São Luis sechshunderttausend Einwohner, Rinder nicht mitgezählt. Aber man muß nicht lange durch sogenannte Entwicklungsländer reisen – was soll das eigentlich sein, eine riesige Dunkelkammer? –, um zu lernen, daß allein die Bevölkerungszahl noch keine Stadt ausmacht. Nur gnadenlose Kapitalanhäufung hält die Laternen am Brennen. Und São Luis bekommt gerade mal so die eigene Warenreserve zusammen. Zum Glück nimmt mich der zweite Busfahrer in seinem Ford-Transporter vom Bahnhof in die Stadt mit. Es ist zwar erst kurz nach Sonnenuntergang, aber außer uns ist kein Fahrzeug mehr auf der Straße unterwegs. Das imposante Gebäude der Landesregierung wird mir als Dauerkulisse von heißen Ernährungsdebatten präsentiert. Die *praça* ist nur von einem routinemäßigen Hurentrüppchen belebt. Später gesellt sich ein tätowierter Drüsenfieberpatient dazu, der an den umwickelten Palmenstämmen rings um den Platz seine Karate-Tritte trainiert. Im einzigen Hotel bekomme ich ein Zimmer mit frisch gelegten Kakerlakeneiern auf dem Kopfkissen wie Betthupferl.

Auf meinem Streifzug durch die halbwegs beleuchteten Seitenstraßen finde ich zwar nirgends *movimento*, dieses oft mißbrauchte Wort der Brasilianer für nächtlichen Trubel, aber dafür lädt mich ein angetrunkener Lebemann, wie man sie in allen Provinznestern der Dritten Welt trifft, auf einen «X-burger» – das «X» steht hierzulande für «Cheese» – ein. Er erweist sich als klassischer Fall – einer, der nach Anwendung seiner Englischkenntnisse lechzt, sich für gebildeter hält als seine Mitmenschen und ewig über den Sinn des Lebens und die lateinamerikanische Liebe zur *siesta* philosophiert. Wie nicht anders zu erwarten, steigt er bald von seinen geistigen Höhen hinab und bittet um einen günstigen Währungsumtausch, ein Buch oder wenigstens eine Zeitschrift. Schlimmer noch, er besteht darauf, mich auf eine endlose Stadttour mitzuschleifen. Schon beachtlich, wie oft die Gastfreundschaft zum schlimmsten Feind des Reisenden wird. Gott sei Dank läßt sich der unrasierte Sokrates von São Luis bald von einer Hafenhure ablenken. Die braunhäutige *piranha*, so die treffende ortsübliche Bezeichnung, kann höchstens fünfzehn sein. Sie trägt die typische Strapskluft, und unter dem schwarzen BH, ihrem einzigen Oberteil, zeichnen sich durchaus reife Formen ab. Von den Männer hier kann sich niemand die Kleine leisten. Die *piranha* träumt von einem Leben als exklusives Eigentum eines holländischen Seemanns. Trotzdem setzt sie sich beim Professor auf den Schoß. Letzterer bejammert derweil den Verfall der Stadt durch Paulistas und andere Eindringlinge aus dem Süden. «Früher war alles so schön *tranquillo.*» Noch weniger *movimento*? Das übersteigt meine Vorstellungskraft.

Ich bin schon vor der Anreise gewarnt worden: der koloniale Stadtkern von São Luis sei dem Verfallen ausgesetzt, genau wie der Pelourinho in Salvador. Man fragt sich, weshalb die einst so fürstlichen Handelssitze nicht einen Wettbewerb austragen, wer die brüchigsten Kornspeicher, die höchsten Trümmerhaufen und die größte Anzahl von leeren Tür- und Fensterlöchern hat. Im Tageslicht zeigt sich wieder einmal, daß Vorabinformationen in Brasilien keinen Pfifferling wert sind. Der Abstieg über die alten Marmorstufen in Richtung Wasser führt durch ein frisch geweißtes, sandstrahlgereinigtes renoviertes Zitadellenviertel. Dank beherzter Kleinarbeit strahlen auch die portugiesischen *azulejos* in neuer Pracht. Das sind blau gekachelte Fassaden mit geometrischen, islamisch anmutenden Ornamenten. Viele Häuser sind so frisch renoviert, daß noch nicht einmal die Klebestreifen von den Fensterscheiben entfernt sind. Rund um den Marktplatz sind überall folkloristisch angehauchte Lokale und Souvenirläden in die hochwandigen Buden eingezogen. In den Cafés bekommt man frische Shrimps aus Strohkörbchen, die an den Enden zusammengezwickt sind wie chinesische Nudeltaschen. Anstelle des früheren Chaos bietet der Hafen jetzt einen malerischen Anblick. Sicher ein sehr beherzter Versuch, eine wohlhabende, bürgerliche Atmosphäre zu schaffen, aber leider gibt es hier nicht genug wohlhabende Bürger zur Belebung der Kulisse. Wenn ich hinter die Fassaden schaue, zerbröckelt Sáo Luis vor meinen Augen. Mit seinen frischen Kacheln und Stuckverzierungen erinnert es mich an die Traumlandschaften eines De Chirico. Von aller Erinnerung saubergeschrubbt, lenkt das perfekte Gleichmaß der Proportionen, Treppen, scharf gezogenen Ecken und schmiedeeisernen Laternenpfähle das Auge überallhin, den Geist jedoch ins Leere. Geschichte wird zur Boutiquenware.

Woher ist in diesen flauen Zeit das Geld für eine so umfangreiche Sanierung gekommen? Beduselt und verwirrt bilde ich mir doch für einen idiotischen Moment tatsächlich ein, das ausladende, in frischem Mandarinrot gestrichene, mit neuen Kiesflächen umgebene Palais aus dem achtzehnten Jahrhundert vor mir wäre das Museum der Schwarzen, das ich auf meiner Touristenkarte herausgesucht habe. Als hätte ich inzwischen nicht genug über die Verteilung der Prioritäten in Brasilien gelernt. Wenn ich tatsächlich recht hätte, müßte die Stadtverwaltung schon durch einen modernen «Sklavenaufstand» gestürzt worden sein. Auf meinen vorsichtigen Blick in den Innenhof locken mich zwei Bibliothekarinnen auf eine exklusive Führung durch die einst größte Klosterschule von São Luis. Sie haben die Schlüssel zu den mit Marmorplatten ausgelegten Archiven, zum Konferenzzentrum und zur Forschungsbibliothek, und erst als wir einen Raum voll gerahmter Porträts, Erinnerungsstücke und Zeitungskarikaturen hinter Glas betreten, wird mir klar, für welchen Zweck – und für wen – das Gebäude hier vorbereitet wird. Alle Bilder, darunter auch Ölbildnisse, zeigen dasselbe Gesicht mit einem charakteristischen Schnauzer: José Sarney, der letzte Ex-Präsident Brasiliens.

In seiner Amtszeit als Gouverneur von Maranhão avancierte der konservative Politiker 1985 – wahrscheinlich zur Beruhigung der Militärs – zum Vizekandidaten des geistreichen und sehr beliebten Gouverneurs von Minas Gerais, Tancredo Neves, zu dessen Präsidentschaftswahlkampf. Doch da die Geschicke in Lateinamerika immer wieder den erbarmungslosen Verlauf griechischer Tragödien nehmen, erkrankte der alte Neves, wie bereits geschildert, kurz vor seiner Amtsernennung als erster freigewählter Präsident seit zwanzig Jahren schwer und starb einen Monat später an den Folgen einer inneren Infektion. Man darf annehmen, daß bei seiner mißglückten Heilung ein paar Ärzte zuviel die Hände im Spiel hatten. Manche glauben noch heute an eine Vergiftung. So kam jedenfalls der ahnungslose Sarney an die Macht, womit vier Jahre voller Apathie, Inflation und eklatanter Geldschieberei einsetzten – deren letztes Relikt wahrscheinlich dieser schmucke Edelbau war. Ich habe mich nämlich paradoxerweise in die von Sarney gestiftete Präsidentenbibliothek verirrt, errichtet als Brasiliens erstes Denkmal für die Präsidenten der Republik. Und ohne daß ich irgendwelche Referenzen vorzuweisen hätte, werde ich als Ehrengast behandelt. Das stelle man sich mal in der Nixon-Bibliothek in Yorba Linda vor! Obwohl dort wenigstens ein interessantes Exponat aufbewahrt wird – die Mitschriften der belauschten Telefongespräche, die zu seinem Sturz führten. Hier dagegen gibt es nur viel förmliches Getue um nichts, wie immer, wenn es in Lateinamerika öffentlich wird. Nur allzu deutlich schimmert hinter dem Pomp durch, daß die wahre Macht in ganz anderen Händen liegt. Auf einer Ehrentafel, die eine ganze Wand einnimmt, sind alle Landesführer seit dem Sturz des Kaisers Dom Pedro II. aufgelistet. Ungeschickterweise hat man auch die Berufe der *presidentes* mit eingraviert. Neben zwei Drittel aller Namen steht das Wort *militar*.

Jetzt ist mir sonnenklar, wie São Luis zu seinem neuen Glanz kommt. Da war nur ein Wink vonnöten, und schon lief alles wie von Zauberhand – schließlich brauchte Präsident Sarney doch ein Abschiedsgeschenk für seine Heimatstadt! Schade eigentlich, daß man die Legislaturperioden nicht auf ein Jahr herabsetzen kann. Dann wären dank Begünstigung bald alle brasilianischen Städte saniert. Später erfahre ich, daß Sarneys Sohn die Mehrzahl der Radiosender in Maranhão sein eigen nennt. Hier in der Stadt hat er einen Nachtklub aufgemacht, als Übungsplatz für seine erträumte Musikerlaufbahn. Doch der Prunk des alten Sarney reicht keine drei Ecken weiter. In den Nebenstraßen, durch die schon bald die Karawane der Edellimousinen auf dem Weg zur Einweihungszeremonie rollen wird, hausen barfüßige Bettler und abgemagerte Hunde im dürftigen Schatten halbverfallener Vorbauten. Die einzigen Farbflecken an den ausgebrannten Wohnhäusern aus dem siebzehnten Jahrhundert sind Grafitti-Slogans – VIVA MARX.

Und natürlich hat das Museum der Schwarzen, obwohl direkt vis-à-vis der Bibliothek gelegen, nicht annähernd soviel Pracht abbekommen. Das ehemalige Wohnhaus wirkt so unscheinbar, daß ich erst ein paarmal daran vorbeilaufe. Die hier gezeigte Ausstellung ist im Grunde nur eine Werbung für die ortsansässigen *candomblé*-Häuser, in São Luis als *minas de criollas* bekannt. Glasvitrinen bergen ein paar zeremonielle *congas* – Jam Sessions heißen hier *tambores de criollas*, abgeleitet vom «kreolischen» Einfluß der Nähe zur Karibik. Außerdem gibt es rüschige Gewänder von den herausragenden *mães de santos* der Stadt zu sehen. Unbestreitbar haben diese matriarchischen Priesterinnen der schwarzen Gemeinschaft seit jeher einen viel größeren Dienst erwiesen als irgendein Politiker.

Die Suche nach Zé Pereira, einem Kenner der einheimischen Musik, führt mich in die Kellerkantine der örtlichen Telefongesellschaft São Luis Bell, wo sich ein paar Angestellte nebenbei als Musiker üben. Sind die Piloten, Herzchirurgen, Atomphysiker und sogar die Ökonomen dieses Landes alle nur Musiker in ihren Konzertpausen? Zé ist das übliche Kürzel für José. Hier einen Zé Pereira zu suchen ist ungefähr so wie einen Joe Smith in Iowa. (Zé Pereira war übrigens auch der Name des Gründers von Rios erstem Karnevalsklub.) Aber in Brasilien findet man letztlich immer das Gesuchte, wenn auch nicht immer bei *dem* Gesuchten. Dank weiterer Empfehlungen gerate ich an Carlos Lima, einen älteren Herren, der seit der Jugend seinem Hobby als wichtigster Chronist des *bumba-meu-boi* frönt. Lima ist ein Pantoffelheld mit einem Haus voller humorloser, verzogener Gören. Noch größer ist die Zahl der Schildkröten, die die Familie als Haustiere hält und die genauso wirr und trottelig sind wie mein Gastgeber in seiner Wißbegierde. Lima rühmt sich als Besitzer der größten Privatsammlung von *amos*, den Rinderfiguren aus schwarzem, liebevoll mit Ziermünzen und Schmucksteinen besetztem Samt, die die Tänzer beim Festzug tragen.

Während in seinem Garten die reifen Mangos bündelweise von den Sträuchern plumpsen wie Bomben, gibt mir Professor Lima eine Kurzvorlesung zu den Grundzügen des *boi*. Was die vielen Wandergruppen und Straßenkapellen nachspielen, ist die Vermählung von Pai Francisco, einem alten schwarzen Sklaven, mit Mae Caterina und ihre Folgen. Während der Schwangerschaft verspürt sie den sonderbaren Drang, den Sproß in ihrem Leib zu stärken, indem sie die Zunge der besten Kuh ihres *padrinho* verspeist. Der erzürnte Plantagenbesitzer heuert die Indianer aus der Gegend an, um sein geraubtes, dahingeschlachtetes Vieh wieder aufzutreiben. Dank ihrer magischen Kräfte und der Freundschaft zu den Schwarzen können die eingeborenen Detektive die Kuh tatsächlich finden und wiederbeleben. Am Schluß feiern alle Rassen gemeinsam die Wiederauferstehung.

Wie Lima herausgefunden hat, stammt die Sage von den *gauchos*, von ihren langen Herdentouren von Minas, Goiás und Bahia. Also auch hier wieder der Name Bahia am Beginn einer Tradition. Solche Lagerfeuer-Geschichten waren den Viehtreibern, was den *cordel-*, den «Schnürsenkel»-Poeten im Nordosten ihre Erzählungen. Die ersten Rinderfiguren waren wahrscheinlich Kinderspielzeuge aus Stroh. Der erste offizielle Verweis auf *bumba-meu-boi* stammt bereits von 1848. Damals klagte ein Priester in einem Leserbrief an sein Tageblatt – worüber wohl? – über heidnische Feste. Heute, da alle nach ihren kulturellen Wurzeln suchen, sind diese heidnischen Feste wieder groß in Mode. Folklore ist immer in Bewegung, sagt Lima und berichtet, daß die Leute von São Luis viele Motive in den *boi* eingeflochten haben, zum Beispiel Nazis mit Pfeil und Bogen oder Neil Armstrong bei der Mondlandung. Während der Festtage des São João sind über ein Dutzend *boi*-Gruppen in der Stadt aktiv, sie ziehen mit ihrem Spiel von Haus zu Haus oder führen es auf Privatfeiern und Tanzfesten vor. Lima erzählt noch allerhand vom *boi* der Oberschicht und vom *boi encantada*, dem verzauberten Rind, und ich muß gestehen, daß ich bei den Überresten der heidnischen Kuhanbetung meine Schwierigkeiten habe, zwischen aufgebundenen und echten Bullen zu unterscheiden.

Natürlich setze ich auch hier meine nächtliche Musikjagd fort. Vor den Cafés an der Hafenpromenade singen Musiker in der Hoffnung auf ein paar Münzen von den wenigen Abendgästen. Mittlerweile erkenne ich sie alle wieder, die ewig abgedudelten Klassiker von Caetano, Chico und Roberto Carlos im überzogenen Tremolo der unzähligen Troubadoure. Der nach Bahia größte prozentuale Bevölkerungsanteil an Schwarzen und die Nähe zur Karibik haben São Luis den Titel «brasilianisches Jamaika» eingebracht. Doch die *reggae*-Klubs haben nur an einem Abend in der Woche geöffnet, und auch dann erklingt nur Musik aus der Konserve. São Luis gehört immer noch zum Nordosten – und die Bindung ist stark genug für ein eigenes Forrodrómo. In diesen als Rollschuhbahn getarnten Tanzschuppen finde ich keinen Einlaß. Laut Auskunft einiger Taxifahrer ist der Laden für immer dicht, wegen der miesen Wirtschaftslage. Offenbar bin ich an einem Ort in Brasilien gelandet, der nicht einmal die Mittel hat, um seine angestammten Klänge zu unterstützen.

Kaum ortstypisches Flair bieten die häßlichen, neonbestrahlten Satellitenviertel zwischen dem Zentrum und den verwilderten Stränden. Aber ist denn seit 1950 irgendwo auf dieser Welt noch etwas Schönes gebaut worden? Oder hinkt unser Schönheitsideal nur den zeitgemäßen Baumaterialien hinterher? Vor lauter Frust mache ich einen Touristenausflug nach Alcântara, einer weiteren zu Bruch gegangenen Ex-Hauptstadt Brasiliens. Die einzige Reisemöglichkeit dorthin ist eine dreistündige Vergnügungstour zur anderen Seite der Bucht. Die Fähre fährt einmal täglich, und die drei Stunden Verspätung sind in dieser Jahreszeit auch ganz alltäglich, denn die Anlegestelle liegt zu tief in der Bucht. Wieso wird sie nicht einfach ein Stück verlegt, frage ich mich, aber auf die Idee kommt wohl hier keiner. Zu guter Letzt schieben sich mehr Menschen auf die Fähre, als ich in der gespenstisch leeren Stadt bisher überhaupt gesehen habe.

An der Kasse wird vor derartiger Überlegung gewarnt. «Steigst du zu dieser Bootsfahrt ein, könnt es deine letzte sein!» steht unter einer Karikatur mit einem klapprigen Doppeldecker in bedrohlicher Schräglage. Die Passagiere purzeln in die Fluten, gefräßige Wellen stürzen sich auf den Katastrophenschauplatz. Daneben steht der grinsende Tod mit schwarzem Umhang und Sense. Unangenehmerweise hat das Boot auf der Zeichnung verblüffende Ähnlichkeit mit der Fähre nach Alcântara, als hätte sie selbst Modell gestanden. Aber das kratzt hier keinen. So verrückt steht es mit Brasilien. In anderen Teilen der Welt würde sich niemand die Mühe machen, Hinweisschilder auf überfüllte Boote, verschmutzte Strände oder beschädigte Autobahnen anzubringen. Hier ist das anders. Wenn schon die Mittel zur Reparatur oder Gefahrenbegrenzung fehlen, haben die Behörden wenigstens dafür gesorgt, daß ordentliche Schilder gedruckt werden. «Bei Überfüllung der Fähre bitte nicht an Bord gehen» warnt eines auf dem Schiff, aber ich stehe zwischen so vielen Leuten, daß ich es kaum sehen kann – wie tröstlich! Brasilien macht sich nichts draus. Und ich komme nicht raus.

Mein Reiseführer vermerkt irreführenderweise in einem vielsagend knappen Satz, die Überfahrt könne bisweilen «etwas unruhig» werden. Zwanzig Minuten später ist unser überfüllter Pott auf hoher See, einer tiefgrünen See mit schneeweißen Schaumkronen und einem ungestümen Wellengang, der die Sicht nach allen Seiten genauso verwischt wie jede Hoffnung auf ein Ziel. Die Hälfte der Einheimischen hängt kotzend über der Reling am Bug, der Rest mampft eisern Äpfel und Eis am Stiel. Die meisten müssen die Seekrankheit in Kauf nehmen, sonst kommen sie nicht in ihre entlegenen Dörfer. Ich habe keine solche Ausrede. Höchstens, daß auch die *conquistadores* diesen tückischen Landstrich bereisten, um Land, Beutegüter und Edelhölzer zu erobern. Doch was lockt uns Touristen? Die flüchtige Begegnung mit barfüßigen Unschuldswesen, ein paar Schnappschüsse von einer längst verwüsteten Pracht, spärliche Hinweise darauf, was es für ein Gefühl gewesen sein muß, in einer Kultur, einer Epoche lange vor unserer Zeit zu leben? Lohnt so eine halbtägige «Erlebnistour» den Schiffbruch? Wir Wanderer von heute sind noch viel törichter als unsere Vorfahren aus der Entdeckerzeit, denn wir segeln nicht ins Ungewisse. Wir haben genug warnende Dokumente vor Augen, ernüchternde Schlagzeilen über Unglücke. Wir kennen die Umstände genau, können uns das Mißverhältnis von Gefahr und Gewinn ausrechnen, und doch reisen wir los. Wir verdienen jeden Malariaschub, jede Notlandung, jede sonnengetrübte Filmrolle.

Nach neunzig Minuten gehe ich an Land und taumele zur nächsten greifbaren Flasche *agua mineral.* Ein freier Segler spricht alle an, die ein bißchen grünlich aussehen. Er will mich überreden, die Rückreise mit seinem schicken Katamaran zu machen. Wahrscheinlich wäre ich bei ihm viel sicherer, aber er hat einfach keine Ahnung davon, wie man sich als Seemann geben muß. Hätte er ein gestreiftes T-Shirt und eine Kapitänsmütze auf, würde ich dem glasäugigen Mann mit dem Zweitagebart bestimmt vertrauen. Nein, ich bleibe lieber bei der Gefahr, die ich schon kenne, als mich auf eine neue einzulassen. Zwei Stunden habe ich an Land, und das ist genug, um Alcântaras Ruf als besonders ruinierte Ruinenstadt zu bestätigen. Ochsen grasen im Schatten der einzigen noch erhaltenen Kirchenwand, wilder Wein rankt über die Unterbauten völlig ausgeplünderter Ruinen, ein Prangerpfahl kündet von Auspeitschungen langverblichener Missetäter. Vor dem Eingang des sehr kuriosen historischen Museums haben mehrere Leute Gewehre und Pistolen abgelegt. Wenn man nach den bloßen Sehenswürdigkeiten geht, haben die wenigsten Reiseziele genug Stoff für zwei volle Stunden zu bieten. Paris vielleicht. Rom ganz gewiß. Doch ich glaube, es gibt keine menschliche Gemeinde auf dieser Welt, nicht einmal das versiffteste, einsamste Rattennest, die nicht genug Faszinierendes für ein hundertjähriges Leben zu bieten hätte.

Wohlbehalten lande ich wieder in der Stadt ohne Musik – schlimmer als eine Stadt ohne Mitleid. Jetzt finde ich endlich doch noch den gesuchten Zé Pereira, der mich auf eine Samstagabend-Tour mitnimmt. Er arbeitet bei der Banco do Brazil, aber ihn als typischen Bankangestellten zu bezeichnen wäre ungefähr so, als würde man Franz Kafka zum Urbild des Versicherungsagenten erklären. Er hat zwar die Blässe eines Büromenschen, doch der lockige Wuschelkopf und die fanatisch leuchtenden Augen sprechen eine andere Sprache. Wie ich inzwischen weiß, bleibt dieser Fanatismus in Brasilien nur der Musik vorbehalten. Unsere erste Station ist der Probenraum einer Tanzgruppe, die Zé leitet. Sie versuchen, den *bumba-demoi* (oder *boizinha*, wie Zé dazu sagt) mit modernen Instrumenten und Interpretationen zu beleben. *Boiziniha* – die Brasilianer verniedlichen aber auch wirklich jedes Wort! Stolz zeigt mir Pereira die Kostüme und Masken, ein verblüffendes, glitzerndes, betörendes Arsenal.

In seinem überraschend noblen zweistöckigen Häuschen im Schwarzenviertel Madre de Deus zeigt er mir die Videoaufzeichnung vom letzten Auftritt der Truppe. Auch wenn der autodidaktische Musikwissenschaftler so blond und sommersprossig ist, wie ein Brasilianer nur sein kann, wirkt er überhaupt nicht wie einer, der um jeden Preis dazugehören will. Ganz natürlich grüßt er seine durchweg schwarzen Freunde und Nachbarn. Ganz anders als in Nordamerika ist die Rasse eines Menschen hier kein feststehender Begriff. Wenn Zé Pereira lieber schwarz sein will, kann er das nach Herzenslust. Niemand hält ihn zurück. Ebenso steht es mit den Millionen weißen Anhängern von *samba* und *candomblé* – «weiß» ist nur ein äußerliches Attribut. Wenn man es ernst meint, kann man als Brasilianer in jede brasilianische Identität schlüpfen. Zé ist einer von vielen Brasilianern, die die Tradition am Leben halten. Ihrer aller Wirken läßt hoffen, daß die Musik zumindest noch eine Generation gesichert ist. «Aber die Kultur wird immer schwächer», singt er das alte Klagelied, «weil wir hier weder Geld noch Organisation genug haben. Die besten Musiker werden entweder Profis oder geben auf. Die sehen, wie andere aus dem Karneval, aus ihrer Energie die Profite abzapfen, und sie selbst kriegen nur Bier und die Fahrtkosten. Der Maranhão ist nämlich nicht nur arm, sondern *superpobre*. Er ist das Ende der Welt. *O fim do Mundo.*»

Es ist bereits nach Mitternacht, doch Zé Pereira ist fest entschlossen, noch ein paar ursprüngliche Klänge von São Luis auszubuddeln. Wir ziehen los, und wie das Leben so spielt, platzen wir gleich vor dem Haus mitten in eine spontane Probe*bumba* herein, obwohl das Fest erst im Juni ist. Ein paar von Zés Nachbarn haben sich der Gruppe aus zehn Tänzern schon angeschlossen, wir tun es ihnen nach und stürzen uns ins Herz des Gewimmels, wo ein junger Mann die *boizinha* trägt, die Kuh aus Samt, und sie mächtig in Bewegung bringt. Die anderen Tänzer wirbeln in vollen Kreisen, bleiben dabei aber trotzdem enorm schnell, getrieben von silberglitzernden *maracas*, Schellen, kleinen *congas* und den besonders herausstechenden *matracas*, zwei schmalen Holzklötzen, die heftig aneinandergerieben werden. Das entstehende Scharren verleiht dem Zug seine unverwechselbare Dynamik. Frauen in Gruppen drehen einander im Kreis herum, die Arme freudvoll in die Höhe gestreckt, wie ich es in Nachrichtensendungen gesehen habe – Berichten von ANC-Treffen, vom Fest zum Tag der Unabhängigkeit in Simbabwe. Nichts von alldem, was mir in Brasilien vor Augen gekommen ist, war so pures Afrika wie *bumba-meu-boi*. Und das heißt pure Urgewalt, den ureigensten Trieben des ganzen Planeten verpflichtet. Kein Wunder, daß die afrikanische Kultur wie ein Virus jeden Wirtskörper verschlingt, dem sie eingepflanzt wird! «Afrika» – das ist doch im Grunde nur ein Codewort für Wonne, körperliche und sinnliche Wonne, Wonne an Sonne und Sternen, an allem, was in uns ist, auch an unserem hochtrabenden Marsch ins Grab.

So schwirre auch ich ganz von allein im schnellen Tippelschritt, erliege dem Traum, obwohl mir seine ländlichen Wurzeln schleierhaft sind. Eine Wahnsinnsnummer, *quentissimo*, wie Pereira mit deutlicher Ekstase ausruft. Superheiß! Vier Stunden später durchforstet mein musikalischer Führer mit mir noch immer die kaum beleuchteten, ungepflasterten Ghetto-Hügel, die echten Schmelztiegel der Kultur von São Luis, aber vergebens. In ein paar höhlenartigen Garagenclubs dröhnt *reggae* aus den Boxen, doch es sind keine Tänzer mehr da. Sämtliche Türsteher und Barkeeper grüßen Zé wie einen engen Freund, den sie schon ewig nicht gesehen haben. Zum Teufel mit der Restaurierung von Präsident Sarney und den hübschen blauen Kacheln, ich komme mir vor wie am Rand von Lagos oder Kapstadt. Wir sind gerade unterwegs zu irgendeinem Strandlokal, als ein totaler Stromausfall einsetzt. Die Straßenlaternen erlöschen, und hinter Schlafzimmerfenstern in den Obergeschossen flackern Kerzen auf. Jetzt ist das Meer im Mondlicht der hellste Punkt. Wilde Sturzwellen unterspülen die Klippen, auf denen die Stadt ihren riskanten Sitz hat. Ein ganz normaler Samstagabend in São Luis, wo die Zivilisation unserer Vorstellungswelt ein flackerndes Licht ist. Zé Pereira bleibt der Musik auf der Spur, und wenn er bis ans Ende der Welt ziehen muß.

Musik beim Lesen:
OH! – Bicho Terra / Zé Pereira,
Guizos / BMG

Fluß der Geschmacklosigkeiten

Ich bin nur einen Jaguarsprung vom Amazonas entfernt – bereit, der Musik bis zum bitteren Ende zu folgen, wie ich es mir vorgenommen habe. Ich bin nicht an den Ostrand des Regenwaldes gekommen, um mein eigenes Reich zu gründen, wie Mister Kurtz, mich locken auch keine seltenen Fischarten wie Jacques Cousteau. Ich bin auch kein Claude Lévi-Strauss auf der Suche nach dem letzten Yanomami, der noch keinen Kassettenrekorder hat. Meine

Expedition gilt nicht dem Quell gefährdeter Wasserwege, sondern den umstrittenen Wurzeln eines verblichenen Tanzwahns.

Nach der Nachtfahrt in Richtung Belém kommt es mir vor, als hätte ich in rasender Fahrt alle Hindernisschwellen von Brasilien genommen. Wer hatte nur die glorreiche Idee zu diesen Asphalthuckeln, die menschliche und mechanische Stoßdämpfer zugrunde richten? Immerhin gibt es Warnschilder vor jeder neuen *lambada*. Ist das vielleicht der Ursprung für den sündigen, aufbäumenden Tanzstil? Der Anstoß dessen, was Jazzer Hermeto Paschoal scherzhaft «musikalisches Aids» nennt? Oder gründet sich der «safe sex» der neunziger doch auf die dreißiger Jahre, als Diktator Getúlio Vargas ihn zum «verbotenen Tanz» erklärte? In einigen brasilianischen Zeitungen wird unmißverständlich darauf verwiesen, aber eine unabhängige Bestätigung finde ich nirgendwo. Die Sängerin Marcia Ferreira erzählt mir: «Den Namen hat ein Radiomoderator in Belém erfunden, weil ihm für die ganzen neuen Rhythmen aus Kolumbien, Peru und den Guyanas keine Wörter mehr eingefallen sind.» Vielleicht kräht genau dieser Herr gerade durch die Boxen im Fond meines Taxis: «Belém, hier kommt deine Musik!» Schwungvoll und nautisch ist sie, mit kratzigen Gitarrensounds und halsbrecherischem Tom-tom-Gewitter. So klingt Karibik auf portugiesisch. Zwar haben sich die französischen Verbreiter diesen Sound längst restlos einverleibt, aber die Radiostimme plärrt unbeirrt: «Belém, laß dir deine *lambada* nicht nehmen!»

Ans Banale hängen sich die meisten Mysterien. Um vier Uhr früh mache ich mir eher Gedanken, wie ich ein Hotel finde. Ungeschickterweise bitte ich den Fahrer, mich zu einer Unterkunft mit Blick auf den Fluß zu bringen. Ich habe mir diesen Großstadtknäuel an der gähnenden Flußmündung immer als eine einzige schmuddelige Uferkneipe mit Jukebox vorgestellt. Wieso denke ich immer so verruchtes Zeug, wenn es geographisch wird? Statt in einer kleinen Absteige auf Holzpfählen lande ich in einem Vorstadtklotz mit fünfzehn Stockwerken. Erst nachmittags beim Aufwachen merke ich, daß ich direkt an der Parça Republica wohne, dem zentralen Platz der im Kautschukboom entstandenen Stadt, die seit jeher den Maßstäben europäischer Kultur nachstrebt. Die Jugendstil-Kioske unter meinem Fenster könnten genausogut in Paris stehen, nicht anders die schmiedeeisernen Cafétische und die von heiteren Marmornymphen umspielten Plätscherbrunnen. Und *sushi*-Lokale sind in der Gegend hier auch keine Seltenheit. In wuchtiger Pracht und rosa wie ein Babyfläschchen zeigt sich das Teatro da Paz, im Jahre 1874 als städtisches Opernhaus errichtet. Imposanter als sein Gegenstück in Manaus, verkörpert der Bau einen hoffnungslosen Vorstoß zur Hochkultur inmitten der urwüchsigsten Wildnis. Belém hat kein eigenes Opernensemble. Das einzige handgemalte Plakat kündigt ein Konzert der brasilianischen Fusion-Jazzer Paulo Moura und Wagner Tiso im nächsten Monat an.

Die eine Million Einwohner zählende Stadt ruht sich auf ihren Lorbeeren aus, seit einst ein britischer Botaniker von hier das Kautschukmonopol gebrochen hat. Der Mann schmuggelte 70 000 Samen des *hevea brasiliensis* am Zoll in Belém vorbei nach Malaya. Ach ja, der brasilianische Zoll! Auch so ein Paradox – übergroße Wachsamkeit, minimale Wirksamkeit. Gegen 1700 war die Bevölkerung von Belém so stark geschrumpft, daß die Portugiesen jedem weißen Mann als Prämie für die Heirat mit einer Indianerin «eine Axt, zwei Schermesser, Kleidung, zwei Kühe und zwei Scheffel Saatgut» versprachen. 1835 trieb der Aufstand von Cabanagem 30 000 verärgerte Siedler zur Flucht. Heute läßt nur noch eine Stelle in diesem verpflanzten Bethlehem erkennen, daß es mitten im Urwald errichtet wurde: der viereckige Dschungelpark in der Innenstadt, wo der Schweizer Naturforscher Emilio Goeldi den Bewuchs im Originalzustand erhalten hat. Hier sieht man sie noch, die Papageien in leuchtendem Orange, die geschmeidigen *caipibaras*, die gewaltigen Lilien der Gattung *Victoria regia*, die als schwimmende Billardtische dienen könnten.

Doch bisher habe ich noch nirgendwo Wasser erblickt. Allein das leichte Gefälle der Avenida Presidente Vargas gibt mir die Gewißheit, daß ich auf dem rechten Weg zum großen «Flußmeer» bin. Auf dem Gehweg vor einförmigen Verwaltungshochhäusern drängen sich mehr entstellte Bettler pro Viertelblock als irgendwo sonst diesseits von Benares. Kommen sie zum Sterben an den Fluß wie in Indien? Oder leiden der Mann, der eigentlich nur ein Torso mit Pappschild ist, die Frau mit dürren Hautlappen statt Armen vielleicht an unerklärlichen Buschkrankheiten? Auch die Souvenirgeschäfte liefern mir den Beweis, daß ich mich am Rande jenes einmaligen Terrains befinde, dessen Ausdehnung nach Westen der Festlandbreite der Vereinigten Staaten entspricht. Hier kann man den Lieben daheim Blasrohre aus Bambus kaufen, aus Brasilholz geschnitzte Tukane oder reines *guarana*, Hauptbestandteil des beliebtesten alkoholfreien Getränks in Brasilien, dem aphrodisierende Kräfte nachgesagt werden. Zwischen Lagerhäusern, die ganze Blocks einnehmen, erhasche ich meinen ersten Blick auf einen lauen Zinntiegel, der den bedrohlichen Himmel spiegelt. Durch die Äquatorlage ist in Belém immer Regen angesagt. Und der Amazonas ist kein Born der Tränen, sondern Quell aller Reichtümer, viel zu nutzbringend, um malerisch zu sein.

Wer auf dem Expreßweg ein Gefühl für Amazonien bekommen will, besucht am besten den Fischmarkt. Schon seit der erste Reisende die stechende Marktluft geschnuppert hat, ist der Ver-o-Peso («Prüfe das Gewicht») das Wahrzeichen der Stadt für alle Reisenden. Hier ist die ganze Fülle des Amazonas aufgeschüttet – wofür der altehrwürdige Finanzbau mit den charakteristischen vier Spitztürmchen erschreckend klein geraten ist. Dennoch sind jede Menge Meerestiere in Extragrößen zu haben. Schimmernde *dourado*-Hälften und urzeitliche Wasserschlangen aller Art werden mit Macheten in Querscheiben gehackt, von denen man sich eine Woche ernähren könnte. Eingewickelt sind die monströsen Wasserbewohner naturbewußt in Bananenblätter. Die dichtgedrängten Theken und Holzstände an der Außenfront bieten warme Speisen und Flaschen mit *tucupi*, einer Sauce aus zerstampftem frischem Maniok mit fast betäubendem Aroma, die aussieht wie gelb angelaufene Milch. Die Blattspitzen seltsamer Wurzeln werden in Mühlen zu einem bitteren *pesto* zermahlen. Ich habe mir wirklich schon viele verrückte Sachen reingeekelt – Hundewelpen in Korea, gedünstete Schildkröte und frittierte Spatzenküken in Peking, Bärentatzen-*sushi* in Tohoku, ja, in Kanton habe ich sogar von der Gallenblase einer Schlange gekostet, die ihr bei lebendigem Leib direkt an meinem Tisch entnommen wurde. Aber keine Kultur – wenn man sie denn nach ihren Eßgewohnheiten beurteilt – ist der meinen so fern wie diese.

In der Medizinabteilung erklären mir alte Frauen, deren Haut so runzlig wirkt, als hätten sie zu lange im Wasser gelegen, per Zeichensprache, für welche Organe die Pflanzen jeweils als Heilmittel dienen. Keines von den einheimischen Kräutern kommt mir bekannt vor, anders der indianische Zug in den Gesichtern der Straßenapothekerinnen. Duftöle aus dem Blütensaft amazonischer Blumen von einem so intensiven Bernsteinton, daß meine Pupillen zittern, werden zu Spottpreisen in Glasfläschchen verkauft, wie sie zur Aufbewahrung von Kontaktlinsen verwendet werden. In Trauben zusammengebunden, klingeln sie leise wie Windspiele. Viele Händler sind dahintergekommen, daß sich mit mahnenden T-Shirts zur Erhaltung der Pflanzen und Tiere des Regenwaldes eine ordentliche Stange Geld machen läßt. Doch oft sitzen sie gleich neben den Ständen mit seltenen Jaguarfellen, zusammengerollten Kobrahäuten, ausgetrockneten Alligatorköpfen und *jacaré*-Zähnen – ein Who's Who der bedrohten Tierarten. Am häufigsten ist die Schildkröte vertreten. Die armen, lieben *tartarugas* tummelten sich einst scharenweise auf jeder freien Uferfläche am Amazonas. Heute werden alle nur möglichen Produkte aus den Tieren hier in Belém ganz offen feilgeboten – Seifen, Cremes, Taschen und Behältnisse aller Art. Kann man denn auch von den Armen hier verlangen, daß sie die Hauptlast an der Bewahrung der Natur tragen? Bislang haben die einheimischen Wilderer noch nicht einmal gelernt, falsche Scham zu zeigen.

Hinter dem Ver-o-Peso ist eine Anlegestelle für Hunderte von Fischkuttern. Bei den meisten lese ich in verwitterter Schreibschrift den Namen *Maria* am Bug, und keines scheint seiner Aufgabe im weltgrößten natürlichen Zapfhahn so recht gewachsen. An den Landungsstegen sitzen pfeifeschmauchende Fischer, deren *indio*-Einschlag vom ewig zerfurchten Himmel übertönt wird. Voller Ehrfurcht vor dem Flußgott hebe ich meine Nikon vors Auge, erliege wieder mal einem unwiderstehlichen Stilleben aus Netzen und rosaroten Plastikkübeln, da zupft etwas an meiner linken Tasche. Als ich den Blick vom Sucher hebe, sehe ich ihn nur noch weglaufen, den kleinen Jungen, aus dessen Faust Papierscheine vorgucken wie ein Mäuseschwanz aus den Krallen eines Adlers. Die Scheine hat er natürlich von mir. Überraschend ist in diesem Fall nur, daß der Dieb so platt vorgegangen ist. Ich spreche ein paar Parfümhändlerinnen an, aber sie gackern nur und verziehen ihre schrumpligen Puppengesichter. Die Trillerpfeife um meinen Hals bringt auch nichts. Achselzuckend muß ich eingestehen, daß mein Pfiff in der *samba*-Geräuschkulisse untergeht. «So kommt's», würde mein Freund Lobão jetzt sagen. So läuft es nun mal auf dieser Welt, und selbst hier am Fluß ist ein unglücklicher Ausrutscher der beste Schritt in die Welt.

Mein erster Vorstoß ins hemmungslose Nachtleben von Belém folgt der Empfehlung einer Empfangsdame, die ich nach authentischer Musik gefragt hatte. Prompt finde ich mich auf einer typisch brasilianischen Stripshow wieder, ein sehr nacktes und sehr rückseitiges Vergnügen, von dem ich getrost lassen kann, um nach dem wahren Ruhmesblatt des Klubs zu suchen. Und richtig, da sind sie, wie mein Reiseführer vorausgesagt hat: drei Toilettentüren, eine für «Homens», eine für «Mulheres» und eine für «Schwule». Warum haben Reiseführer mit solchen Banalitäten immer recht und hauen dafür beim allgemeinen Bild so voll daneben? Die drei Türen sind jedenfalls wieder sehr typisch, wechselt doch auch die Musik in Brasilien alle paar Kilometer ihr Etikett. Man stelle sich das mal im Mittelwesten der USA vor – jede größere Stadt mit einer eigenen rhythmischen Tradition, einer eigenen Klangfarbe im Dienste ihrer ganz speziellen Atmosphäre, unverwechselbare Festgebräuche in Orten wie Des Moines und Omaha. Beléms traditioneller Rhythmus *carimbó* wird heute als bloßer *lambada*-Vorreiter abgestempelt. In einem Etablissement namens Sabor da Terra mit vorwiegend touristischer Kundschaft erfahre ich, daß der Name von den ortstypischen Trommeln aus ausgehöhlten Baumstämmen herrührt. Dazu bekomme ich gleich eine so fette Portion *carimbó*, daß ich meine Frage bereue.

Die urtümlichen Rhythmen sind genauso verwässert wie die zwei obligatorischen Cocktails in ausgeschälten, mit kleinen Plastikschirmchen durchbohrten Ananashälften. Auf der einen Seite der Bühne sitzt ein Trupp *conga*-Spieler mit eingefrorenem Grinsen und grotesken Trachten, auf gut Glück zusammengestellt aus den Klischeerequisiten Strohhut, weißes Gewand, fransige Gelenkbänder mit Muschelbesatz und unbeschuhte Füße. Der Sänger des Ensembles schickt jeder Nummer eine lange Einführung in einem

Mischmasch aus den romanischen Hauptsprachen voraus, gipfelnd in dem Aufschrei: «Und jetzt, Herren und Damen, unser teurer Schatz, der *carimbó*!» Egal, ob uns ein Hochzeitstanz angekündigt wird, ein Trauermarsch oder Festmusik zum São João-Feiertag – die weichen, karibisch angehauchten Flöten und Tomtoms klingen immer gleich.

Diese Touristenshows könnte im Grunde ein und dieselbe Wandertruppe von Bora-Bora bis Bangkok aufführen. Bei allen zeigt der bemalte Vorhang im Hintergrund die bereiste Gegend in einer längst verblichenen, manchmal völlig verkehrten Idylle. Hier hat man den Ver-o-Peso gewählt, natürlich ganz ohne Schmugglerflair, als anheimelnden Fischmarkt zwischen glitzernden Kirchen und ein paar indianischen Hütten. Die Tänzer sind durchweg kerngesunde Jugendliche von der Dominikanerschule, die Jungen braungebrannt und stramm, die Mädchen genauso braungebrannt und kräftig. Sie haben strahlend weiße Zähne, schwarze Mähnen und straffe dunkle Haut. Muschelamulette baumeln an sanft geschwungenen Handgelenken, die herumwirbelnden Grasröcke lassen gerade genug von Hüften und Schenkeln blicken, um diesen Hochglanz-Kitzel hervorzulocken, der die Gäste während der unzähligen Vorführungen von Hula, Limbo und Philippinischem Stöckertanz halbwegs wachhält.

Immerhin haben die jungen Leute aus Belém ganz offensichtlich Freude an ihrem Hobby, aber dafür fingert der trübsinnige Haufen deutscher und japanischer Touristen um so gequälter mit den Cocktail-Rührsticks herum. Die Animateure klatschen kräftig mit, doch auch sie können ihre Leute nicht aus dem Koma reißen. Die arischsten Eindringlinge haben die dunkelsten Frauen im Arm, die größten die winzigsten, die rohesten die zerbrechlichsten. Diese Anziehung der Gegensätze ist fast so vorhersehbar wie die Folkloreschau. Blitzlichter klicken leise, dokumentieren die Aussichtslosigkeit solcher Urlaubsflirts. Den Schlußpunkt solcher Darbietungen in der Dritten Welt setzt immer dasselbe Ritual: die hübschesten Tänzerinnen schwärmen ins Publikum aus. Sie strecken ihre warmen Hände vor, stupsen die freiwilligen Opfer mit ihren breiten Hüften an. Die Aussicht auf kostenlosen Körperkontakt lockt Hans, Joe oder Juki unweigerlich auf die Bühne. Unter dem schallenden Gelächter ihrer Landsleute versuchen sich die Bleichgesichter im Urzeit-Step. Dann folgt im Sabor da Terra noch ein Finale, bei dem alle Gäste mitmachen dürfen. Diesmal gilt es, sich das Recht auf freie Partnerwahl zu erkämpfen, indem man ein rotes Tuch mit den Zähnen von der Bühne aufhebt. Einem Deutschen platzt dabei die Hose, ein anderer schummelt und geht in die Knie, beide bekommen als Trostpreis je eine Flasche *cachaça*. Und wenn der Trubel vorbei ist, wartet die halbe Bettlergemeinde der Stadt vor der Eingangstür.

Trotz dieser Erfahrung will ich unbedingt den selbstgekrönten «König des *Carimbó*» kennenlernen. Irgendwas muß doch hinter dem Titel stecken. Als der Taxifahrer mit meiner Adressenangabe nicht klarkommt und ich ihm den Zettel hinstrecke, brüllt er: «Ach so, zum großen Pinduca! Hätten Sie doch gleich sagen können!» Ich warte ewig in einer Eingangshalle vor einem Wohnzimmer, dessen Möbel mit Plastikfolie abgedeckt sind – scheinbar schon seit Jahren, wie die dicke Gipsstaubschicht ahnen läßt. Zieht die Familie gerade aus oder erst ein? Endlich höre ich Geräusche am Ende des Flurs – einem Zauberhut, aus dem eine Überraschung nach der anderen hervorkommt. Manchmal kommt mir ganz Lateinamerika wie ein einziger Zauberhut vor. Nach majestätischer Manier gewährt der König als erster die Audienz. Dieser hier wäre ein perfekter Duke oder Earl, wie «Lord Kitchener» von Trinidad und andere Oberhäupter der karibischen Pop-Oligarchie. Pinducas Gesicht ist zu einer grinsenden Kugel zusammengeschrumpelt. Er ist drahtig, sehr schwarz und sehr elegant in seinen schicken weißen Bermudashorts und Lederslippern, die er ohne Socken trägt. Selbstbewußt und dabei ohne eine Spur von Egozentrik regiert er seit dreißig Jahren als gütiger Herrscher über Familie und Band.

«Und die nächsten dreißig spiel ich auch noch weiter», verkündet der achtundfünfzigjährige Pinduca mit einer aufbrausenden Energie, die ihm recht gibt. «Mein Vater macht mit seinen siebenundneunzig Jahren immer noch Musik.» Am Anfang war da mal ein kleiner Musiker namens Aurino Gonçalves mit einem Strohhut, auf dessen breite Krempe mit kleinen Glücksmünzen, Perlen und Muscheln der idiotische Spitzname «Pinduca» gestickt war – dieser Name blieb haften. Seine Nachfahren dagegen haben ihre

Titel gemäß ihrer musikalischen Rangfolge erhalten. Einer nach dem anderen kommen die Söhne hereinspaziert, jeder mit Gitarre bewaffnet, aber in Schlips und Kragen. Sie haben enormen Respekt vor ihrem alten Herrn, kaum ein Schritt in seiner Gegenwart geschieht ohne ein gemurmeltes «Com licença», die noch etwas demütigere Form des Wörtchens «Verzeihung». Sie stellen sich als Roosevelt, Douglas und Stanley Quinto vor, «Stanley der Fünfte». Ich spare mir die Frage, wie sein Königreich heißt.

Pinduca stammt aus einer Siedlung stromaufwärts und bezeichnet den *carimbó* als seine erste Liebe. «Trotzdem erfinde ich auf jedem Album einen neuen Rhythmus», erklärt er. «Mein neuester heißt *surubá*.» Dieser Slangbegriff für «Orgie» erntet einen Lacher bei seinen Jungen. Anscheinend hat er keinen Plattenspieler, aber er holt mir einen Stapel Alben: *Pinduca, Nr. Eins bis Zwanzig*. Und das sind längst nicht alle. «Ich kann in einer halben Stunde ein Lied schreiben», versichert er mir. «Ich muß nur rausgehen und mir die Tagesmeldungen in der Zeitung ansehen. Wenn du willst, mache ich auf meinem nächsten Album einen Song über dich. ‹Senhor John besucht den König des *Carimbó*.›» Auch seine Söhne sind keineswegs bescheiden und behaupten, ihre Band könne alles spielen. «Wir legen dir sogar ein sattes Nuioak, Nuioak hin!» Wieder ein regionaler Sound, den ich niemals kennenlernen werde, denke ich, bis der ganze Pinduca-Clan losdonnert: «Start spreading the news... I want to be a part of it, Nuioak, Nuioak!»

Pinduca hätte es fast bis zu einer Amerikatour gebracht, doch dann verlangt ein unbarmherziger Manager aus São Paulo «zehnmal soviel Anteil, wie irgendwer verkraften könnte, noch dazu, wenn er zehn Verwandte mitnehmen will». Ich höre keine Enttäuschung in Pinducas Worten. Er ist in allem so heiter und beschwingt, wie es nur ein Vollblutmusiker sein kann. «Weißt du, weshalb sich die brasilianische Armee immer aus allen Kriegen rausgehalten hat?» fragt Pinduca vergnügt und liefert die Antwort in Form einer brillanten Pantomime, die selbst seine ehrfürchtigen Söhne zu hysterischen Lachkrämpfen treibt. Er mimt einen brasilianischen Soldaten, der sich mit dem Gewehr in der Hand ins Schlachtgetümmel stürzt. Links kracht eine Bombe ein, rechts eine Granate, sein Kopf zuckt zur Seite. In immer schnellerer Folge platzen die Bomben über ihm, so schnell, daß nun auch die Hüften im Takt hin und herzucken. Endlich wirft er das Gewehr weg, ganz versunken in seine Schritte. Der Soldat tanzt *samba*, er kann nicht anders. Warum sollte er auch? In dieser Gesellschaft hat jedes Unheil seinen Widerhall, jede noch so deutliche und drängende Gefahr kann zur Melodie werden. Für die Brasilianer hat selbst der Krieg einen Rhythmus.

Wie zu erwarten, gibt sich Pinduca mit seinem Königstitel im *Carimbó* nicht zufrieden. Er erhebt auch Anspruch auf den letzten und fragwürdigsten Beitrag seines Landes zur internationalen Kultur. «Vor mir hat keiner das Wort *lambada* benutzt! Hier kannst du's sehen!» Er zeigt mir das erlauchte Wörtchen in verschiedenen Songtiteln, die bis Mitte der siebziger Jahre zurückreichen. Laut seiner Behauptung geht es auf einen Slangbegriff für einen doppelten *cachaça* zurück: «Wenn du soviel willst, zwei Finger breit im Glas, dann verlangst du einen *lambada*. Und ich hab genau die Musik gemacht, die die Leute nach ein paar *lambadas* hören wollen. Schnell und heftig, wie's die Leute drüben auf der Insel Marajo so gern haben.» Pinduca untermauert seine Behauptung sogar mit einem neueren Text, er singt: «Lambada p'ra ca, Lambada p'ra la, Lambada nasceu no estado do Pará...»

Lambada hier, *lambada* da, *lambadas* Wicge steht im Staat Pará. Ist der genaue Standort vielleicht Barcarena? In dieser Ufersiedlung soll nach meinen Informationen Joaquim Vieira zu finden sein, der einheimische Bandleader, dessen Lieder in Frankreich als eine Art Polster für die *lambada*-Welle veröffentlicht wurden. «Vieira! Der alte Nachmacher! Der ist so jämmerlich, der kann einem fast schon leid tun.» Pinducas scharfer Ton und die hämischen Lachsalven seines Hofstaates bestärken mich nur in dem Entschluß, meinen Abstecher zu machen. «Stimmt, die schäbige kleine Hütte mußt du gesehen haben, die verdreckten Gassen! Fahr ruhig hin und sieh dir an, wie der große brasilianische Musiker haust!»

Gleich am nächsten Morgen steuere ich auf einem modernen Doppeldeckerboot in Richtung Wildnis. Aus den Lautsprechern an der Heckseite dröhnt, wie sollte es anders sein, *lambada*. Ich werde nicht sehr tief ins grüne Unterbewußte Brasiliens eintauchen, denn die Musik der Amazonier hat kaum mehr als symbolischen Einfluß auf die modernen Klänge Brasiliens – MPB, *samba, tropicalia.* Freilich gab es den vertrauten brasilianischen Hang zu Rhythmus und Ausschweifung auch schon unter den fünf oder sechs Millionen Einwohnern zur Zeit der Namensgebung Brasiliens. Das wahrscheinlich älteste Dokument weißer Angeberei ist die Legende, wonach junge indianische Mädchen beim Anblick eines Portugiesen gern den Ruf ausstießen: «Komm, wir spielen ‹Dein Popo, mein Popo›!» Getanzt wurde und wird in den Stämmen zu religiösen Zeremonien aller Art. Das präkolumbianische Instrumentarium umfaßt eine enorme Bandbreite von Trommeln und Zungenpfeifen, die heute jeder musikologische Schnüffler schnell den Kategorien «Idiophone» und «Membranophone» zuordnen kann. Der erste Vorläufer der Karnevalsrassel bestand vermutlich aus einem mit Knochen gefüllten menschlichen Schädel. Bevor die eingeborenen Tupis zu Meistern der katholischen Madrigale und der Massenliturgie wurden, gestalteten sie ihre Gesänge nach dem Geträller der Vögel im Dschungel. Genau wie ihren Nachfahren der heutigen Zeit diente Brasiliens natürlicher Überfluß auch ihnen als Inspirationsquelle.

Ein Musikwissenschaftler umschreibt den indianischen Einfluß auf die brasilianische Musik treffend als «einen Nasallaut», eine «Neigung, die Strophen auf einem tieferen Ton ausklingen zu lassen». Weiter nennt er die Abkehr von der verlorenen Liebe als einzigem Textinhalt, die den Portugiesen den Anstoß zu einer «umfassenderen lyrischen Lebensbetrachtung» gab. Zwar berufen sich viele heutige Texter wie etwa Milton Nascimento oder Caetano Veloso auf das indianische Erbe oder die Sache der Indianer, doch ihre natürliche Bindung zum einst so reichen Urdasein ihres Landes ist kein bißchen enger als bei den vielen verkleideten Karnevalsindianern. In Brasilien hört man immer wieder eine Selbstschmähung, die tief blicken läßt: «Das einzige, was wir von den Indianern geerbt haben, ist unsere Faulheit.»

Meine Faulheit beim Thema Amazonas-Expedition ist für mich Enttäuschung und Erlösung zugleich. Ich kann nicht behaupten, daß ich mich jemals an einem Ort mit dem Markenzeichen «urzeitlich» wohl gefühlt hätte. Immerhin stamme ich aus einem von Menschenhand geschaffenen Treibhaus namens New York. Erst nach zehn Jahren in Kalifornien habe ich zum erstenmal bewußt eine Grünpflanze wahrgenommen, sowohl draußen als auch drinnen! Und im Freien übernachten, das ist in meinen Augen nur ein Attribut der Obdachlosigkeit. Mir kommen arge Zweifel an meiner psychischen Stabilität, wenn ich nicht wenigstens im Umkreis von zehn Meilen eine Satellitenschüssel weiß, die mich mit den neuesten Schlagzeilen versorgt, einen guten Buchladen oder ein Chinarestaurant mit Außer-Haus-Verkauf. Wo die Chinesen schon kein Geschäft eröffnen, traue ich mich auch nicht hin. Ich brauche knallige Werbeposter, miese Staatsführung, überfüllte Züge. Nichts macht mir mehr Angst, als wenn alles, was ich hasse, verschwindet.

In diesem Gebiet ist der Dschungel noch nicht so ganz Joseph Conrad-gerecht. Aber *echt* ist er schon, der Dschungel, der ein paar Minuten stromaufwärts von Belém beide Ufer des seichten Flußlaufs von einer Meile Durchmesser säumt. Kleine Inseln ziehen vorbei, ein smaragdgrünes Gewirr von Schlingpflanzen mit wildem Wein und Schoten klammert sich an jeden Klumpen des brüchigen Erdreichs. Der Horizont ist ein zerfranstes Chaos, hier schießen ein paar Laubfetzen heraus, da ein Palmenstamm, millionenfaches Grün hofft auf die Gnade seines Schöpfers. An diesen Wirrwarr müßte mal einer mit der Heckenschere ran. Da muß Ordnung rein! Sicher ist die Schwäche der Brasilianer im gleichen Maße für den erbärmlichen Naturzustand des Landes verantwortlich zu machen wie seine Wirtschaftslage. Doch wer unterstellt, die Menschen, die so riesige Regenwaldflächen gebändigt und niedergebrannt haben, handelten aus purer Habgier oder Armut, leugnet unweigerlich die eigenen, nur allzu menschlichen Impulse, der Unbegreiflichkeit der Natur unsere Ordnung aufzuzwingen. Der Zerstörungstrieb ist ein ästhetischer Trieb.

Besonders bedrohlich wirkt die wuchernde Masse an diesem grauen Morgen nicht, auch nicht undurchdringlich. Doch wenn wir näher am Ufer entlangschippern, schießen die Baumkronen mindestens fünfmal so hoch wie unser unerschrockenes kleines Fährboot. Romantik herrscht wenig an Bord. Es gibt eine Snackbar, über die Lautsprecheranlage dudeln Radioklänge, und statt Hängematten sitzt man auf Schalensitzen aus Plastik. Ein Amazonier sagt mir mit leisem Stolz, ich solle nach den rosa Flußdelphinen Ausschau halten.

Der faszinierendste Blick ist der über die Heckseite nach Belém. Hinter der Altstadt mit ihren geschwungenen Konturen und portugiesischen Türmen erheben sich die Bronx-ähnlichen Hochhauskolonnen der Wohnviertel. Die Balkons reichen gerade so für einen Grill, und sie bieten alle die Aussicht aufs Wasser, auf einen Fluß, der sich weiter erstreckt als die menschliche Vorstellungskraft reicht. Hier auf dem Achterdeck kann ich mir leicht vorstellen, wie wundersam dieser Wald von Betontürmen einem Reisenden vorkommen muß, der wochenlang stromabwärts durch die Dschungellandschaft gefahren ist. Von hier aus sticht einem das Urbane wirklich ins Auge, und man kann Belém nur als eine der großartigsten Städte der Welt empfinden. Eines geht bei all dem Gerede von wilden Barbaren und grenzenlosem Grenzland oft unter: die Brasilianer gehören zu den ganz großen Städtebauern.

Unsere Fahrt endet auf einer Lichtung am anderen Flußufer. Hinter dem wackligen Landungssteg offenbart sich eine Welt, die gut und gerne ein paar Provinzen jenseits der Stadt liegen könnte. Ein uralter Schulbus steht bereit, um alle Passagiere über die einzige erkennbare Straße zu transportieren, eine gegabelte, schnurgerade Feuerschneise. Niemand ist überrascht, daß die Räder immer wieder im ewigen Schlamm steckenbleiben. Ist es Kühnheit oder Idiotie, Sturheit oder eine unsagbar lächerliche Begierde, die die Menschheit in diese Gefilde treibt? Vielleicht sind Pioniere gar keine großen Visionäre, sondern wissen einfach nur nicht, wohin mit sich?

Ohne Vorwarnung geht der unbefestigte Fahrweg in die Hauptstraße von Barcarena über. Dieses Örtchen gibt es bestimmt schon seit fünfzig Jahren, und doch macht es immer noch den Eindruck eines vor zwei Tagen errichteten Zeltlagers. Tropische Blockhütten mit verwittertem Pastellanstrich hocken auf ihren Pfählen über einem Gewimmel von Hunden, Schweinen und Insekten. Hitzewellen lassen die nackten Kinder vor meinen Augen verschwimmen, die auf scheinbar sinnlos gekreuzten Schlammwegen herumtollen. Der Horizont besteht im wesentlichen aus Kokosnüssen und Fernsehantennen. Bin ich hier im letzten gelobten Land auf amerikanischem Boden?

Joaquim Vieira, so hat man mir gesagt, wohnt «schräg gegenüber vom Bürgermeister». Nun, das Rathaus verdient eher den Namen

Rathütte, und das klapprige Etwas auf der anderen Straßenseite erinnert mich an eine verlassene Stammeskate auf Borneo. Mit türkisem Anstrich und Spitzdach versehen, stützt sich der Bau auf wacklige Pfähle im Schatten eines einzelnen schwächlichen *ceiba*-Baumes. Ich trete auf die schmale, von einem primitiven Geländer gesäumte Terrasse. Es gibt keine Tür, an die ich klopfen könnte, in der Wand aus Strohmatten klafft einfach ein Loch. Meine Hallo-Rufe finden keine Antwort, obwohl ich im Haus einen kleinen Jungen sehen kann, der kaum einen Meter hinter dem Eingang auf dem Bett liegt. Sein offenes Zimmer ist offenbar nicht mit elektrischem Licht gesegnet, dafür aber mit einem Fernseher, der ihn auch voll im Bann hält. Weiter kann ich sehen, daß das vordere Zimmer komplett mit Plattencovern tapeziert, oder besser gesagt getäfelt ist. Sind die alle von Vieira? Bin ich hier am Ziel meiner Reise angelangt, dem Ort, wo die Musik buchstäblich als Baustoff dient?

Endlich taucht ein Mann im Türloch auf, ein klotziger Tischler, der grummelnd seinen Chef holen geht. Joaquim Vieira, vielleicht ein früh ergrauter Vierziger, vielleicht auch ein junggebliebener Sechziger, begrüßt mich in einem weiten Seidenhemd, Shorts und Hauslatschen. Er ist ein bräunlicher Typ, ein *mestico* – vielleicht würden die Brasilianer seinem Indo-Euro-Mix auch ein anderes Etikett verpassen: *caboclo, cafuzo, mameluco*, oder am besten gar keins. Er trägt ein hauchdünnes Oberlippenbärtchen zur Schau, und seine überfülligen Silberhaare gleiten in dichten, gleichmäßigen Wellen von der Stirn weg. Bei günstigeren sozialen Bedingungen hätte glatt ein Cesar Romero aus ihm werden können. «Ich ziehe hier bald weg», erklärt er, aber die Dehnbarkeit von «bald» habe ich ja inzwischen einzuschätzen gelernt. «Ich habe früher mal in São Paulo gewohnt, mußt du wissen. Ich bin durchs ganze Land getourt. Immerhin bin ich ja auch der Erfinder der *lambada*.»

Irgendwie habe ich das schon erwartet – nur nicht so rasch. «Jaja, meine Anwälte streben da noch nach einer endgültigen finanziellen Regelung.» Schnell wird mir klar, daß die stockende Sprache, der schwankende Gang des Musikers, sein schockierendes Manko an Lebensart seit langem einer unbändigen Großmannssucht unterworfen sind. «Ich bin der musikalische Maestro von Pará», legt

Vieira lässig fest. Davon animiert, bitte ich um eine Kostprobe seines Könnens, was ich sofort bedaure, denn nun ruft mein Gastgeber den Tischler-Hünen heran und läßt ihn Stück für Stück eine Stereoanlage auf der Terrasse aufbauen. Der schrottige Plattenspieler mit eingebautem Verstärker ist seit Monaten nicht mehr benutzt worden. Bei jeder noch so minimalen Regung auf der Terrasse hüpft die Nadel aus der Rille. Die Platten wählt Vieira aus einem uneingehüllten Vinylstapel aus, der Tischler springt damit um wie mit Sandpapierblättern. Sie hören sich an, als wären sie in einer Öltonne aufgenommen. Der Gitarrenstil klingt verdächtig nach Hawaii, und harmonisch ist das Ganze so krude zusammengepappt, daß selbst Pinducas *carimbó* daneben wie Villa-Lobos klingt.

Ob das nun *lambada* ist oder nicht, interessiert mich herzlich wenig. Ich frage mich nur, weshalb Leute an so faden, verschlafenen Orten so schnelle Musik mögen. Haben diese ganzen Hinterwäldler bei aller äußerlichen Müßigkeit vielleicht einen inneren Lebensakt in hyperaktiven Höchstgeschwindigkeiten? «Ich spiele, was die Leute hören wollen», sagt Vieira. «Wenn ich in Pará zu langsam spiele, schreien alle im Publikum: ‹Was'n los, ist einer gestorben?›»

In so einem Kaff will bestimmt niemand sterben. «Zur Zeit hören die Leute am liebsten *brega*. Ja, ich mache jetzt überwiegend *brega*, ich entwickle den *brega*-Sound.» Der hochtrabende Gebrauch des Wortes befremdet mich, steht doch *brega* in den brasilianischen Städten für alle Arten von geschmackloser Musik. Strebt Vieira den Titel des «Kitschkönigs» von Brasilien an? Auf einmal bereitet eine stärkere Anlage auf der Veranda gegenüber unserer musikwissenschaftlichen Unterrichtsstunde ein jähes Ende. Ein dreister Teenager muß unbedingt, wie so viele dreiste Teenager auf der ganzen Welt, Madonnas Tophit des letzten Jahres in voller Lautstärke abdudeln. Vieira fingert zwar noch mal an seinem Lautstärkeregler, aber in diesem Zweikampf der Wattzahlen ist ihm die Niederlage gewiß. Der Rocksound hat die Übermacht, und der Regenwald erbebt in seinen Wurzeln.

Der Holzverarbeiter hat ein bestimmtes Album gefunden und reicht es seinem Boß mit auffälliger Routine. «Siehst du, was hier steht? ‹Lambada das Quebradas›. Auf meinem Album! Ich war der erste.» Vieira hat weder eine Erleuchtung zum Ursprung des Wortes zu bieten noch zu der Frage, wieso der Beat *quebrada*, also zerbrochen ist. «Neunzehnachtundsiebzig ist nur das Datum vom Copyright», erklärt er, «aber die Plattenproduktion hat sich vier Jahre hingezogen, das heißt, ich hab den Song schon ab vierundsiebzig gespielt.» Diese Ausflucht kann ich nur so deuten, daß er Pinduca im *lambada*-Wettlauf ausstechen will. Aber selbst wenn er tatsächlich Anwälte auf den Fall angesetzt hat, bleibt die große Frage, was so einer wie Vieira mit dem Geld anfangen sollte, das ihm mit den internationalen Vermarktungsrechten zufließen würde. Das Ganze wirkt auf mich wie ein Zwist um die Werbekampagne für einen Film, der beim Publikum durchgefallen ist. Vieiras Grinsen verzieht sich zu einer Sehnsuchtsmiene, als er mir erzählt: «Ich hatte schon mal vier amerikanische Autos auf einen Schlag.»

Was macht er dann in diesem Kaff? Das ist ganz gewiß nicht Brasília. Schon eher Schwachsinnília. Und womöglich ist dieser «Maestro von Pará» doch die wahre Quelle der musikalischen Gewässer, die ich gesucht habe? Eine so unbegreifliche Selbstgefälligkeit kann nur dem zu eigen sein, der ganz nah an der Quelle ist. Als ich mit entschuldigenden Worten meine drängende Rückkehr nach Belém ankündige, zeigt Joaquim Vieira keine Reaktion. Hier machen die Leute bewußt alles ganz langsam, sie kosten jede Begegnung bis zum letzten aus, so flüchtig sie auch sein mag. Anscheinend hat er gedacht, ich wollte bei ihm übernachten, bis spät mit ihm unterm Terrassendach sitzen und Schweinemusik hören.

Widerwillig bringt mich der Erfinder der *lambada* zum Busbahnhof. Er schreitet den breiten Schlammweg entlang, als würde er ihm gehören. Fehlt nur noch, daß er anfängt, dem nicht vorhandenen Spalier für unsere nicht vorhandene Wagenkolonne huldvoll zuzuwinken. Er muß mir unbedingt noch den kleinen Anlegeplatz des Ortes zeigen. Eine Marmorbank und ein paar gußeiserne Laternen zieren die an einem Nebenarm des Amazonas gelegene Freifläche mit einer Bar, in der sich am späten Nachmittag kein einziger Gast aufhält. O Sol Brasileiro steht in patriotisch gelbgrünen Lettern über dem Eingang. Meint es Vieira wirklich ernst, als er diese verkommene Buschlücke zum «lauschigen, freudvollen, gottesfürchtigen» Idyll verklärt?

Auch diese Erkenntnis kommt mit dem Reisen, und vielleicht erspart man sie sich lieber: Die meisten Menschen auf der Welt wohnen an Orten, deren alleinige Ehrenrettung in der Tatsache besteht, daß sie dort wohnen. Das würden sie aber keinem Reisenden gestehen, geschweige denn sich selbst. Sie wollen ihre festgefahrene Situation nicht erkennen, und mir geht es nicht anders. So stecke ich am Ende genau wie diese Stadt knietief im Sumpf der Überlegungen. Soll ich weiterziehen wie ein Teufelskerl und jeden am Wege fragen: «Doktor Lambada, nehme ich an?» Oder die Nachahmer aller Vogelstimmen aufspüren, die der Regenwald zu bieten hat? Nur allzu oft erweisen sich die Ideale, denen man auf der Spur war, als wertvolle Blumen auf einem spröden, übersättigten Acker. Die großen Schätze – in diesem Fall João Gilberto, Milton, die klassische *samba* –, von denen man gehofft hat, daß sie den Weg zu einer reichen Beute weisen, sind in Wahrheit noch seltener, als man jemals gedacht hätte. Wer einer Leidenschaft auf den Grund geht, landet zuletzt nur immer tiefer im Mittelmaß.

«Vergiß uns nicht!» ruft mir Joaquim Vieira nach, als ich in den Bus steige. Im allerletzten Moment verzerrt sich sein breites Lächeln schmerzlich. Während ich auf der Suche nach schöneren Gefilden und brillanteren Talenten in die Ferne schweife, offenbart der Abschiedsgruß der lokalen Legende das schreckliche Zugeständnis, daß ich genau das tun werde: vergessen. Unweigerlich frage ich mich, ob jene, die aus weiter Ferne das Leben in dieser befleckten Wildnis idealisieren, hier auch nur eine Sekunde länger verweilen würden als ich, wenn sie die Chance bekämen. Verschwenden sie je einen Gedanken an den Schwur des entmutigten Siedlers, in Eintracht mit dem Nashorntukan zu leben? Für die unzähligen Aufgeklärten, die sich in den Cafés des urbanen Brasilien mit *Ecologia*- und *Amazonia SOS*-T-Shirts zeigen, ist der Regenwald nur eine beruhigende Abstraktion, genau wie für ihre Ebenbilder in New York und Berlin. Ob nun als unermeßlichen Reichtum verheißende, funkelnde Hoffnung schuldbeladener Generäle oder als unberührtes Eden in keuscher Urtümlichkeit – der Amazonas macht ihn spürbar, den Massenwahn, der Brasilien zum «Land der Zukunft» hochstilisiert hat. Als letzter Hoffnungstraum wähnt er die Welt in dem Glauben, daß noch nicht alles verloren ist.

Angesichts des elektrischen Kahlschlags im urtümlichen Instrumentarium könnte man sagen, die bedrohteste Art in Brasilien ist die brasilianische Musik. So singe ich meine *samba* der Bedrohung. Wollen wir all die Erhabenheit, diese Sorglosigkeit, diese notwendige Verrücktheit vor dem Untergang bewahren, müssen wir ein harmonisches Asyl schaffen, ein melodisches Reservat. Einen Ort, wo Kaufhausgedudel, konserviertes Lachen, importierter Heavy Metal und entwurzelter Rock keinen Zugang haben. Eine riesige Ruhezone zur Rettung der Musik.

Ich kann nicht behaupten, daß ich den natürlichen Ursprüngen dieser Musik – diesem «Kuß dreier Sehnsüchte» – nähergekommen bin als etliche Amazonas-Expeditionen dem wahren Urquell, dem ersten Rinnsal dieses Stromes. Ich weiß nur, hier muß mein Vorstoß ins brasilianische Hinterland sein Ende finden – nicht nur, weil ab hier kaum noch neue Rhythmen zu entdecken sind, sondern weil ich sonst bald nur noch sämtliche einheimische Lagerfeuerklampfer, Militärkapellen und ortseigenen Michael Jackson-Imitatoren interviewen würde. Und wenn ich nun aber den Schöpfer der *ginga* aufspüre oder das heimliche Refugium der *candomblé*-Götter? Könnte ich's doch nicht beweisen! Die wahrsten Worte hat mir Tom Jobim schon ganz am Anfang in Rio gesagt. Nur weil wir zu einer Frau Maria sagen, können wir uns noch lange nicht einbilden, Maria zu verstehen. So ist es auch mit dem Amazonas. Entscheidend ist nicht die Suche nach dem Ursprung der Strömung, sondern wohin sie uns trägt, und wie wir uns am gescheitesten über Wasser halten. Wie alles, was wir im Leben lieben lernen, ist auch die Musik nur eine Ausrede für die nächste zurückgelegte Meile.

Musik beim Lesen:

LAMBADA (CARIMBÓ) – Nazaré Pereira, *Playa Sound*
OS CRIADORES DO LAMBADA – Sampler, *Atoll Music*
PINDUCA, NO EMBALO DO CARIMBÓ E SIRIMBÓ – Pinduca, *Copacabana*
ATÉ O AMAZONIA – Quinteto Violado, *Polygram*

SAMBA DER UNBEEINDRUCKTEN

Bei der ersten Gelegenheit gehen sie von zu Hause weg, geborene Reisende, die ihr Zuhause nur als erste Station eines billigen Pauschalangebots begreifen. Statt auf eine Geburtsurkunde gründen sie ihre Existenz auf ein Ticket mit freier Rückreise. Jeder ein König, zumindest was seine Reiseroute betrifft! Alle sind sie frei – woanders zu sein! Ihr Erbe ein Paß, dessen Seiten sie niemals ausfüllen können.

So fangen sie an, den Globus zu durchkämmen, Postkarten mit dem blauen Himmel zu vergleichen. Der Grand Canyon kam vielleicht mal irgendeinem eselreitenden Landvermesser riesengroß vor – ihnen nicht. Die Großen Antillen könnten genauso als die Kleinen durchgehen. Verglichen mit ihrer Stimmung ist die Schwarze Höhle von Kalkutta gar nicht mal so schwarz. China macht einen total unterbevölkerten Eindruck, und am ungewaschenen Hinduvolk sind enttäuschend wenig Hautausschläge zu entdecken. Paris ist in Farbe längst nicht so wehmütig wie Schwarzweiß. Und über die Sieben Weltwunder können sie sich nur wundern.

Sie finden sich sehr intellektuell und werden süchtig nach Sensationen, weshalb sie bisweilen auf die billigsten Tricks hereinfallen. Sie verschaffen sich die Gelegenheit, von einem Kamel abgeworfen zu werden, mögen ihr Essen am liebsten voller Fliegen. Sie bezahlen teures Geld für das Privileg, unheilbaren Krankheiten ausgesetzt zu sein. Sie betteln, daß man sie zu Bettlern macht, fordern das schlimmste Unheil heraus! Gibt es ein besseres Brecheisen für die Ketten der Überlegenheit, als einfach mit lautem Aah und Ooh in die nächste Sackgasse zu wanken? Ach, könnten ihre inneren Kompasse doch nur die Kontrolle über Längen- und Breitengrade verlieren!

Jetzt finden sie, sie sind diesem Würstchen von Planet entwachsen – und der Weltraum kommt ihnen vor wie ein Witz ohne Pointe. Doch das Allerschlimmste ist, sie halten sich allen Ernstes für die ersten, die nicht ihr verdientes Universum bekommen haben. Jetzt sind Länder Stadtbezirke, Fürstentümer Einschienenbahnstationen, Gebirgsmassive läppische Parks mit reservierten Picknickflächen auf allen Gipfeln. Südostasien ist ein Rotlichtviertel, ganz Lateinamerika ein Barrio, Deutschland ein Industriepark. In jedem Lebensmittelladen an der Ecke bekommt man Kuskus, Corned beef, Kim Chee, Satáy, Salsa, Camembert. Es gibt keine unentdeckten Orte mehr, schlußfolgern sie, nur geistige Landschaftsflecken. Was sie argwöhnen läßt, daß sie diesen Orten selbst im Geist besser keinen Besuch abstatten. Zutiefst durchschnittlich, reizlos. Keinen Umweg wert.

Sie schlußfolgern, daß irgendwo ein Fehler passiert sein muß. Sie leben in einer Welt, wo nichts mehr so ist, wie es noch vor kürzester Zeit war. Sie gestehen sich ein, das Problem könnte bei ihnen liegen – weil ihre Augen größer geworden sind als die Füße. Warum, fragen sie sich immer wieder, können sie sich nicht mit kleineren Überraschungen zufrieden geben: ein vergessener Zettel, nach langer Zeit in einer Tasche wiederentdeckt, das sensationelle Erlebnis einer blutig geschlagenen Nase! Doch keine Abrißbirne kann ihre Erwartungen schmälern. Die höchsten Wolkenkratzer reichen ihnen nicht einmal bis zur metaphorischen Achselhöhle. Die luftigsten Gipfel des Himalaya erstrecken sich kaum bis in die Gefilde ihrer unerfüllten Wünsche. Das Heldenhafte an ihnen ist ihre Unzufriedenheit. Ihre Enttäuschung würde alle Rekorde brechen, könnte man sie messen wie das vertikale Gefälle eines Wasserfalls im Dschungel.

Im Zeitalter der Unbeeindruckten haben allein jene Regionen überhaupt einen Wert, die sie noch nicht besucht haben. Und wenn sie dann dort sind, sind sie nirgendwo. Die ganze Spannung liegt darin, einen Ort zu finden, wo sie nicht hingehören. Doch sie gehören nirgendwohin, nicht einmal nach Hause. Mit fremden Orten vertraut zu werden, läuft nur darauf hinaus, daß sie sich vertrauten Orten entfremden. Je weiter sie sich entfernen, um so weniger wollen sie lernen! Alle probierten Spezialitäten sind nur rausgeschmissene Moneten! Die Welt, die sie kennen, ist maßgeschrumpft, und ein T-Shirt ist ihr einziger Trumpf. Drum singt die *samba* der schrumpfenden Welt, einen Blues auf den letzten Guide Bleu! Weg mit dem hilfreichen Spracharsenal! Mit den schmutzigen Blicken vom Hotelpersonal! Hat's erst mal so richtig eingekracht, sagen sich die Füchse überall gut Nacht. Nein, im Reich der Begierde sind Vielfliegerpässe keine Zierde. Und die Landungen sind so rucklig wie erheiternd. Wer hat denen bloß erzählt, Reisen wär horizonterweiternd?

▲

DIE WELT (O MUNDO)

Meine Damen und Herren,
Wissen Sie's schon?
Es soll einen Ort geben –
Ich glaube in Brasilien –
Da lebt ein glücklicher Mensch.

Wladimir Majakowski

Zuckerkinder

Heutzutage muß man nicht sehr weit in der Welt herumreisen, um zu entdecken, daß sie nicht mehr ist, was sie mal war. Wieder in Rio, wo der Taxifahrer gleich mal meinen mit Platten vollgestopften Matchsack sehr unsanft auf den Gehweg knallt, überkommt mich der Wunsch, daß dieses Fenster Brasiliens noch die Süße des restlichen Landes hätte. Rio, diese Halunkenstadt! Hat Rio den Menschen schon immer Haß abgenötigt, wohl wissend, daß am Ende doch niemand seiner Küste, seinen Elektro-Bergen, seinen verrauchten Spelunken und nächtlichen Spektakeln widerstehen kann? Selbst in der Kolonialzeit war die Stadt bekannt für ihre extravagante Grausamkeit, ihre fauligen Gerüche und Epidemien. Rio verdirbt die Moral und drückt auf die Nieren. Wie eh und je zieht Rio, das verderbte, verschmutzte Rio, seine krummen Geschäfte durch, spielt seine Trümpfe aus, läßt sich nicht in die Karten gucken. Rio mordet, windet sich heraus, und fast immer kommt es ungeschoren davon.

Diese Stadt gehört zu den Orten, die ich gern in einer anderen Zeit besucht hätte, so ziemlich in jeder anderen Zeit, als sich die

Einheimischen noch ehrlichen Herzens ihrer *civilação cordial* rühmen konnten. So widme ich meine letzten Tage der Suche nach Überbleibseln dieser freundlichen Vergangenheit. Da reicht schon ein Abstecher in die vierziger Jahre, denn selbst damals stand die Copacabana noch für gediegene Eleganz, und feurige Sängerinnen wie Carmen Miranda schwangen das Zepter über eine *joie de vivre,* die noch nicht der Vermarktung anheimgefallen war. Im Carmen Miranda-Museum finde ich allerdings keine neuen Belege für die weltweit einzigartige Musikalität dieser Gesellschaft. Brauche ich ja auch nicht, aber leider ist die kreisrunde Krypta eine viel zu düstere Kulisse für ihr Thema. Eine Dauerausstellung der exotischen, maskulin angehauchten Kostümkreationen des Stars gibt es zu bewundern, dazu unzählige Preise und Plaketten. Obwohl ihr früher Tod nunmehr schon fast vierzig Jahre zurückliegt, wird der geborenen Portugiesin noch immer lebhaft gedacht, wenn auch nicht überall unkritisch. Zum einen macht die Hollywood-Karriere der «Pequena Novatel», der «Bemerkenswerten Kleinen», wie sie hier genannt wird, die Nation nach wie vor stolz. Doch man schämt sich auch für sie, weil sie als fleischgewordenes Klischee des «Latin Girl» aus einem Zerrbild des Subkontinents Kapital geschlagen hat. Das bringt ihr noch heute viele musikalische Angriffe von *sambistas* ein. Es gibt aber auch eine inoffizielle *samba*-Schule, die Carmen Mirandas Namen trägt und deren durchweg männliche Mitglieder alljährlich im Kostüm ihres Tuntenidols aufmarschieren. Kaum jemand weiß jedoch, daß Carmens kleine Schwester Aurora in einem Edelapartment in Leblon wohnt und nur zu gern ihre Alben mit fein säuberlich eingeklebten Dokumenten herausholt und Showbiz-Erinnerungen ausplaudert.

«Alle Brasilianer können singen, aber Carmen war etwas Besonderes», erzählt Aurora, die nicht nur die Gesichtszüge, sondern auch die natürliche Frische ihrer Schwester hat und deshalb um viele Jahre jünger wirkt. «Als Portugiesen hatten wir es nicht leicht. Unser Vater war Friseur, wissen Sie. Carmen war eine der ersten Frauen, die es ins Radio geschafft haben. Aber sie hatte eben eine ‹künstlerische Ader›, wie wir sagen. Von Anfang an hat sie ständig Hüte und Kleider entworfen. Ihr gingen nie die Ideen aus.» Auch Aurora hat wohl besagte «Ader», in sich, sonst wäre sie wohl kaum mit ihrer Schwester als Las Hermanas Miranda durch ganz Südamerika getingelt. Als Carmen Aurora zu ihrer Hochzeitsreise nach Hollywood holte, sang sie im El Cairo und lieh mehreren Figuren in Walt Disneys Zeichentrickfilm *Joe Carioca* ihre Stimme. Ja, ihre Stimme erklingt sogar auf der ersten Aufnahme einer so geläufigen Standardnummer in Brasilien, daß ich nie auf die Idee gekommen wäre, nach einer Originalversion zu forschen: Rios Hymne «Cidade Maravilhosa». Heute wagt sich Aurora nur noch selten in die «Fabelhafte Stadt». Sie hockt zwischen antiken Möbeln in einem Eigenheim mit künstlich niedrig gehaltener Luftfeuchtigkeit, hermetisch abgeschirmt vom lüsternen Treiben unten am Strand.

Der wahre Carioca-Geist – Wehmut statt Ausschweifung, Natürlichkeit statt Gerissenheit – überlebt nur in höheren Regionen. Unverhofft finde ich diesen Geist in einem Freiluft-*botequim* am höchsten Punkt einer steilen Sackgasse über Lagoa, dem modernen Viertel rund um die Binnenlagune von Rio. Der Fußboden in der Bar besteht aus einer Platte, das Dach aus Kokospalmenwedeln, die Hochhäuser ringsum versperren den Blick aufs Meer. Doch wie ich bald erfahre, ist der Schuppen zum Symbol avanciert. Er heißt Sacopá, wie die Straße und der Inhaber, der sich – Überraschung – als Musiker entpuppt. Mir hatte man gesagt, ich könnte hier guten *chôrinho* hören, doch die Luis Sacopás Band, ein Haufen Freunde um einen bierbeladenen Tisch, spielt ohne Pause *samba*. Den Verbund aus Betonhütten hinter der Kneipenküche auf dieser noch immer üppig bewaldeten Anhöhe über dem Atlantik nannten Luis und seine Familie schon ihr Heim, als an Lagoa noch gar nicht zu denken war.

«Die Straße hier ist nach meinem Großvater benannt. Er war auch Musiker, genau wie meine Mutter. Die ist jetzt dreiundneunzig und komponiert immer noch *chôros*. Über die Amerikaner hat sie auch eins geschrieben, wie sie einen Stein vom Mond mitgenommen haben.» Gemeinsam mit sechs seiner zehn Brüder weigert er sich hartnäckig, sein Plätzchen auf Erden für neue Bauvorhaben zu räumen. Stolz zeigt er mir ein Anschlagbrett mit Zeitungsausschnitten über seine Standhaftigkeit. «Geschossen haben sie auf mich, die Polizei hat mir Marihuana untergeschmuggelt. Politiker haben gegen mich geklagt. Man hat mir sogar eine Luxuswohnung in Ipanema angeboten. Aber warum soll ich hier weg? Hier hab ich meine Hühner und meine Schweine, meine Bananen- und Papayazucht, die müßte ich dort aufgeben. Und hier kann ich nachts die Sterne sehen – die Vögel zwitschern hören statt Verkehrslärm. Schau mal da!» Luis zeigt auf einen massiven Apartmentblock, der den höheren Berglagen das ganze Sonnenlicht wegnimmt. «Das Ding hat ein Senator gebaut, und der Mann wirft mir vor, ich verschandle die Natur!» Außer Luis Sacopá und seiner Musik ist von den Ursprüngen dieses Ortes nichts geblieben. «Vor fünfzig Jahren war's in Rio besser. Heute kriegst du deine Songs nur noch per Bestechung ins Radio. Die Kette ist zerrissen. Der natürliche Weg ist futsch.»

Sonst noch irgendwelche Neuigkeiten? Über den Niedergang Brasiliens habe ich nun wirklich genug gehört. Dennoch überwinde ich mich an meinem letzten Sonntag zur Begegnung mit einem letzten Musiker. Ein treuer Mitstreiter der Miranda-*samba*-Schule hat für mich ein Treffen mit Sinval Silva arrangiert, dem legendären Schöpfer von vielen der romantischen Balladen, mit denen Carmen ihre ersten Schritte gemacht hat. Ich treffe ihn am Fuß des Morro da Formiga (Ameisenhügels), wie das Slumviertel Tijuca von allen genannt wird. Laut Auskunft meines atemlosen Begleiters ist Sinval durch und durch der klassische *sambista* – ein Typ, der «auf dem Berghang wohnt und in der Kneipe lebt». Der Nachmittag ist schwül, ein Unwetter liegt in der Luft, und ich komme fast eine Stunde zu spät, doch der elegante Achtziger wartet geduldig in seiner nur von einem Deckenpropeller gekühlten Ecke. Er kommt nicht mehr allein aus dem Stuhl hoch, ist aber sehr penibel gekleidet, mit frischgewaschenem weißem Hemd und schwarzem Jackett. Ein gepflegter grauer Schnurrbart ziert sein braunes Gesicht unter dem glatten, kahlen Schädel. Statt Unmut über die Verspätung äußert er nur Sorge über meine Sicherheit «als Ausländer in so einer gefährlichen Gegend».

Als der Fahrer seinen «großen Kaffee» ausgetrunken hat, was «ein halbes Jahrhundert» dauert, geht Silva mit mir zu einem vollen VW-Bus, dem einzigen Transportmittel auf den steilen Wegen der «höheren Tiefen» von Rio. Inzwischen kann mich der erbärmliche Zustand der Behausung eines so berühmten Mannes nicht mehr schockieren. Von den stockigen Mauern seines Beton-*rancho* ist der Anstrich längst abgeblättert. Hinter einem langen Wohnzimmer schließt sich eine winzige Schlafstube an, wo ein Marienbildnis unter einer einzelnen Glühbirne schimmert, und die Küche ist nicht größer als die Speisekammer in einem Vorstadthaus. Doch wenigstens ist der Bau dauerhaft, ganz im Gegensatz zu den gewagten Konstruktionen aus Blech und Pappe, die sich weiter oben auf dem Hügel drängeln. Und dauerhaft muß er auch sein, schließlich wohnt Sinval schon seit zweiundsechzig Jahren hier. Wen wundert es da, daß die zahlreichen Verwandten, Freunde und Verehrer, die hier ein- und ausgehen, den Ameisenhügel in Planalto da Sinval umgetauft haben, das Sinval-Plateau.

Zudem hat man von Sinvals Vorderfenstern einen weiten Talblick über die weitreichenden grünen Dschungelauswüchse bis zu weißen Wohntürmen und einem Stückchen von der fernen Guarana-Bucht. Irgendwie zaubert seine vergnügte Gefährtin «Maria Teresa, meine Frau und beste Freundin», eine rothaarige Frau in weitem Ginghamkleid, in endloser Folge leckere, in Knoblauch gebratene Fischhäppchen aus der winzigen Küche hervor. Sinval meint wohl nicht nur ihre Kochkünste, als er ausruft: «Mit dieser Frau werde ich so lange leben, wie Gott mich läßt.»

Um den Imbiß herunterzuspülen, muß ich selbstverständlich von «Brasiliens feinstem *pinga*» kosten, den mir der alte Herr feierlich kredenzt. *Pinga* ist ein weiterer Name für *cachaça*, abgeleitet vom «Ping-ping» der Alkoholtröpfchen im Destillierkolben. «Mit ein bißchen Honig», sagt Sinval und drängt mir welchen auf, «geht jeder Schnaps runter!»

Der tödlichste Stoff kommt für ihn natürlich aus seiner Heimat Minas Gerais. Mit unter zwanzig, als frischgebackener Autoschlosser, ist Sinval nach Rio durchgebrannt, weil er sich plötzlich zum Songschreiber berufen fühlte. Dieses Talent nimmt nicht wunder, war doch sein Vater bereits Musiker und hatte eine vollwertige Amateurband aus seinen dreizehn Kindern aufgebaut. Sinval benennt andere Quellen: «Als ich mit fünfzehn Jahren mein erstes *serenato* komponierte, da hatte ich das Gefühl, eine überirdische Stimme zu hören.»

Dank der überirdischen Stimme sind Sinvals Wände heute mit

Metall beschlagen wie ein Schiffsrumpf: Preise, Plaketten, Ehrenmedaillen, dazu handsignierte Porträtfotos von all den adretten, smokingtragenden Größen der Zwanziger und Dreißiger. Den größten Ehrenplatz im Haus nimmt jedoch ein Publicity-Foto von Carmen Miranda ein, komplett mit Ananas-Kopfschmuck und diesem munteren Lächeln, Sinnbild des «South American Way». «Für Sinval», hat sie gekritzelt, «der mir meine besten *sambas* geschenkt hat.» Auch wenn Miranda die *samba* mit ihrer «Banda de Lua» kommerziell ausgeschlachtet hat, nur um sie dann eiskalt fallenzulassen, als sie zur hauptberuflichen wilden *señorita* von Hollywood wurde – zumindest in diesem Haus ist und bleibt sie eine lebende Göttin.

«Die arme Frau! Eine Wahrsagerin hat ihr prophezeit, sie muß mit sechsundzwanzig sterben, und passiert ist es dann mit sechsundvierzig», mischt Sinval nicht zum letztenmal Wahrheit und Phantasie. «Als sie bei Metro-Goldwyn-Mayer anfing, hat sie mich mit nach Amerika genommen. Da hab ich sechs Monate in einer Villa in Beverly Hills gewohnt. So eine große Stadt habe ich nie wieder gesehen. Wie lange man da allein von einem Block zum andern brauchte! Und alle haben den Schnee von ihren Einfahrten weggeschippt!» Wie er in Beverly Hills echten Schnee gesehen haben will, leuchtet mir nicht ganz ein. Es gibt auch Berichte, wonach er wegen seiner Hautfarbe aus Carmens kalifornischem Domizil ausziehen mußte. «Später wurde ich dann auf Tournee durchs ganze Land geschickt, zu Auftritten für die *heroes de Korea*. Alle waren sehr nett zu mir, ich wurde überall eingeladen. An meiner Hautfarbe hat sich keiner gestört. Miss Claudette Colbert hat alle Schwarzen herzlich in Beverly Hills empfangen!» Für Sinval sind die Vereinigten Staaten ein goldenes Land, unberührt von allen brasilianischen Sorgen. «In Amerika, da ist das nämlich so, daß die Schwarzen nicht mit den Weißen reden wollen. Hier läuft's genau andersrum. Aber was macht die Hautfarbe für einen Unterschied? Du hast mich besucht, also bist du mein Blutsbruder. Du kannst jederzeit bei mir wohnen und es dir gutgehen lassen wie nirgendwo sonst auf der Welt. Ich weiß, mein Haus ist bescheiden, aber es ist sauber und rein.»

Die Behausung des Komponisten wäre ideal für ein Kinderbuch

zur Verbildlichung der Bibelweisheit, wonach kein Haus auf Erden arm sein kann, wenn es voller Freunde ist – Freunde, die sich rührend um den Medizinmann ihres Stadtdörfchens kümmern. «Früher war Rio eine große Familie, da hieß es einer für alle, alle für einen», klagt Sinval. «Die Wälder kamen noch bis an die Stadt heran. Sogar die Tiere hatten ein Recht auf Leben. Heute ist die Stadt randvoll mit Ausländern, die vom Stehlen leben müssen.» Mit diesen Ausländern meint er sicher die Armen aus dem Nordosten. Dennoch verdanke ich ihm und seiner Generation die nachdrückliche Erinnerung, daß nicht nur Fleischlichkeit, sondern auch Edelmut die brasilianische Musik ausmachen. «Ich gehöre zu den Gründern der Imperio de Tijuca-Schule», sagt Sinval ohne den kleinsten Anflug von Angeberei. «Das ‹Imperio› haben wir wegen Prinzessin Isabel gewählt, weil sie die Sklaven befreit hat. Ohne sie hätte ich gar nichts. Heutzutage muß der Karneval für schlechte Botschaften herhalten. Er ist viel zu wild, zuviel Alkohol und Waffen. Eine Heimstatt des Teufels, wenn du mich fragst.»

Für Sinval und die anderen Gründerväter war der Karneval eine Phase der unschuldigen, gottesfürchtigen Freuden. «Gott sei Dank muß ich nicht auf der Straße hausen. Ist schon eine Schande, wie elend viele alte Komponisten leben, weil ihnen alle Welt die Rechte für ihre Werke gestohlen hat. Dagegen hab ich mal einen aus den USA kennengelernt, der hat mit einem einzigen Lied im brasilianischen Stil so viel Tantiemen verdient, daß er seine Familie davon bis zur nächsten Generation durchfüttern kann.» Sinval humpelt zu einem freistehenden Panzerschrank an der hinteren Zimmerwand, der aussieht, als hätte ihn Jesse James mit seiner Bande aus einer Bank im Wilden Westen geklaut. Er bringt mir einen edlen Diamantring, den ihm irgendeine Komponistenvereinigung für sein Werk überreicht hat. Leider strahlt mich der alte Mann so intensiv an, daß ich nicht heruntersehe und den Ring auf den Betonboden fallenlasse. Ich hebe ihn auf und reiche ihn seiner Frau, da sehe ich, daß ein Stückchen von dem Stein abgeplatzt ist. Ich bin furchtbar verlegen, bis mir einfällt, daß echte Diamanten doch wohl ein bißchen stabiler sind. Zu meiner Erleichterung zwinkert mir Maria Teresa zu und sagt: «Nichts von alldem kann auch nur einen Menschen ersetzen. Dein Besuch ist eine viel größere Auszeichnung.»

Damit sie wenigstens eine kleine Entschädigung haben, schenke ich den beiden einen Zeitungsausschnitt, einen Artikel von mir über brasilianische Musik. Dummerweise ist er von der langen Zeit im Koffer ziemlich angeknüllt, doch Sinval beruhigt mich: «So ist er mir viel lieber als druckfrisch in der Zeitung. Jetzt ist er mit *calor humano* erfüllt.» Menschliche Wärme – die hat Sinvals Generation im Überfluß. «Immerhin war es mir mit Gottes Hilfe vergönnt, in Ehrlichkeit drei Töchter aufzuziehen, ohne den geringsten Betrug oder Diebstahl. Und diese Töchter haben mir zehn Enkelkinder geschenkt. Weißt du schon, wie wir die in Brasilien nennen? *Filhos açucarados*. Zuckerkinder, weil sie so süß sind.»

Ich glaube, alle Musiker im heutigen Brasilien sind nur Zuckerkinder jener ersten *sambistas*, Erben einer Musik- und Lebensart von so unauslöschlicher Grazie, daß sie ganz einfach als *o tradição* bezeichnet wird – die Tradition. Als es um die Frage geht, wen von seinen heutigen Patenkindern er besonders mag, überrascht mich Sinvals Vorliebe für den nicht eben traditionsbewußten Milton Nascimento. Doch dann wird mir die Parallele klar: Auch Milton ist ein schwarzer Sänger aus Minas, der sich nicht scheut, seine Leidenschaften offen an den Tag zu legen.

Auf einer abgegriffenen Gitarre, wiederum aus der Küche hervorgezaubert, spielt Sinval das Ständchen seines Lebens. Die alten Hände greifen oft daneben, die Stimme ist schwach und zittrig. Er spielt tränenselige Balladen über verlorene und neuentdeckte Liebe. Doch sein inniger Gesang erfüllt alle Zuhörer mit einer unerschütterlichen Kraft. Besonders mitreißend ist seine Hommage an den *tico-tico*, einen Vogel in den Wäldern seiner Heimat Minas. Schon über ein halbes Jahrhundert ist es her, seit er seinen Gesang zum letztenmal gehört hat, und doch singt er noch heute sein Loblied auf den gefiederten Winzling. Mit gutem Grund appellieren Musiker immer wieder an die Macht der Liebe. Sie sind keine Heiligen, auch keine hoffnungslosen Romantiker, das ist es nicht. Aber ihr Handwerk verlangt einen offenen Zugang zu seinen Inhalten, frei von aller Abwehr. Lieder können nicht lügen. Lieder machen keine Witze. Uns alle zieht es zur Musik, weil wir ein «Ja» hören wollen, kein «Oder».

«Adeus, Batucada!» Als Sinval sich mit den hohen Tönen seines musikalischen Nachrufs für Mirandas Beerdigung quält, bricht ein massives Spätsommergewitter über Rio herein. Binnen zehn Minuten wird die atemberaubende Aussicht auf die Bürotürme im *centro*, das Sambódromo, das Meer und die Berge ringsum von schwarzen Wolken und Regen verschluckt. Die Kabel der illegalen Stromabzweigung in umliegende Hütten von dem Mast in seinem Garten drohen zu reißen. Nach nur einer Stunde Regenguß ist ganz Rio beinahe vom Boden weggerissen. Dachrinnen schwappen über, Straßen mutieren zu Flüssen, Tunnel werden gesperrt. Wie zerbrechlich ist doch dieses schlampig zusammengebaute Wunderwerk, das sich mit den Fingernägeln im Dschungel festklammert! Wie verwundbar ist dieser vielbesungene Ort! Eine gute Stunde harre ich mit Sinval und Co. auf seiner engen Terrasse aus. Auch wir werden fast weggespült.

Doch der Komponist macht weiter mit seinem *tocando*, er zupft die Saiten, während über uns der Donner rumort, beständig wie ein Metronom. Mit seinen wackligen Akkorden, seinem Loblied auf Himmel und Meer vertreibt dieser eine Mann die Enttäuschungen des Herzens und der Geschichte – das bleibt Brasiliens wichtigste Existenzgrundlage. Bis sich das Unwetter legt, habe ich mindestens zweimal Sinvals komplettes Repertoire gehört. Beim zweitenmal hat er die Texte größtenteils weggelassen. Aber das macht nichts, denn ich habe, wenn auch nur für einen Moment, diesen Slum von Rio mit den Augen eines *sambista* gesehen – und er ist wahrhaftig der schönste Ort auf der ganzen Welt. Der Trick dabei ist nur, man muß eine Welt liebgewinnen, die man nie wirklich erreicht. Sinval hat es so formuliert: «Das Geheimnis der brasilianischen Musik ist, man schreibt Liebeslieder an eine Frau, der man niemals begegnen wird.»

Musik beim Lesen:

REVIVENDO – Carmen Miranda, *RCA*

SOUTH AMERICAN WAY – Carmen Miranda, *RCA*

Spiel den Ton, den du spielen kannst

Mein letzter Tag in der Stadt fällt mit dem Tag der Gründung von Rio de Janeiro zusammen. «426 Jahre Cidade Maravilhosa!» steht über den neuesten Umrechnungstabellen in den Taxis. Wieder steigt der Preis pro Klick um dreißig *cruzeiros*, und dabei muß man noch dankbar sein, wenn sich diese durchtriebenen Cariocas überhaupt zum Blick aufs Taxameter bequemen! Schließlich gründete sich die Stadt von Anfang an auf Fehlkalkulationen, ein geborenes Mißverständnis. Der Januar-Fluß, der Rio seinen Namen gab, entpuppte sich als Bucht. Und der Bau des als Spielplatz getarnten Hafens mit Anhang begann erst im März.

Womit wir bei Antonio Carlos Jobim sind, der den *bossa nova*-Klassiker «Märzgewässer» geschrieben hat und am 1. März als Geburtstagsgeschenk für seine Stadt ein Open-air mit freiem Eintritt am Arporador gibt, dem Treffpunkt von Ipanema-Schwung, Copacabana-Kurve und den schon erwähnten unruhigen *aguas* des Atlantik. Eingedenk seiner halbjährlichen Flucht vor den Erschwernissen seiner Heimatstadt ins ferne New York ist dieser Sproß einstiger Vollkommenheit eine seltsam passende Wahl, um Rio ein Ständchen zu bringen. Noch passender finde ich, daß mir mein erster Wegweiser in die Geheimnisse der brasilianischen Musik somit jetzt eine klangvolle Zusammenfassung liefert, mit Backgroundgesang und allem Drum und Dran.

Doch zunächst muß ich ein letztesmal zum Geldwechsler traben – Lebewohl, wendiger Geselle, vertrauter Vermittler des aktuellen Kurses! *Adeus!* Dank Collors Plan Nummer Zwei sind die Schlangen in den Banken auf der Avenida Rio Branco genauso lang wie unter Collors Plan Nummer Eins. Die Zeitungsstände ächzen unter der Last der Titelseiten mit den Morden von gestern nacht im Wettstreit gegen ganz gewiß nicht jugendfreie Bilder vom Karneval, von bi- und cunnilingualen Skandalblättern. In einem Art-déco-Musikgeschäft, wo die Instrumente über ein Flaschenzugsystem aus Brasilholzkisten heruntergehievt werden, kaufe ich ein paar Gongs und Rasseln gegen die Stille daheim. Die Cafés im Stil der Jahrhundertwende auf der Rua Carioca – A Mais Carioca do Rio! – servieren ihrer senilen Kundschaft klitschige *pasteles* wie eh und je. Verzweifelte Händler haben auf dem Gehweg Tische mit einem dürftigen Arsenal von Schwarzmarkt-Lippenstiften und Cashew-Tütchen aufgestellt. Im Largo Carioca verhökern verirrte amazonische Schamanen echtes Schlangenöl, wirksam unterstützt durch den charakteristischen Federkopfschmuck. Ein menschlicher Seelöwe läßt stundenlang einen Fußball auf seiner Nase hüpfen. Ein traurig dreinblickender Afro-Houdini windet sich vor aller Augen aus dikken Seilen, die fest um seinen gedrungenen Körper geschlungen sind. Wenn die Befreiung aus der Unterentwicklung nur genauso einfach wäre!

Der Jahrestag bietet nur die ganz normale hektische Handelsparodie der Stadt Rio – bis dann irgendwann die allerbescheidenste Feierlichkeit dazwischenfunkt. Ein kleines Parädchen, unangekündigt und diffus, schlängelt sich durch die Nebenstraßen der Innenstadt. Eine vom strapaziösen Ausklang der Fastenzeit sichtlich geschaffte Abteilung aus der *bateria* der *samba*-Schule Portela treibt den Zug mit Getöse voran, so gut es eben geht. In ein paar klapprigen Oldtimer-Cabrios thronen Schönheitsköniginnen in Satinkleidern und mit weißen Handschuhen, aber leider wirken diese freiwilligen Schulmädchen eher wie eine Auswahl der häßlichsten Wesen, die sich in Rio finden lassen. Ein paar Hemmungslose schließen sich an – solche Leute, die schon der kleinste *samba*-Ton, die kleinste Chance zur Ausschweifung vom Gehweg wegreißt. Angeführt wird das staatsfinanzierte Debakel von einem stolzen Weißhaarigen in römischem Gewand mit schwarzen Straßenschuhen – Väterchen Zeit in einem Land, wo Zeit keine Rolle spielt. Er ist mein letzter Eindruck vom Hang dieses Landes zum Straßentheater, vom typisch brasilianischen Protest, verpackt wie üblich in bittersüßen Humor. An einer Leine zerrt der alte Mann einen ausgestopften Cockerspaniel hinter sich her. Auf dem an seiner Toga festgesteckten Plakat steht: «Je mehr man die Politiker studiert, desto lieber werden einem die Hunde.»

Sicher keine unpopuläre Haltung bei den Cariocas, die abends zum Strand von Ipanema strömen – obwohl hier scheinbar niemand aus den *favelas*, den Zuschauerkreisen der Schulproben oder aus Drogengangs kommt. Gibt es eigentlich irgendwelche verbindlichen Statistiken darüber, wie viele Menschen in Brasilien sonnengebräunt, sexy und locker drauf sind? Fest steht, alle drei Attribute treffen für die Mehrheit der Bevölkerung zu. Manchmal hat man den Eindruck, alle Brasilianer über Fünfzig sind im menschlichen Ameisenhügel der Goldmine von Serra Pelada als lebenslängliche Zwangsarbeiter eingesperrt, weil sie ihr sexy *tesão* verloren haben. Mindestens vierzigtausend haben sich vor die Bühne am Ende des Strandstreifens gezwängt, die meisten hocken im Schneidersitz auf dem Sand, einige halten sich standhaft im flachen Wasser. Diese Konzertgänger lassen kaum die Idee aufkommen, daß Brasilien zur Dritten Welt gehört. Oder daß die Stadt, der sie heute abend die Aufwartung machen, jämmerlich verfällt, geplagt von Touristenschwund und Zukunftsangst und einer Polizei, die für Geld Kinder tötet. Und über alledem eine von Grund auf korrupte, würdelose, gesetzlose Stadtverwaltung. Erstaunlich, daß die Stadtväter von Rio überhaupt das Geld für diese kostenlose Party zusammengekriegt haben.

«Wir bleiben dabei, diese Stadt *ist* fabelhaft!» grölt Tom Jobim als Startschuß für das Konzert auf seiner Klavierbank. Er pafft eine Zigarre von Castro-Ausmaßen, streicht sich die graue Mähne zurück. Rio ist überhaupt keine fabelhafte Stadt mehr, aber das wagt er nicht auszusprechen. Seine Musik lebt von einer Leidenschaft, die in ihrer bizarren Engstirnigkeit jeden Ort zum Lied stilisiert. Vielleicht ist das der Grund, weshalb der alte Jobim Jahrzehnte nach dem *bossa nova*-Boom noch so viel junges Gehopse anzieht. Allerdings ist diese Meute so ziemlich die friedlichste, in der ich je eingekeilt sein durfte. Den einzigen Tumult löst ein heißes Stromkabel aus, ein lustiges Tänzchen heißer Füße und *bundas*. Die junge Generation um mich herum strebt noch immer nach dem Lebensstil dieser klangvollen Oldies: sanft dahingleitend, sportlich-elegant, bequem wie eingelaufene Espadrillos, aber auch sehr reif für ihr Alter.

«Es ist das Ende aller Qualen, es ist das Glück in deinem Herzen...» Wie das Datum unschwer vermuten ließ, bringt der Komponist sein «Märzgewässer» – mit so viel Gefühl, wie seine verbrauchte Stimme hergibt. Ein Backgroundchor aus vier mäßig professionellen Freundinnen und Schwiegertöchtern unterstützt ihn mit wohlig rauhem Gesang. Die Sängerinnen wagen sich hierzulande stimmlich gern in den Keller, während die Herren auch beim zittrigsten Falsettgefiepse keinen Gesichtsverlust fürchten müssen. Ist das nur eine musikalische Untermauerung der allgemeinen Bi- oder Pansexualität in Brasilien? Auf jeden Fall sind sie die perfekten tropischen Sirenen, wie sie so das Wellengeplätscher übertönen. Jobims Backgroundfrauen locken mich zu einem ganz neuen Leben, barfuß, aber erleuchtet, den unvergänglichen Elementen ergeben. «Es ist ein Verlust, es ist ein Gewinn, es ist eine Ahnung, es ist eine Hoffnung...»

Ich flüstere die Worte in meiner Sprache, rund um mich singen alle auf Portugiesisch. Ein letztesmal erlebe ich den demokratischen Impuls der brasilianischen Zuschauer, alle despotischen Bühnenhelden niederzubrüllen. «Verblüffend, wie gut ihr alle die Texte kennt!» röhrt Jobim sarkastisch in die Massen. Natürlich weiß er genau, daß seine Landsleute selbst noch das dümmste Gewäsch in- und auswendig kennen, also erst recht seine vielgespielten Klassiker. Hier kann jeder ein Medium sein, jede Melodie ist Teil eines gemeinschaftlichen Erbguts – besonders, wenn sie so wohlbekannt ist wie die von Jobim. Die Nummer bleibt nicht im Besitz eines Interpreten, nicht einmal ihr Schöpfer behält sie für sich. Carlinhos Brown hatte recht – das Lied ist schon da. Es leiht sich nur eine Stimme. Wenn diese Strandgemeinde «Chega de Saudade» summt – «Weg mit der Sehnsucht!», der erste Hit der *bossa nova*-Ära –, dann dokumentiert sie damit zugleich einen gemeinschaftlichen sehnsuchtslosen Zustand. Solche Musik kann man genausowenig besitzen oder erklären wie die Wellen.

Außerhalb des Linearen, Verbalen gibt es ein gemeinsames Vokabular für die Brasilianer aller Schichten, Hautfarben und Formen. Egal ob Künstler oder Akademiker, Heiler oder Straßenfeger, alle werfen sie mit Worten wie *alegria* und *folia* um sich, als gäbe es wirklich ein von allen akzeptiertes Erleben dieser Dinge. Als wären die Erleuchtung und sogar die wilde, spontane Freude bloße Zutaten in einer Flasche, die man nur noch mit dem richtigen Schild versehen und dann je nach Verschreibung in Standarddosen ausschenken muß. Nehmen Sie zwei Quentchen Glück, und dann rufen Sie mich bitte morgen früh an. Daher klingt es auch so enorm aufrichtig, als alle zu Ehren ihrer Stadt «Happy Birthday to you!» anstimmen. So ein banales Lied ist doch eine Verschwendung für diese Stimmen, will man meinen. Am Schluß grölt Jobim: «Vergrabt mein Herz am Strand von Ipanema!» Kann man ihm diesen Wunsch verdenken?

Ich verlasse Brasilien mit einer Menge *saudade* im Gepäck, der Empfindung, auf die in diesem Land am häufigsten zurückgegriffen wird. Nostalgie nach einem Leben, das man so eigentlich nie geführt hat, Sehnsucht nach allem, was dieses Land an Sonne und Nahrung bieten kann! Plötzlich vernebelt sich mein Blick vom Drang nach starken, scharfen *batidas*, die ich schwerlich herunterkippen könnte, nach *barracas* am Strand, wo Leichengase den Snack zum Risiko machen. Egal, daß ich meine Ecke auf der Party nie so recht gefunden habe – oder daß ich nie die richtige *ginga* in die Hüften kriege, auch wenn ich mein Rückgrat bis zum Umfallen verbiege. Menschen verblassen schnell in meiner Erinnerung, Orte nie. Fast jedes Gebilde aus Geographie und Pflasterung entlockt mir die sehnlichsten Gefühle, zumal die unbekannten Orte – Phantasieziele, die Welt, die mir noch nicht die Illusionen nehmen konnte.

Ist die Wirklichkeit tatsächlich die ultimative Enttäuschung oder ein lebendiges Wunder? Auf diesem ewigen Pendel schaukle ich her und hin. Käme ich jemals auf einer der beiden Seiten herunter, würde ich mit dem Reisen aufhören. Der moderne, der «neue» Reisende, falls es den überhaupt gibt, benutzt einfach nur verschiedene Teile der Welt als Bausteine für sein Ich. Wir verstehen andere Kulturen vorrangig als latente, unentdeckte Kräfte in uns selbst. Ist der nach Brasilien strebende Teil von mir tatsächlich auf der Jagd nach einer festen Verbindung zum Wilden? Suche ich nach einer Äußerung oder Veräußerlichung meines Innenlebens um seiner eigenen Pracht willen? Wie viele erduldete Meilen, wie viele Anfälle von Hitzschlag und Durchfall, wie viele gekippte Gläser Mangosaft – *sem gelo*, ohne Eis bitte! –, wie viele verschlungene, fettig gegrillte *queijo quentes*, wie viele knapp umgangene bettelarme, alles verschlingende Gassen, wieviel Schuldgefühl und böse Ahnung deswegen, wie viele überlebte Wellen, wie viele kalte Duschen, Kakerlaken, betrügerische Geldwechsler, wie viele eifrig studierte Landkarten zu welchem Endzweck?

Bringt es mich irgendwie weiter, wenn ich weiß, welcher Karnevalsrhythmus welche afrikanische Gottheit heraufbeschwört? Können die vielen Stunden im Bus, der Sterbensdurst im Höllenloch von Teresina meinen Lustgewinn aus den *boleros* von Chico Barque steigern? Was haben Milton Nascimentos Gurrlaute mit dem Silberpreis in Ouro Prêto zu tun? Und was können die Schnarchlaute zahnloser alter Weiber auf der Heimfahrt von Belo nach Rio nach dem Weihnachtsfest mit dem Phantasiegemurmel dieses obskuren Objekts der akustischen Begierde, Unserer Heiligen Frau von Ipanema, gemein haben? Ich kann nicht behaupten, daß die Orte, an die mich die brasilianische Musik geführt habt, auch nur halb so wohltuend oder gar heilend waren wie die Musik selbst. Aber dafür waren sie kräftiger, überraschender. Der Anblick der in diesen Klängen übertroffenen Bedingungen, der durch sie gelinderten Schmerzen kann meine Faszination für das Endprodukt nur steigern. Wer bräuchte denn schließlich die Musik, wenn die Welten in den Liedern der brasilianischen Sänger Wirklichkeit wären?

«Hört meine Musik, und ihr werdet gerettet!» Die Wahrheit liegt in den Worten, die mir Tom Jobim am Anfang gesagt hat – und in den wortreichen Versuchen, die ich so vielen anderen in den vergangenen Monaten entlocken konnte. «Es ist die Natur, die mit unserer Stimme singt, unsere Wälder, unsere Flüsse», sagte Hermeto Paschoal. Es ist die «Freiheit im Augenblick» des Karnevals in ihrer ultimativen Form. Egal, wofür «es» steht, es ist Anfang und Ende von einem Geschehen ohne Anfang und Ende. Es ist «der Herzschlag der Freude», wie Joãozinho Trinta vielleicht sagen würde. Und wenn Brasilien tatsächlich das pochende Herz der Welt ist, dann nur, weil es, wie der verstorbene Gonzaquinha sagte, «die reine Musik» ist.

Wenn ich an all meine Begegnungen mit den herausragenden Musikern Brasiliens zurückdenke, diesen Freudenhütern, die Brasiliens wahre Elite bilden, beeindruckt mich am meisten, daß keiner von ihnen Neid auf andere durchschimmern ließ. Alle hatten nur schmeichelhafte Worte für die Kollegen, ja sogar Ehrfurcht – «Grüß Milton schön von mir! Sag *chau* zu Caetano!» trugen mir die Geister bar jeder weltlichen Konkurrenz auf. Und auch noch der letzte Klampfer zeigte unerschöpfliche Hoffnung, wenn es um die Heimat ging. «Du mußt das so sehn, Brasilien, das kommt direkt aus den Eiern raus!» – so Moraes Moreira, Bahias clownesker Fürst und beste Symbolfigur des unverblümten Optimismus der Brasilianer, ihres dreisten Glaubens an den nationalen Mythos der grenzenlosen Horizonte. «Ich glaube, Brasilien kann noch mehr sein als *um pais grande*, nämlich *um grande pais*» – nicht nur groß, sondern großartig. «Wo die Wirklichkeit so traurig ist, wo die Leute hungern, ist es doch ehrenvoll, daß wir immer noch singen und tanzen können. Stell die Musik ab, und im Handumdrehen sieht das Leben langweilig aus. Mir sind singende Leute ohne Bewußtsein viel lieber als hochbewußte Leute im Elend. Alle Probleme mit Menschenrechten, Krieg und Tyrannei erwachsen aus unseren Neurosen. Leute wie Hitler, George Bush und Saddam Hussein wären nicht nötig, wenn wir alle kleine Hitlers, kleine Tyrannen wären. Und wo die Leute singen und tanzen, da sind sie am wenigsten neurotisch.»

Musik als massentherapeutisches soziales Steuerungssystem. Das ist – in Kurzform – die brasilianische Antwort auf die Schlechtigkeiten der Welt. Und anscheinend funktioniert sie besser als die meisten anderen Lösungswege. Nimm dir einfach ein Instrument und spiel den Ton, den du spielen kannst. Das ist für mich die brasilianische Kernaussage in Jobims «Einton-Samba». Egal wenn du mehr als knapp am Ton vorbeiträllerst, sing das Loblied der Welt! Lerne alles «mit deiner eigenen, wahrhaftigen Liebe» lieben, wie Caetano Veloso sagt. Brasilianische Musiker haben keine Angst vor Schönheit um der Schönheit willen, Witz um des Witzes willen, Aktualität um der Aktualität willen, Regionalität um der Regionalität willen, Tanzen um des Tanzens willen. Sie haben keine Angst vor dem Leben, und das kann die ganze Welt nur allzu deutlich hören.

So wie manche Länder zum Bau von Autos bestimmt sind, zum Stahlwälzen, Schiffe bauen, Reis anpflanzen, widmet dieses seine Kraft der Stärkung und Erhaltung des Lustprinzips. Für grausame Konflikte und unversöhnliche Fehden gibt es immer noch reichlich Länder, genug Orte mit dem immergleichen Slogan: *La Lutta Continua!* Der Kampf geht weiter! An Kämpfen leidet unser Planet keinen Mangel. Aber nur in Brasilien, in diesem Fall in Bahia, kann der

Mahnspruch auf den T-Shirts lauten: *A Festa Continua!* Das Fest muß weitergehen! Einer muß die Orgie am Laufen halten, damit der Rest der Welt nicht das Gefühl dafür verliert. Möge Brasilien noch lange seine wahllose Forschung nach den Grenzen des Überschäumens, des Hinternwackelns, der kindlichen Träumerei weitertreiben! Mögen seine rauhen Singstimmen der Menschheit noch lange ihre süßen Nichtigkeiten ins Ohr flüstern! Möge irgendwer irgendwo niemals «Angst vorm Fröhlichsein» bekommen!

Wenigstens für einen Augenblick, für sechs Takte und einen Refrain, ist das Brasilien vor meinen Augen das mystifizierte Brasilien einer Zugabe von Jobim. «Stille Nacht unter stillen Sternen, stille Klänge meiner Gitarre...» Die Nacht hat die großzügigen Strände ganz von ihrer eigentlichen Schäbigkeit befreit, sie verleiht ihnen Glanz, verhüllt das Doppelkinn der außer Fasson geratenen Reihen einstmals prachtvoller Hotels. Jetzt funkeln die ausgelaugten elektrischen Lichter auf dem Berghang des Rocinha-Slums wie die plinkernden Augen aufreizender, schwebender Engel. In der flutlichtbestrahlten Brandung waten sie wie immer in riesigen Scharen, die kurvenreichen Meerjungfrauen, zeigen stolz ihre schwarzen Lokken und die spärliche Verhüllung ihrer Lenden, auch in Schwarz, nur schmale Fäden zwischen üppigen Hügeln. Der klare Himmel zeigt das Kreuz des Südens, das einzige Kreuz, das man Brasilien aufladen kann. Im dichten, weiten Sternengitter sind die Propellermaschinen von São Paulo im flachen Landeanflug über der Guanabara-Bucht schon fast perfekt getarnt. Erst auf den zweiten Blick sieht man das erstaunte Aufblitzen ihrer roten Flügelblinker. Eine imaginäre Verschmelzung irdischer Paradiese. Das Land der Musik ist überall um mich zu spüren.

Damit ich jederzeit die Reise antreten kann, nehme ich haufenweise CDs und Alben mit – genug für eine Verhaftung als illegaler Importeur. Aber wenn mich der amerikanische Zoll befragt, kann ich auf den meisten Stücken meiner Schmuggelware eine persönliche Widmung mit *um abraço* vorweisen. Hören Sie mal, werde ich zu dem Mann sagen, der meinen Paß abstempelt, ich hab jede Menge *samba canção* am Lager. Erstklassigen *carimbó*, ungekürzten *baião*, puren *forró* und Spitzen-*frecote*. Das sind meine Drogen. Wenn ich auf dem Freeway im Stau stecke, Officer, brauche ich diese Sounds zum Weiterkommen. Gibt's dagegen ein Gesetz? Ich würde Ihnen zu gern ein paar Nummern vorspielen. Solche Musik haben Sie noch nie gehört.

Musik beim Lesen:

BRASIL – João Gilberto und andere, *Warner Bros.*
RIO REVISITED – Antonio Carlos Jobim, Gal Costa, *Verve*
THE ART OF ELIS REGINA – Elis Regina, *Polygram*
AQUARELA DO BRASIL – Gal Costa, *Philips*
DJAVAN – Djavan, *Columbia*
PARA VIVER UM GRANDE AMOR – Chico Buarque und andere, *CBS*
THE BRASIL PROJECT – Toots Thielemans und andere, *BMG*
BRASILEIRO – Sergio Mendes mit Carlinhos Brown, *Electra*
BRASILIDADE – Sebastião Tapajós, *Tropical Music*